Das Buch

Die moderne Verfassungsgeschichte behandelt nicht mehr nur die kodifizierten und die ungeschriebenen Rechtsgrundsätze von Staaten, d. h. die Verfassungen im engeren Sinne. Sie ist weiter gefaßt und bezieht die tatsächlichen politischen und sozialen Kräfte und Machtverhältnisse mit ein und geht deren Voraussetzungen und Wirkungen nach. Sie ist eine Entwicklungsgeschichte der politischen Strukturen und Probleme auf allen Ebenen, vom Reich über die großen und kleinen Territorien bis hinunter zur Stadt.
Dieser erste Band einer solchen neuartigen Verfassungsgeschichte verfolgt Tradition und Wandel der politischen Strukturen vom Ursprung des älteren deutschen Reiches im frühen Mittelalter über die Kämpfe zwischen Kaiser und Papst und Kaiser und Fürsten, den frühmodernen Ständestaat und den Absolutismus bis zur Auflösung des Reiches 1806. Ein zweiter Band ist dem modernen Verfassungsstaat im 19. und 20. Jahrhundert gewidmet.

Der Autor

Prof. Dr. jur. Hans Boldt, geb. 1930 in Breslau, studierte Jurisprudenz, Geschichte und Politikwissenschaft. Er habilitierte sich für Politische Wissenschaft und Staatsrecht an der Universität Mannheim und lehrt seit 1983 Politikwissenschaft an der Heinrich-Heine-Universität Düsseldorf. Veröffentlichungen u. a.: ›Rechtsstaat und Ausnahmezustand‹ (1967); ›Deutsche Staatslehre im Vormärz‹ (1975); ›Einführung in die Verfassungsgeschichte‹ (1984).

Hans Boldt:

Deutsche Verfassungsgeschichte
Politische Strukturen und ihr Wandel

Band 1

Von den Anfängen bis zum Ende des älteren deutschen Reiches 1806

Deutscher
Taschenbuch
Verlag

Außerdem ist erschienen:
Hans Boldt
Deutsche Verfassungsgeschichte
Band 2: Von 1806 bis zur Gegenwart (dtv 4425)
Kaiser und Reich
Klassische Texte zur Verfassungsgeschichte des Heiligen Römischen Reiches Deutscher Nation vom Beginn des 12. Jahrhunderts bis zum Jahre 1806
Herausgegeben, eingeleitet und übertragen von Arno Buschmann (dtv 4384)
Reich und Länder
Texte zur deutschen Verfassungsgeschichte im 19. und 20. Jahrhundert
Herausgegeben und eingeleitet von Hans Boldt (dtv 4443)

Originalausgabe
Oktober 1984
2., durchgesehene und aktualisierte Auflage November 1990:
7. bis 10. Tausend

Umschlaggestaltung: Celestino Piatti
Gesamtherstellung: C. H. Beck'sche Buchdruckerei, Nördlingen
Printed in Germany · ISBN 3-432-04424-1

Vorwort

Die hier vorgelegte ›Deutsche Verfassungsgeschichte‹ behandelt in zwei Bänden die Verfassungsentwicklung in Deutschland von den Anfängen bis zur Gegenwart. Der erste Band reicht bis zum Ende des älteren deutschen Reichs 1806, der folgende ist dem 19. und 20. Jahrhundert gewidmet.

Verfassungsgeschichte wird von mir als politische Strukturgeschichte verstanden, nicht als Teil der Rechtsgeschichte oder als Sozialgeschichte (als Geschichte der Sozialverfassung oder der Sozialstrukturen), aber auch nicht als politische Geschichte im traditionellen Sinne der Ereignisgeschichte. Was ich analysiere, sind politische Strukturen und ihr Wandel. Die Entscheidung für diese Konzeption hat eine gewisse Abstrahierung von der historischen Vielfalt, vom Ereignis und der einfachen Geschichtserzählung zur Folge. Strukturbetrachtungen und entwicklungshistorische Erörterungen wechseln in der Darstellung miteinander ab. Das setzt beim Leser gewisse historische Vorkenntnisse und die Bereitschaft voraus, vom einen zum anderen Kapitel unterschiedlichen Perspektiven zu folgen. Dem mit der Geschichte weniger Vertrauten bieten die im Anhang beigegebenen Daten zur Verfassungsgeschichte eine erste Orientierung. Das Buch soll Studenten in ein Gebiet einführen, dessen politische Bedeutung auf der Hand liegt. Um dem einführenden Charakter dieser Verfassungsgeschichte gerecht zu werden, ist jedem Kapitel ein Literaturteil hinzugefügt, der Standardwerke und wichtige Neuerscheinungen enthält.

Ich danke meinen Mitarbeitern in Düsseldorf für ihre wertvolle Hilfe, meiner Frau – und dem Verlag – für ihre Geduld und ihr Verständnis.

Düsseldorf, Neujahr 1984 Hans Boldt

Die nunmehr notwendig gewordene zweite Auflage ist durchgesehen, und die Literaturangaben sind ergänzt worden. Für wertvolle Hinweise danke ich Herrn Privatdozenten Dr. Albrecht Graf Finck von Finckenstein.

Düsseldorf, im Mai 1990 Hans Boldt

Inhalt

Einleitung

›Deutsche Verfassungsgeschichten‹ gibt es seit über hundert Jahren. Ein erstes Werk mit diesem Titel legte Georg Waitz 1844 vor. Er schildert darin Staat und Verfassung der alten Germanen. In den folgenden Jahren führte er die Darstellung der deutschen Verfassungsentwicklung bis zum Hochmittelalter fort. Obwohl in jener Zeit das Interesse an der Geschichte, vor allem der des eigenen Volkes, mächtig aufblühte und viele verfassungshistorische Untersuchungen publiziert wurden, erschien erst 1905 eine kurzgefaßte ›Deutsche Verfassungsgeschichte‹, geschrieben von dem Historiker Andreas Heusler, die auch die frühe Neuzeit einbezog. Im Jahre 1914 wurde dann erstmals Fritz Hartungs ›Deutsche Verfassungsgeschichte seit dem 15. Jahrhundert‹ veröffentlicht, ein Standardwerk, das bis heute zahlreiche Auflagen und Neubearbeitungen erlebt hat. Die juristische Studienreform von 1935, die eine obligatorische Vorlesung über ›Verfassungsgeschichte der Neuzeit‹ vorsah, führte auch viele Rechtswissenschaftler dazu, deutsche Verfassungsgeschichten für diesen Zeitraum zu schreiben. Den Höhepunkt dieser Entwicklung bildet die jüngst in mehreren Bänden erschienene monumentale ›Deutsche Verfassungsgeschichte seit 1789‹ von Ernst Rudolf Huber. In ihr versucht ein Jurist für einen beschränkten Zeitraum ein umfassendes Bild der deutschen Verfassungsentwicklung zu entwerfen, während sich die Historiker in den letzten Jahrzehnten stärker auf das Gebiet der Territorialgeschichte und Landeskunde konzentriert und dort eine Fülle verfassungshistorisch bedeutsamer Details zutage gefördert haben.

Überblickt man die Geschichte der deutschen Verfassungsgeschichtsschreibung, so erhält man den Eindruck, daß es sich hier um einen seit längerem wohletablierten Zweig der Geschichtswissenschaft handelt, um eine Disziplin, die zwei Fakultäten, Historiker und Juristen, mit Erfolg pflegen. Dennoch gibt es bis heute keine klare und allgemein geteilte Ansicht darüber, was Verfassungsgeschichte eigentlich ist. Auch stellt sich mehr denn je die Frage, was uns noch eine »Deutsche Verfassungsgeschichte«, dieser typische Sproß nationaler Geschichtsbetrachtung, bedeutet.

1. Begriff, Gegenstand und Entwicklung der Verfassungsgeschichte

I.

Wenden wir uns zunächst der Verfassungsgeschichte im allgemeinen zu. Bei ihr handelt es sich um einen bereichsspezifisch definierten Teil der Geschichtswissenschaft, um eine »Fachhistorie«. Ihr Gegenstand ist die »Verfassung«, insbesondere die Verfassung von Staaten. Darunter ist jedoch nicht die Verfassung im Rechtssinne zu verstehen, eine Verfassungsurkunde oder ein nur mit qualifizierter Mehrheit abänderbares Verfassungsgesetz. »Verfassung« im Sinne der Verfassungsgeschichte meint mehr, nämlich die politische Ordnung von Staaten, nicht nur das diese Ordnung fixierende Recht, sondern auch ihre häufig gar nicht geregelte oder von der rechtlichen Regelung abweichende Realstruktur. Untersucht werden von der Verfassungsgeschichte

– die Institutionen (Gremien) der politischen Entscheidungssphäre, die der bewußten Steuerung (dem *governing* oder dem »Regieren«) von staatlich verfaßten Gesellschaften dienen,
– ihre Organisation und Legitimation,
– ihre – meist ebenfalls institutionalisierten – Beziehungen untereinander und
– ihre Beziehungen zu der von ihnen gesteuerten Umwelt.

Kurz gesagt: Gegenstand der Verfassungsgeschichte sind Regierungssysteme, ihre Struktur, ihre Entwicklung und ihre Wirkungsweise.

Von einer so verstandenen Verfassungsgeschichte wird nicht nur der Verfassungsstaat im engeren Sinne behandelt, wie wir ihn seit der Amerikanischen und Französischen Revolution kennen, also ein Staat mit einer Verfassungsurkunde, mit der Garantie von Freiheitsrechten und einer gewaltenteilenden Organisation. Der Verfassungsbegriff der Verfassungsgeschichte ist weiter. Er weist auch über den modernen, Institutionen der gesellschaftlichen Steuerung systematisch ausbildenden Staat der europäischen Neuzeit (den Staat im engeren Sinne) hinaus. Grundsätzlich läßt sich sagen, daß Verfassungsgeschichte überall dort stattfindet, wo Gesellschaften spezifische, in kontinuierlicher Weise Steuerungsleistungen hervorbringende, Ordnung erhaltende und gestaltende Entscheidungsträger besitzen, wo sie eine »politische« Organisation haben oder einen »Staat« (im weiteren Sinne) bilden. Solche Gesellschaften stehen im Gegensatz zu anderen, die sich durch überkommene, als selbstverständlich geltende Regeln »selbst« regulieren. Es ist also die Existenz einer spezifisch politischen Sphäre in einer (nicht-anarchischen) Gesellschaft, die den Gegenstand der Verfassungsgeschichte ausmacht.

II.

Die Verfassungsgeschichte rückt, so verstanden, in eine enge Beziehung zur Politischen Wissenschaft, insbesondere zur Vergleichenden Regierungslehre (*Comparative Government*). Dies zeigt uns auch die Geschichte der Disziplin. Der von uns umrissene Verfassungsbegriff läßt sich nämlich bis zu Aristoteles zurückverfolgen, dessen ›Politik‹ das grundlegende Werk für die ältere, im Spätmittelalter und in der frühen Neuzeit betriebene Politische Wissenschaft war. Die im Zuge der allgemeinen Historisierung wissenschaftlicher Fragestellungen im 18. Jahrhundert aufkommende Verfassungsgeschichte ist zunächst nichts anderes als Vergleichende Regierungslehre mit einer historischen Dimension gewesen. Noch im 19. Jahrhundert waren die Grenzen zwischen Verfassungsgeschichte und Politischer Wissenschaft fließend, waren Wissenschaftler wie der schon erwähnte Georg Waitz in beiden Bereichen tätig, oder betrachteten sie ihre verfassungsgeschichtlichen Studien als Vorstufe der »Politik«, wie es z. B. Otto Hintze (1861–1940), unstreitig der hervorragende deutsche Vertreter der Disziplin, tat.

Doch begann sich in jener Zeit das Verständnis von Verfassungsgeschichte zu wandeln. Mit dem Aufkommen von Staaten, die nicht mehr einfach nur bestimmte Verfassungen haben, sondern sich ausdrücklich solche geben – als ihr Organisationsstatut, als Verfassungsgesetz –, beginnt der Verfassungsbegriff eine ausgesprochen rechtliche Färbung anzunehmen, so wie wir ihn heute noch in der Regel verstehen, wenn wir von Staatsverfassung reden. In entsprechender Weise wurde die Verfassungsgeschichte jetzt als ein Teil der Rechtsgeschichte aufgefaßt; sie orientierte sich stark am Verfassungsrecht und übernahm die juristische Begrifflichkeit und Sehweise jener Zeit, die damit für die Analyse der älteren Epochen eine Leitfunktion erhielt.

Andererseits führte die beobachtbare Diskrepanz zwischen Recht und Wirklichkeit und die Abhängigkeit des Rechts von Machtverhältnissen sozialwissenschaftlich interessierte Forscher zur gleichen Zeit dazu, die »wahre« Verfassung einer Gesellschaft nicht in ihrer rechtlichen Fixierung, sondern in den Eigentums- und Klassenverhältnissen zu suchen. In dieser

Sichtweise bekam der Verfassungsbegriff die Bedeutung von »Sozialstruktur«; gelegentlich diente er sogar zur Bezeichnung der Totalität aller sozialen Beziehungen in einer Gesellschaft oder in einer Zeit. Verfassungsgeschichte wurde hier gleichbedeutend mit gesellschafts- und epochenumspannender Sozialgeschichte. Man kann sagen, daß viele Historiker auch heute unter »moderner« Verfassungsgeschichte eigentlich Sozialgeschichte in diesem umfassenden Sinne verstehen.

Die hier angedeutete Entwicklung ist nicht zuletzt dadurch begünstigt worden, daß sich die Politische Wissenschaft ihrerseits in ihrer jüngsten Vergangenheit stark von der Geschichte abgewandt und rein systematische Studien betrieben hat. Erst seit den sechziger Jahren tritt die historische Dimension auch in der Politik wieder stärker in Erscheinung, wie zahlreiche Arbeiten zu Prozessen des *state- and nation- building* und zum *political development* zeigen. In ihnen wird die politische Verfassungsgeschichte gleichsam neu entdeckt.

III.

Die Betonung des politisch-staatlichen Verfassungsaspektes bedeutet nicht, daß rechts- und sozialhistorische Fragestellungen vollkommen aus der Verfassungsgeschichte ausgeschlossen wären. Wir betrachten zwar als den Gegenstand der Verfassungsgeschichte die aus einer staatlich verfaßten Gesellschaft ausdifferenzierte und relativ selbständige Sphäre des »Politischen«, d. h. den institutionalisierten Zusammenhang bewußter gesellschaftssteuernder Entscheidungen, ihre Ausführung, Legitimation und Kontrolle. Aber es wird damit natürlich nicht geleugnet, daß politische Ordnungen immer auch rechtlich geprägt sind und durch soziale Gegebenheiten beeinflußt werden. Auch die sozialen Determinanten und Auswirkungen politischer Strukturen und Entscheidungen sind in einer Verfassungsgeschichte zu berücksichtigen. Sie bilden jedoch nicht den zentralen Gegenstand verfassungshistorischer Forschung und Darstellung. Man muß sich in diesem Zusammenhang immer vor Augen halten, daß Verfassungen nie nur von ihrem sozialen Umfeld beeinflußt werden, sondern auch von den internationalen politischen Konstellationen und nicht zuletzt von jenen spezifischen Verhaltensweisen und Auffassungen oder »Mentalitäten«, die man in der Vergleichenden Regierungslehre zur *political culture* einer Gesellschaft rechnet. Es gibt daher Berührungen der Verfassungsgeschichte nicht nur mit der Rechtsgeschichte und der Sozialgeschichte, sondern auch mit der Kulturgeschichte und mit der »politischen« Geschichte im traditionellen Sinne, der Geschichte der politischen Ereignisse, der Kriege und Staatsaktionen und der internationalen Entwicklung.

Zusammenfassend läßt sich sagen: Verfassungsgeschichte ist Geschichte der politischen Strukturen von Staaten und ihres strukturellen Wandels. Sie ist *Strukturgeschichte* im Gegensatz zur traditionellen politischen Geschichte, der Geschichte von den politischen Ereignissen. Sie ist *politische* Strukturgeschichte im Gegensatz zur Rechts- und Sozialgeschichte, zur Geschichte der Rechts- und Sozialstrukturen. Ihre zentrale Fragestellung ist die nach der Organisation der politischen Steuerung staatlich verfaßter Gesellschaften.

2. Deutsche Verfassungsgeschichte

I.

Unter »Deutscher Verfassungsgeschichte« verstehen wir dem bisher Gesagten folgend die Geschichte der Strukturen und des strukturellen Wandels der als »deutsch« zu bezeichnenden Regierungssysteme. Auf die Geschichte dieser Systeme hat sich die Verfassungshistoriographie in Deutschland seit jeher stark konzentriert, wenn daneben auch immer ausländische und vergleichende Verfassungsgeschichte betrieben wurde.

Die Ursprünge der deutschen Verfassungsgeschichte reichen bis ins 17. und 18. Jahrhundert zurück, zur sog. Reichs-Historie, die insbesondere die Frage des politischen Status des älteren deutschen Reiches – Monarchie im klassischen Sinne oder föderatives Gebilde? – auf historischem Weg, mit Untersuchungen über das ursprüngliche Verhältnis von Kaiser und Reich zu den Fürsten und Territorien klären wollte. Es stand also eine politische und staatsrechtliche Frage an der Wiege der deutschen Verfassungsgeschichte.

Nach dem Untergang des älteren deutschen Reiches bemächtigte sich die Nationalhistorie des 19. Jahrhunderts des verfassungshistorischen Feldes. In der ihr typischen Betrachtungsweise neigte sie dazu, den deutschen Staat und seine politische Ordnung als den Ausdruck eines deutschen Volksgeistes oder Nationalcharakters zu begreifen und seine noch unverfälschten Ursprünge bei den alten Germanen als den Urvätern der Deutschen zu suchen, was übrigens Vorläufer auch im 18. Jahrhundert schon taten. Aus diesem Grunde beginnen noch heute die Darstellungen der deutschen Rechts- und Verfassungsgeschichte, vielfach aber auch der allgemeinen deutschen Geschichte, mit einer Beschreibung der germanischen Sitten und Gebräuche. Der daran anschließende Geschichtsverlauf wurde als eine spezifisch nationale Entwicklung verstanden, als ein Weg mit Abirrungen und problematischen Übernahmen fremden Kulturgutes wie z. B. der Rezeption des römischen Rechtes zu Beginn der Neuzeit, aber auch mit kräftigen Entfaltungen deutscher Wesensart, so insbesondere in der deutschen konstitutionellen Monarchie des 19. Jahrhunderts, die man als eine für alle Welt vorbildhafte Versöhnung monarchischer und demokratischer Verfassungsströmungen empfand. Spürbar ist diese, auf die Vorstellung spezifisch nationaler Verfassungsentwicklungen fixierte Sichtweise noch heute in der Debatte über den sog. deutschen Sonderweg, in der die deutsche Geschichte – nur unter verändertem Vorzeichen – als konsequente Entwicklung mindestens ab Martin Luther und der Reformation, gelegentlich aber auch vom Furor teutonicus der Kimbern und Teutonen an über Friedrich Barbarossa, Hegel und Bismarck bis hin zu Adolf Hitler und dem Nationalsozialismus dargestellt wird.

Wir verstehen die deutsche Verfassungsgeschichte dagegen anders, nämlich als eine Geschichte von Verfassungssystemen, die weniger Ausdruck eines deutschen Volksgeistes sind, als umgekehrt das deutsche Volk und sein historisches Schicksal nachhaltig geprägt haben. Wir beginnen deshalb auch nicht mit den alten Germanen, sondern mit der Entstehung des ersten deutschen Staates, des älteren deutschen Reiches im 10. Jahrhundert. Er ist nicht von einer schon existierenden deutschen Nation geschaffen worden, sondern deswegen als »deutsch« zu bezeichnen, weil sich in seinem Schoß, nicht zuletzt durch seine determinierenden Wirkungen, die deutsche Nation, das Bewußtsein nationaler Einheit und Verbundenheit, entwickelt hat. Auch in späterer Zeit hat die staatliche Verfassungsentwicklung auf die Ausprägung nationaler Besonderheiten einen bedeutenden Einfluß ausgeübt. Nicht zuletzt durch sie finden wir das, was wir das deutsche Schicksal nennen, mitgeformt. Das braucht heute, angesichts der Spaltung der Nation in zwei Staaten nach dem Zweiten Weltkrieg und der gegenwärtigen Bemühungen um ihre Wiedervereinigung kaum betont zu werden. Es ist gerade diese jüngste Entwicklung, die es sinnvoll erscheinen läßt, noch heute eine deutsche Verfassungsgeschichte zu schreiben.

Eine solche Verfassungsgeschichte ist nicht als eine spezifisch nationale Entwicklung zu verstehen, sondern als eingebettet in allgemeine europäische Entwicklungsströme, wenn auch mit Besonderheiten, die aus spezifischen, sozio-ökonomischen, kulturellen und politischen Gegebenheiten – wie z. B. internationalen Konstellationen –, seltener dagegen aus dem sog. Nationalcharakter herrühren. Darüber hinaus haben wir die Geschichte der deutschen Verfassungssysteme des älteren deutschen Reiches und der Territorialstaaten, des Deutschen Bundes und des jüngeren, kleindeutschen Reiches, unserer Vorstellung von der Verfassungsgeschichte als einer Strukturgeschichte und einer Geschichte des strukturellen Wandels folgend, sowohl unter dem Gesichtspunkt ihrer relativen Dauer als zugleich auch unter dem Aspekt ihrer Entwicklung zu fassen.

II.

Die deutsche Verfassungsgeschichte ist somit darzustellen als eine Verschränkung allgemein-europäischer Aspekte mit deutschen Besonderheiten und von statisch-strukturellen Gegebenheiten mit strukturellen Entwicklungsverläufen. Zu den allgemein-europäischen Epochalstrukturen, die sich auch in der deutschen Verfassungsgeschichte finden, gehören u. a.
der Organisationstypus des mittelalterlichen Feudalstaates,
der spätmittelalterliche und frühneuzeitliche Ständestaat,
der Absolutismus des 17. und 18. Jahrhunderts,
der Verfassungsstaat im 19. und 20. Jahrhundert,
die moderne, sozialstaatliche Demokratie.

Mit der allgemein-europäischen Entwicklung teilt die deutsche Verfassungsgeschichte folgende Verlaufsaspekte:
– die allmähliche Ausdifferenzierung, Rationalisierung und Verrechtlichung spezifisch staatlicher Institutionen zur politischen Steuerung, und zwar in der grundsätzlich dualen Form von Regierung im engeren Sinne und mitbestimmendem »Parlament« (Reichsversammlung, Reichstag, Landtag u. ä.),
– die darüber hinausgehende interne Differenzierung der Institutionen und Funktionen des Staatsapparates,
– die zunehmende Erstreckung staatlicher Tätigkeit in das gesellschaftliche Umfeld (politische Penetration) und Erhöhung insbesondere der finanziellen Leistungen für den Staat (Extraktion), verbunden mit stärkerer sozialer Disziplinierung und Entwicklung eines Staatsbewußtseins und staats-loyaler Gesinnung,

– die Erweiterung und »Demokratisierung« des parlamentarischen Mitbestimmungsträgers, die zugleich eine Fundamentalpolitisierung der Gesellschaft darstellt,
– den immer wiederkehrenden Versuch, gegenüber dem Staat bestimmte Freiheitssphären zu wahren und Räume gesellschaftlicher Selbstverwaltung zu erhalten.

Die Herausbildung eines Staatsapparates und die Zunahme seiner Tätigkeit einerseits sowie das stete Ringen um »parlamentarische« Mitbestimmung und Wahrung der Grenzen der Staatsgewalt andererseits sind Konstanten der europäischen wie der deutschen Verfassungsentwicklung, auch wenn sie in den einzelnen europäischen Staaten in unterschiedlicher Weise verwirklicht wurden, so daß es jeweils des Hinweises auf die Ausformung nationaler Besonderheiten bedarf, um das Bild zu vervollständigen.

An solchen Besonderheiten weist die deutsche Verfassungsgeschichte vor allem folgende auf:

– Die Staatsbildung im 9. und 10. Jahrhundert erfolgte durch politisch eigenständig gewordene »Stämme«. Auch in späterer Zeit bildeten sich relativ eigenständige politische Einheiten (Territorien) im Gesamtstaat immer wieder neu und verliehen dadurch der deutschen Staatsentwicklung eine charakteristische föderative Tendenz.

– Seit dem Hochmittelalter fand mit der sog. Ostkolonisation eine spektakuläre West-Ost-Verschiebung des Staatsgebietes statt, verbunden mit einem Wandel in der Zusammensetzung der Bevölkerung. Diese Entwicklung dauerte bis ins ausgehende 18. Jahrhundert, bis zum endgültigen Verlust der westlichen Reichsteile, und hatte eine Verlagerung der politischen Herrschaftszentren von West nach Ost (Wien, Prag, Berlin) zur Folge.

– Staatsorganisation und Kirchenorganisation sind seit der ottonischen Reichsreform, seit dem Hochmittelalter in Gestalt der geistlichen Fürstentümer in einmaliger Weise miteinander verbunden. Damit zusammen hängt die eigenartige Verknüpfung des deutschen Wahlkönigtums mit dem römischen Kaisertum, die das ältere deutsche Reich seinen Zeitgenossen als das »römische« erscheinen ließ.

– Das Scheitern der mit der römischen Kaiseridee verbundenen imperialen Reichspolitik der Staufer und die Beibehaltung der Wahlmonarchie auch in neuerer Zeit führten zur völligen Abhängigkeit des deutschen Königtums von den Territorialgewalten und zum Rückstand des Reiches in der Verfassungsentwicklung. Die moderne staatliche Entwicklung fand in den Territorien statt. Deren Eigenständigkeit wurde nicht zuletzt durch die konfessionelle Spaltung Deutschlands im 16. Jahrhundert gefördert (Reformation).

– In der Konsequenz dieser Entwicklung lag die Umwandlung des älteren deutschen Reiches in einen Staatenbund von Fürsten und Städten und nicht in einen nationalen Einheitsstaat im 19. Jahrhundert (Deutscher Bund). Auch hier führte das Scheitern einer Politik, nämlich des Versuchs einer revolutionären Umwälzung dieses Bundes und seiner Territorialstaaten in nationaler und liberaldemokratischer Richtung im Jahre 1848 zu einem spezifisch deutschen Phänomen, der Bildung eines kleindeutschen Bundesstaates aufgrund eines konservativ-liberalen Kompromisses unter preußischer Hegemonie 1871.

– Trotz des Einschwenkens der staatlichen Entwicklung nach dem Ersten Weltkrieg auf den Kurs westlich-parlamentarischer Demokratien in der Weimarer Republik gelang 1933 dem Rechtsextremismus in Deutschland der politische Durchbruch in Gestalt der nationalsozialistischen Diktatur.

– Die Niederlage Deutschlands im Zweiten Weltkrieg führte zu seiner Aufteilung in zwei, verschiedenen politischen Welten zugehörenden Staaten, deren Wiedervereinigung am 3. Oktober 1990 Wirklichkeit werden wird.

3. Zur Gliederung des Werkes

Aus der Berücksichtigung von Struktur und Entwicklung, allgemein-europäischen Gegebenheiten und deutschen Besonderheiten ergibt sich folgende Gliederung der hier vorgelegten deutschen Verfassungsgeschichte:

Sie beginnt mit der Darstellung der Entstehung des ersten deutschen Staates, des älteren Reiches, und seines Umrisses. Daran schließt sich die Beschreibung der Reichsorganisation im Mittelalter an, wobei das Lehnswesen als das für mittelalterliche Staaten charakteristische Strukturmerkmal hervorgehoben wird. Es folgt die Erörterung der Herkunft der mittelalterlichen Staatsstruktur und ihrer Veränderung bis zum Ende des 13. und zum Anfang des 14. Jahrhunderts.

Der Zweite Teil schildert die Strukturen des modernen, frühneuzeitlich-bürokratisch-monarchischen Staates mit ständischer Mitbestimmung und Verwaltung (Ständestaat), der sich in Deutschland insbesondere in den Territorien entwickelt hat. Auch hier schließt sich an die Strukturbeschreibung eine Erörterung der Entwicklung von der Entstehung des Territorialstaates über die Epoche seiner institutionellen Verdichtung bis hin zum Vordringen absolutistischer Herrschaftsformen an; sie wird ergänzt durch eine Übersicht über die deutsche Territorienwelt. Da sich in dieser Zeit die Verfassungsentwicklung vornehmlich in den deutschen Territorien und Städten abspielte, tritt die Betrachtung des Reiches, seiner Organisation und Entwicklung, in dieser Epoche zurück.

Der Dritte Teil der Verfassungsgeschichte ist dem Verfassungsstaat im engeren Sinne gewidmet. Er beginnt wiederum mit einer allgemeinen Strukturbeschreibung und einem Hinweis auf die allgemeine strukturelle Entwicklung, beschäftigt sich dann aber stärker mit einzelnen Entwicklungsstadien: mit der frühkonstitutionellen Staatenwelt des Deutschen Bundes, der Revolution von 1848 und der nachrevolutionären Zeit, mit der kleindeutschen Monarchie von 1871, der Weimarer Republik und dem Ausscheren der deutschen Verfassungsentwicklung aus der allgemein-europäischen in der nationalsozialistischen Diktatur. Eine Erörterung des deutschen Schicksals nach 1945, der Spaltung Deutschlands in zwei Staaten und der Wendung zu ihrer Wiedervereinigung beschließt die Darstellung.

Die Einführung ist in ihrem letzten Teil unverhältnismäßig umfangreicher als in den beiden vorangehenden, weil darauf Wert gelegt wurde, die deutsche Verfassungsentwicklung bis zur Gegenwart verständlich zu machen und nicht historische Strukturen um ihrer selbst willen darzustellen. Die Strukturgeschichte steht damit im Dienst der Entwicklungsgeschichte. Das heißt nicht, daß nur das Weiterweisende an den älteren Systemen gezeigt werden soll – das, was eine Entwicklung bis heute erfahren hat –, vielmehr wird auch ihre Andersartigkeit zur Sprache kommen. Es heißt auch nicht, daß irgendeine Entwicklungsnotwendigkeit aus irgendwelchen Ursprüngen oder »Keimen«, als Entfaltung eines Nationalgeistes etwa oder als Folge eines ökonomischen oder kulturellen Entwicklungsgesetzes, demonstriert werden soll; es heißt vielmehr, daß unter Berücksichtigung der determinierenden Faktoren die Zufälligkeiten der Entwicklung gezeigt und auf ihre anderen Möglichkeiten hingewiesen wird. Verständlich ist die Gegenwart nur dem, der auch ihre Vergangenheit kennt.

Literatur, Quellen, Hilfsmittel

Deutsche Verfassungsgeschichte
Die grundlegende Darstellung stammt von GEORG WAITZ, Deutsche Verfassungsgeschichte. 8 Bde. Kiel 1844–78, ND Graz 1953–55; sie reicht bis ins Hochmittelalter. Eine kurzgefaßte Deutsche Verfassungsgeschichte, die auch die Neuzeit enthält, legte ANDREAS HEUSLER, Leipzig 1905, vor. Neuerdings publizierte HERMANN CONRAD einen knappen Abriß als Taschenbuch: Der deutsche Staat. Epochen seiner Verfassungsentwicklung (843–1945). 2. Aufl. Frankfurt a. M., Berlin, Wien 1974. Einen umfangreicheren Überblick versuchte zuletzt OTTO KIMMINICH, Deutsche Verfassungsgeschichte. Frankfurt a. M. 1970.

Gesamtdarstellungen der deutschen Verfassungsgeschichte gibt es wenig. Die größeren Werke konzentrieren sich vor allem auf die Neuzeit und die Entwicklung des modernen Staates. Die klassische Darstellung dieser Epoche stammt von FRITZ HARTUNG, Deutsche Verfassungsgeschichte vom 15. Jahrhundert bis zur Gegenwart. 9. Aufl. Stuttgart 1969. Von den Abrissen, die im Zusammenhang mit der seit 1935 an den juristischen Fakultäten gehaltenen Vorlesung ›Verfassungsgeschichte der Neuzeit‹ publiziert wurden, ist am bekanntesten geworden ERNST FORSTHOFF, Deutsche Verfassungsgeschichte der Neuzeit. 4. Aufl. Stuttgart 1972. Daneben ist zu nennen ROBERT SCHEYHING, Deutsche Verfassungsgeschichte der Neuzeit. Köln 1968. Eine neuere Darstellung der deutschen Verfassungsgeschichte der frühen Neuzeit verfaßte GERHARD OESTREICH, Verfassungsgeschichte vom Ende des Mittelalters bis zum Ende des alten Reichs. In: Gebhardt, Handbuch der deutschen Geschichte, Band 2 (Band 11 der Taschenbuchausgabe). Für die daran anschließende Zeit liegt eine umfangreiche, 7 Bände umfassende, bis 1933 reichende Darstellung von ERNST RUDOLF HUBER vor: Deutsche Verfassungsgeschichte seit 1789. Stuttgart 1957ff. Knapper gehalten ist KLAUS KRÖGER, Einführung in die jüngere deutsche Verfassungsgeschichte (1806–1933). München 1988. Einen Überblick über neuere verfassungsgeschichtliche Untersuchungen zum 19. Jahrhundert gibt ERNST-WOLFGANG BÖCKENFÖRDE (Hrsg.), Moderne deutsche Verfassungsgeschichte (1815–1914). 2. Aufl., Köln 1981.

Für das Mittelalter wurde die Verfassungsgeschichte im Band 1 des Gebhardtschen Handbuchs behandelt von KARL BOSL, Staat, Gesellschaft, Wirtschaft im deutschen Mittelalter. Stuttgart 1970, Teil VII (Band 7 der Taschenbuchausgabe). Daneben sind zu nennen ROLF SPRANDEL, Verfassung und Gesellschaft im Mittelalter. 3. Aufl. Paderborn 1988 und HANS K. SCHULZE, Grundstrukturen der Verfassung im Mittelalter, 2 Bde. Stuttgart 1985/86.

Geschichte der Verfassungsgeschichte, Einführungen, Methodenfragen
Die Geschichte der Verfassungsgeschichtsschreibung schildert in einer kurzen Abhandlung FRITZ HARTUNG, Zur Entwicklung der Verfas-

sungsgeschichtsschreibung in Deutschland. SB AW Berlin, Phil.-hist. Klasse (1956) 3, ND in ders., Staatsbildende Kräfte der Neuzeit. Berlin 1961. Ernst-Wolfgang Böckenförde, Die deutsche verfassungsgeschichtliche Forschung im 19. Jahrhundert. Berlin 1961, behandelt vor allem den Übergang zur juristischen Betrachtungsweise in dieser Disziplin.

Methodenfragen werden erörtert im Beiheft 6 (1983) der Zeitschrift ›Der Staat‹: Gegenstand und Begriffe der Verfassungsgeschichtsschreibung. Zur Einführung vgl. auch Hans Boldt, Einführung in die Verfassungsgeschichte. Düsseldorf 1984. Dort findet man weiterführende Angaben zur Literatur, zu Quellen und Hilfsmitteln. In der genannten Abhandlung wird die hier vertretene Auffassung von Verfassungsgeschichte näher begründet und eine problemorientierte Darstellung der Geschichte der Disziplin gegeben.

Grundlegend für methodische Fragen der Verfassungsgeschichte sind bis heute die Ausführungen von Otto Hintze, dessen Gesammelte Abhandlungen von Fritz Hartung und Gerhard Oestreich in 3 Bänden, Göttingen, 2. Aufl. 1964–67 (1. u. 2. Bd. 3. Aufl. 1970 und 1982), herausgegeben wurden. Für die sozialgeschichtliche Behandlungsweise der Verfassungsgeschichte, wie sie stärker von den Historikern des Mittelalters gepflegt wird, wurde bedeutsam Otto Brunner, Land und Herrschaft. 5. Aufl. Wien 1965.

Nachbargebiete

Wichtig für das Studium der Verfassungsgeschichte sind die Darstellungen der deutschen Rechtsgeschichte, da sie in der Regel auch umfangreiche verfassungshistorische Passagen und Erörterungen des Verfassungsrechts sowie detaillierte Literaturangaben dazu enthalten. Das neueste größere Werk dieser Art ist Hermann Conrad, Deutsche Rechtsgeschichte, 2 Bde. Karlsruhe 1954 (2. Aufl. 1962), 1966 (ND 1981/82). Als Einführung geeignet ist Karl Kroeschell, Deutsche Rechtsgeschichte. 3 Bde. Reinbek 1972, 1973, 1989, sowie Ulrich Engelhardt, Deutsche Rechtsgeschichte. München 1984. Besonders hinzuweisen ist auf Heinrich Mitteis und Heinz Lieberich, Deutsche Rechtsgeschichte. 18. Aufl. München 1988. In diesem Kurzlehrbuch wird in regelmäßigen Neuauflagen die neu erschienene Literatur zur deutschen Verfassungsgeschichte vermerkt.

Mit der Verfassungsgeschichte eng verbunden ist die Verwaltungsgeschichte, s. Kurt Jeserich, Hans Pohl und Georg-Christoph von Unruh (Hrsg.), Deutsche Verwaltungsgeschichte. 6 Bde. Stuttgart 1983 ff.

Historisches Hintergrundwissen vermitteln die Darstellungen der allgemeinen deutschen Geschichte, die Handbücher wie das schon erwähnte von Gebhardt, oder Reihen wie die von Joachim Leuschner herausgegebene Deutsche Geschichte. 10 Bände, Göttingen 1974 ff. Ohne Kenntnisse der allgemeinen deutschen Geschichte ist ein Verständnis der deutschen Verfassungsgeschichte nicht möglich. Es wird empfohlen, auch das Studium dieser Einführung mit der Lektüre eines allgemeinen Abrisses der deutschen Geschichte zu begleiten, z. B. mit dem einbändigen Handbuch von PETER RASSOW (Hrsg.), Deutsche Geschichte im Überblick. Neubearbeitete Ausgabe, hrsg. von MARTIN VON VOGT. Stuttgart 1987.

Die für die Verfassungsgeschichte bedeutsamen sozial- und wirtschaftsgeschichtlichen Angaben findet man in Nachschlagewerken wie HERMANN AUBIN und WOLFGANG ZORN (Hrsg.), Handbuch der deutschen Wirtschafts- und Sozialgeschichte. 2 Bände, Stuttgart 1971–76, oder in Einführungen wie FRIEDRICH-WILHELM HENNING, Zur Wirtschafts- und Sozialgeschichte Deutschlands. 3 Bde. Paderborn 1973/74 (Bd. 1, 4. Aufl. 1985, Bd. 2, 6. Aufl. 1984, Bd. 3, 6. Aufl. 1988) oder KARL BOSL und EBERHARD WEIS, Die Gesellschaft in Deutschland. Band 1: Von der fränkischen Zeit bis 1848. München 1976. Im Erscheinen begriffen ist eine auf vier Bände angelegte Deutsche Gesellschaftsgeschichte von HANS-ULRICH WEHLER (bisher 2 Bde. München 1987).

Für die besonders in der älteren Verfassungsgeschichte wichtigen kirchengeschichtlichen Fragen kann man konsultieren HUBERT JEDIN (Hrsg.), Handbuch der Kirchengeschichte. 7 Bände, Freiburg, Basel, Wien 1965–79, EKKEHARD MÜHLENBERG, Epochen der Kirchengeschichte. Heidelberg 1980 und HANS ERICH FEINE, Kirchliche Rechtsgeschichte, Band 1: Die katholische Kirche. 5. Aufl. Köln, Graz 1972.

Quellen, Zeitschriften, Bibliographien, Wörterbücher und andere Hilfsmittel

Die klassische Sammlung von Quellen zur deutschen Verfassungsgeschichte ist die von KARL ZEUMER, Quellensammlung zur Geschichte der deutschen Reichsverfassung in Mittelalter und Neuzeit. 2. Aufl. Tübingen 1913; sie reicht von Otto II. bis 1806. Darauf bauen auf LORENZ WEINRICH, Quellen zur deutschen Verfassungs-, Wirtschafts- und Sozialgeschichte bis 1250. Darmstadt 1977, ders., Quellen zur Verfassungsgeschichte des Römisch-Deutschen Reiches im Spätmittelalter (1250–1500). Darmstadt 1983 und HANNS HUBERT HOFMANN, Quellen zum Verfassungsorganismus des Heiligen Römischen Reichs Deutscher Nation 1495–1815. Darmstadt 1976. Neuerdings: ARNO BUSCHMANN, Kaiser und Reich. Klassische Texte und Dokumente zur Verfassungsgeschichte des Hl. Römischen Reiches Deutscher Nation. München 1984. An diese Editionen schließen zeitlich an ERNST RUDOLF HUBER, Dokumente zur deutschen Verfassungsgeschichte. 3 Bde. 2. Aufl. Stuttgart 1961 ff. 3. Aufl. Bd. 1 1978, Bd. 2 1986, Bd. 3 in Vorb. (reicht von 1803 bis 1933), GÜNTER DÜRIG und WALTER RUDOLF, Texte zur deutschen Verfassungsgeschichte. 2. Aufl. München 1979 (Zeitraum 1806–1949) und HANS BOLDT, Reich und Länder. Texte zur deutschen Verfassungsgeschichte im 19. und 20. Jahrhundert. München

1987. Quellen zur Geschichte der deutschen Territorialstaaten enthält Paul Sander und Hans Spangenberg, Urkunden zur Geschichte der deutschen Territorialverfassung. Stuttgart 1922–26.

Eine Zeitschrift, die u. a. speziell auch verfassungsgeschichtliche Fragestellungen behandelt, ist: Der Staat. Zeitschrift für Staatslehre, Öffentliches Recht und Verfassungsgeschichte. Außerdem werden verfassungshistorische Abhandlungen in den allgemeinen historischen sowie den rechtsgeschichtlichen, kirchengeschichtlichen und vor allem auch landesgeschichtlichen Fachzeitschriften veröffentlicht.

Für bibliographische Fragen sind die allgemeinen historischen Bibliographien zu konsultieren. Eine erste Orientierung bietet hierfür das dtv-Wörterbuch zur Geschichte, hrsg. von Konrad Fuchs und Heribert Raab. 2 Bde, 6. Aufl. München 1986; mit ausführlicher Bibliographie am Anfang des 1. Bandes. Sehr wertvoll als Nachschlagewerk für die Verfassungsgeschichte ist das in Einzellieferungen erscheinende Handwörterbuch zur Deutschen Rechtsgeschichte (HRG), hrsg. von Adalbert Erler und Ekkehard Kaufmann, Berlin 1971 ff. Nützlich zum Studium der Verfassungsgeschichte sind auch historische Atlanten wie z. B. der dtv-Atlas zur Weltgeschichte. 2 Bde, 19. Aufl. München 1984, der neben dem Kartenmaterial auch einen chronologischen Überblick über die Weltgeschichte gibt. Unverzichtbar für den Verfassungshistoriker sind jene Hilfsmittel wie Chronologien, Genealogien, Hinweise auf die ältere Schrift- und Urkundentechnik, die von den sog. historischen Hilfswissenschaften angeboten werden; vgl. dazu Ahasver von Brandt, Werkzeug des Historikers. 12. Aufl. Stuttgart 1989.

Weitere Quellen- und Literaturhinweise finden sich jeweils am Schluß der einzelnen Kapitel.

Erster Teil
Das ältere deutsche Reich
Früh- und Hochmittelalter

1. Kapitel
Entstehung und Umriß des älteren deutschen Reiches

1. Die Entstehung des Reiches

Deutschland ist aus dem Zusammenbruch des fränkischen Großreiches im 9. Jahrhundert n. Chr. entstanden, aus dem Zerfall jener bedeutendsten germanischen Staatsgründung der Völkerwanderungszeit, der auch ein anderer zentraler europäischer Staat, Frankreich, seine Entstehung verdankt. Man hat oft geglaubt, einen bestimmten Zeitpunkt für die Entstehung des deutschen Reiches angeben zu können, etwa das Jahr 843 mit der Aufteilung des Fränkischen Reichs in drei Herrschaftsbezirke im Vertrag von Verdun, oder eine der ostfränkischen Königswahlen, wie die Arnulfs von Kärnten 887, die des fränkischen Herzogs Konrad 911 oder schließlich die Wahl des Sachsenherzogs Heinrich 919. Alle diese Ereignisse sind in der Tat wichtig, keines von ihnen hat jedoch allein das deutsche Reich hervorgebracht. Sie markieren nur Momente in einem Prozeß, der zudem zwei verschiedene Seiten aufweist, die des allmählichen Auseinanderfallens eines älteren Staates und die der Bildung eines neuen. Beides hängt zusammen, ist aber nicht identisch. Der Zerfall des Fränkischen Reiches ist Voraussetzung für die Entstehung des deutschen gewesen, hat die Entstehung aber nicht selbstverständlich zur Folge gehabt.

Wenn wir von einem Entstehungsprozeß sprechen, so meinen wir damit, daß das deutsche Reich sich allmählich im Schoße des Fränkischen herangebildet hat. Die Entstehung einzelner seiner Elemente läßt sich sogar über die Zusammenbruchsphase des fränkischen Staates hinaus zurückverfolgen. Umgekehrt hat das Reich noch lange Zeit die Traditionen des fränkischen Staates fortgesetzt. Über ihn blieb es von Anfang an mit der römisch-christlichen Antike und dem germanischen Altertum verbunden. Darüber wird im einzelnen zu Beginn des 3. Kapitels zu berichten sein. Wir beschränken uns hier zunächst auf eine Nachzeichnung des äußeren Entstehungsprozesses und seiner Ursachen.

I.

Als Ausgangspunkt für unsere Darstellung bietet sich die Zeit gleich nach Christi Geburt an, und zwar aus zwei Gründen: Damals eroberten die Römer den westlichen und südlichen Teil des späteren Deutschland bis hin zur Rhein-Limes-Donau-Linie und brachten die dort wohnenden Kelten und Germanen unter ihre Botmäßigkeit. Mit den Römern und der römischen Kultur kam auch das Christentum. Köln, Mainz, Trier und auch Augsburg sind schon in römischer Zeit Bischofsstädte gewesen. Die frühe Grenzziehung hat lang anhaltende kulturelle Nachwirkungen gehabt; Spuren davon sind heute noch sichtbar. In jener Zeit der römischen Kultivierung West- und Süddeutschlands bildeten sich jenseits der Grenze aber auch jene germanischen Völkerschaften heraus, die bei der Bildung des späteren deutschen Reiches eine bedeutsame Rolle spielen sollten. Alemannen und Franken drangen schon bald in das römische Gebiet ein und wurden auf römischem Boden angesiedelt.

Eine grundsätzlich neue Situation entstand mit der Völkerwanderung, den Zügen vornehmlich germanischer Völker im 4. und 5. Jahrhundert nach Süden und Südwesten, die zum Fall des weströmischen Reiches beitrugen. Unter den vielen, meist sehr kurzlebigen Staatsgründungen germanischer Völker auf römischem Boden ragt – für uns bedeutsam – die fränkische Reichsgründung hervor. Die Franken, eine Völkerschaft am mittleren Rhein und am Niederrhein, hatten im Laufe des 5. Jahrhunderts das nördliche Gallien erobert, zum Teil auch schon vorher besiedelt. Um 500 faßte Chlodwig, ein König aus dem Geschlecht der Merowinger, die verschiedenen kleineren Herrschaften, die sich in diesem Gebiet gebildet hatten, zusammen und errichtete ein Reich, das sich vom Rhein bis an die Loire erstreckte. Es dehnte sich in den folgenden Jahren weiter nach Süden und Osten aus. Schon bald geriet das Tolosanische Reich der Westgoten, um Toulouse und in Aquitanien, unter fränkische Botmäßigkeit. Wenig später wurden die Burgunder an Rhône und Saône, die Alemannen am Oberrhein, die Baiern an der mittleren Donau und nördlich von ihnen die Thüringer unterworfen. Der bedeutendste fränkische Herrscher, Karl der Große, der die Dynastie der Karolinger begründete, verleibte zweihundert Jahre darauf, im 8. Jahrhundert, auch die Sachsen und die Friesen dem Fränkischen Reich ein. Damit waren alle im alten Siedlungsgebiet verbliebenen, zusammen mit den Franken später das deutsche Reich bildenden westgermanischen Stämme zum ersten Mal in einer politischen Gemeinschaft vereint.

Das so entstandene Großreich erstreckte sich von der Nordsee bis zum Mittelmeer und zu den Pyrenäen, vom Atlantik bis zur Elbe und zum Böhmerwald. Ihm war auch das Reich der Langobarden in Italien, das Karl der Große ebenfalls im 8. Jahrhundert erobert hatte, zugeordnet. Im Vergleich mit den anderen germanischen Staatsgründungen der Völkerwanderungszeit war es erstaunlich dauerhaft. Das lag wohl nicht zuletzt daran, daß es nicht wie die anderen von relativ kleinen wandernden Einheiten inmitten einer fremden Umgebung errichtet worden war, sondern stets mit dem alten Stammesgebiet der Franken am Rhein verbunden blieb, von wo aus ein wesentlicher Teil des späteren Reiches, sein Kerngebiet bis hin zur Loire, besiedelt wurde.

Eine mindestens ebenso große Bedeutung dürfte aber auch die sehr früh, schon unter Chlodwig erfolgte Annahme des römisch-katholischen Christentums durch die Franken gehabt haben. Damit war eine geistige und religiöse Verbindung zu der unterworfenen Bevölkerung geschaffen worden, die deren Integration in das neue Reich und ihre allmähliche Assimilation begünstigte; insbesondere verband sich die fränkische Herrenschicht mit dem altansässigen gallo-römischen Senatorenadel (Gestattung von Mischehen: *connubium*). Die enge Verbindung mit der Kirche und ihren Bistümern, den damals übriggebliebenen Verwaltungsträgern in den früheren römischen *civitates*, wahrte die politische und kulturelle Kontinuität und ermöglichte einen stabilen Staatsaufbau. Auf diese Weise konnte das Frankenreich zum Vermittler der römisch-christlichen Tradition in das Mittelalter werden, was seinen besonders sinnfälligen Ausdruck in der Krönung Karls des Großen zum römischen Kaiser durch den Repräsentanten der Christenheit, den Papst, in Rom im Jahre 800 fand.

Eine ähnliche ausgleichende Politik der Franken läßt sich auch gegenüber den Völkerschaften im Osten des Reiches beobachten. Sie sind zwar rücksichtslos unterworfen worden, wovon die Berichte über Blutbäder unter Alemannen und Sachsen, in Cannstatt und in Verden, zeugen. Auch wurden in ihrem Gebiet fränkische Militärkolonien angelegt und fränkische Amtsherzöge eingesetzt, die unbotmäßige Bevölkerung gar in andere Reichsteile umgesiedelt. Dennoch haben die Franken die Eigenart der von ihnen besiegten Stämme bewahrt. Sie ließen ihre Volksrechte, wenn auch in einer der fränkischen Herrschaft angepaßten Form, aufzeichnen, und man kann sagen, daß die rechtsrheinischen Völkerschaften eigentlich erst durch ihren politischen Zusammenschluß unter fränkischen Herzögen einen festeren und dauerhaften Zusammenhalt gefunden haben – eine wichtige Voraussetzung für die bedeutsame Rolle, welche die so stabilisierten Stämme bei der späteren Bildung des deutschen Reiches spielen sollten. Neben der administrativen Einordnung sorgte die Christianisierung, zunächst durch iroschottische Mönche im 7. Jahrhundert, dann vor allem durch den Angelsachsen Bonifatius, für eine allgemeine Integration auch hier insbesondere der Oberschicht, aus der sich allmählich eine die Regionen übergreifende »Reichsaristokratie« herausbildete. Die Integration verlief nicht reibungslos und kontinuierlich; zeitweilig gewannen die Randgebiete an Autonomie, doch kam es zu keinem dauerhaften Abfall einer einmal unterworfenen Völkerschaft mehr.

II.

Dennoch ist auch dieses Großreich wieder auseinandergebrochen – nicht auf einmal, nicht durch eine Empörung der Unterworfenen, durch Eroberung oder Usurpation, sondern in einem allmählichen Zerfall, an dessen Beginn die Teilung des Reiches durch die Söhne Kaiser Ludwigs des Frommen, die Karlsenkel Lothar, Ludwig und Karl den Kahlen, im Jahre 843 stand. An sich sind solche »Reichsteilungen« im Fränkischen Reich nichts Besonderes gewesen. Sie entsprachen der Vorstellung, daß die Herrschaft in einem eroberten Land dem Eroberer-König gebühre und daß er sie seinen Söhnen weitervererben könne. So geschah es im Fränkischen Reich schon unter den Söhnen Chlodwigs und auch nachher immer wieder. Reichsteilungen im strengen Sinne waren diese Aufteilungen der Herrschaft in einzelne Bezirke nicht. Die das Königsheil verstärkende Samtherrschaft hob die Reichseinheit nicht auf und ließ auch die Wiedervereinigung der Teile ohne weiteres zu. Starb einer der Brüder kinderlos, so wuchs sein Teil den anderen zu. Aber auch, wenn er Söhne hatte, setzte sich oft genug das Herrschaftsinteresse des überlebenden Oheims gegenüber den Erbansprüchen der Neffen durch. So wurde die Reichseinheit am Ende doch immer wieder hergestellt.

Eine solche Herrschaftsteilung ist auch diejenige gewesen, die nach längerem Bürgerkrieg im Jahre 843 zu Verdun durch die drei Karlsenkel vorgenommen wurde. Karl der Kahle erhielt in diesem Vertrag den westlichen Teil des Reiches bis etwa zur Maas, Ludwig den östlichen bis zum Rhein und zum Teil darüber hinaus, Lothar, der älteste, der die Kaiserwürde geerbt hatte, einen mittleren Streifen von der Nordsee bis zum Mittelmeer, mit Aachen, dem Hauptort des Fränkischen Reiches seit Karl dem Großen, und mit Rom. Damit war eine Grenzziehung erfolgt, die nach der endgültigen Auflösung des Reiches für die spätere Gestaltung Europas größte Bedeutung gewinnen sollte, wurden durch sie doch mit dem westlichen und dem östlichen Reichsteil die Kernlandschaften des späteren Frankreich und Deutschland politisch umrissen und Frankreichs über Jahrhunderte hinweg gültige Westgrenze festgelegt. Bis heute hat die besondere Situation des bald zerfallenden Mittelreiches in den kleineren Staatsbildungen zwischen Frankreich und Deutschland, von den Niederlanden bis Italien, nachgewirkt. Doch ist diese Entwicklung 843 noch nicht erkennbar, geschweige denn intendiert gewesen.

Es kam vielmehr zunächst noch zu weiteren Reichsteilungen, zu neuen Verbindungen und Wiedervereinigungen. 855 wurde das mittlere Reich unter die drei Söhne Lothars aufgeteilt; Italien, Burgund und das Gebiet zwischen der Nordsee und den Maasquellen wurden eigenständige Herrschaften. Der nördliche Teil erhielt nach seinem neuen König, Lothar II., den Namen »Lotharingien« (Lothringen); ihn teilten sich nach dessen Tode im Jahre 870 Karl der Kahle und Ludwig der Deutsche (so später genannt, weil er in den Quellen gelegentlich mit *rex Germaniae* tituliert wird) im Vertrag zu Meersen längs der Maas-Mosel-Linie auf. 876 erbten die drei Söhne Ludwigs das Ostreich. Einer von ihnen, Ludwig III., erwarb 880 im Vertrag zu Ribémont den westlichen Teil Lothringens. Doch in den achtziger Jahren vereinigte der letzte der Söhne Ludwigs, Karl III., der Dicke, noch einmal das ganze Reich.

Nun aber geschah etwas Merkwürdiges: Als Karl der Dicke 887 wegen persönlichen Versagens vor allem im Abwehrkampf gegen die einfallenden, plündernden und brandschatzenden Normannen abgesetzt wurde, folgte ihm kein Karolingersproß mehr auf den Thron des Gesamtreiches, sondern es wählten die verbliebenen Reichsteile sich eigene Könige, zum Teil sogar solche, die nicht einmal dem Herrscherhaus der Karolinger entstammten – ein deutliches Zeichen der fortgeschrittenen Desintegration. In den Bürgerkriegen des 9. Jahrhunderts, den Erbstreitigkeiten zwischen den Thronprätendenten und angesichts des ungenügenden Schutzes der Bevölkerung vor den Einfällen äußerer Feinde, der Normannen im Norden und der Sarazenen im Süden, ist das Ansehen der Karolinger stark gesunken. 887 fand nicht nur die Absetzung eines glücklosen Königs statt, dieses Ereignis bezeichnete vielmehr zugleich den Tiefpunkt im Prozeß der Delegitimation einer ganzen Dynastie. Nachdem die Klammer der Dynastie weggefallen war, löste sich die dynastisch konstituierte Reichseinheit auf. Das Reich zerfiel in eine Fülle kleiner Herrschaften von Herzögen, Grafen, Seigneurs – regionalen Machthabern, die nur noch formal ebenfalls regional beschränkte Könige über sich anerkannten.

Am wenigsten war diese Entwicklung zunächst im ostfränkischen, seit 880 um Lothringen erweiterten Reichsteil spürbar. In ihm wurde 887 Arnulf von Kärnten, ein illegitimer Karolingersproß, König. Er übte, 896 in Rom zum Kaiser gekrönt, sogar noch einige Jahre eine Art Oberhoheit über das Reich aus. Als ihm im Jahre 900 jedoch sein unmündiger Sohn, Ludwig das Kind, auf dem Thron folgte, wurden auch hier deutliche Zeichen des Zerfalls erkennbar. In jenen Jahren bildeten sich die sog. »jüngeren Stammesherzogtümer« heraus, in denen nicht mehr vom fränkischen König eingesetzte Amtsherzöge regierten, sondern vom Stammesadel gewählte Machthaber. Auch Ostfranken schien den Weg des Niedergangs und Zerfalls zu gehen. Die Entwicklung wurde jedoch aufgehalten. Als im Jahre 911 Ludwig, der letzte ostfränkische Karolinger, starb, einigte man sich wiederum auf einen gemeinsamen König, auf den Frankenherzog Konrad I. Wie stark selbst damals der Gedanke der dynastischen Reichseinheit noch war, demonstrierten die Lothringer. Sie vollzogen die Wahl des neuen Königs nicht mit, sondern schlossen sich den Westfranken an, über die noch ein Karolinger herrschte.

Das Jahr 911 bedeutete die endgültige Abkehr des Ostreiches von der angestammten Dynastie. Es war zugleich eine Entscheidung für die Bewahrung der ostfränkischen Einheit. Das wurde 919 noch deutlicher, als sogar ein Nicht-Franke, der Sachsenherzog Heinrich, zum König erhoben wurde – ein bewußtes Abgehen vom bisher herrschenden »Reichsvolk« der Franken, ohne daß damit die von ihnen geschaffene und zusammengehaltene Einheit zerbrach. Fortan war es nicht mehr eine Dynastie, auch nicht mehr ein bestimmtes Volk, wodurch die Einheit des neuen Reiches garantiert wurde, sondern ein von den Stämmen selbst getragenes, von ihrem Adel gewähltes Königtum. Seit 887 waren es nicht länger die karolingischen Dynasten, die über das Schicksal des Fränkischen Reiches entschieden, sondern die Großen, der Adel und die Herzöge der regionalen Subeinheiten. Auf dieser neuen Grundlage erwuchs das neue Reich.

921 wurde Heinrich I. im Vertrag zu Bonn auch vom karolingischen Herrscher des Westfrankenreichs als *rex Francorum orientalium* anerkannt. 925 gewann er Lothringen dem Ostreich zurück, auf das die Westfranken nach vergeblichen Rückeroberungsversuchen 980 verzichteten. Damit war der Entstehungsprozeß des neuen Staates, des älteren deutschen Reiches, zu einem Ende gekommen. Anerkannt von den Stämmen im Innern und von seinem fränkischen Nachbarn im Westen hatte sich ein neues, auf Dauer selbständiges und lebensfähiges Staatswesen etabliert.

III.

Fragt man nach den Gründen für diese Entwicklung, dann ist daran zu erinnern, daß wir es mit einem doppelsinnigen Prozeß zu tun haben: auf der einen Seite der Zerfall eines großen, heterogenen Reiches angesichts äußerer Bedrohungen und innerer Wirren, die von den herrschenden Dynasten eher erzeugt als unterbunden wurden – auf der anderen Seite das Erwachen neuer Integrationskräfte, die den Zerfall des Reiches in eine Vielzahl von Einzelteilen verhinderten und neue, dauerhafte Einheiten schufen. Für das ostfränkische Reich gilt dabei folgendes:

Die 843 zu einem Abschluß gekommenen Reichsteilungsversuche der Karlsenkel hatten im Osten des Reiches die germanischen Stämme rechts des Rheins – zunächst mit Ausnahme der Friesen – miteinander vereint. In diesem, seit den dreißiger Jahren des 9. Jahrhunderts *regnum Francorum orientalium* genannten Gebiet übte Ludwig der Deutsche von seinem Hauptort Regensburg aus lange Zeit eine kräftige, integrative Politik aus, die weitergehende partikularistische Tendenzen zügelte. Ihm kam dabei zugute, daß sich gerade in jener Zeit über die Sprache ein Bewußtsein der Gemeinsamkeit der ostfränkischen Bevölkerung entwickelte. Die Stämme im Osten waren *theodiscus* oder *diutisk* (von *diot* = Stamm, Volk, soviel wie: volksmäßig, volkssprachlich), d. h. sie sprachen nicht ein romanisiertes Latein, sondern eine Volkssprache und wurden daher schon damals, z. B. in Italien, als *Teudisci* oder verballhornt als *Teutonici* bezeichnet. Aus einer allgemeinen, z. B. auch auf die Angelsachsen in England angewandten sprachlichen Charakterisierung wurde auf diese Weise die Benennung spezieller Sprachträger. Es konnte sich das Bewußtsein der Zusammengehörigkeit und Eigenart der so Sprechenden nicht zuletzt auch deswegen ausbilden, weil man den Gegensatz zu der im Westen des Reiches ansässigen, anderssprachigen Bevölkerung recht deutlich erfuhr. Berühmt sind in diesem Zusammenhang die sog. Straßburger Eide geworden: Anläßlich eines Bündnisses zwischen Karl dem Kahlen und Ludwig dem Deutschen beschworen 842 in Straßburg beide Heere den abgeschlossenen Vertrag in unterschiedlicher Sprache, in altfranzösisch und althochdeutsch. Die beiden Herrscher aber mußten sich in der Sprache des Heeres ihres Gegenübers äußern, um sich verständlich zu machen. Die hier in den sprachlichen Unterschieden sichtbar werdende kulturelle Differenz und das damit verbundene partikulare Gemeinschaftsgefühl wurde gefördert durch das Aufblühen der althochdeutschen Literatur in jener Zeit (Notker der Deutsche) und ihre Pflege an den kulturellen Zentren Ostfrankreichs, den Klöstern, allen voran in Fulda.

Es wäre indessen verfehlt, aus dieser Entwicklung zu schließen, daß die Entstehung des älteren deutschen Reichs eine Art Nationalstaatsbildung gewesen sei, die von einer sich sprachlich und kulturell ihrer Eigenart bewußt werdenden Nation ausging. Ein solches Nationalbewußtsein war damals noch nicht vorhanden. Es überwog noch völlig das gentile Zusammengehörigkeitsgefühl, d. h. die Auffassung von der Abstammungsgemeinschaft der zu Herzogtümern vereinten *gentes* oder »Stämme«. Sie sind die als natürlich empfundenen gesellschaftlichen Einheiten gewesen, nicht ein deutsches Volk. Weder die Reichsteilung 843, noch die nachfolgenden Grenzziehungen waren unter nationalen oder sprachlichen Gesichtspunkten erfolgt. Das ältere deutsche Reich ist auch später nie ein reiner Nationalstaat gewesen. Mit Lothringen gehörten zu ihm von Beginn an romanische Volksteile, wie umgekehrt mit dem westlichen Flandern auch ein Teil der flämisch sprechenden Bevölkerung dem Westreich zugeschlagen worden war. Vor allem aber darf man sich die Wahlen ostfränkischer Könige 887, 911 und 919 nicht als eine nationale Erhebung der germanischen, sich ihrer Eigenheit bewußt gewordenen Stämme und als eine bewußte Loslösung aus dem übergreifenden fränkischen Verband vorstellen. Die größere Einheit ist selbst 919, nach dem Wechsel zur sächsischen Dynastie, für die Zeitgenossen nur als *regnum Francorum (orientale)* und noch nicht als deutsches Reich begreifbar gewesen.

Wenn dennoch der ostfränkische Teil sich seit Beginn des 10. Jahrhunderts eigene Herrscher wählte und der gesamtfränkischen, karolingischen Dynastie nicht mehr folgte, wird man noch anderes als das gerade erwachte Gemeinschaftsgefühl bei der Reichsbildung zu berücksichtigen haben, nämlich die in jener Zeit mit den verheerenden Raubzügen der Ungarn erneut auftauchende äußere Gefährdung. Welche Rolle Verteidigungsprobleme spielten, hatte das Schicksal des letzten gesamtfränkischen Herrschers, Karls III., gezeigt. Er scheiterte an der Unzulänglichkeit seiner Bemühungen um eine Abwehr der Gegner und riß das Reich in seinen Sturz mit – keine nationale Erhebung hat es beendet. Das Gesamtreich schien vielmehr seiner Aufgabe, den Schutz vor äußeren Feinden zu gewähren, nicht mehr nachkommen zu können. Auf der anderen Seite durften die kleineren gentilen Einheiten nicht hoffen, mit diesem Problem allein fertig zu werden. Auch dies erklärt das Bedürfnis zu einem Zusammenschluß in einem größeren Rahmen, der nicht nur als sprachlich-kulturelle, sondern vor allem als politische Schicksalsgemeinschaft empfunden wurde. Es kommt daher nicht von ungefähr, daß die neue, die sächsische Dynastie gerade in der von ihr erfolgreich organisierten Abwehr des äußeren Feindes, 933 an der Unstrut und 955 auf dem Lechfeld, ihre eigentliche Legitimation erwarb.

IV.

Indem das neue Staatswesen sich gegen seinen westlichen Nachbarn in Lothringen und im Osten gegen Slaven und Magyaren durchsetzte, aber auch im Innern rasch alle Spaltungstendenzen überwand, gewann es seine, die großen Veränderungen der späteren Jahrhunderte überdauernde Stabilität. Noch lange war es das *regnum Francorum orientalium,* lebten die sächsischen Könige nach fränkischem Recht und kleideten sie sich in fränkische Tracht. Das fränkische Aachen blieb der Krönungsort. Gesamtfränkische Gemeinsamkeit zeigte sich noch im 10. Jahrhundert, z. B. 948 auf der Synode in Ingelheim, die Otto I., der Sohn Heinrichs, für die ost- und westfränkische Kirche gemeinsam abhielt. Den fränkischen Charakter des Reiches hoben seine seit 962 regelmäßig zum römischen Kaiser in Rom gekrönten Könige während des Investiturstreites hervor, um damit unmittelbar an das Kaisertum Karls des Großen anknüpfen zu können. Erst in jener Zeit kam die Wendung *regnum Teutonicum* bzw. *regnum Teutonicorum* – von einem frühen Zeugnis aus dem Jahr 920 abgesehen – auf. Davon sprach bezeichnenderweise die päpstliche Seite, um den imperialen Ansprüchen der ostfränkischen Kaiser-Könige zu begegnen. Demgegenüber beharrten diese darauf, als römische Kaiser das *imperium Romanum* zu regieren, ja es wurde die seit 1254 bezeugte Formel *Sacrum Romanum Imperium* (Heiliges Römisches Reich) sogar zur offiziellen Bezeichnung des neuen Staatswesens bis zu seinem Ende im Jahre 1806. Dahinter traten die alten fränkischen Benennungen und zunächst auch die neue deutsche zurück.

Desungeachtet setzte sich allmählich doch die Anschauung durch, daß das neue Reich eigentlich ein deutsches sei. Hierzu trug nicht zuletzt die im Hochmittelalter verstärkt einsetzende Berührung mit dem als fremd empfundenen Ausland bei, mit den »Welschen« im Westen und Süden sowie den »Windischen« oder »Wenden« im Osten, in den man in der nun anhebenden Phase der Ostsiedlung das »*ius Teutonicum*« mitbrachte. Einen ersten Höhepunkt erreichte das nationale Empfinden in der Epoche des Humanismus, in jener Zeit, in der Luther mit seiner Bibelübersetzung so etwas wie eine deutsche Gemeinsprache schuf, in der die gelehrte Beschäftigung mit der deutschen Vergangenheit begann und die Bedrohung der westlichen Regionen des Reiches durch Frankreich spürbar und vor allem von elsässischen Humanisten artikuliert wurde. Jetzt, im 15. und 16. Jahrhundert, wurde es allgemein üblich von »Deutschland« zu sprechen, und jetzt erhielt auch die Bezeichnung »Heiliges Römisches Reich« den einschränkenden Zusatz »deutscher Nation«. Damit war der Prozeß der Nationbildung zum Abschluß gekommen.

Der hier skizzierte Vorgang der Nationbildung ist deutlich anders verlaufen als die Nationalstaatsbildung im 19. Jahrhundert. In dieser Zeit versuchten bereits existierende Nationen einen eigenen Staat für sich zu gründen oder wenigstens eine gewisse Autonomie in den überkommenen Staatsgebilden zu erlangen (Lösung der sog. »nationalen Frage«). Im Mittelalter handelte es sich hingegen um die allmähliche Verschmelzung einer heterogenen, durch das Ausgreifen des Reichs nach Osten gewaltig zunehmenden Bevölkerung zu einer nationalen Gemeinschaft in einem schon vorhandenen Staat. Die Nationbildung folgte hier der Staatsbildung, ging ihr nicht voran. Sie ist in Deutschland nicht völlig gelungen, wie die Sonderstellung Böhmens im Reichsverband oder das Ausscheiden ganzer Volksgruppen, der Niederländer und der Schweizer, zeigen. Generell aber läßt sich sagen, daß wie im westfränkischen, so auch im ostfränkischen Reich die Bevölkerung zu einem Volk zusammenwuchs, zur deutschen Nation. Und das rechtfertigt es, dieses Reich schon von seinem Beginn an als ein »deutsches« zu bezeichnen, mag dies sein offizieller Name auch nie gewesen sein.

2. Das Reich im Umriß

I.

Das neue ostfränkisch-deutsche Staatswesen, das wir das ältere deutsche Reich nennen, umfaßt den 843 im Vertrag von Verdun fixierten Ostteil des Fränkischen Reiches und Lothringen. Es hat ursprünglich eine von seiner späteren Ausdehnung recht verschiedene Gestalt. Im Westen grenzt es an das spätere Frankreich, das die 880 in Ribémont erfolgte und 980 bekräftigte Grenzziehung nie endgültig akzeptiert hat. Im Südwesten und Süden sind Burgund und Italien Nachbarn, beides selbständig gewordene Teile des ehemaligen Mittelreiches; im Osten schließen sich die Gebiete slavischer Stämme und im Südosten die erst im 9. Jahrhundert in die ungarische Tiefebene vorgestoßenen Magyaren an; jenseits der nordöstlichen Grenze treffen wir auf das Reich der Dänen.

Im Norden bildet die Nordsee, im Süden der Kamm der Alpen eine natürliche Grenze, doch greifen Siedlungen und Herrschaftsbezirke zum Teil über den Alpenkamm hinaus, so z. B. im Gebiet des heutigen Südtirol, in der Gegend von Chiavenna, in Friaul und Istrien. Recht genau läßt sich die Westgrenze angeben. Sie lehnt sich an die Grenzen älterer fränkischer Verwaltungsbezirke und Bistümer an. Von der Scheldemündung verläuft sie zunächst südwärts nach Cambrai und Bapaume; Cambrai ist ostfränkisches Bistum. Darauf wendet sie sich nach Osten und erreicht die Maas bei Mézières, geht dann wieder südwärts, die Maas weit nach Westen übergreifend bis in deren Quellgebiet. Dort schwenkt sie abermals nach Osten ein zum Rheinknie bei Basel und verläuft dann den Rhein aufwärts bis zur Aaremündung. Von hier aus folgt sie der Aare bzw. seit 922 der Reuß aufwärts auf die Alpen zu. Im Gegensatz zur

Westgrenze ist die Ostgrenze nicht scharf fixiert. Es gibt hier große Grenzsäume, in denen schon in karolingischer Zeit sog. Marken, Verteidigungsräume und Aufmarschgebiete für Kriegszüge, angelegt wurden. Die Siedlungsgrenze zwischen Germanen und Slaven wird, grob gesagt, durch Elbe, Saale und Böhmerwald gebildet. Sie geht weiter südlich von der Donau aus die Enns aufwärts über die Tauern hinweg. An manchen Stellen siedeln die Slaven westlich dieser Linie, so z. B. an der unteren Elbe und am oberen Main.

Das gesamte Reichsgebiet umfaßt etwa 470000 km^2. Nach groben Schätzungen wird es um 1000 von zehn und mehr Einwohnern pro km^2 bewohnt. Dabei ist der Westen, das im Altertum zum Römischen Reich gehörende Gebiet, stärker besiedelt und kultiviert als der östliche Teil mit seinen weit auseinander liegenden, in die großen Wälder Germaniens eingesprengten Siedlungsinseln. Die überwiegend von der Agrarwirtschaft lebende Bevölkerung gliedert sich in sechs Stämme: die Friesen an der Nordseeküste, die Sachsen im heutigen Westfalen und Niedersachsen, die Franken am mittleren und unteren Rhein sowie westlich davon über die Maas hinweg und ostwärts den Main hinauf im heute noch nach ihnen benannten Land. Die Thüringer siedeln zwischen Harz, Elbe und Main, die Baiern an der mittleren Donau, an Isar und Inn, und die Alemannen am Oberrhein, im Bodenseegebiet bis hin zum Lech und im alten Rätien, der heutigen Ostschweiz.

Die Bevölkerung des Reiches ist nicht rein germanisch. Von slavischen Einsprengseln im Osten, an Elbe und Main, abgesehen gibt es Reste der alten gallo-römischen Einwohnerschaft in den ehemals zum Römischen Reich gehörenden Gebieten. Sie wurden in der Völkerwanderungszeit, soweit sie nicht vorher geflüchtet waren, von den einfallenden Germanen überlagert, nicht ausgerottet. Im Westen macht das insbesondere die schon seit der Jahrtausendwende feste Sprachgrenze deutlich. Sie verläuft außer in Flandern beträchtlich hinter der Reichsgrenze, nämlich von Boulogne aus ostwärts an Brüssel vorbei nach Lüttich, dann südwärts bis in die Gegend von Thionville (Diedenhofen) und Metz, von dort hinüber zum Donon und den Vogesenkamm entlang durch die Burgundische Pforte zur heutigen Schweizer Grenze und über Freiburg (Fribourg) im Uechtland zu den Alpen.

II.

Trotz mancher Unterschiede in der Wirtschafts- und Gesellschaftsstruktur zwischen Westen und Osten sowie zwischen dem sächsischen Norden und den südlichen Teilen des Reiches läßt sich generell eine starke, zunehmende ständische Schichtung feststellen, bestehend aus einem grundbesitzenden Adel und einer abhängigen Bauernschaft, die über 90 Prozent der Bevölkerung ausmacht. Es herrscht durchweg die Agrarwirtschaft; Handel und Geldverkehr sowie das eigenständige Handwerk sind im Frühmittelalter stark zurückgetreten; eine städtische Kontinuität aus der Römerzeit gibt es kaum, obwohl der Kern der alten Römerstädte noch bewohnt wird und die römischen Bistümer zum Teil fortexistieren.

Die typische Wirtschafts- und Existenzform jener Zeit ist die Grundherrschaft. Sie ist zum einen durch Großgrundbesitz gekennzeichnet. Vom Herren- oder Fronhof, der *villa,* aus bewirtschaftet ein Adliger das unmittelbar zum Herrensitz gehörende Land selbst oder durch einen Verwalter mit dem Hausgesinde und zu Frondiensten verpflichteten Bauern der Umgebung. Im weiteren Umkreis um den Fronhof liegen die Hufen oder *mansi* der zur Grundherrschaft zählenden Landleute, zuweilen in Streulage über große Entfernungen hinweg und in kleineren, dorfartigen Siedlungen (Weilern), deren Höfe verschiedenen Grundherrschaften angehören können. Die Bauern, die diese Stellen bewirtschaften, sind in der Regel Hörige, abgaben- und dienstpflichtig, an die Scholle gebunden; ihre Zuordnung zu einem Herrn wechselt mit der Zuordnung des Grundes und Bodens, auf dem sie sitzen. In größeren Grundherrschaften schieben sich zwischen Herrenhof und Bauernstellen die Güter von Verwaltern (Meierhöfe, sog. Villikationsverfassung).

Der Grundherr ist nicht nur Herr über Grund und Boden, sondern – und das ist das zweite Kennzeichen der Grundherrschaft – auch über die das Land bewirtschaftenden Bauern. Sie sind seinem Schutz und seiner Herrschaft unterstellt, wobei das Maß der Unterwerfung verschieden sein kann. Es kann zur völligen Rechtlosigkeit bei Leibeigenen im Gesinde des Herrenhauses tendieren oder auf bestimmte Dienste und Abgaben, z. B. aus Anlaß einer Heirat, bei den Bauern fixiert sein, die das ihnen zugeteilte Land selbständig bearbeiten (sog. *servi casati*). Alle zu einer Grundherrschaft gehörenden Leute, auch die in ihr lebenden Handwerker, sind der Gerichtsbarkeit des Grundherrn unterworfen, der sie umgekehrt vor den staatlichen Gerichten verteidigt und gegen Überfälle schützt (Grundherrschaft als »Herrschaft über Land und Leute«).

Neben den abhängigen Bauern gibt es freie. Es ist aber in unsicheren Zeiten ein Trend zur Unterwerfung der Freibauern unter einen Grundherrn bemerkbar, sei es, daß die freien Bauern damit wirtschaftliche Sicherheit vor Mißernten, sei es, daß sie überhaupt Schutz und Schirm durch einen Mächtigen erlangen oder sich dem drückenden Militärdienst und anderen öffentlichen Pflichten entziehen wollen. Nicht selten ist es der von der Grundherrschaft ausgehende Druck, der einen Freien veranlaßt, sich und sein Land einem für ihn sorgenden Herrn zu übergeben. Gerade in den durch Bürgerkrieg und den Einfällen der Normannen und Ungarn leidenden Zeiten des 9. Jahrhunderts, dem *saeculum obscurum*, ist es häufig zu Unterwerfungen halb freiwilliger, halb unfreiwilliger Art gekommen, zu Unterordnungsverhältnissen, die sich langfristig als stabil erwiesen. Man wird in dem Zusammenhang berücksichtigen müssen, daß dort, wo Bauern als Freie zu einer Grundherrschaft gehörendes Land bewirtschafteten, sie auch deswegen allmählich in den Stand von Hörigen gedrückt werden konnten, weil es für sie schwer war, auf die Dauer nachzuweisen, daß die von ihnen zu erbringenden Leistungen nicht Merkmale der Unfreiheit waren, zumal die Verpflichtungen, die sie eingingen, sich in Art und Ausmaß kaum von denen Unfreier unterscheiden mochten. Es gibt Fälle, in denen auf Freien sogar stärkere Pflichten lasteten als auf besser gestellten Unfreien. Dies alles macht es für das Mittelalter außerordentlich schwierig, zwischen Freiheit und Unfreiheit klar zu unterscheiden, obwohl es diesen Unterschied auch damals gab, wie zahlreiche formelle Verknechtungen und Freilassungen in jener Zeit bezeugen.

Die mangelnde faktische Unterscheidbarkeit zwischen Freien und Unfreien rührt auch daher, daß es unter den Unfreien selbst beträchtliche soziale Abstufungen gab bis hin zu den mit qualifizierten militärischen und administrativen Aufgaben bedachten Dienstleuten (Ministerialen), die allmählich sogar in den Adelsstand aufstiegen. All das läßt weniger die Unterscheidung von »frei« und »unfrei« als die ebenfalls in den Quellen bezeugte von *potens* und *pauper* für diese Zeit als signifikant erscheinen. *potens* ist der Mächtige, der sich selbst und andere zu schützen und in ihrer Existenz zu sichern weiß und der die Zeit und die Fähigkeit besitzt, an den öffentlichen Angelegenheiten, dem Heeresdienst, den Ratsversammlungen und Gerichtssitzungen, teilzunehmen. *pauper* dagegen ist derjenige, der nicht mehr in der Lage ist, diese Aufgaben wahrzunehmen und sich in den Schutz und in die Abhängigkeit eines anderen begeben muß, um seine Existenz zu fristen. So bildet sich in den Staaten des frühen Mittelalters mit zunehmender Umständlichkeit der Wahrnehmung öffentlicher Pflichten, der Teilnahme an Heereszügen und an Ratsversammlungen, mit zunehmender Verbreitung des Großgrundbesitzes durch Eroberung und durch Landschenkungen der Könige an ihre Gefolgsleute ein soziales Schichtungsgefüge, ein *cleavage*, heraus, das die einfache Unterscheidung von *homo liber* und *servus*, von Freiem und Knecht, überspielt zugunsten schwer durchschaubarer Abstufungen und Abhängigkeiten. Es entsteht auf diese Weise allmählich die ständische Gesellschaft des mittelalterlichen und frühneuzeitlichen Europa mit ihren Tendenzen zur strikten, geburtsmäßigen Absonderung. Es entsteht jene typisch mittelalterliche Adelsherrschaft, die Herrenstellung eines in sich wiederum differenzierten, rittermäßig lebenden Adelsstandes.

III.

Die mittelalterliche Literatur unterscheidet allerdings nicht nur zwei Stände (*ordines*), Ritter und Bauern, sondern drei, die Geistlichkeit kommt hinzu. Allen dreien sind spezifische Funktionen zugeordnet: *ora, protege, labora* (bete, schütze, arbeite). Das verweist auf die bedeutsame Stellung der Kirche und ihrer Organisation in der mittelalterlichen Gesellschaft. Im Zusammenhang mit ihrer Unterwerfung sind die rechtsrheinischen Völkerschaften des alten Frankenreichs von irischen, schottischen, angelsächsischen und fränkischen Mönchen missioniert worden. Sie nahmen das Christentum an, und das ganze Land wurde, insbesondere im 8. Jahrhundert im Gefolge der Mission des Bonifatius, mit einer stabilen Kirchenorganisation überzogen, in Bistümer gegliedert, die unter Erzbistümern zusammengefaßt sind (sog. Metropolitanverfassung). Im ostfränkischen Reich gibt es anfangs vier solcher Kirchenprovinzen, die sich dem Primat des römischen Papstes unterordnen: Köln, Mainz, Trier und Salzburg. Zu ihnen kommen im 9. und 10. Jahrhundert Hamburg-Bremen und Magdeburg hinzu.

Neben dem Weltpriestertum spielt das seit karolingischer Zeit nahezu einheitlich nach der benediktinischen Regel lebende Mönchtum eine große Rolle. Kirchen und Klöster erhalten eine reiche Ausstattung durch die Könige und den Adel in Form frommer Stiftungen, vor allem Landschenkungen. Klöster der damaligen Zeit wie Sankt Gallen, Reichenau, Lorsch oder Fulda verfügen über riesigen Grundbesitz; sie sind die kulturellen Zentren, von denen die wesentlichen Impulse für die Agrikultur, das Handwerk, das Gesundheitswesen, die Kunst und das Geistesleben ausgehen. Mönche und Kleriker vermitteln die antike Tradition, sie vermitteln Bildung und Wissenschaft, reflektieren das politische Leben ihrer Zeit und werden in der weltlichen Verwaltung tätig, für die sie als disziplinierte, an Gehorsam gewöhnte und schriftkundige Arbeiter von unschätzbarem Wert sind (vgl. engl. *clerc* aus lat. *clericus*).

Dabei sind Geistlichkeit und weltlicher Adel in eigenartiger Weise miteinander verschränkt. Zum einen behalten sich die adligen Grundherren häufig das Eigentum an den von ihnen gestifteten Kirchen und Klöstern vor; sie setzen sogar eigenhändig Priester, zum Teil Unfreie aus ihrem Gesinde, ein und ab und maßen sich ihnen gegenüber Direktivbefugnisse zu (sog. Eigenkirchenwesen). Zum andern sind in der Kirche selbst die höheren Positionen in den Bistümern und Abteien durchweg von Söhnen und Töchtern des Adels besetzt. Sie ist eine Adelskirche gewesen wie das Mittelalter überhaupt die Zeit weltlicher und geistlicher Adelsherrschaft war.

IV.

Über diesen weltlichen und geistlichen Adelsherrschaften wölbt sich die politische Organisation des Reiches. Auch sie wird vom Adel getragen. Er begegnet uns im Heeresaufgebot, im Vorsitz der lokalen Gerichtsversammlungen und in den regionalen Verwaltungseinheiten, den Grafschaften, mit denen seinerzeit die Franken ihr Reich überzogen haben. Man hat für jene Epoche zwei Sphären des öffentlichen Lebens zu unterscheiden: eine gesellschaftliche, die im wesentlichen durch die weltlichen und geistlichen Grundherrschaften gebildet wird, die quasi natürlichen Produktions- und Lebensgemeinschaften des Gros der Bevölkerung, und eine staatlich-politische, in der die übergreifenden Entscheidungen gefällt werden, welche die Organisation des Gesamtverbandes, seinen Schutz nach außen und die Aufrechterhaltung der Ordnung im Innern betreffen. Repräsentant dieser Ordnung ist der König, aber es gibt Untereinheiten, die ebenfalls politische Qualität aufweisen; in Deutschland sind das die Stammesherzogtümer.

Entstanden aus einer administrativen Zusammenfassung der seinerzeit unterworfenen Völkerschaften durch fränkische Amtsherzöge, haben diese Stammesherzogtümer immer eine gewisse Eigenständigkeit gewahrt; in der Phase des Zusammenbruchs des Fränkischen Reichs sind sie zu bedeutenden, halbautonomen politischen Einheiten geworden mit vom Stammesadel gewählten autochthonen Herzögen an ihrer Spitze. Seit dem Ende des 9. Jahrhunderts ist es nicht mehr der König, der die Stämme beherrscht und sich unterordnet, es sind die Stämme, die den König als Garanten der Ordnung, als Repräsentanten des Gesamtverbandes wählen.

Das ältere deutsche Reich ist ursprünglich aus fünf solchen Stammesherzogtümern zusammengesetzt, dem der Sachsen, der Baiern, der Alemannen und der Franken sowie dem durch die Reichsteilung seit 843 als selbständiges Gebiet ausgewiesenen, ebenfalls fränkischen Lothringen, zu dem die Friesen gehören. Die Thüringer, seit Jahrhunderten den Übergriffen der Sachsen und Franken ausgesetzt, können ein eigenes Stammesherzogtum nicht bewahren. Auch die ursprüngliche Fünfzahl überdauert nicht. Sehr bald wird Lothringen in Ober- und Niederlothringen (die Niederlande) aufgeteilt (965) und Kärnten im Südosten zu einem selbständigen Herzogtum erhoben (976). Schließlich überwiegt das sich hier abzeichnende territoriale Einteilungsprinzip das stammesmäßige und es entwickeln sich neue, territorial bestimmte Fürstentümer vor allem im Zusammenhang mit der fortschreitenden Urbarmachung und Kultivierung des Landes sowie der ausgreifenden Ostsiedlung im Hochmittelalter.

Trotz dieser zum Teil gravierenden Veränderungen in den territorialen und bevölkerungsmäßigen Grundlagen, trotz der Abhängigkeit des Repräsentanten der staatlichen Einheit, des Königtums, das von Anfang an im Gegensatz zum fränkischen kein Erobererkönigtum ist, sondern ein Wahlkönigtum, das auf einer Vereinbarung der Stämme ruht und später in die Abhängigkeit der Territorialfürsten gerät, weist das Reich eine erstaunliche Stabilität, Langlebigkeit und sogar nationbildende Kraft auf. Dazu hat paradoxerweise offensichtlich gerade der Umstand beigetragen, daß es aus den Stämmen und Territorien erwuchs, daß es eine Wahlmonarchie war; denn so konnte sich schon von Anfang an der den früheren patrimonialen Herrschaftsauffassungen von einer Herrschaftsteilung unter den Königssöhnen entgegengesetzte Gedanke der Unteilbarkeit des

Staatswesens durchsetzen. Dem trägt schon die vom sächsischen König Heinrich I. 929 erlassene Hausordnung Rechnung. Sie verfügt, daß nur ein Sohn auf den Thron nachfolgen soll. Erbgedanke und Wahlprinzip werden im neuen Reich miteinander verbunden. Dieses System überdauert drei Dynastien, die Ottonen, Salier und Staufer. Erst nach dem Untergang der Staufer setzt sich die Idee der freien, nicht mehr dynastisch gebundenen Wahl durch mit den von einem Herrscherhaus zum andern »springenden« Wahlen. Seit 1438 aber werden die Könige nur noch aus dem Hause Habsburg genommen.

Man hat häufig im deutschen Königtum bzw. in dem seit 962 mit seiner Würde verbundenen Kaisertum nicht nur den Repräsentanten der staatlichen Einheit gesehen, sondern auch ihren faktischen Garanten gegenüber den partikularistischen Tendenzen der Stämme und Territorien. Das ist nur bedingt richtig. Sicherlich haben sich die Könige und Kaiser zeitweise in erheblichem Maße um den Schutz des Reiches und die Festigung der Reichseinheit bemüht. Sie haben sich oft mit Erfolg gegen die regionalen Machthaber durchgesetzt. Sie haben aber auch, weil sie hochgesteckten imperialen Zielen in Italien folgten, oder später selbst als Landesfürsten auf eine Stärkung ihrer territorialen Machtstellung bedacht waren, die Belange des *regnum Teutonicorum* bedenklich vernachlässigt. Umgekehrt gibt es Zeugnisse genug für das Bestreben der Territorialherren in ihrer Funktion als Reichsstände, das sie alle schützende Reich zu erhalten und zu festigen. Und letztlich sind es die Territorialstaaten gewesen, die nach dem Zusammenbruch des alten Reichs, nach der von Napoleon erzwungenen Niederlegung der Kaiserkrone durch Franz II. 1806, das Reich in der modernisierten Form des Deutschen Bundes weiterführten und ihm eine neue Existenz im bundesstaatlichen Zusammenschluß von 1871 gaben.

Literaturhinweise

Allgemein orientiert über den besprochenen Zeitraum Josef Fleckenstein, Grundlagen und Beginn der deutschen Geschichte. 3. Aufl. Göttingen 1988. Zu den Franken und ihrer Großstaatsgründung vgl. Reinhard Schneider, Das Frankenreich. München 1982 und das Sammelwerk: Karl der Große. Lebenswerk und Nachleben. 5 Bde., hrsg. v.

Wolfgang Braunfels. Düsseldorf 1968; darin im Band 1 insbesondere der Beitrag von Walter Schlesinger, Die Auflösung des Karlsreichs.

Häufig und kontrovers ist die *Frage der Entstehung* des älteren deutschen Reichs behandelt worden. S. dazu jetzt Eduard Hlawitschka, Vom Frankenreich zur Formierung der europäischen Staaten- und Völkergemeinschaft. Darmstadt 1986. Einige ältere Aufsätze zu diesem Thema finden sich bei Hellmut Kämpf (Hrsg.), Die Entstehung des Deutschen Reiches. Deutschland um 900. 3. Aufl. Darmstadt 1971; vgl. auch Hans-Joachim Bartmus, Die Geburt des ersten deutschen Staates. Ein Beitrag zur Diskussion der deutschen Geschichtswissenschaft um den Übergang vom ostfränkischen zum mittelalterlichen deutschen Reich. Berlin (DDR) 1966, sowie Walter Schlesinger, Die Königserhebung Heinrichs I., der Beginn der deutschen Geschichte und die deutsche Geschichtswissenschaft. In: HZ 221 (1975). Als Einführung ist geeignet Gerd Tellenbach, Die Entstehung des deutschen Reiches. 3. Aufl. München 1947.

Zur *Frage der Nationbildung* vgl. den Überblick von Werner Conze, Die deutsche Nation – Ergebnis der Geschichte. 2. Aufl. Göttingen 1965 und Karl F. Werner, Art. ›Deutschland‹ im Lexikon des Mittelalters. 3 Bde. München, Zürich 1986 (mit ausführlichen Literaturangaben). Zur neueren Diskussion vgl. Eckhard Müller-Mertens, Regnum Teutonicum. Aufkommen und Verbreitung der deutschen Reichs- und Königsauffassung im frühen Mittelalter. Wien, Köln, Graz 1970; dazu Helmut Beumann, Regnum Teutonicum und rex Teutonicorum in ottonischer und salischer Zeit. In: Archiv für Kulturgeschichte 55 (1973); Carlrichard Brühl, Die Anfänge der deutschen Geschichte. Wiesbaden 1972. Zur Unteilbarkeit des *regnums* vgl. Eduard Hlawitschka, Zum Werden der Unteilbarkeit des mittelalterlichen Reiches, in: ders., *Stirps regia.* Forschungen zu Königtum und Führungsschichten im früheren Mittelalter. Festgabe z. 60. Geb., hrsg. v. Gerhard Thoma und Wolfgang Giese. Frankfurt a.M. 1988.

Über die *Grenzen* des deutschen Reichs unterrichtet Alexander Demandt (Hrsg.), Deutschlands Grenzen in der Geschichte. München 1990. Demographische Angaben enthalten der Bevölkerungs-Ploetz: Raum und Bevölkerung in der Weltgeschichte. 3. Aufl. Freiburg, Würzburg 1965–68, Band 2, II. und III. Teil; C. M. Cipolla und K. Borchardt, Bevölkerungsgeschichte Europas. Mittelalter und Neuzeit. München 1971, und Erich Kayser, Bevölkerungsgeschichte Deutschlands. 3. Aufl. Leipzig 1943. Bei den Angaben zur Bevölkerung in früheren Zeiten handelt es sich um grobe Schätzungen. Zu achten ist auch auf die unterschiedliche Bezugsgröße: Deutsches Reich – kleindeutsches Reich – Deutschland in den Grenzen von 1937.

Über die *Stämme* handelt grundsätzlich Reinhard Wenskus, Stammesbildung und Verfassung. Das Werden der frühmittelalterlichen Gentes. Köln, Graz 1961; vgl. auch ders., Die deutschen Stämme im

Reich Karls des Großen. In: Karl der Große, a.a.O., Bd. 1, und GERD TELLENBACH, Königtum und Stämme in der Werdezeit des deutschen Reiches. Weimar 1939 (zur Reichsaristokratie und den sog. jüngeren Stammesherzogtümern). Die Stammesrechte (auch Volksrechte genannt) sind überliefert in den MONUMENTA GERMANIAE HISTORICA, Abt. Leges, und in der Sammlung »Germanenrechte«, Weimar 1934ff.; vgl. dazu die einschlägigen Artikel im Handwörterbuch zur Deutschen Rechtsgeschichte.

Zu *Wirtschaft und Gesellschaft* im frühmittelalterlichen Deutschland vgl. außer der in der Einleitung angegebenen Literatur die Überblicke von WILHELM ABEL, Geschichte der deutschen Landwirtschaft vom frühen Mittelalter bis zum 19. Jahrhundert. 3. Aufl. Stuttgart 1978, FRIEDRICH LÜTGE, Geschichte der deutschen Agrarverfassung vom frühen Mittelalter bis zum 19. Jahrhundert. 2. Aufl. Stuttgart 1967, EDITH ENNEN und WALTER JANSSEN, Deutsche Agrargeschichte vom Neolithikum bis zur Schwelle des Industriezeitalters. Wiesbaden 1979. In die Fragen der Adelsforschung und Adelsherrschaft führen ein GERD TELLENBACH, Zur Erforschung des hochmittelalterlichen Adels (9.–12. Jh.). In: XIIe Congrès International des Sciences Historiques du Comité International des Sciences Historiques, Rapports, 1965, und HEINRICH MITTEIS, Formen der Adelsherrschaft im Mittelalter. In: ders., Die Rechtsidee in der Geschichte. Weimar 1957. Zum Bauerntum s. GÜNTHER FRANZ, Geschichte des deutschen Bauernstandes vom frühen Mittelalter bis zum 19. Jahrhundert. 2. Aufl. Stuttgart 1976. Eine sehr instruktive sozialgeschichtliche Einführung ist die von GEORGES DUBY, Guerriers et paysans, VII–XIIe siècle. Premier essor de l'économie européenne. Paris 1973; umfassender: ders., L'Économie rurale et la vie des Campagnes dans l'Occident Médiéval (France, Angleterre, Empire IXe–XVe). 2 Bde. Paris 1962. Ein älteres einschlägiges Sammelwerk ist das von THEODOR MAYER (Hrsg.), Adel und Bauern im deutschen Staat des Mittelalters, Leipzig 1943, ND 1967.

Zum Phänomen der *Grundherrschaft* vgl. WERNER ROESENER (Hrsg.), Strukturen der Grundherrschaft im frühen Mittelalter. Göttingen 1989, sowie HANS PATZE (Hrsg.), Die Grundherrschaft im späten Mittelalter (Vorträge und Forschungen 27). 2 Bde. Sigmaringen 1983.

In die *Lehre von den drei Ständen* führt ein GEORGES DUBY, Die drei Ordnungen des Feudalismus. 3. Aufl. Frankfurt a.M. 1986.

Mönchtum und *Kirche:* Das Standardwerk über die Kirche im mittelalterlichen Deutschland ist das von ALBERT HAUCK, Kirchengeschichte Deutschlands. 5 Bände, 3./4. Aufl. Leipzig 1904–29, ND 1953. Zum Mönchtum s. KARL SUSO FRANK, Geschichte des christlichen Mönchtums. Grundzüge. Darmstadt 1988.

Neben der Frage der überragenden *Rolle des Adels* im Frühmittelalter und seiner Herkunft aus germanischer oder fränkischer Zeit hat die Geschichtswissenschaft in den letzten Jahrzehnten vor allem das *Problem der Freien* (Freibauern, Königsfreie u.a.) zwischen adligen

Grundherren und Unfreien beschäftigt. Ein kritisches Resümee dazu gibt HANS KARL SCHULZE, Rodungsfreiheit und Königsfreiheit. Zur Genesis und Kritik neuerer verfassungsgeschichtlicher Theorien. In: HZ 219 (1974); s. dazu aber auch FRANZ IRSIGLER, Freiheit und Unfreiheit im Mittelalter. Formen und Wege sozialer Mobilität. In: Westfälische Forschungen 28 (1976/77). Einen älteren Querschnitt durch die Diskussion enthält Band II der Reihe Vorträge und Forschungen: Das Problem der Freiheit in der deutschen und Schweizer Geschichte. Hrsg. von THEODOR MAYER, Lindau, Konstanz 1953. Bedeutsam sind ROBERT VON KELLER, Freiheitsgarantien für Person und Eigentum im Mittelalter. Heidelberg 1933, und HERBERT GRUNDMANN, Freiheit als religiöses, politisches und persönliches Postulat im Mittelalter. In: HZ 183 (1957), sowie die Aufsatzsammlung von KARL BOSL, Frühformen der Gesellschaft im mittelalterlichen Europa. München, Wien 1964.

2. Kapitel
Zur politischen Struktur des älteren deutschen Reiches im Mittelalter

Vorbemerkung

Wir wenden uns nach der Erörterung der Entstehung und der allgemeinen Strukturen des älteren deutschen Reiches seiner politischen Verfassung, dem Regierungssystem zu. Hier gilt es zunächst zu bemerken, daß Staaten im Mittelalter *regna*, Königtümer, sind und anders als in einem König personifiziert in jener Zeit gar nicht gedacht werden können. Vom König geht alle staatliche Herrschaft aus, er repräsentiert sie in mehr als nur symbolischer Weise. Damit kontrastiert in gewissem Maße der Umstand, daß Herrschaft im Mittelalter in der neueren historischen Forschung meist mit Adelsherrschaft gleichgesetzt wird, mit der Herrschaft der in diesen Agrargesellschaften mächtigen Grundherrn über das von ihnen abhängige, landbebauende Volk. In dieser Sichtweise erscheint das Königtum lediglich als »gesteigerte Adelsherrschaft«. Die Formulierung bringt treffend zum Ausdruck, daß es im Mittelalter und noch später selbständige, nicht abgeleitete, sondern autogene adlige Herrschaften gibt, der König in der Ausübung seiner Tätigkeit in vielfacher Hinsicht vom Adel abhängig ist und selbst aus dieser Herrenschicht stammt; Mon-archien im strikten Sinne waren die mittelalterlichen *regna* nicht. Dennoch wird man die mittelalterlichen Staatsverfassungen nicht einfach als »Aristokratien mit monarchischer Spitze« bezeichnen dürfen. Ein anderes Bild trifft den Sachverhalt besser: Die vom König ausgehende Staatsorganisation, so rudimentär und mit den gesellschaftlichen Herrschaftspositionen des Adels verflochten sie immer sein mag, ist gewichtiger und besser als die des Adels begründet, sie ragt in die Adelsherrschaft hinein und konkurriert mit ihr, sucht sie zu zügeln und sich unterzuordnen. Der König ist nicht nur eine Art geschäftsführendes Oberhaupt von Adelsgeschlechtern; er ist auch ihr Gegenspieler. Und er ist dies häufig in Konkurrenz zu anderen Großen im Reiche, den Kronvasallen, Stammesherzögen, später zu den Landesherren, die ebenso wie er bemüht sind, eine die Adelsherrschaft einordnende staatliche Gewalt in ihrem Bereich zu begründen. Dabei steht nicht von vornherein fest, wer in diesem Konkurrenzkampf obsiegen wird, die Entwicklung geht in Frankreich andere Wege als in Deutschland, aber hier ist doch die königliche Machtstellung anfangs so stark, daß jede Darstellung der Verfassung des mittelalterlichen deutschen Reiches von ihr ihren Ausgang nehmen muß.

Das Gesagte gilt für Deutschland bis zum 13. Jahrhundert, bis zu jenem Intervall, das man als »Interregnum« bezeichnet, und insofern stellt der dadurch begrenzte Zeitraum eine Einheit dar. Wir werden jedoch sehen, daß dies nur bedingt zutrifft. Die vier Jahrhunderte, um die es hier zunächst geht, weisen nicht nur eine bedeutsame Verfassungsentwicklung auf (über die im 3. Kapitel berichtet wird), sondern es ist in ihnen die Verfassungsorganisation auch in räumlicher und sachbezogener Hinsicht sehr unterschiedlich. Schwierigkeiten der Darstellung mittelalterlicher Verfassungsverhältnisse ergeben sich ja nicht nur aus der Spärlichkeit, mit der hier die Quellen fließen, sondern auch aus ihrer geringen Repräsentativität. Recht ist im Mittelalter konkret und fallbezogen, keine abstrakt-allgemeine Regel, und Regeln sind häufig, gemessen an unseren Standards, unpräzise; sie weisen auf eine relativ flüssige Organisationsform der Gesellschaft und einen geringen Grad von Institutionalisierung der politischen Sphäre hin. Rechtsaufzeichnungen größeren Umfangs gibt es erst am Ende dieser Periode: die sog. Rechtsbücher des 13. und 14. Jahrhunderts wie den Sachsenspiegel oder den Schwabenspiegel. Sie schildern nicht die Gesamtheit der vielfältigen Rechtskreise, in denen der mittelalterliche Mensch lebt, wie das Landrecht, das Lehnrecht, Hofrecht, Dienstrecht und später das Stadtrecht, sondern sie unterlassen das, weil das Recht mancher dieser Kreise regional und lokal so unterschiedlich ist, daß sich etwas Allgemeines darüber auch in fortgeschrittener Zeit nicht aussagen läßt. Es kann daher hier nur eine recht generelle Beschreibung der Struktur des mittelalterlichen deutschen Reiches gegeben werden. Wir beginnen mit dem Königtum, erörtern dann die Regierungsweise des Reiches, die Reichsorganisation, gehen dabei insbesondere auf das signifikante, den Namen für das Ganze gebende Merkmal dieser Organisation, das Lehnswesen, ein und wenden uns abschließend noch einmal der Frage der Staatlichkeit des Reiches zu.

1. Das Königtum

I.

Mittelalterliche Staaten sind *regna*, Königtümer. Die Existenz einer alle anderen überragenden Person, eines Königs, wird in jener Zeit ganz allgemein als notwendig angesehen, um eine Gesellschaft als Einheit erscheinen zu lassen. Der König ist der eine, der der *multitudo*, der vielfältigen Menge, ihren Zusammenhalt gibt, der ihre Einheit nicht nur repräsentiert, sondern personifiziert und garantiert. Er wird deshalb auch gern als Spitze der ständisch gegliederten Gesellschaftspyramide dargestellt. Noch bis ins 19. Jahrhundert sind große Flächenstaaten nur als Königreiche mit einer monarchischen Spitze und einem von ihr abhängigen Staatsapparat vorstellbar gewesen. Das erste große Gegenbeispiel in der abendländischen Geschichte, das diese Auffassung ins Wanken bringt, sind die Ende des 18. Jahrhunderts gegründeten Vereinigten Staaten von Amerika.

Der König sorgt für Einheit, Frieden, Ordnung, Schutz und Gerechtigkeit, oder, wie man, dem heiligen Augustinus folgend, sagt: für *pax et iustitia*. Es ist seine Aufgabe, die Ordnung einer christlichen und ständischen Gesellschaft zu bewahren und sie sicher durch alle Fährnisse zu leiten, kurz: zu regieren. *»reges a regendo vocati«* lehrt der Erzbischof Isidor von Sevilla (ca. 560–636), dessen Ansichten im Mittelalter starke Beachtung finden, und auch das antike Bild vom König als Steuermann (*gubernator*, woraus *gouvernement* und *government* wird), der das Staatsschiff lenkt, wird gern benutzt, um diesen Sachverhalt zu verdeutlichen. Damit er dieses leisten kann, wird der König in der Regel einem mächtigen Adelsgeschlecht, der *stirps regia*, entnommen, an die sich das Königsheil heftet, das dem ganzen Lande Segen bringt. Die Könige zeichnet in dieser älteren Auffassung ein besonderes Charisma aus; noch in späteren Jahrhunderten behauptet man von den französischen Monarchen, daß sie Skrofulose durch Handauflegen heilen könnten.

Die Aura heidnischer Sakralität, die den König umgibt, ist im Mittelalter christlich überhöht. Schon bei den Karolingern salbt man den König bei der Thronbesteigung nach alttestamentarischem Vorbild – ein Weiheakt, der ihm Weisheit und Stärke von Gott verleihen soll. Die Firmsalbung gilt im Frühmittelalter als Sakrament. Sie bezieht den König in den geistlichen Stand ein und läßt ihn seine Herrschaft gleichsam von oben, *Dei gratia*, empfangen. Diese Legitimation hebt ihn deutlich aus dem Kreis seiner Wähler heraus. Als *vicarius Christi* verdankt er seine Macht in erster Linie nicht ihnen, sondern Gott. Doch bedeutet dieses Gottesgnadentum nicht, daß er nunmehr von allen irdischen Bindungen frei regieren darf. Das Königtum ist ihm vielmehr verliehen als ein Amt, als *ministerium*, das ihn auf eine gute und rechte Erfüllung seiner Aufgaben verpflichtet. Man hat diese eigenartige, überragende und doch auch hohen Pflichten ausgesetzte Stellung des mittelalterlichen Herrschers als Ausfluß eines in Salbung und Krönung durch die Bischöfe zum Ausdruck kommenden »theokratischen Amtsgedankens« bezeichnet. Nun ist aber das mittelalterliche Königtum keine Theokratie, keine sich auf Gott berufende Priesterherrschaft gewesen. Richtig dagegen ist, daß die Auffassung von Herrschaft als einem Pflichten aufbürdenden Amt aus der Kirche stammt. In dieser Gestalt hebt sich zum ersten Mal im Mittelalter eine vom König personifizierte und von ihm aus organisierte staatlich-politische Sphäre als selb-ständige von den übrigen sozialen Beziehungen und gesellschaftlichen Macht- und Herrschaftsverhältnissen ab.

Aus seiner Aufgabenstellung, *pax et iustitia* zu wahren, womit sich damals bestimmte und umfangreiche inhaltliche Vorstellungen verbanden, folgen die Funktionen des Königs, zuallererst die des Gerichtsherrn. Darunter ist nicht nur die Sorge für die Erledigung von Rechtsstreitigkeiten zu verstehen, sondern – und dies ist in der mittelalterlichen Rechtssituation außerordentlich wichtig – auch die Erledigung von Fragen, die wir heute zur sog. Freiwilligen Gerichtsbarkeit zählen, wie die Fixierung bestimmter Rechtsverhältnisse; deren Bestätigung in Königsurkunden war deshalb von höchstem Wert, weil der Inhalt dieser Urkunden als unanfechtbar galt. Es sind zweitens darunter Schutzaufgaben in einem mehr polizeilichen Sinne zu verstehen. Unter dem besonderen Schutz des Königs stehen Kirchen und Klöster, Witwen und Waisen, Kaufleute und Juden – der mittelalterlichen Vorstellung folgend, daß der Mächtige, der *potens*, sich und seine Klientel selber schützt, daß es aber Gruppen in der Bevölkerung gibt, denen dieser Schutz fehlt und der deshalb vom König zu geben ist. In diesen Aufgabensektor gehören auch die Bemühungen der Könige um die äußere Befriedung des Landes, die im Hochmittelalter sich mehrenden Versuche, einen allgemeinen Landfrieden zu stiften, gehören die Verbesserungen der Infrastruktur, Straßen- und Brückenbau sowie die Errichtung sie sichernder Burgen, die der König von seinen Leuten bauen läßt. Schließlich ist der König zuständig für die Gestaltung der

Beziehungen zu den auswärtigen Mächten, für die Verteidigung des Landes, die Aufstellung und Führung der bewaffneten Mannschaft und schließlich für die Missionierung der Heiden.

Zur Wahrnehmung dieser Aufgaben verfügt der König über die sog. Banngewalt, d.h. das Recht, Anordnungen, Gebote und Verbote zu erlassen, z. B. die bewaffnete Macht aufzubieten (Heerbann) oder einen Gerichtsfrieden zu verkünden (Friedensbann). Die Banngewalt ist nicht zu verwechseln mit der Gesetzgebungshoheit im modernen Sinne. Ansätze zur Gesetzgebung gab es zwar schon in karolingischer Zeit. Aber auch unter den damals üblichen Kapitularien hat man wohl eher programmatische Willensbekundungen, allgemeine Anweisungen und wiederholte Einschärfungen von Geboten zu verstehen als Gesetze im strengen Sinne. Sie verschwinden zudem im 10. Jahrhundert völlig. Der mittelalterliche König gibt keine Gesetze; er verleiht konkrete Berechtigungen an bestimmte Personen (Privilegien) und spricht im Rate der Großen in Urteilsform, was in einer Situation rechtens ist (Weistum; gerichtsförmige Regierungsweise). Zu Anfängen einer Gesetzgebung kommt es erst Ende des 11., anfangs des 12. Jahrhunderts im Zusammenhang mit den Bemühungen um einen allgemeinen Landfrieden. Als erste »Verfassungsgesetze« des älteren deutschen Reichs werden in der Literatur das Wormser Konkordat von 1122 sowie die Lehnsgesetze Lothars III. (1136) und Friedrich Barbarossas (1158) genannt.

Neben seiner Anordnungsgewalt sind die finanziellen Mittel des Königs zu erwähnen, der Schatz *(thesaurus)*, über den er verfügt, und die Regalien, d. h. die nutzbaren Hoheitsrechte wie z. B. das Recht, Münzen zu prägen, Zölle und Gerichtsgefälle (Gebühren und Geldbußen) zu erheben, Märkte zu errichten und Benutzungsgebühren einzuziehen, Reisenden Geleit gegen Geleitgelder zu gewähren, Bodenschätze auszubeuten (Berg- und Salzregal) oder Wälder zur Nutzung einzuforsten. Der Regalienbegriff ist nicht scharf umrissen. Man versucht mit ihm in der Stauferzeit alle möglichen für das Königtum nützlichen Dinge zu reklamieren, sogar Herrschaften wie Herzogtümer oder Grafschaften, über die der König disponieren kann. Als Regalienrecht im engeren Sinne bezeichnet man die Befugnis des Königs, ein Bistum bei Sedisvakanz zu nutzen – neben dem Spolienrecht am bürgerlichen Nachlaß eines verstorbenen Prälaten eine weitere Quelle von Einkünften.

Zu den genannten Finanzmitteln kommen in späterer Zeit

Zinsleistungen aus der Nutzung von Reichsgut z. B. durch Reichsstädte, Steuern in Notfällen und Tribute auswärtiger Mächte. Die Einkünfte aus Geldleistungen sind jedoch spärlich und erfolgen eher ad hoc in Notzeiten als regelmäßig. Die Besteuerungstechnik ist angesichts der naturalwirtschaftlichen Verhältnisse völlig unterentwickelt; der Reichtum der Krone beruht im wesentlichen auf dem Bodenbesitz und daraus folgenden Naturalleistungen. Dieses Reichsgut (Krongut) stammt aus verschiedenen Quellen, aus Eroberungen, Konfiskationen, Schenkungen und nicht zuletzt aus dem Hausgut der regierenden Dynastie. Der Bestand und die Art der Nutzung wechseln stark. Reichs- und Hausgut werden in Deutschland erst allmählich voneinander geschieden, seit dem Streit um die Erbnachfolge in das Hausgut der ausgestorbenen salischen Dynastie 1125 und in späterer Zeit anläßlich der zwischen verschiedenen Fürstenhäusern »springenden« Wahlen. Eine Folge der unterschiedlichen Erwerbsquellen ist, daß das Reichsgut weit verstreut liegt – eine Möglichkeit für das Königtum, das Reich von bestimmten Punkten ausgreifend zu erfassen und zu beherrschen. Daher zeigen sich die Herrscher zumeist auch bemüht, den Besitz in bestimmten Gegenden zu massieren.

Nutzungsberechtigt ist der König auch an dem der Kirche zu ihrem Unterhalt überlassenen Gut. Die Kirche erbringt dafür verschiedene Leistungen; vor allem hat sie den umherziehenden König zu gasten *(servitium regis)* – bei einem Gefolge von vermutlich über tausend Personen keine einfache Angelegenheit. Vor allem aber hat man sich zu vergegenwärtigen, daß Grundbesitz in jener Zeit nicht nur Verfügungsrechte über Boden, sondern Herrschaft auch über die dazu gehörigen landbebauenden Leute bedeutet. Als Grundherren stehen dem König eine Vielzahl von Dienstmannen und Bauern (Königsbauern, auch sog. Königsfreie) zur Disposition, mit deren Hilfe er das Land bewirtschaftet und die er zu Verteidigungsleistungen und zu Infrastrukturarbeiten heranziehen kann. Auch die Bischöfe und Äbte der Reichskirche dienen ihm in Politik und Diplomatie; Geistliche bilden die Reichskanzlei; für die Überlassung von Reichsgut ist die Kirche zur Gestellung von Heeresverbänden verpflichtet. Ähnlich kann der König das Reichsgut nutzen, wenn er es an adlige Herren ausleiht, sie damit belehnt und dafür zur Wahrnehmung von Amtsobliegenheiten und vor allem zur Heeresfolge verpflichtet. Auf diese Weise erweist sich gerade der Besitz von Land und Leuten als hervorragendes Mittel, die Mächtigen im Lande an sich zu binden, die personellen Ressourcen zu erweitern und mit ihrer Hilfe so etwas wie eine Verwaltungsorganisation im Reich aufzubauen.

Das alles darf jedoch nicht darüber hinwegtäuschen, daß die Mittel der Könige für Regierung und Verwaltung in jener Zeit gering sind. Auch üppiger Bodenbesitz kann nicht das Fehlen von Geld und damit verbundenen Dispositionsmöglichkeiten ersetzen. Das zeigt sich besonders im Spätmittelalter, als ausländische Herrscher, wie der König von Frankreich, mit dem Rückhalt einer stärker entwickelten Geldwirtschaft in ihren Landen zum deutschen König in Konkurrenz treten. Das Fehlen von Geld erlaubt es vor allem nicht, einen modernen Verwaltungsstab zu errichten und zu unterhalten, Leute ihren Diensten entsprechend zu entlohnen und mit einer gewissen Beliebigkeit einzustellen und zu entlassen. Allerdings ist das nicht der einzige Grund für das Ausbleiben eines professionellen und disponiblen Verwaltungsapparats. Es mangelt offenbar auch an den personellen, schulmäßigen, ja überhaupt geistigen Voraussetzungen dafür. In der agrarischen Welt adliger Grundherrschaften über Land und Leute ist es schwer, wenn nicht gar undenkbar, einen konkurrierenden Herrschaftsapparat mit staatlichen Angestellten aufzuziehen und dafür geeignete Personen zu finden, weswegen die Könige sich auch immer wieder genötigt sehen, zur Erledigung von Regierungs- und Verwaltungsaufgaben auf Geistliche zurückzugreifen, die des Schreibens kundig und einigermaßen weltläufig sind, und denen die für eine reibungslose Erledigung von Geschäften unumgängliche Gehorsamshaltung nicht fremd ist.

Um die Schwierigkeiten mittelalterlicher Herrschaftsausübung zu begreifen, muß man sich auch immer vor Augen halten, daß der deutsche König damals über ein Land von annähernd der doppelten Größe der Bundesrepublik gebietet. Dazu kommen noch die sog. »Nebenländer« Italien und Burgund. Das ist angesichts der beschränkten Kommunikationsmöglichkeiten ein kaum beherrschbarer Raum. Das Land ist spärlich besiedelt, wenig kultiviert. Es gibt kaum Straßen und keinen geregelten Postbetrieb. Im Westen sind die Verhältnisse mit den Römerstraßen, den Römerstädten und alten Bischofssitzen etwas besser. Der König hat wenig Chancen, ohne einen einsatzfähigen Verwaltungsstab diesen großen Raum zu kontrollieren. Dazu bedarf es seiner Präsenz; sie ist wünschenswert, ja unabdingbar, um seinen Anordnungen in der damals stark unter dem

Eindruck von Persönlichkeiten und ihrer Ausstrahlungskraft stehenden Kultur Nachdruck zu verleihen. So kommt es zu der eigenartigen Erscheinung, daß der König sein Amt im Umherziehen von Pfalz zu Pfalz, von Bischofsstadt zu Bischofsstadt, ausübt – mit verschiedenen Schwerpunkten, die von Herrscher zu Herrscher je nach der politischen Situation und der Lage des Hausgutes wechseln. Die unterschiedliche Schwerpunktbildung läßt sich recht gut an den rekonstruierten Itinerarien der Könige verfolgen. Ganze Reichsteile bleiben auf diese Weise jedoch auf längere Zeit oder ständig von der königlichen Herrschaft unerfaßt. Von einer stetigen Herrschaftsausübung kann unter diesen Umständen keine Rede sein. Wie weit ein König sie zu erstrekken vermag, hängt in erster Linie von seinem persönlichen Durchsetzungsvermögen ab. Was bedeutende Herrscher leisten, kann unter ihren weniger tatkräftigen Nachfolgern wieder verlorengehen. Das alles läßt die politischen Verhältnisse im Innern schwanken und sie nach außen hin raschem Wandel gegenüber offen sein.

Gelegentlich ist behauptet worden, daß der Zwang für den König umherzuziehen daher rühre, daß keine Pfalz mit ihren Tafelgütern groß genug gewesen sei, den Herrscher und sein umfangreiches Gefolge auf Dauer zu beköstigen. Das war sicherlich nicht der einzige Grund für die staunenswerte königliche Mobilität, zeigt aber deutlich, welchen nicht nur politischen, sondern auch technischen Schwierigkeiten ein Herrscher in jener Zeit bei der Ausübung seines Amtes ausgesetzt gewesen ist. Vor ähnliche Probleme sah sich die Logistik selbst für die bescheidenen Heeresgrößen damals gestellt; auch das darf nicht übersehen werden, wenn man die Wirkungsmöglichkeiten staatlicher Tätigkeit im Mittelalter begreifen will.

Im übrigen fehlt es im Reich im Mittelalter schon an den einfachsten Dingen ordentlicher Verwaltungstätigkeit wie z. B. einer simplen Register- und Aktenführung, die das notwendige Gedächtnis jeder Regierung ist. Es ist das Reichsgut nirgendwo verzeichnet, es wird kein Lehnsregister über die ausgegebenen Güter des Reiches geführt – was viele unklare Rechtslagen und Möglichkeiten für Potentaten zur Folge hat, sich an diesen Gütern zu bereichern. Offenbar fehlt es aber nicht nur an bestimmten Techniken, sondern auch an einem angemessenen Verständnis für ihren Gebrauch. Denn was hilft die sorgsame Aufzeichnung von Rechtsvorgängen in Urkunden, wenn nach einem Dynastiewechsel die Erben des Königs das gesamte

Reichsarchiv, in dem die Urkunden gesammelt sind, mit nach Hause nehmen?

II.

Wir haben bisher von der Stellung des Königs, von seinen Aufgaben und Funktionen und von den Mitteln gesprochen, die er zu ihrer Erfüllung besitzt. Dabei sind wir auf Restriktionen gestoßen, denen er bei seiner Tätigkeit im allgemeinen ausgesetzt ist. Zu diesen Hemmnissen und Bindungen mittelalterlicher Herrschertätigkeit ist gleich noch einiges zu sagen. Vorweg aber noch eine grundsätzliche Bemerkung:

Gewöhnlich geht man bei der Schilderung von Verfassungsinstitutionen oder Personen, die in einer Verfassung bestimmte Aufgaben zu erfüllen haben, von der Kompetenzlage, ihren rechtlich geregelten Zuständigkeiten aus. Das ist bei dem niedrigen Institutionalisierungsgrad und dem geringen Ausmaß rechtlicher Differenzierung von Verfassungspositionen im Mittelalter nicht möglich. Es gibt keine genau umschriebene Kompetenzregelung für den König, noch für andere politische Amtsträger. Zwar lassen sich aus den wahrzunehmenden Aufgaben und Funktionen nicht nur Handlungspflichten, sondern auch Rechtsansprüche, bestimmte Tätigkeiten vorzunehmen, ableiten, sie sind aber nicht scharf definiert, und es können ihnen Rechtsansprüche anderer Herkunft, z. B. aus althergebrachten Gewohnheiten, konkurrierend gegenüberstehen. Damit wird ihre Durchsetzung zu einer Machtfrage. Das ist nun nicht so zu verstehen, als könne man im Mittelalter Macht und Recht säuberlich in zwei strikt voneinander unterschiedene Sphären trennen. Diese im 19. Jahrhundert verbreitete Sichtweise ist dem Mittelalter vielmehr fremd. Doch wie die Ausübung von Macht sich in der Regel zu ihrer Verstärkung auf einen Rechtstitel beruft, so ist umgekehrt bei der Durchsetzung von Rechtsansprüchen auch damals materielle Macht vonnöten, und ihr Einsatz kann bei konkurrierenden Rechtspositionen den Ausschlag geben, das »wahre« Recht erweisen.

Dieser Situation läßt sich in der Analyse mit einem weiten Ressourcen- und Restriktionenbegriff gerecht werden, der nicht nur auf die technischen und reinen Machtmittel bei der Durchsetzung irgendwelcher Absichten rekurriert, sondern Handlungsmöglichkeiten und -grenzen aus den allgemeinen kulturellen Bedingungen einer Epoche entwickelt. Ressourcen sind dann nicht nur finanzielle, personelle und technische Dispositionsmöglichkeiten, sondern auch mentale Einstellungen, kulturelle Neigungen und die dadurch geförderte Bereitschaft, etwas zu akzeptieren, sowie die gängigen Rechtsvorstellungen und anerkannten Rechtspositionen, die eine bestimmte Handlungsfähigkeit begründen. Das Entsprechende gilt für Restriktionen. Sie äußern sich nicht nur in Gestalt von politischer Gegenmacht und oppositionellen Rechtspositionen, sondern auch durch das Fehlen an sich denkbarer Mittel, wie z. B. Geld oder technischer Fertigkeiten; vor allem aber können sie in den Ressourcen selbst liegen, gleichsam ihre Kehrseite bilden, wie dies beim Recht der Fall ist, das zugleich zu Handlungen ermächtigt und sie begrenzt.

Es ist außerordentlich wichtig, sich immer wieder vor Augen zu halten, daß der mittelalterliche König trotz seiner ihn über alle anderen erhebenden Stellung kein Autokrator ist und daß ihm zur Ausübung absoluter Herrschaft nicht nur die technischen Mittel fehlen, sondern überhaupt die Vorstellung davon, daß dies möglich oder gar wünschenswert sei. Absolutistische Tendenzen kennt erst die Neuzeit. Der mittelalterliche König hat bestimmte, wenn auch vage umschriebene Aufgaben zu erfüllen; daraus folgen seine Rechte, aber auch seine Pflichten und die Begrenzungen seiner Handlungsmöglichkeit. Nicht von ungefähr wird seine Funktion, das *regere*, das Regieren, als *recte facere* gedeutet. Der König hat in erster Linie ein gerechter Herrscher, ein *rex iustus*, zu sein, und die Beachtung des Rechtes sowie des Gemeinen Besten, des *bonum commune*, unterscheidet ihn vom Tyrannen: *»Principes terrarum sunt a Deo instituti, non pridem ut propria lucra quaerant, sed ut communem utilitatem procurent.«* (Thomas von Aquin, De reg. Iud. qu. 6) In vielen Fürstenspiegeln, den bedeutsamen Zeugnissen der politischen Kultur jener Zeit, wird den Herrschern von den meist geistlichen Autoren ein Katalog der erwünschten Tugenden und Handlungsweisen vorgehalten – und damit offenbar, daß die Herrscher in der Interpretation ihres *ministerium* von der Auslegung, die ihm die Geistlichkeit gibt, abhängig sind. Gegenüber dem rechtsbrüchigen König gibt es das Recht des Widerstandes; auch der heillose König kann abgesetzt werden.

Gewiß hat der König das Recht, Anordnungen in Erfüllung seines Amtes zu treffen. Seine Banngewalt ist aber nicht Ausdruck einer souveränen Willkür, sondern sie ist eingebettet in das auch für ihn geltende Recht des Volkes. Auch wenn man heute nicht mehr der Ansicht huldigt, daß im Mittelalter nur das »gute, alte Recht« Recht war – je älter, desto besser –, so ist doch nach wie vor daran festzuhalten, daß das Recht in der traditionalistischen Vorstellungsweise jener Zeit nicht als eine nach Interessenabwägungen gestaltbare und beliebig veränderbare Größe aufgefaßt, sondern als vorhanden empfunden wird und deshalb zu »finden« und nicht einfach zu schaffen und zu setzen ist. In der Regel hat man es nicht schriftlich fixiert. Es unterscheidet sich insofern kaum vom Brauchtum und der Gewohnheit (Recht als *consuetudo*). Das wiederum gibt einem starken Herrscher die Chance, trotz aller Rechtsgebundenheit gestalterisch einzugreifen, unklares Recht zu fixieren und dem »richtigen« Recht durch seinen Spruch Ausdruck zu verleihen. Mit dieser Intention sind schon in fränkischer Zeit die sog. Volks- oder Stammesrechte (z. B. die *Lex Salica,* das Recht der salischen Franken um 500, später die *Lex Alamannorum, Lex Baiuwariorum* u. a.) aufgezeichnet worden. »Volksrecht« und »Königsrecht« oder »Amtsrecht« stehen nicht in einem Gegensatz zueinander. Besser sagt man, daß der König mit Hilfe von Rechtskennern das Recht der Gemeinschaft artikuliert und ihm auf diese Weise eine bestimmte Gestalt und Festigung verleiht.

Politisch bedeutsam wird die Rechtsgebundenheit des Königs vor allem dort, wo er auf die eigenständige Herrschaft des Adels trifft. Der Adel lebt nicht von des Königs Gnaden. Seine Herrschaft ist »autogen«. Sie ist älter als das Reich und nicht vom König abgeleitet. In der für die Feudalzeit typischen herrschaftlichen Selbstverwaltungssphäre der Grundherrschaft findet der staatliche Machtanspruch seine Grenze. Doch die ist fließend. So besteht z. B. ein Interesse des Königs und der von ihm bestellten Amtsträger, die Gerichtsbarkeit im Lande in umfassender Weise an sich zu ziehen. Auf der anderen Seite versuchen dagegen die Grundherren, die Gerichtshoheit über ihre Hintersassen bei sich zu halten und möglichst auch auf die Fälle auszudehnen, in denen ihre Leute mit nicht der Herrschaft angehörenden in Konflikt geraten. Vor allem aber behauptet der Adel das ganze Mittelalter über mit Erfolg sein Recht zur selbständigen Austragung von Streitigkeiten in Form der Fehde. Reste dieser zähen Gewohnheit gibt es in Gestalt des Duellwesens noch bis ins 20. Jahrhundert. Auch sonst kommt Selbsthilfe, z. B. als Blutrache bei Totschlag, häufig vor. Den verschiedenen Arten von Selbstjustiz widerstreiten der aus der Befriedungsaufgabe des Königs resultierende Anspruch und die ihm korrespondierende Verpflichtung, für einen allgemeinen Landfrieden zu sorgen. Es ist dies der klassische Fall der Konkurrenz zweier wohlbegründeter Rechtsansprüche, und es dauert Jahrhunderte, bis das staatliche Friedensgebot sich gegenüber dem Fehderecht durchsetzt und Fehde zum Unrecht erklärt werden kann.

In Situationen wie diesen kommt es offensichtlich nicht nur darauf an, wer das »bessere« Recht hat, sondern auch, wer über die stärkeren Bataillone verfügt. Angesichts der realen Gegenmacht des Adels ist der König häufig gezwungen, Koalitionen einzugehen: mit einem Teil des Adels gegen den anderen, mit der Geistlichkeit oder dem niederen Adel gegen die Hocharistokratie, später mit den Städten. Die Bündnisse können wechseln, aber sie sind außerordentlich wichtig, um der königlichen Macht zum Durchbruch zu verhelfen. Es kann sich der König schon deswegen nicht allein behaupten, weil er zu allen Anordnungen und Durchsetzungsmaßnahmen der Hilfe des Adels, gegen den sie sich möglicherweise richten, bedarf. Wir stoßen hier auf eine frühe Form des für die europäische Entwicklung außerordentlich charakteristischen Mitbestimmungsprinzips bei der Ausübung von Regierungsgeschäften. Keine Rechtsgestaltung, keine Heerfahrt, keine Auferlegung von Abgaben kann stattfinden ohne die Zustimmung der Großen im Lande. Dieses Konsensprinzip gilt ganz allgemein. So schärft z. B. in einem Reichsweistum aus dem Jahre 1231 Heinrich (VII.) auch den neu aufkommenden *domini terrae*, den Landesherren, ein, daß sie nicht *constitutiones vel nova iura* machen dürften, ohne den *consensus* der *meliorum et maiorum terrae* einzuholen. Begründet wird diese Vorgehensweise gern mit dem zuerst in der Kanonistik formulierten Hinweis auf die Betroffenheit der Zustimmungsberechtigten: *»Quod omnes tangit, ab omnibus approbari debet.«* Sie läßt sich aber auch auf die Vorstellung einer prinzipiellen Gegenseitigkeit der Verpflichtungen und der sie begleitenden Rechtspositionen in der mittelalterlichen Welt zurückführen.

Schon in den grundherrschaftlichen Verhältnissen ist der Herr nicht einfach berechtigt, die Arbeitskraft der von ihm abhängigen Bauern auszunutzen und von ihnen Abgaben zu erheben, sondern er schuldet ihnen dafür »Schutz und Schirm«. Auf dieser wechselseitigen Beziehung beruht die Rationalität der Grundherrschaft, zugleich liegt darin die Problematik ihrer Aufrechterhaltung in späterer Zeit begründet, als die Schutzaufgabe für die Untertanen vom Staat übernommen wird und der Grundherr sozusagen funktionslos wird. Generell läßt sich sagen: Für das Land, das jemand zur Bebauung oder zur Beherrschung erhält, und für den Schutz, der ihm von einem Mächtigeren gespendet wird, ist er diesem zur Unterstützung, zu Rat und Hilfe, *consilium et auxilium*, verpflichtet. Doch aus der Pflicht zur Beratung kann bei der allgemeinen Wechselbezüglichkeit der Beziehungen leicht ein Recht auf Ratschlag und am Ende eine Zustimmungsbefugnis werden, insbesondere dort, wo es sich um die Zustimmung zu neuen Lasten und Verpflichtungen handelt und der Betroffene selbst ein Mächtiger im Lande ist, etwa ein Kronvasall des Königs. So verschränken sich Rechte und Pflichten in vollkommener Gegenseitigkeit in einer Welt, die einseitige Anordnungsbefugnisse und einfache Hierarchien des Gehorsams trotz aller Unterscheidung eines gesellschaftlichen »oben« und »unten« gerade im staatlichen Bereich noch nicht kennt. Wie das Konsiliarprinzip auf ein Konsensrecht, so verweist das Auxiliarprinzip auf die Mitverantwortung der Vasallen des Königs bei Verwaltung und Schutz des Reichs. Auch hierin ist der König auf den Adel angewiesen, ist die Adelsmacht für ihn Ressource und Restriktion zugleich.

So ist der König im Mittelalter wirkliches Zentrum der Regierung, deutlich herausgehoben aus seiner gesellschaftlichen Umgebung, in einer durch Gott erhöhten Position, der Angriff auf ihn ein Majestätsverbrechen, ja Sakrileg. Er ist ausgerüstet mit hoher Gebotsgewalt und Reichtümern an Grund und Boden, die es ihm gestatten, die Mächtigen im Reich in ihrem Bestreben nach immer mehr Herrschaft über Land und Leute an sich zu binden, wie er auch ihr Prestigebedürfnis durch das Ansehen, das die Nähe zum Hofe verleiht, zu stillen vermag – beides eine List der Vernunft, die den *potens* mit dem Abglanz königlicher Autorität überstrahlte Ämter übernehmen läßt und ihn in den sich langsam ausbildenden Staatsapparat einbindet. Der König aber ist zugleich in vielfältiger Weise abhängig von den gesellschaftlichen Machthabern: bei seiner Einsetzung, die er ihrer Wahl verdankt, bei der Ausübung der Regierungsgeschäfte, in denen er auf ihre Mitarbeit, ihre Mitverwaltung und damit auch auf ihren Konsens angewiesen ist, und schließlich in der Kontrolle, die sie über ihn ausüben und die bis zum Widerstand und zur Absetzung reichen kann. Das bindet ihn ebenso wie die Dürftigkeit der technischen Mittel, mit denen er seiner herrscherlichen Aufgabe nachkommen muß – im deutlichen Unterschied zu den Fürsten in späterer Zeit. In einem jedoch, das sollten wir nicht vergessen, war der mittelalterliche König in

Deutschland seinen Nachfolgern gegenüber sichtlich besser gestellt: Bis zur Schlacht von Bouvines im Jahre 1214 läßt sich von keiner nennenswerten ausländischen Einflußnahme auf die inneren Verhältnisse des Reiches berichten – was freilich eher an der temporären Ohnmacht der Potentaten ringsum als an der wirklichen Stärke des deutschen Königtums gelegen haben mag.

2. Die Organisation des Reiches

Mittelalterliche Staaten sind von Königen beherrschte *regna.* Sie kennen aber auch schon ein Minimum an politischer Organisation. Dazu gehören in der Regel die Einsetzung der Könige, die Ausgestaltung der Regierungszentrale und Ansätze zu einer vom Königtum abhängigen Landesverwaltung.

I.

Das ältere deutsche Reich ist im Gegensatz zu dem 1871 gegründeten eine Wahlmonarchie gewesen. Das hängt mit seiner Entstehung aus der vom Adel der rechtsrheinischen Stämme betriebenen ostfränkischen Integrationspolitik zusammen. Von den Stämmen ist das neue Königtum installiert worden, und es hat sich nie aus der Abhängigkeit von ihnen und später der Territorien lösen können. Anders als in Frankreich scheiterten die Versuche, z. B. unter Heinrich VI., Deutschland in ein Erbreich zu verwandeln. Dennoch ist die in der Literatur gebräuchliche Bezeichnung »Königswahl« für den Bestallungsprozeß des Thronfolgers im Mittelalter mißverständlich; denn in der Regel war dieser Vorgang komplizierter. Er bestand aus Designation, Wahl, Inthronisierung und Umritt im Reich.

Um die Königsherrschaft im eigenen Haus zu halten, zugleich aber die inakzeptablen Folgen einer Teilung des Reiches unter mehrere Erben zu vermeiden, gehen die deutschen Könige von Anfang an dazu über, ihren Nachfolger, in der Regel den ältesten Sohn, selbst zu bestimmen. Diese Designation stellt einen bindenden Wahlvorschlag für die an der Auswahl des Thronfolgers beteiligten Großen des Reiches dar. Sie ersetzt die Wahl nicht, stuft sie aber zu einer Zustimmungshandlung herab. Grundsätzlich ist ein Widerspruch der Großen gegen einen ungeeigneten Nachfolger denkbar. Deshalb bleibt die einer Designation folgende Wahl mehr als eine reine Akklamation. Auch gibt es immer wieder Fälle von Thronwirren. Doch folgt man in der Regel der Weisung des Königs, sei es, daß man sich ihm zu gehorchen verpflichtet fühlt oder an das Herrscherheil des Geschlechtes, aus dem auch der Nachfolger stammt, glaubt, sei es, daß man sich einfach dem Mächtigeren unterwirft. Es ist bezeichnend, daß die Könige die auf die Designation folgende Wahl und Inthronisierung ihres Nachfolgers meistens schon während ihrer Lebzeit betreiben.

Gewählt wird auf fränkischer Erde, seit 1257 regelmäßig in Frankfurt am Main. Die Inthronisierung erfolgt in Aachen auf dem Stuhle Karls des Großen. Sie ist mit der Salbung des Königs, seiner Krönung und der Investitur mit den Reichsinsignien verbunden. Die Bedeutung dieser Vorgänge darf nicht unterschätzt werden. Erst am Ende der gesamten Prozedur ist der König wahrer König, wenn er – seinem Amte geweiht und über das Volk erhoben – die Symbole des Reiches – Krone, Szepter, Schwert und Heilige Lanze – empfangen hat. Deutlich wird dabei das Zusammenspiel aller politisch relevanten Kräfte des Reiches: des Königtums selbst in der Designation, des Adels und der hohen Geistlichkeit. Die Salbung erfolgt bis Anfang des 11. Jahrhunderts durch den Erzbischof von Mainz, seitdem durch den von Köln. In späterer Zeit führt die Verknüpfung der deutschen Königswürde mit dem römischen Kaisertum zum Anspruch der Approbation des Gewählten durch den Papst mit der Begründung, daß er den deutschen König in Rom zum Kaiser zu krönen habe. Dieser Anspruch wird 1338 durch den Spruch der Kurfürsten im Kurverein zu Rhense und durch das Reichsgesetz ›*Licet iuris*‹ zurückgewiesen.

Diese geschilderte Ordnung hält sich im großen und ganzen bis zum Zusammenbruch der Stauferherrschaft, bis zur Doppelwahl Alfons' von Kastilien und Richards von Cornwall im Jahre 1257. In dieser Zeit sind mit geringfügigen Unterbrechungen drei Dynastien zur Herrschaft gelangt, die Ottonen, die Salier und die Staufer. An sie schließt sich eine Periode der freien und zwischen verschiedenen Häusern »springenden« Wahlen an; seit 1438 wird der deutsche König aus dem Hause Habsburg genommen.

Man hat angesichts dessen, daß die Periode der freien Wahl mit dem Niedergang der Reichsgewalt verbunden war und gleichzeitig Frankreich mit seinem zur Erbfolge übergegangenen Königtum mächtig aufblühte, oft darüber gestritten, ob der Erbmonarchie oder der Wahlmonarchie der Vorzug zu geben sei. Für die Erbmonarchie scheint zu sprechen, daß sie die Besetzung der Staatsspitze aus dem Parteienstreit heraushält und eine Kontinuität in der Regierung verspricht. Übereinstimmend damit wird auch heute noch in der Literatur die durch Designation und Wahl zu Lebzeiten eingetretene Quasi-Vererblichung des Königsamtes im mittelalterlichen Deutschland als vorteilhaft für das Reich beurteilt. Tatsächlich hat sie dem Reich eine Reihe bedeutender Herrscher geschenkt sowie eine Kontinuität in der Thronfolge und eine relative Stabilität, z. B. in der Pflege und Mehrung des Reichsgutes, bewirkt. Allerdings darf man die dadurch eingetretene Verstetigung der Politik nicht überschätzen. Wie die Regierung der wenigen, den drei genannten Dynastien nicht angehörenden Könige (Lothar III., Otto IV.) zeigt, gab es bestimmte Grundbedingungen der deutschen Reichspolitik, die auch durch das Abgeben von einer Dynastie nicht verändert wurden.

Auf der anderen Seite barg die Quasi-Vererblichung der Thronfolge im hohen Mittelalter auch einige Probleme. Neben der Frage, wie mit einem König zu verfahren sei, dem man nicht mehr zu folgen bereit ist, was das Reich unter Heinrich IV. in einen Bürgerkrieg stürzte, ist hier vor allem das Problem des frühzeitigen Todes eines Königs und der Nachfolge seines noch unmündigen Sohnes zu nennen. Vor dieser Situation stand das deutsche Reich wiederholt. Sie führte zu erheblichen Schwierigkeiten, weil die Regentschaft nicht geregelt war und die dafür gefundenen Lösungen, wie die Vormundschaft-Regentschaft durch die Königinmutter, die Regierung eines kraftvollen Herrschers nur unvollkommen ersetzen konnten. Ähnlich lagen die Dinge beim Aussterben einer Dynastie. Hier erhob sich die Frage, wer das Reich *vacante imperio* zu regieren habe; das Wahlmoment trat dann notwendigerweise wieder stärker in Erscheinung.

Besonders die Kirche hat auf dem Wahlprinzip insistiert, weil es eine bessere Gewähr dafür biete, daß ein *idonëus* den Thron besteige, als die Zufälligkeit der Vererbung. Die Kirche selbst ist ja mit diesem Prinzip, dem sie verständlicherweise huldigte, im allgemeinen gut gefahren. Auch lag die Stärke Frankreichs wohl weniger im Übergang zur Erbmonarchie als in dem Umstand, daß die herrschende Dynastie nicht ausstarb und dem Lande eine Reihe kraftvoller und langlebiger Könige bescherte.

Doch hatte auch die Wahl im Mittelalter ihre Tücken. Wahlen litten vor allem darunter, daß der Wahlvorgang nicht fest institutionalisiert war. Weder war geregelt, wer eigentlich zu den

Wählern gehörte, noch gab es feste Verfahrensregeln – ein Mangel, der bei einer vorweggenommenen Designation weniger ins Auge sprang. In der Literatur wird meist von einer Wahl des deutschen Königs durch das Volk gesprochen, doch ist, wenn die Quellen vom *populus* reden, nur der zur politischen Mitsprache berechtigte Adel gemeint. Es waren die Großen des Reiches, weltliche Potentaten und hohe Geistlichkeit, die – zunächst nach Stämmen getrennt – als Wähler auftraten und den Thronfolger bestimmten. Da es für die Zugehörigkeit zur Wählerschaft jedoch keine feste Regeln gab, konnte es zu Doppelwahlen kommen, ohne daß man ohne weiteres zu klären vermochte, wer nun eigentlich der rechte Herrscher war. So hat sich z. B. am Ende des 12. Jahrhunderts im Streit zwischen dem Staufer Philipp von Schwaben und dem Welfen Otto die Situation ergeben, daß sich der eine Prätendent darauf berief, er sei richtig auf dem Karlsthron zu Aachen inthronisiert worden, während der andere darauf verwies, daß er mit den echten Reichsinsignien investiert worden sei. Solche Streitigkeiten hatten schwerwiegende Folgen; denn am Ende konnten nur die Waffen, konnte nur ein Bürgerkrieg die Entscheidung bringen. Im übrigen mußte auch ein eindeutig gewählter König damit rechnen, daß ihm Nichtwähler Schwierigkeiten bereiteten; denn es waren ja nie alle, die Schwierigkeiten machen konnten und deshalb bei der Wahl zu berücksichtigen waren, bei einem Wahlvorgang versammelt, weswegen der gewählte König auch häufig zuallererst durch einen Umritt durch die Lande sich der Loyalität seiner Untergebenen zu vergewissern suchte.

Es ist nach alldem verständlich, daß man allmählich zu einer verbindlichen Regelung des Wahlverfahrens zu kommen suchte. Tatsächlich hat man sie am Ende des von uns betrachteten Zeitraums gefunden. Im Laufe der Zeit reduzierte sich die Zahl der als Wähler in Betracht kommenden Großen und schälte sich ein fester Bestand notwendiger und endlich auch alleiniger Wahlteilnehmer heraus, nämlich die sieben Kurfürsten: die drei Erzbischöfe von Mainz, Trier und Köln, der Pfalzgraf bei Rhein, der König von Böhmen, der Herzog von Sachsen und der Markgraf von Brandenburg. Es ist nicht geklärt, was gerade diesen Reichsfürsten die Ehre eingebracht hat, alleinige Königswähler zu werden, aber sie werden es im Laufe des 13. Jahrhunderts, zu einer Zeit, in der das Erlöschen der letzten großen Herrscherdynastie im Mittelalter, der Staufer, eine Regelung des nun wieder bedeutsamer werdenden Wahlverfahrens unumgänglich macht.

Zur gleichen Zeit wird die Prozedur bereinigt. Man geht ab von dem zwar einsichtigen, aber nicht ernsthaft verwirklichbaren Prinzip der Einhelligkeit einer Wahl – zeitweilig praktikabel gemacht durch die Behauptung einer Folgepflicht der im Wahlgang Unterlegenen – und akzeptiert die einfache Mehrheitsregel. Was uns heute so selbstverständlich erscheint, ist es damals durchaus nicht gewesen. Lange Zeit sträubt man sich im Mittelalter – nicht nur bei der Königswahl – dagegen, die Mehrheit als entscheidendes Kriterium anzuerkennen, nimmt man lieber lange Prozeduren in Kauf, um Einstimmigkeit zu erreichen, oder gilt der *sanior pars* besser als der *maior pars*, was ja ganz vernünftig klingt, wenn man nur ein zweifelsfreies Kriterium für die Bestimmung dessen, was *sanior* ist, besitzen würde. So führt am Ende der allgemeine Trend zur Rationalisierung in Europa dazu, bei Entscheidungen, wie z. B. bei der Königswahl, die Quantität, die Mehrheit, den Ausschlag geben zu lassen – und es haben sich die politischen Denker noch Jahrhunderte später darum bemüht zu begründen, warum gerade dies sinnvoll und richtig sei.

Die endgültige Regelung der Bestallung des Königs trifft 1356 die Goldene Bulle Karls IV., das erste große Reichsgrundgesetz. Sie erwähnt nur noch die Königswahl, nicht mehr die Inthronisation. Ähnlich verlief die Entwicklung in der Frage der Absetzung eines Königs. Grundsätzlich beendet erst der Tod das Königsamt. Es kommen aber auch der Verzicht (bei Karl V.) und Absetzungsversuche vor. Treubruch, Erfolglosigkeit und Unfähigkeit sind Gründe, die es an sich erlauben, sich gegen einen Herrscher zu empören. Doch bleibt auch das zunächst ein regelloser Akt, dem man folgt oder nicht, und bei dem es darauf ankommt, wer sich ihm anschließt. Selbst der Papst, der eine Zeitlang für sich das Recht in Anspruch genommen hat, den König zu bannen und seines Amtes ledig zu sprechen, hat sich damit nicht durchsetzen können. Letztlich lief es auch hier in der Praxis darauf hinaus, daß ein Gegenkönig gewählt wurde und die Waffen entschieden. Dieses handgreifliche Verfahren fand ein Ende, als die Kurfürsten auch diese Funktion der Herrscherkontrolle übernahmen (vgl. die Absetzung des Königs Wenzel im Jahre 1400).

II.

Der gewählte und inthronisierte König regiert das Reich in eigener Person; das ist selbstverständlich, denn dazu ist er ja gewählt worden. Eine Regierung im engeren Sinne neben ihm gibt es nicht, wohl aber Institutionen, deren er sich bei seiner Tätigkeit bedient und zum Teil aus technischen und rechtlichen Gründen auch bedienen muß, nämlich die Hofämter, die Reichskanzlei, das Hofgericht und der Hoftag (die Reichsversammlung).

Werfen wir zunächst einen kurzen Blick auf die Hofämter. Sie gehören zur königlichen Hofhaltung seit germanisch-fränkischer Zeit: der Truchseß oder Seneschall, der die Hofhaltung leitet, der Marschall, der für Stall, Pferde und Reisen sorgt, der Kämmerer für die Finanzen und der Schenk für die Weinberge und die Getränke. Die Ämter verweisen auf den Ursprung der königlichen Regierung aus der Hausherrschaft. Ihre Bedeutung wird dadurch unterstrichen, daß sie bei besonderen Gelegenheiten als eine Art Ehrenwürde (Erzamt) von bestimmten Fürsten wahrgenommen wurden, so von den Stammesherzögen bei der Krönung Ottos I. und später von den vier weltlichen Kurfürsten. Die alten Bezeichnungen haben sich zum Teil bis heute erhalten: der »Marschall« hat sich zum militärischen Befehlshaber entwikkelt und der »Kämmerer« lebt als Leiter der städtischen Finanzressorts fort.

Wichtiger als diese Ämter ist jedoch das des Erzkanzlers, des Vorstehers der Reichskanzlei. Auch dieses Amt wird als Ehrenwürde geführt, und zwar vom Erzbischof von Mainz. (Die Erzbischöfe von Köln und Trier, wie der Mainzer später auch Kurfürsten, erhalten die Erzkanzlerwürde für Italien bzw. Burgund). Die Kanzlei ist für die Ausfertigung der Königsurkunden zuständig, sie besorgt den Schriftverkehr des Reiches, von ihr gehen die Verbindungen ins In- und Ausland. Ihr Vorsteher nimmt dementsprechend eine Schlüsselposition in der Politik des Reiches ein. (In Reminiszenz daran erhielt im neuen Deutschen Reich von 1871 der Regierungschef den Titel »Reichskanzler«.) Geschrieben werden die Kanzleistücke von den Geistlichen der Hofkapelle, den Schreibkundigen in jener Zeit. Die Kanzlei ist zunächst eigentlich nicht mehr als ein Aufgabenbereich der Hofkapelle, an der der Nachwuchs für die geistlichen Spitzenpositionen im Reich herangebildet wird. Erst seit dem 12. Jahrhundert erscheint die Kanzlei als selbständige Institution, doch bleibt der Posten des Erzkanzlers das ganze Mittelalter über mit einem Geistlichen besetzt.

Neben der Kanzlei ist das Hofgericht die zentrale Regierungsstätte des deutschen Königs, der uns entsprechend der Auffassung jener Zeit, daß die entscheidenden Funktionen im Staat nicht zu trennen, sondern in einer Hand zu vereinen sind, nicht nur als Regent, sondern auch als oberster Richter begegnet. Der König führt den Vorsitz im Gericht und bestellt die Beisitzer, die immer wieder wechseln, da nur Stammes- und Standesgleiche über einen Beklagten urteilen dürfen. Nichts bringt die Stellung des Königs deutlicher zum Ausdruck als der Umstand, daß überall dort, wo er richtet, die anderen Gerichte ihm ledig werden. Er kann ihre Streitsachen an sich ziehen (Evokation), und an sein Gericht kann man sich auch gegen das Urteil anderer wenden (Appellation). Insbesondere ist das Hofgericht für die Streitigkeiten unter den Reichsfürsten, für Streit um Reichsgut und die Rechte des Reiches zuständig. Seit 1235 wird der damals meist in Italien weilende König durch einen fest bestellten Reichshofrichter vertreten. Das Gericht ist ein wichtiges rechtsgestaltendes Instrument in der Hand des Königs, da auch politisch wesentliche Entscheidungen im Mittelalter gern gerichtsförmig gefällt werden.

Die großen politischen Fragen indes, in denen es nicht um die Feststellung einer bestimmten Rechtslage geht, sondern um den Beschluß über bedeutende Vorhaben wie eine Heerfahrt, die Erhebung von Abgaben, die Verfügung über Reichsgut oder die Veränderungen im Bestand der Reichsfürstentümer, werden nicht vom Hofgericht, sondern von einer Reichsversammlung *(generalis conventus, parlamentum, curia generalis)* geregelt. Zu diesem Zweck ruft der König die Großen des Reichs zu einem Hoftag zusammen. Einberufung, Verhandlungsführung und Beschlußfassung liegen beim König. Auch hier ist er der Herr des Verfahrens. Es gibt keine bestimmte Vorschrift, wann er wen einzuladen hat, aber es ist in seinem Interesse, alle die herbeizuziehen, auf deren Einverständnis und Hilfe es bei der Durchsetzung seiner Politik ankommt. Beratungspflicht und Zustimmungsrecht gehen bei diesen Konventen ineinander über. Allmählich bildet sich das Konsensrecht eines bestimmten Personenkreises, zunächst der Fürsten des Reiches, heraus und werden die zustimmungspflichtigen Angelegenheiten, wie z. B. die Veräußerungen des Reichsguts, festgelegt. Diese Entwicklung läßt sich seit dem 12. und 13. Jahrhundert beobachten. Sie endet mit der Fixierung eines bestimmten Personenkreises, der ausschließlich zur Teilnahme an Reichsentscheidungen berechtigt ist (Reichsstandschaft), sowie mit der Regelung des Verfahrens, in dem nun ebenfalls das Mehrheitsprinzip zum Durchbruch kommt. Aus dem Hoftag mit seinen freien Verkehrsformen und der Verfahrensherrschaft des Königs ist damit eine feste Institution geworden, der Reichstag, auf dem im Laufe des Spätmittelalters auch die Städte erscheinen. Allerdings reicht die endgültige Institutionalisierung dieses Gremiums ebenso wie die eines gesonderten Kurfürstenrates oder Kurvereins über den hier betrachteten Zeitraum hinaus. Sie führt ins 14. Jahrhundert und in die beginnende Neuzeit.

Auch die Versammlungen und Verhandlungen der Prälaten des Reiches, die Reichssynoden, werden im hohen Mittelalter vom König einberufen und geleitet. Das erlaubt ihm eine starke Einflußnahme auf Kirchenbeschlüsse, zumal er die Bistümer und Reichsabteien nach eigenem Gutdünken besetzt. Erst im Laufe der Zeit übernehmen päpstliche Legaten den Vorsitz in den Synoden.

III.

Die Selbstregierung des Königs setzt seine Präsenz voraus. Das führt zu dem schon erwähnten Regieren im Umherziehen. Es gibt im Mittelalter bevorzugte Aufenthaltsorte des Königs, aber keine feste Residenz. Da der König nicht überall anwesend sein kann, betraut er schon in fränkischer Zeit bestimmte Personen mit der Wahrnehmung seiner Aufgaben und Interessen, vor allem die sog. Grafen. Der Graf, ursprünglich ein Mann aus dem königlichen Gefolge (vgl. frz. *comte* von lat. *comes* = Begleiter) ist Gerichtsherr in seinem Sprengel, sorgt für die Vollstreckung der Urteile, für Verbrechensverfolgung und den Schutz der Schwachen. Er wahrt das Königsgut und die königlichen Rechte, treibt Bußgelder und diverse Abgaben ein, überwacht die Märkte, sorgt für die Instandhaltung der Straßen und Brücken sowie für das Heeresaufgebot – kurzum, er ist mit seiner Banngewalt im Gesamtbereich dessen tätig, was als Aufgabe des Königs gilt.

Die regionale Verwaltung des Reiches folgt damit dem Konzentrationsprinzip; eine Aufteilung der Zuständigkeiten nach sachlichen Gesichtspunkten, eine gesonderte Organisation z. B. des Justiz- oder des Finanzwesens, findet im Mittelalter nicht statt. Die Einteilung der Grafschaften ist an die älteren Gaue angelehnt, doch hat es ein lückenloses Netz scharf voneinander abgegrenzter Grafschaftssprengel nicht gegeben. Das anzunehmen verbietet schon die geringe, inselhafte Besiedlung des Landes. Die Grafschaften besitzen Schwerpunkte, möglicherweise im Königsgut; die Durchsetzungsfähigkeit des Grafen gegenüber dem Adel seiner Umgebung bleibt immer eine prekäre Angelegenheit. In der Literatur sind die Fragen der Grafschaftsgliederung des Reiches und des gräflichen Machtbereichs sehr umstritten. Ebenso unklar ist, inwieweit die zum Teil recht umfangreichen Grafschaften unterteilt waren, z. B. in Hundertschaften oder Zentenen. Sicher ist nur, daß es neben den Grafengerichten für bedeutendere Rechtsfälle *(causae maiores)*, den Streitigkeiten über Grund und Boden und den Strafsachen, in denen es um Leben und Freiheit geht, auch Gerichte für einfachere Fälle gibt. Aus dieser Differenzierung entwickelt sich die für die spätere Staats- und Gerichtsverfassung bedeutsame Unterscheidung von Hoch- (später auch Blut-) und Niedergerichtsbarkeit. Es schwankt jedoch die Zuordnung der Zuständigkeiten insbesondere deswegen, weil sich das Strafensystem in jener Zeit stark verändert (Übergang vom Bußgeld- oder Kompositionalsystem zur stärkeren Anwendung peinlicher Strafen).

Neben den Grafschaften gibt es eine bedeutende Anzahl autonomer Herrschaften. Deutlich wird hier die Begrenzung der vom König ausgehenden staatlichen Herrschaftsordnung durch zum Teil ältere, konkurrierende gesellschaftliche Machtpositionen, vor allem durch die adlige Grundherrschaft. Der Grundherr übt eine eigene (autogene) Herrschaft und Gerichtsbarkeit über seine Grundholden, die Hintersassen, aus (Prinzip der Selbstverwaltung). Er hat ein Interesse, seine Zuständigkeiten auch auf Fälle, in die nicht seiner Herrschaft Angehörende verwickelt sind, auszudehnen. Neben dieser autogenen Adelsmacht begegnet uns das merkwürdige Phänomen einer gewillkürten Autonomie, die vom König selbst, insbesondere an Kirchen und Klöster in ottonischer Zeit durch Privileg erteilt wird, die Immunität.

Unter einer Immunität haben wir zunächst die Befreiung von staatlichen Abgaben und Leistungspflichten zu verstehen. In dieser Form ist sie schon in römischer Zeit üblich gewesen (*emunitas* = Befreiung von *munera*). Im Mittelalter wird daraus eine eigene, vom Grafen exemte Verwaltung der Immunitätsbezirke durch Vögte. Bei den Vögten *(ad-vocati)* handelt es sich ursprünglich um die Vertreter einer Grundherrschaft oder Kirche vor dem (Grafen-) Gericht (Schirmvogt). Sie erhalten im

Laufe der Entwicklung in einem mit Immunität begabten Bezirk, bei dem es sich auch um Königsgut handeln kann, selbst Verwaltungs- und Gerichtszuständigkeiten, sorgen z. B. auch für das dort aufzustellende Heeresaufgebot. Das Vogteigericht wird zur Konkurrenz des Grafengerichts. Das gilt insbesondere für die Kirchenvogtei. Eingesetzt wird der Vogt vom König oder vom Immunitätsherrn. Im letzteren Fall erhält er die Befugnis, seine quasi-staatliche Zuständigkeit im Immunitätsbezirk auszuüben, durch königliche Bannleihe (insbesondere Blutbannleihe für das Hochgericht in einer Kirchenimmunität, da die Kirche selbst kein Blut vergießt: *ecclesia non sitit sanguinem*). Auf diese Weise etabliert sich eine selbständige, ebenfalls im König gipfelnde Verwaltung neben der gräflichen. Die Vögte nehmen in den Immunitätsbezirken praktisch die Aufgaben eines Grafen wahr; sie sind dem König in gleicher Weise verpflichtet.

Der Grund für diese eigenartige Verwaltungsverdoppelung ist nicht zuletzt in der problematischen Entwicklung der Grafschaftsverfassung zu sehen. Hier hat der König sehr bald die Möglichkeit verloren, Leute aus seiner Umgebung und seines Vertrauens einzusetzen. Schon in fränkischer Zeit wird er genötigt, die gräflichen Amtsträger aus dem Adel des betreffenden Sprengels zu nehmen (Indigenatsprinzip) – und zwar solche, die selbst so begütert und regional bedeutend sind, daß sie sich in ihrem Bezirk gegen ihre Adelsgenossen durchzusetzen vermögen und mit ihren Gütern bei Rechtsverletzungen haften können. Paradoxerweise fällt so das Grafenamt wieder in die Sphäre der Adelsherrschaft zurück, der es als verlängerter Arm des Königtums eigentlich entgegengesetzt ist. Allmählich wird es sogar in einer Familie erblich. Demgegenüber bietet die Verleihung einer Immunität die Möglichkeit, bestimmte Bereiche, vor allem Kirchen und Klöster, dem Zugriff des Adels zu entziehen und sie unter unmittelbaren Königsschutz zu stellen.

Die Funktionen, denen eine Immunität dienen kann, sind also unterschiedlich. Einmal kann es sich um eine partielle Eximierung aus der staatlichen Organisation handeln, wie sie uns bei der Grundherrschaft begegnet. Sie kann aber auch gegen das Interesse adliger Stifter von Klöstern gerichtet sein, selbst Herrschaft in der klösterlichen Grundherrschaft auszuüben. Sie kann sich darüber hinaus gegen die Veraristokratisierung der Grafschaftsverwaltung richten und sogar gegen den König selbst, nämlich sobald es ihm nicht mehr gelingt, das Recht auf

Einsetzung der Vögte in seiner Hand zu behalten. Dann kann es sogar – wie bei der Grafschaft – zu einer Veraristokratisierung des Vogteiwesens kommen, z. B. wenn sich der ein Kloster stiftende Herr die Vogteirechte vorzubehalten vermag (Stiftervogtei). Schließlich aber haben sich die Kirchen und Klöster im Laufe der Zeit oft aus dem Zugriff der weltlichen Mächte befreit, indem sie sich unter päpstlichen Schutz stellten (sog. *abbatia libera*).

Das Ganze gibt ein verwirrendes Bild, das noch verwirrender wird, wenn man bedenkt, daß mehrere Grafschaften auch in einer Hand vereinigt sein können, ganze Grafschaften an Bistümer verschenkt werden, Sonderfälle wie Markgrafschaften vorkommen, d. h. Grenzbezirke des Reiches, in denen ein Markgraf zur Verteidigung des Landes mit besonderen Befugnissen ausgestattet ist, und seit dem 12. Jahrhundert auch Landgrafschaften wie z. B. in Thüringen, mit denen das Königtum versucht, der allgemeinen Aufsplitterung des Reiches in eigenständige Territorien Einhalt zu gebieten.

Die Aufsplitterungstendenzen werden besonders deutlich im Aufkommen sog. Allodialgrafschaften, eigenständiger, möglicherweise durch Rodung von Wäldern und Besiedlung des gerodeten Landes entstandener Herrschaftsbezirke, deren Herren grafengleiche Rechte in Anspruch nehmen.

Mit diesen Hinweisen greifen wir schon auf eine Zeit voraus, die zur Entstehung des modernen Territorialstaates führt, und das heißt im älteren deutschen Reich: zu einer dauerhaften Etablierung partikulärer staatlicher Gewalten neben dem Königtum. In dem Zusammenhang muß aber daran erinnert werden, daß es in Deutschland schon von Anfang an große partikulare Gewalten gibt, die sog. Stammesherzogtümer, die organisiert sind wie das Königtum selbst mit Stammesversammlungen und Stammesaufgeboten und die in der Besetzung von Grafschaften und Bistümern mit ihm konkurrieren. Die deutschen Könige finden diese Einheiten schon vor; sie verdanken ihnen ihre Existenz. Deutschland ist als eine Art Föderation entstanden, und es bleibt für das mittelalterliche Königtum eine große Frage, in welcher Weise ihm die Einordnung oder gar Ausschaltung dieser bis in die Außenpolitik konkurrierenden Machtzentren gelingt, inwieweit es die Besetzung von Grafschaften und Bistümern und schließlich die Besetzung der Herzogtümer selbst an sich zu ziehen und aus ihnen so etwas wie Mittelinstanzen des Reiches zu formen vermag. Das Königtum ist mit seiner zentralisierenden Politik zunächst erfolgreich; allmählich werden die alten Einheiten sogar durch neue, territorial und nicht mehr stammesmäßig bestimmte Herzogtümer ersetzt, doch auch aus diesen entwickeln sich mit der Zeit partikuläre Machtzentren, die über eine eigene Staatsorganisation verfügen.

Überblickt man das Ganze, so stellt es sich als der mehrfach angesetzte Versuch des Königtums dar, eine von ihm beherrschte Reichsorganisation zu schaffen. Bei diesem Unternehmen stößt der König jedoch auf Machtgebilde, die seinem Vorgehen eine Grenze setzen – sinnfällig in der Situation der Grafschaften, die sich nicht über das gesamte Staatsgebiet erstrecken, sondern autonome Herrschaften neben sich haben, Grafschaften, die nicht ganz nach unten in die Sphäre der Grundherrschaft vordringen und die neben der Friedensordnung, die sie verwirklichen sollen, auch zahllose Fälle der Selbsthilfe und der Streitaustragung in Form der Fehde dulden müssen. Der König aber ist auf die Herrschaftsträger, die seinen Ordnungsbemühungen hier entgegentreten, selbst angewiesen. Nicht nur, daß die auf eigener Herrschaft basierenden Großen ihr Recht auf Mitbestimmung im Reiche, in der Reichsversammlung, wahren, sie sind auch auf lange Zeit die einzigen, die für die Reichsverwaltung überhaupt in Frage kommen, was zur Folge hat, daß die Organisation des Reiches immer wieder in partikuläre Adelsherrschaften zurückzufallen droht – ein Zustand, der im Mittelalter prinzipiell nicht überwindbar ist.

Bei der Organisation seiner Herrschaft steht das Königtum immer wieder vor zwei Problemen: wie es seinen Anordnungen gegenüber selbständig existierenden Herrschaften Geltung verschaffen kann, und wie es seine Amtsträger, die es dazu einsetzt, zu kontrollieren vermag, so daß diese sich nicht im Umfeld der blühenden Adelsherrschaft auf ihre Weise verselbständigen. Das eine geht nur über mühsame Partizipationsprozesse, das andere hat man in karolingischer Zeit mit Hilfe sog. *missi dominici*, im Lande umherreisender Inspekteure des Königs, zu erreichen versucht. In ottonischer Zeit übernehmen die sog. Pfalzgrafen, die Verwalter der Königspfalzen, die Kontrolle insbesondere der herzoglichen Konkurrenz. Von ihnen hat sich als einziger der Pfalzgraf für Lothringen zum eigenständigen Herrschaftsträger als Pfalzgraf »bei Rhein« entwickeln können, woran heute noch die Bezeichnung seines Landes, der »Pfalz«, erinnert. Das Mittel aber, mit dem man versuchte, die genannten Durchsetzungs- und Kontrollprobleme grundsätzlich zu lösen, ist das Lehnswesen gewesen.

3. Das Lehnswesen

I.

Mit dem »Lehnswesen« stoßen wir auf den unserer Epoche ihren Namen gebenden Begriff. Wenn wir von den staatlichen und sozialen Verhältnissen des Mittelalters sprechen, reden wir in der Regel vom »Lehnsstaat« oder von der »Feudalgesellschaft«. Dabei muß man allerdings dessen eingedenk sein, daß darunter sehr unterschiedliche Dinge verstanden werden können. »Feudalismus« z. B. ist heute ein geradezu beliebig verwendbares Schlagwort geworden. Ursprünglich handelt es sich beim *feudum* (stammverwandt mit »Vieh«) um ein geliehenes Besitztum (auch *beneficium* = Wohltat, vom Spender her gesehen, bzw. *precarium* = erbetener Besitz, vom Empfänger aus betrachtet). Die Lehnsvergabe ist meist mit der Begründung eines persönlichen Abhängigkeitsverhältnisses gekoppelt. Vergabe von Leihegütern und Begründung persönlicher Abhängigkeitsverhältnisse sind allgemeine Charakteristika jener Zeit; man hat aber mindestens zwei verschiedene Formen zu unterscheiden: das adlige, rittermäßige Lehnsverhältnis und das bäuerliche.

Beim bäuerlichen Lehnsverhältnis handelt es sich darum, daß Grundbesitzer ihr Land an Bauern ausgeben, die es in der Regel als schollengebundene Hörige oder Leibeigene bewirtschaften, die abgabepflichtig sind und darüber hinaus verschiedene Dienste zu verrichten und Leistungen zu erbringen haben, dafür aber den Schutz ihres Herrn genießen und grundsätzlich auch über den Ertrag des Landes verfügen. Wir haben dieses Produktionsverhältnis schon im 1. Kapitel als Grundherrschaft kennengelernt. Es ist typisch für eine Landwirtschaft, die auf einer klassenmäßigen Differenzierung zwischen Grundbesitzern und den Boden bebauenden Leuten beruht. Dieses in Europa weitverbreitete System hält sich lange über das Mittelalter hinaus, kommt aber als *régime féodale* in der französischen Aufklärung in Verruf, weil der französische, die grundherrlichen Rechte ausübende Adel zu jener Zeit die ihm obliegenden Gegenleistungen des Schutzes und der Existenzsicherung seiner Leute nicht mehr erbringt. Diese Leistungen hat inzwischen der moderne Staat übernommen; der Adel ist funktionslos geworden und seine Rechte erscheinen als unverdientes »Privileg«. Das System wird daher in der Französischen Revolution durch Dekret vom 11. 8. 1789 abgeschafft. Die anderen europäischen Staaten folgen im 19. Jahrhundert nach (sog. Bauernbefreiung).

Seitdem geistert der »Feudalismus« nur noch als historischer Begriff durch die Literatur. Nach einer im 19. Jahrhundert vielfach und im Marxismus bis heute vertretenen Ansicht handelt es sich dabei um eine universale gesellschaftliche Entwicklungsstufe zwischen der Sklavenhaltergesellschaft und dem Kapitalismus, obwohl durchaus nicht immer eine Sklavenhaltergesellschaft der feudalen voranging, es Sklaven und Sklavenhandel auch in der Feudalzeit gegeben hat (wie auch später noch z. B. in der kapitalistischen Plantagenwirtschaft) und feudale Sozialverhältnisse nicht in jeder Gesellschaftsentwicklung zum Kapitalismus nachweisbar sind.

Mit diesen Produktionsverhältnissen verbunden, dennoch davon unterscheidbar, ist das, was wir anstatt »Feudalismus« das »Lehnswesen« nennen. Hiermit meinen wir ein Verhältnis, das dadurch entsteht, daß ein Lehnsgeber irgendwelche Güter, vielfach ganze Grundherrschaften, an einen Lehnsempfänger verleiht, der sie herrenmäßig nutzt und dafür Gegenleistungen, z. B. Gefolgschaft im Kriege (daher auch: »ritterliche Leihe«), erbringt. Diese Beziehung ist sozusagen »oberhalb« des bäuerlich-grundherrlichen Nexus angesiedelt. Sie existiert zwischen Herren, im Adel. Durch sie werden in dieser Gesellschaftsschicht Abhängigkeits- und Unterwerfungsverhältnisse zwischen einem *dominus* und seinem »Vasallen« (von keltisch *gwas* = Knecht) geschaffen, die jedoch durch die Idee gegenseitiger Treue abgemildert sind und am Freiheitsstatus des sich Untergebenden nichts ändern.

Genaugenommen handelt es sich um zwei Elemente, die im mittelalterlichen Lehnsverhältnis zusammenfließen: die Knüpfung eines Bandes personaler Ergebenheit und die Vergabe eines Beneficiums. Beides gehört im mittelalterlichen Lehnswesen typischerweise zusammen. Die Elemente können aber auch gesondert vorkommen. Zur personalen Bindung kommt es dort, wo sich Schwächere in den Schutz von Mächtigeren begeben, sich aber nicht einfach unterwerfen, sondern zu ihrem Herrn in ein quasi verwandtschaftliches Verhältnis durch Bruderkuß besiegelter Freundschaft treten, das ähnlich wie bei den ebenfalls im Mittelalter verbreiteten Schwurbrüderschaften die ursprüngliche Schutz- und Hilfefunktion der Sippe und Blutsverwandtschaft ersetzt und überlagert. Der so in den Rang eines *amicus* erhobene Gefolgsmann tritt in das Haus des Gefolgsherrn ein und leistet ihm in der Regel kriegerische Dienste.

Das Prinzip der personalen Bindung wird aber auch dort verwandt, wo die erwartete militärische Hilfe eine Ausstattung des Kriegers mit Grund und Boden notwendig macht. Dies ist in den fränkischen Nachfolgestaaten der Fall, in denen die Weite der *regna* und Feldzüge in das Ausland ein mobiles, berittenes Aufgebot erfordern und die dazu verwandte Panzerreiterei eine kostspielige Ausrüstung und dauernde Übung in der Kampfestechnik verlangen. Infolgedessen werden – und zwar schon in karolingischer Zeit, zunächst vom König – Gefolgsleute mit Grund und Boden ausgestattet, um Reiterdienste leisten zu können bzw. um die empfangenen Güter weiterverleihen. Sie sind im Aufgebotsfall als »Senioren« verpflichtet, mit einer ganzen Mannschaft von Vasallen zum Kriegsdienst zu erscheinen. So ersetzt allmählich das vasallitische Seniorenaufgebot mit seiner überlegenen Mobilität und Kampfestechnik das nur noch lokal bedeutsame Grafenaufgebot freier, zum Heeresdienst verpflichteter (Bauern-)Krieger, und es entwickelt sich jene für das Mittelalter typische, professionalisierte Kriegerkaste des Ritterstandes mit ihrer eigentümlichen, feudalen Lebensweise und lehnsmäßige Bindungen betonenden Kultur.

Für eine verfassungsgeschichtliche Betrachtung ist bedeutsam, daß der Erfolg dieser militärischen Organisationsweise zur allgemeinen Anwendung der Lehnstechnik, auch im Ämterwesen, führt. Auch Ämter *(officia, ministeria)* werden in der Regel als Lehen oder Beneficium *(honor)* vergeben (und auch heute noch werden sie, wie auch Titel, Orden u. ä., »verliehen«). Auf diese Weise wird eine persönliche Bindung des Beamteten an den das Amt Vergebenden hergestellt und zugleich seine Existenz gesichert; denn Ämter werfen vielfach Erträge ab (z. B. Gerichtsgefälle). Es können auch Amtsgüter als Ausstattung zur Wahrnehmung der übertragenen Aufgaben hinzutreten wie auch die Überlassung einer allgemeinen Anordnungsgewalt, des Bannes (sog. »Bannleihe«). Zwar sind im ganzen Mittelalter Ämter auch ohne Eingehen einer Lehnsbindung vergeben worden, wie z. B. das des Reichskanzlers oder lokale und gerichtliche Amtsobliegenheiten (z. B. das Schöffenamt), und es ist die »Feudalisierung« der Gesellschaft und des Ämterwesens im fränkischen Kerngebiet stärker gewesen als in den Randzonen des Reiches, aber grundsätzlich setzt sich die Form der Amtsbelehnung durch. Vor allem treten auch die hohen Würdenträger des Reichs, die Herzöge und Grafen, Bischöfe und Reichsäbte sowie die Reichsvögte in eine Lehnsbindung zum König.

Dadurch, daß auch Land und Leute als Lehen vergeben werden, treten feudale Grundherrschaft und Lehnswesen in eine Verbindung. Sie ist aber nicht notwendig. Man kann sich in agrarischen Gesellschaften auch andere Organisationsweisen öffentlicher Aufgabenerledigung vorstellen wie z. B. durch Dienstleute, die mit den Erträgen ihnen nicht einfach zur Verfügung gestellter Güter versorgt werden (sog. Pfründen-Feudalismus). Lehnsmäßige Beziehungen, wie sie beschrieben wurden, wird man dagegen dort antreffen, wo ein Herr auf die Dienste seiner Adelsgenossen angewiesen ist, sie aufgrund naturalwirtschaftlicher Verhältnisse nicht in Geld entlohnen kann, die Adelsgenossen umgekehrt an der ihre gesellschaftliche Position stärkenden Herrschaft über Grund und Boden, Land und Leuten, interessiert sind und als Schicht so stark sind, daß ihre Unterwerfung und Verweisung auf bloße Pfründen nicht in Frage kommt.

II.

Die Bedeutung, die Lehnsverhältnisse in der mittelalterlichen Welt haben, drückt sich in der feierlichen Form ihrer Begründung wie auch in der Deutung vieler anderer sozialer Beziehungen als lehnsmäßiger Beziehungen aus. Das Lehnsverhältnis wird eingegangen durch einen Akt der Ergebung in die Gewalt eines Herrn *(commendatio)*, indem der sich Unterwerfende die gefalteten Hände in die seines *dominus* legt (»Handgang« oder *homagium*, Mannschaftsleistung unter Umständen mit gebeugtem Knie, vgl. damit die kirchliche Gebetshaltung noch heute) und ihm Treue (»Hulde«) schwört (Huldigung). Im Gegenzug wird er in das Lehnsobjekt eingewiesen (Investitur), z. B. durch Übergabe von Fahnen bzw. Szepter, die weltliche oder geistliche Herrschaft symbolisieren (Fahnlehen, Szepterlehen). Die ihm überlassenen Güter erhält er zu geringem Zins oder abgabenfrei.

Die Verpflichtung, die der Lehnsmann eingeht, ist an sich unbeschränkt. Durch den Treueid schwört er seinem Herrn, alles zu unterlassen, was diesem schaden könnte. Der Eid macht die Lehnsbindung zum Anknüpfungspunkt für die Zusicherung allgemeiner Loyalität. Als Unterwerfung der ganzen Person *(conditio quasi-servile)* verpflichtet die Vasallität darüber hinaus zu ungemessenen Diensten. Tatsächlich sind die aus dem Lehnsverhältnis rührenden Obliegenheiten des Vasallen bald aber beschränkt und präzisiert worden, z. B. entsprechend der Größe und der Erträge des ihm überlassenen Lehnsgutes (sog. Verdinglichung des Lehnsverhältnisses). Umgekehrt verpflichtet sich der Herr mit der Annahme des sich Unterwerfenden als seines »Mannes«, seine Existenz zu sichern, ihn zu schützen, vor Gericht zu verteidigen und ihm vor allem den Genuß der Lehnsgüter zu gewähren. Auch das Lehnsverhältnis ist, wie die meisten sozialen Beziehungen im Mittelalter, unbeschadet des Unterwerfungscharakters, der ihm innewohnt, wechselseitig verpflichtend. Es bildet den Aspekt gegenseitiger Treuebindung um so stärker aus, je mehr sich der mächtige Adel in lehnsmäßige Bindungen zu den Spitzen des Staates, König und Herzögen, begibt.

Streitigkeiten aus dem Lehnsverhältnis werden vor dem Lehnsgericht geahndet, dem Lehnshof, an dem die Vasallen auch der Pflicht zur Beratung ihres Herrn nachkommen. Das Lehnsgericht ist mit Lehnsmannen besetzt, steht aber unter der Leitung des Herrn, der auch den Spruchkörper bestimmt. Vertrauensbruch des Vasallen (Felonie) kann zum Lehnsentzug führen. Das Lehnrecht ist wie die anderen Rechtsgebiete im Mittelalter gewohnheitsrechtlich geregelt. Die deutschen Könige haben aber von der Möglichkeit, auch hier grundsätzlich regelnd einzugreifen, gelegentlich Gebrauch gemacht, vor allem, um die Stellung der Untervasallen zu stärken und die Veräußerung von Lehen zu begrenzen (so z. B. Konrad II. mit der ›*Constitutio de feudis*‹ in Italien 1037, ferner Lothar III. 1136 und Friedrich I. 1154 und 1158).

Als höchstpersönliche Beziehung endet das Lehnsverhältnis mit dem Tode des Herrn oder des Vasallen (Heimfall). Es setzt sich aber sehr schnell der Anspruch des Vasallen auf Lehnserneuerung beim Herrnfall durch. Darüber hinaus bildet sich allmählich auch ein Recht des Vasallenerben auf Überlassung des Lehens im Mannfall aus. Auch Unterverleihungen und eigentlich dem Wesen der personalen Bindung widersprechende Doppel- und Mehrfachvasallitätsverhältnisse sind üblich. Zeichen der relativen Selbständigkeit des Vasallen ist zudem die Möglichkeit, Lehen zu veräußern und dadurch sich aus der Lehnsverpflichtung zu befreien. Es fehlt allerdings nicht an Versuchen, die Veräußerbarkeit von Lehen zu beschränken, insbesondere an die Zustimmung des Lehnsgebers zu binden.

III.

Von der Verfassungsgeschichtsschreibung des 19. Jahrhunderts ist die Feudalisierung des mittelalterlichen Staates häufig als eine Privatisierung der öffentlichen Gewalt und Mediatisierung (Abschnürung) der in Grundherrschaften oder als Aftervasallen abhängig gewordenen Bevölkerung durch die allein noch zum König in unmittelbarer Beziehung stehenden Kronvasallen verstanden und beklagt worden. Es handelt sich beim Lehnswesen trotz der Quasi-Erblichkeit der Lehen und ihrer Veräußerbarkeit und trotz der Beliebigkeit des Eingehens von lehnsrechtlichen Bindungen jedoch um keine privatrechtliche Angelegenheit im modernen Sinne. Das Lehnrecht ist vielmehr »funktional öffentliches Recht« (Mitteis), d. h. es ist von seiner Funktion her auf die Organisierung staatlicher Aufgabenerledigung und öffentlicher Gewaltausübung bezogen. Daß dies z. T. in Formen geschieht, die uns heute privatrechtlich anmuten, und daß die gewonnenen Positionen auch privatnützig ausgebeutet werden können, verschlägt dabei nichts. Auch die Einführung des Erblichkeitsprinzips in der Königsnachfolge privatisiert eine Monarchie ja nicht. Daher erscheint es als nicht sehr sinnvoll, ein sog. Amtsrecht dem Lehnrecht gegenüberzustellen, wie dies gelegentlich geschieht, etwa weil es das ganze Mittelalter über auch Amtsverpflichtungen gab, die nicht in lehnrechtlicher Form erfolgten. Entscheidend ist, daß die lehnrechtliche Form der Amtsvergabe und Amtswahrnehmung das Amtsverhältnis nicht ersetzen und privatisieren, sondern durch persönliche Unterwerfung und Treuebindung des Amtsträgers bestärken soll. Dadurch wird der Gedanke des Dienens einer Herrenschicht nahegebracht, auf deren Mitarbeit man nicht verzichten kann. Es wird überhaupt erst auf diese Weise, durch die höchstpersönliche Beziehung zu einem Oberherrn, eine Vorstellung wie die des »Öffentlichen Dienstes« möglich – und das nicht zuletzt deshalb, weil der König selbst als Amtsträger Gottes darin vorangeht.

Zu beklagen wäre die Verlehnrechtlichung des Amtsverhältnisses nur, wenn andere Möglichkeiten der Erledigung staatlicher Aufgaben zur Verfügung gestanden hätten. Herren verfügen zwar in jener Zeit über Dienstmannen, sog. Ministeriale (*ministerium* = Dienst), deren Tätigkeit nach Dienstrecht, nicht nach Lehnrecht geregelt ist. Das Dienstverhältnis hat den Vorzug, daß es auf einer strikten Gehorsamsbindung an den Herrn beruht und daß Unterverleihung der Dienstgüter wie auch Mehrfachministerialität ausgeschlossen sind. Aber mit Dienstmannen kann man nicht das vom Adel beherrschte Staatsgebiet der königlichen Anordnungsgewalt unterwerfen. Umgekehrt läßt sich ein eigenständiger Adel nicht einfach unter das Joch des Dienstrechtes beugen. So bleibt in der Tat, um überhaupt so etwas wie eine Verwaltung der öffentlichen Dinge zu gewährleisten, nur der Ausweg einer Verknüpfung von Amtsvorstellung mit lehnsmäßiger Treuebindung und dem Köder der Ausgabe von Lehnsgütern, die dem Adel eine Ausdehnung seiner Herrschaft bei gleichzeitig prestigeerhöhender Bindung an das Königtum ermöglichen. Unter diesen Umständen ist das Lehnswesen für das Königtum und für eine wenn auch nur rudimentäre Etablierung der staatlichen Gewalt aus folgenden Gründen vorteilhaft:

Erstens führt das Lehnswesen zur Wahrnehmung öffentlicher Aufgaben und damit verbundener Herrschaft in höherem Auftrag und in einem abgeleiteten Herrschaftsverhältnis. Durch die besondere Treuebindung, in die der Adlige als Lehnsmann tritt, wird seine potentielle Herrschaftskonkurrenz neutralisiert.

Zweitens bietet das Lehnswesen die Möglichkeit einer allgemeinen Lehnsbindung oder Durchfeudalisierung des Reiches insofern, als das Interesse des Lehnsmanns, durch den Erwerb von Lehnsgütern seine Herrschaft zu erweitern, dahingehend ausgenützt werden kann und ausgenützt wurde, ihn im Gegenzug zur Einbringung von Eigengütern (Allod) zu verpflichten, die er mit Gütern aus dem Bestand des Herrn zusammen als Lehnsgüter zurückerhält (sog. *feuda oblata*). Auf diese Weise trägt das Lehnswesen zum Abbau autogener Adelsherrschaft bei.

Drittens läßt es sich über die Bildung von Untervasallitätsverhältnissen dazu benutzen, eine Lehnspyramide, d.h. eine einheitliche, auf lehnsmäßiger Delegation beruhende Staatsordnung zu errichten – mit dem König als einziger Spitze, womit allen Tendenzen zur Segmentierung der öffentlichen Gewalt durch partikularistische Bestrebungen entgegengetreten wird. Deutlich wird diese Tendenz, präzise und auf den König bezogene Rangordnungen zu schaffen, seit der Stauferzeit in der sog. »Heerschildordnung«, die uns die Rechtsbücher wie z. B. der ›Sachsenspiegel‹ oder der ›Schwabenspiegel‹ überliefern mit ihren bis zu sieben Stufen vom König über die Kronvasallen bis hin zum einschildigen Ritter, der zwar noch Lehen empfangen kann, nicht aber mehr vergeben darf.

Ein vierter in diesem Zusammenhang wichtiger Punkt ist, daß es nicht erlaubt ist, in dieser Rangordnung Lehen von anderen als Ranghöheren zu nehmen, wenn man seinen eigenen Rang nicht mindern will. Damit wird die strenge Transitivität der Ordnung gewahrt, und es bildet sich ein spezieller Stand geistlicher und weltlicher »Reichsfürsten« heraus (Herzöge und Herzogsgleiche, Reichsbischöfe und Reichsäbte), die grundsätzlich nur vom König Lehen nehmen können, daher in der Lehnsordnung auf ihn als Herrn fixiert sind, während der König durch Vergabe von Reichslehen an Rangniedere auch mit den Vasallen seiner Vasallen in eine direkte Verbindung treten kann.

Schließlich darf nicht übersehen werden, daß wie die Unterverleihung auch die Vererbung der Lehen durchaus im Interesse des Königs liegen kann, ließ sich auf diese Weise doch eine besondere, dauerhafte Anbindung der mächtigen Familien des Landes an das Königtum herstellen. Wie die Erneuerung des Lehens im Herrenfall, so kann auch seine Vererbung im Mannfall dazu dienen, Kontinuität zu wahren, Treuebindungen zu vertiefen und das System zu stabilisieren.

Man kann daher das Interesse des Königs an der Pflege des Lehnswesens durch ständige Belehnungen und erneute Ausgabe des Lehnsgutes auch ohne die Theorie des sog. »Leihezwanges« erklären, der zufolge der deutsche König verpflichtet gewesen sein soll, Reichslehen nach dem Heimfall wieder auszugeben, auch gegen seinen Willen. Dies habe ihn im Gegensatz zu seinem französischen Vetter daran gehindert, eine umfangreiche Krondomäne als Herrschaftszentrum aufzubauen. Abgesehen von der Verpflichtung zur Wiederausgabe des Lehens bei Erbantritt (mit allmählich erweitertem Kreis der nach Lehnrecht Erbberechtigten) und abgesehen von vertraglichen Zusagen, die eine Anwartschaft auf ledig werdende Lehen begründen, gab es indessen für den König keine Rechtspflicht, Lehen wieder zu vergeben. Es kommen daher Einziehungen erledigter Lehen durchaus vor. Andererseits bietet die Wiederausgabe von Lehen eben die Möglichkeit, die Verwaltung des Reiches sinnvoll zu organisieren und den Adel an diese Aufgabe und damit an das Königtum zu binden; schon dadurch wird die ständige Vergabe von Lehen plausibel. In späterer Zeit haben bei der Lehnsvergabe dann auch die finanziellen Einkünfte eine Rolle gespielt, die man erzielen konnte, wenn man mit dem Belehnten bestimmte Lehnstaxen vereinbarte. In der Zeit der »springenden Wahlen« seit Ende des 13. Jahrhunderts dienen Lehnsvergaben des Königs schließlich dazu, die eigene Hausmacht und Verwandtschaft mit Reichslehen zu stärken, über die die Erben bei Wahl eines Nachfolgers aus einem anderen Geschlecht sonst nicht mehr verfügen konnten.

IV.

Neben den genannten Vorteilen besitzt das Lehnswesen, jedenfalls in seiner in Deutschland üblichen Anwendung, einige für den Aufbau einer Reichsverwaltung problematische Züge; auch das muß man sehen.

Zunächst ist auf die faktische Nichtentziehbarkeit einmal vergebener Lehen hinzuweisen, die einer lebenslänglichen und vererbbaren Amtsokkupation gleichkommt und die Dispositionsmöglichkeiten des Königs erschwert.

Zweitens ist daran zu erinnern, daß der Lehnsherr in der Fixierung der Lehnspflichten – z. B. der Teilnahme an Heereszügen –, in ihrer Durchsetzung und in der Beilegung von Konflikten durch die Idee der Gegenseitigkeit des Treueverhältnisses und zahlreiche damit verknüpfte Mitbestimmungsrechte der Vasallen behindert wird. Die sog. Lehnspyramide stellt keine Hierarchie im strengen Sinne mit einem Befehlsgefälle von oben nach unten und einer entsprechenden Gehorsamshaltung von unten nach oben dar. Der Lehnsherr verfügt nicht selbstherrlich über die von ihm ausgehende Organisation. Anders gestaltet sich dies partiell erst bei Vordringen der Geldwirtschaft, die zu Lehnsbeziehungen auf monetärer Basis, zu sog. Rentenlehen, führt, bei denen das Verhältnis von Leistung und Vergütung schärfer fixiert werden kann und die sich im Gegensatz zu Grund und Boden auch leichter wieder kassieren lassen.

Ein dritter problematischer Punkt ist die Kontrollfrage. Die Amtstätigkeiten sind in den großen Reichen jener Zeit bei den damaligen Kommunikationsmöglichkeiten von einer Zentrale überhaupt schwer zu kontrollieren. Für die lehnsmäßige Organisation der Verwaltung des Reiches gilt, daß die Notwendigkeit, möglichst große Regionen einem Kronvasallen anzuvertrauen, um die Kontrollspanne zu verringern und eine Zersplitterung und damit einhergehende Unübersichtlichkeit der Organisation zu verhindern, die Macht möglicher Herrschaftskonkurrenten des Königs stärkt. Darüber hinaus schrumpft bei zunehmender Entfernung von den Zentren des Reichs und den üblichen Aufenthaltsstätten des Königs dessen Lehnsherrschaft leicht zur nominellen Oberherrschaft ohne reale Aufsichts- und

Durchgriffschancen. Das gilt in Deutschland, wo die Könige – von denen aus dem sächsischen Hause abgesehen – aus dem Süden oder den mittleren Regionen des Reiches stammen, insbesondere für die norddeutsche Peripherie. Die fehlende effektive Kontrolle läßt sich auch nur unvollkommen durch Treueide und ihre gelegentlichen Wiederholungen kompensieren. Vor allem macht sich aber auch das Fehlen eines Registers für die ausgegebenen Reichslehen nachteilig bemerkbar. Lehen werden vor dem 14. Jahrhundert in den deutschen Territorien nicht systematisch erfaßt, für Reichslehen wird sogar erst im 15. Jahrhundert ein Register eingerichtet. Die Rechtslage ist demzufolge lange Zeit unübersichtlich, Lehnsabhängigkeit schwer nachweisbar.

Auch die Möglichkeit einer Weiterverleihung von Lehen bringt nicht nur Vorteile im Hinblick auf eine regionale Differenzierung der Reichsorganisation. Das Problem liegt hier darin, daß der Untervasall nicht auch Vasall des Oberherrn wird *(homo hominis mei non est homo meus)*. Der höchstpersönliche Charakter des Lehnsnexus verbietet einen Durchgriff des Oberherrn auf die niedrigeren Ränge in der Lehnspyramide; sie lassen sich nicht gegen einen ungetreuen Kronvasallen mobilisieren, es sei denn, der König tritt in eine unmittelbare, den an sich sinnvollen Organisationsaufbau überspielende Lehnsbeziehung zu ihnen.

Ganz besonders nachteilig für eine feste Anbindung der Vasallen aber erweist sich die Möglichkeit, mehrfache Lehnsbindungen zu verschiedenen Personen einzugehen, auch zu ausländischen Potentaten, und dann im Konflikt zwischen den Lehnsherren neutral zu bleiben. Es sind zwar immer wieder Versuche gemacht worden, diesen Krebsschaden des Systems, die mangelnde Bindung der Unter- und Mehrfachvasallen, durch besondere Treuevorbehalte zu beseitigen, insbesondere durch die Bindung an einen Herrn, dem der Lehnsmann Hilfe gegen alle anderen zusagt und von dessen Zustimmung die Eingehung weiterer Lehnsverhältnisse abhängig ist (sog. Ligesse oder ligische Treue), doch sind diese Möglichkeiten in Deutschland bemerkenswerterweise nur schwach ausgebildet.

Während in England seit der normannischen Eroberung jeder Vasall als *homo ligius* des Königs gilt und alles Land als Lehen (katastermäßig erfaßt im ›Domesday Book‹), und während in Frankreich der König sich ebenfalls allmählich mit der Prätention, *dominus ligius ante omnes* zu sein, durchsetzt wie auch mit der Rechtsvermutung, daß es *nulle terre sans seigneur* gebe, der

König aber der Oberherr aller Seigneurs sei, gelingt in Deutschland eine entsprechende Durchfeudalisierung des Reiches nicht. Es kommt hier nicht zu einer unmittelbaren Unterordnung der Untervasallen, und es obsiegt nicht die Vermutung, daß im Zweifel alles Land Lehen ist und nicht Eigentum (Allod) in Adelshand. Im Gegenteil: bei Thronwirren und Dynastiewechseln sind schleichende Allodifizierungen ursprünglicher Reichslehen durch Verschweigung ihrer Lehnsrührigkeit offenbar an der Tagesordnung. Es bleiben daher nicht nur allodiale Herrschaftsreste in Deutschland von der Feudalisierung verschont, sondern es bilden sich in Konkurrenz zum Königtum eigenständige Lehnsherrschaften insbesondere dort heraus, wo der vorhandene Allodialbesitz durch Waldrodungen und Besiedlung des gerodeten Landes mit abhängigen Leuten arrondiert und vergrößert werden kann.

Dies ist denn wohl auch der entscheidende Punkt. Die in der Literatur häufig beklagte Fehlentwicklung Deutschlands im Hinblick auf den zu erwartenden Ausbau eines machtvollen Königtums liegt weniger in der Feudalisierung der Reichsorganisation – dies anzunehmen verbietet schon das Beispiel Englands und Frankreichs – als in ihrer mangelnden Durchfeudalisierung und im Ausbleiben des sich daran anschließenden Aufbaus einer zentralen und effizienten Reichsverwaltung. Schuld daran sind weniger die Mängel im Lehnswesen selbst, als der in Deutschland nie überwindbare »Allodialismus« (Holboek), d. h. die Bewahrung und Steigerung autogener Adelsherrschaft, die insbesondere in den sich im Spätmittelalter herausbildenden Territorialherrschaften eine Zentralisierung der politischen Gewalt im Reich und eine Modernisierung seiner Organisation, die daran hätte anknüpfen können, verhindert.

V.

Der Ausbau der Staatsorganisation über die Lehnsbindung verliert in den deutschen Territorien seit dem Spätmittelalter an Bedeutung. Geldwirtschaft, Rationalisierung und Verfeinerung der Herrschaftstechnik erlauben es, die feudalen Amtsträger allmählich durch ein funktionales Äquivalent, das moderne Beamtentum, zu ersetzen und den Adel aus seiner überragenden Stellung in der Staatsführung und -verwaltung abzulösen. Das heißt nicht, daß die alten Lehnsverhältnisse aufgelöst werden und jegliche Bedeutung einbüßen; Belehnungen können vielmehr jetzt zu einer interessanten Finanzquelle für den modernen Staat werden. Insbesondere bleibt das Reich mit den Territorialstaaten weiterhin durch die Lehnsbindung der Fürsten an den König verbunden. Bis zum Ende des alten Reiches werden die Reichslehen regelmäßig erneuert, werden Lehnspflichten wahrgenommen, gibt es z. B. Lehnsaufgebote. Seine rechtliche Regelung findet das Reichslehnswesen in den sog. *libri feudorum*, mittelalterlichen Aufzeichnungen des lombardischen Lehnsrechtes, die an das ›*Corpus iuris*‹ angehängt sind und durch die Rezeption des Römischen Rechts in Deutschland zum subsidiär geltenden Reichsrecht avancieren. Erst mit dem Untergang des alten Reichs 1806 erlischt auch das Reichslehnswesen. In den Territorien werden die Lehen sogar erst im 19. Jahrhundert – in Preußen schon im 18. – »allodifiziert«, d. h. die adligen Lehnsgüter gehen in das freie Eigentum des Lehnsbesitzers über, der dafür allerdings das mit ihnen in der Regel verbundene Privileg der Steuerbefreiung verliert.

4. Zur Frage der Staatlichkeit des mittelalterlichen Reiches

Die Existenz autogener Adelsherrschaften und ihre enge Verzahnung mit dem Königtum sowie die Eigentümlichkeit des Lehnswesens mit seinen Tendenzen zur Vererbung, Veräußerbarkeit und Privatnützigkeit der anvertrauten Güter haben die Verfassungsgeschichtsschreibung immer wieder fragen lassen, ob man die mittelalterlichen *regna* überhaupt schon als Staaten bezeichnen könne. Diese Frage wurde vor allem im 19. Jahrhundert diskutiert, wobei vielfach die Ansicht vorherrschte, daß das Fränkische Reich – insbesondere unter Karl dem Großen – einen staatlichen Charakter besessen habe, der mit zunehmender Feudalisierung der Reichsverwaltung dem nachfolgenden deutschen *regnum* verlorengegangen sei. Seitdem man jedoch erkannt hat, daß die eigenständige Herrschaft von Großen im Lande nicht erst ein Phänomen der fränkischen Nachfolgestaaten im hohen Mittelalter darstellt, ist man von dieser Auffassung wieder abgerückt. Die Frage, um die es geht, ist demnach, ob man mittelalterliche Reiche überhaupt »Staaten« nennen soll. Sie reduziert sich letztlich darauf, was man unter diesem Ausdruck verstehen will.

I.

Wir sollten zunächst festhalten: Staaten im modernen Sinne sind die mittelalterlichen *regna* selbstverständlich nicht gewesen, also Gebilde mit einer souveränen Spitze, einer nicht nur höchsten, sondern auch einzig unabgeleiteten und tendenziell allumfassenden öffentlichen Gewalt, mit einem »Monopol der legitimen Gewaltanwendung« (Max Weber), einer vom gesellschaftlichen Umfeld klar unterscheidbaren Hoheitssphäre und einer darin tätigen und in dieser Tätigkeit aufgehenden Bürokratie. Das mittelalterliche Reich war sicherlich keine Monarchie im klassischen Sinne der Einzel- oder Alleinherrschaft eines Königs mit ihm botmäßigen Amtsträgern über ein Volk. Das, was wir »Volk« nennen, ist im Mittelalter in verschiedene und vielfach selbständige Herrschaftsbildungen eingebunden und vom König abgeschichtet. Es gibt keinen allgemeinen Untertanenverband. Der hat sich erst im Absolutismus herausgebildet und dann im 19. Jahrhundert zur Gesellschaft prinzipiell gleicher Staatsbürger fortentwickelt. Der mittelalterliche König ist auch nicht souverän. Es gibt autogene und relativ autonome Adelsherrschaften von unterschiedlicher Größe, die unter Umständen selbst öffentliche Gewalt begründen und ausüben können in Konkurrenz zum Königtum. Der moderne Staat erwächst daher nicht nur aus einer Intensivierung der königlichen Macht, sondern kann auch aus einer Steigerung großer Adelsherrschaft entstehen.

Dementsprechend gibt es kein staatliches Gewaltmonopol, wie die zahlreichen Fälle mittelalterlicher Fehden zeigen. Es gibt aber Bestrebungen, ihre Ausübung zu regeln und ihre Anwendung zu beschränken bzw. sie ganz zu unterdrücken, wie die Landfriedensgesetzgebung deutlich macht. Es gibt auch keine staatliche Rechtseinheit, sondern es existieren unterschiedliche Stammes- und Landrechte sowie – meist gewohnheitsrechtliche – Regelungen bestimmter Funktionsbereiche (wie z. B. des Lehnswesens oder des Dienstwesens) und lokaler Eigentümlichkeiten (besonders im Dienstrecht und im Hofrecht der Grundherrschaft). Diese Rechtskreise sind nicht von einer königlichen Rechtssetzung geduldet, sondern unabhängig von ihr und gehen ihr zeitlich vielfach voraus. Rechtsvereinheitlichung ist demgegenüber wie die Monopolisierung der Gewaltausübung ein mühsames Geschäft, das erst in der Ära des modernen Staates mit Hilfe der Gesetzgebung und einer dem Herrscher ergebenen Beamtenschaft Erfolg bringt. Selbst dort, wo sich die königliche Gewalt durchsetzt und die segmentären Herrschaftsbildungen durch eine pyramidale überwindet wie im Lehnswesen, wird keine Amtshierarchie im strengen Sinne geschaffen, sondern bleiben die bestellten Amtsträger relativ frei und unkontrolliert in ihrer Tätigkeit, hängen die unteren Chargen in der Regel nur von den nächst höheren ab und wird nach oben mit Erfolg das Prinzip der Mitbestimmung vertreten. Öffentliche Funktionen sind nicht präzise bestimmt und fest institutionalisiert. Es fehlt durchweg an Kontrollmöglichkeiten, wie sie eine geregelte Amtsführung im modernen Sinne mit Archiven, Akten, Registern und ähnlichen Verwaltungstechniken bietet. Kurzum: moderne Staaten, das haben die hier noch einmal zusammengefaßten Ergebnisse des vorstehenden Kapitels gezeigt, sind die mittelalterlichen Königreiche nicht gewesen.

Nun muß man »Staat« aber nicht notwendigerweise mit »modernem Staat« und damit verbundenen (meist erheblich idealisierten) Vorstellungen von Souveränität, Gewaltmonopol und bürokratisch-hierarchischem Apparat gleichsetzen. Gerade für die Verfassungsgeschichte als einer politischen Systemgeschichte bietet sich vielmehr eine weitergehende Definition dieses Begriffes an, etwa im Sinne von »politischer Ordnung«. Wir verstehen unter einer solchen Ordnung oder einem Staat im weiteren Sinne, wie schon in der Einleitung ausgeführt, gesellschaftliche Einheiten mit einem identifizierbaren Gebiet und mit einer identifizierbaren Bevölkerung, die nicht mehr einfach nur durch die Bande der Verwandtschaft und durch fraglose Gewohnheiten zusammengehalten werden sowie allenfalls für extraordinäre Vorfälle und Unternehmungen dann und wann (intermittierend) spezifische Beratungs-, Entscheidungs- und Leitungsgremien bilden, sondern die über einen kontinuierlich und dauerhaft existierenden Apparat zur Aufrechterhaltung einer nicht nur »gewachsenen«, sondern mindestens partiell »gestifteten« Ordnung verfügen, welcher auch und gerade der freie, selbständige Mitbürger wie ein etwa vorhandener Adel unterworfen sind. Diese gestiftete und mit besonderen Gremien für ihre Bewahrung und Verbesserung versehene Ordnung für und über Freie nennen wir eine »politische« Ordnung oder einen »Staat« (im weiteren Sinne), die Bestrebungen zu ihrer Aufrechterhaltung oder Veränderung »Politik«.

In dem hier umrissenen Sinne sind die mittelalterlichen Königreiche zweifellos Staaten gewesen, ihre Könige Oberhäupter von solchen und nicht nur potenzierte Grundherren und Anführer von Adelscliquen o. ä. Auch die mittelalterlichen *regna* haben Gebiete, wenn auch vielfach nicht linear begrenzt, sondern mit breiten Grenzsäumen versehen. Sie haben eine ihnen zugehörige Bevölkerung, auch wenn gerade die Großen im Reich gern zusätzliche Lehnsbindungen zu ausländischen Fürsten eingehen – ein deutliches Zeichen des Mangels ausgeprägter staatlicher Loyalität. Vor allem aber verfügen sie über eine vom gesellschaftlichen Umfeld unterscheidbare Sphäre der politischen Ordnung, die zwar im König personifiziert ist, aber in vielen Delegationszusammenhängen und vor allem in der Vorstellung vom Königtum selbst über die Person des jeweiligen Rolleninhabers hinausreicht. So unterscheidet man schon im Mittelalter zwischen dem sterblichen Körper des Königs und seinem unsterblichen *body politick*, oder in ähnlicher Weise zwischen Reichsgut und Hausgut, und sieht man das Reich in seinen Insignien, vor allem der Krone, als überpersonale Einheit symbolisiert (eine Vorstellungsweise, an die heute noch z. B. die Staatsflagge erinnert). Die transpersonale Anschauungsweise wird auch deutlich in der Auffassung von der Unteilbarkeit des *regnum* und seiner die einzelnen Mitglieder überdauernden Existenz, so wenn man das Reich unter Aufnahme eines schon in der Antike gebräuchlichen Gleichnisses mit einem Schiff vergleicht, das nicht untergeht, auch wenn sein Steuermann, der König, stirbt: *»Si rex periit, regnum remansit, sicut navis permanet, cuius gubernator cadit.«* (Wipo) Auch der Vergleich des Staatslenkers mit einem Steuermann ist alt und verweist auf ein funktionales Verständnis der Rolle des Königs, der seine Obliegenheiten als *ministerium,* als Amt und Dienst in der Sphäre der Öffentlichkeit, *publice,* erfüllt und damit deutlich unterschieden vom Privatherrscher, wie ja überhaupt die Vorstellung von der Wahrnehmung öffentlicher Funktionen als »Ämter« ein Bewußtsein von der Eigenart der politisch-staatlichen Sphäre zum Ausdruck bringt. Es kann daher nicht überraschen, daß nach ihrem Bekanntwerden im 13. Jahrhundert die bedeutendste staatstheoretische Schrift des Altertums, die ›Politik‹ des Aristoteles, mit ihrer Unterscheidung der politischen Gemeinschaft *(koinonia politiké)* von den übrigen gesellschaftlichen Beziehungen und mit ihrer Definition eines besonderen Staatsapparates und seiner Verfassung, dem *politeuma* und der *politeia,* gern rezipiert und als Interpretament auf die damaligen politischen Verhältnisse angewandt werden konnte.

II.

Man hat die Besonderheit des mittelalterlichen Staates mit dem Ausdruck »Personenverbandsstaat« zu umschreiben versucht und diesem den spätmittelalterlich-frühneuzeitlichen »institutionellen Flächenstaat« gegenübergestellt (Theodor Mayer). Dagegen ist eingewandt worden, daß auch mittelalterliche Staaten sich über Flächen erstreckt und Institutionen besessen haben. Dies ist sicherlich richtig; dennoch kommt in dem kritisierten Unterscheidungsversuch Wesentliches zur Sprache. Er macht zum einen deutlich, daß man im Mittelalter ganz allgemein nach dem Personalitätsprinzip, d. h. nach dem Recht des Personenverbandes, in den man hineingeboren ist oder dem man standesmäßig zugehört, nicht aber nach dem Territorialprinzip lebt, also nach dem Recht, das in einem räumlich begrenzten Bereich gilt, in dem man sich aufhält. Dementsprechend wird jedermann nach seinem »persönlichen« Recht als Franke, Sachse, Vasall oder Dienstmann behandelt. Insbesondere in den vielen Abhängigkeitsverhältnissen kommt die personale Rechts- und Herrschaftsbeziehung zum Ausdruck. Ein und dieselbe Person kann von verschiedenen Herren in unterschiedlicher Weise abhängig sein, Leibeigner des einen, zinspflichtiger Bodenbewirtschafter eines anderen, gerichtspflichtig einem dritten. Unterschiedliche Tradierungsweisen führen dazu, daß in ein und demselben räumlichen Bereich der eine Gerichtsherr ist, der andere Grundherr, es mehrere Grundherren in einem Dorf gibt usw. Diese vor allem im Spätmittelalter zutagetretende Rechtszersplitterung zeigt, daß die Idee einer einheitlichen, raummäßig definierten Herrschaft sich bis in die Neuzeit hinein nicht durchzusetzen vermag. Ganz in diesem Sinne faßt man auch die Könige zunächst nicht als Herrscher über ein »Land« auf, sondern über eine Personeneinheit, sind die deutschen Könige *reges Francorum orientalium* oder *Teutonicorum*, wird schließlich der Aufbau einer Herrschaftsorganisation durch das Band höchstpersönlicher Treue versucht, durch eine vasallitische Bindung, die nur zwischen den beiden, die sie eingehen, gilt, nicht aber mehr, wie wir sahen, zwischen dem Lehnsherrn und dem Mann seines Vasallen. Hinzu kommt, daß diese Beziehungen auf dem Prinzip der Gegenseitigkeit beruhen, beiden Seiten Pflichten und Rechte geben und kein einseitiges Befehls-Gehorsamsverhältnis kennen, wie es im modernen Staatsapparat üblich wird.

Mit den letzten Bemerkungen sind wir schon über den Gegensatz von Personalprinzip und Territorialprinzip hinausgelangt zur Bedeutung persönlicher Beziehungen in einem wenig fest und abstrakt vorgeformten politischen Bereich. Es ist in unserem Zusammenhang nicht nur auf die Unterscheidung von Personenverband und Flächenherrschaft aufmerksam zu machen, sondern auch auf die gesteigerte Bedeutung des personalen Elements angesichts des geringen Institutionalisierungsgrades, den die staatlichen Verhältnisse erreicht haben. Indem die *regna* als im König personifiziert vorgestellt werden, ist die staatliche Machtausübung in für uns kaum mehr vorstellbarer Weise von der Persönlichkeit des Amtsinhabers und von seiner Präsenz abhängig – und überwiegend reaktiv, ja okkasionell – trotz aller Delegationsmöglichkeiten, die es auch damals schon gab. Machen wir uns das ganz deutlich: Auch heute sind Persönlichkeit und persönliches Durchsetzungsvermögen wichtig in der Politik; das zeigt die Diskussion des *leadership*-Problems in der Politikwissenschaft. Aber in unseren ausdifferenzierten und kompetenzmäßig in der Regel eindeutig fixierten Institutionen, die einem Amtsträger ein bestimmtes Rollenverständnis geben mit bestimmten Verhaltensvorschriften und einer bestimmten Rechtsmacht zum Handeln, ist doch die Tendenz spürbar, die Amtsführung vom persönlichen Wollen und Können des einzelnen unabhängig zu machen. Das ist anders im Mittelalter. Nicht in der Mitbestimmung der Großen im Staat oder in der Eigenständigkeit ihrer Herrschaft und damit der Begrenzung der staatlichen Gewalt liegt das eigentlich Besondere des mittelalterlichen Staates – denn Selbstverwaltung mit Herrschaftscharakter, Mitbestimmung und Grenzen der Staatsgewalt kennt auch der moderne Staat –, sondern in der mangelnden rechtlichen Regelung möglicher Herrschaftskonkurrenz. Sie läßt Rechtsfragen zu Machtfragen und zu Fragen des Sich-durchsetzen-Könnens werden, unbeschadet dessen, daß auch im Mittelalter schon die Konkurrenz des Rechtes nicht nur durch das Schwert und durch Gottesurteil, sondern auch durch Berufung auf ein höheres Recht, das von der Kirche verkündete *ius divinum* und das christliche Sittengebot, entschieden wird.

Es haben auf diese Weise die gesellschaftlichen Strukturen im Mittelalter etwas eigentümlich Fließendes an sich, wenn auch die Reziprozität des Rechtes, mangelnde technische Herrschaftsmöglichkeiten und damit verbunden die Unfähigkeit, auf Dauer das vorhandene gesellschaftliche Machtgleichgewicht zu verändern, den Eindruck der Statik erwecken mögen. Desungeachtet finden auch im Mittelalter bedeutsame Entwicklungen statt, zunächst Variationen in der spezifischen Ausprägung vorgegebener, allgemein-abstrakter Strukturelemente, dann aber auch – bedingt durch die mit dem Landesausbau im hohen Mittelalter einhergehenden gesellschaftlichen Veränderungen – ein grundlegender Wandel der staatlichen Struktur. Das wird das Thema des folgenden Kapitels sein.

Literaturhinweise

Staat, Verfassung, Recht

Einen ersten Überblick über die Verfassungsgeschichte des Mittelalters – auch über Quellenlage und Methodenfragen – vermittelt Karl Bosl, Staat, Gesellschaft, Wirtschaft im deutschen Mittelalter. In: Gebhardt, Handbuch der deutschen Geschichte Band 1, Teil VII, Stuttgart 1970 (Band 7 der Taschenbuchausgabe); s. auch die Angaben in der Einleitung zu Sprandel und Schulze. Wichtige Informationen enthalten Walter Schlesinger, Mitteldeutsche Beiträge zur deutschen Verfassungsgeschichte. Göttingen 1961, und ders., Beiträge zur deutschen Verfassungsgeschichte des Mittelalters. Göttingen 1963. Zu Methodenfragen der Geschichtswissenschaft vom Mittelalter allgemein vgl. Heinz Quirin, Einführung in das Studium der mittelalterlichen Geschichte. 4. Aufl. Braunschweig 1985. Seit 1980 ist ein Lexikon des Mittelalters (bislang 4 Bde.) mit wichtigen Artikeln auch zur Verfassungsgeschichte im Erscheinen begriffen.

Die Diskussion über den »Staat des Mittelalters«, d.h. die Anwendbarkeit des Staatsbegriffs auf mittelalterliche Reiche bzw. seine Reduktion auf den modernen Staat gibt wieder Georg von Below, Der deutsche Staat des Mittelalters. Band 1, 2. Aufl. Leipzig 1925; vgl. auch die neuere Darstellung von Ernst-Wolfgang Böckenförde, Die deutsche verfassungsgeschichtliche Forschung im 19. Jahrhundert. Zeitgebundene Fragestellungen und Leitbilder. Berlin 1961, sowie grundsätzlich Helmut Quaritsch, Staat und Souveränität. Band 1, Frankfurt a.M. 1970. Eine Übersicht über die neuere Literatur zu diesem Thema findet sich bei Hans Boldt, Einführung in die Verfassungsgeschichte. Düsseldorf 1984. Aus der Sicht des Historikers des Mittelalters vgl. dazu Eduard Hlawitschka, Vom Frankenreich zur Formierung der europäischen Staaten- und Völkergemeinschaft. Darmstadt 1986, S. 175ff.

Die Unterscheidung von (aristokratischem) »Personenverbandsstaat« und »institutionellem Flächenstaat« traf zuerst Theodor Mayer u.a. in: Die Ausbildung der Grundlagen des modernen deutschen Staates im hohen Mittelalter. In: HZ 159 (1939), ND bei HELLMUT KÄMPF (Hrsg.), Herrschaft und Staat im Mittelalter. Darmstadt 1956, bes. S. 290ff.

Die klassische Darstellung des Staates des Mittelalters in vergleichender Sicht stammt von HEINRICH MITTEIS, Der Staat des hohen Mittelalters. Weimar 1940, 11. Aufl. Darmstadt 1986. Die mittelalterliche Politik und Regierungsweise, insbesondere auch das Eindringen der aristotelischen Staatsauffassung stellt dar WALTER ULLMANN, Principles of Government and Politics in the Middle Ages. 3. Aufl. London, New York 1974. Wichtige Aufsätze zur Entwicklung des mittelalterlichen Staates in Deutschland enthält HELLMUT KÄMPF (Hrsg.), Herrschaft und Staat im Mittelalter. Darmstadt 1956.

Zur Transpersonalität der mittelalterlichen Staatsauffassung vgl. ERNST H. KANTOROWICZ, The King's Two Bodies. Studies in Medieval Political Theology. Princeton 1957, München 1990; HELMUT BEUMANN, Zur Entwicklung transpersonaler Staatsvorstellungen. In: Das Königtum. Vorträge und Forschungen Bd. 3, 4. Aufl. Sigmaringen 1973, und PERCY E. SCHRAMM, Herrschaftszeichen und Staatssymbolik. Beiträge zu ihrer Geschichte vom 3. bis 16. Jahrhundert. 3 Bde. Stuttgart 1954–1956, und ein Band Nachträge aus dem Nachlaß, mit Beiträgen verschiedener Verfasser, München 1978.

Grundlegend für das Verständnis der mittelalterlichen Staatsverfassung ist nach wie vor die Abhandlung von FRITZ KERN, Recht und Verfassung im Mittelalter. Darmstadt 1952; ursprünglich in HZ 120 (1919). Für die daran anschließende Debatte über das Recht im Mittelalter und seine Veränderbarkeit vgl. WINFRIED TRUSEN, Gutes altes Recht und consuetudo. Aus den Anfängen der Rechtsquellenlehre im Mittelalter. In: Recht und Staat. FS Günther Küchenhoff. 1. Halbband, Berlin 1972, sowie JÜRGEN WEITZEL, Dinggenossenschaft und Recht. Untersuchungen zum Rechtsverständnis des fränkisch-deutschen Mittelalters. 2 Bde. Köln 1985.

Verschiedene Fragen des mittelalterlichen Rechtsdenkens, insbesondere auch die Konsensproblematik, erörtert GAINES POST, Studies in Medieval Legal Thought. Public Law and the State 1100–1322. Princeton 1964. Speziell zur Entwicklung des Mehrheitsprinzips vgl. ULRICH SCHEUNER, Das Mehrheitsprinzip in der Demokratie. Vorträge der Rheinisch-Westf. AW, G 191, Opladen 1973; FRIEDRICH BATTENBERG, Das Römisch-deutsche Königtum und die Legitimation mehrheitlicher Entscheidungen im Spätmittelalter, in: ZRG KAN 103, 1986.

Königtum, Regierungsweise, Adelsherrschaft

Allgemein orientieren der Artikel ›Monarchie‹ in: OTTO BRUNNER, WERNER CONZE, REINHART KOSELLECK (Hrsg.), Geschichtliche Grundbegriffe. Historisches Lexikon zur politisch-sozialen Sprache in Deutschland. Band 4, Stuttgart 1978, und der Sammelband: Das Königtum. Seine geistigen und rechtlichen Grundlagen. Vorträge und Forschungen, Bd. 3, 4. Aufl. Sigmaringen 1973 (mit zahlreichen Aufsätzen über das Königtum in der germanischen Frühzeit und im Mittelalter); s. jetzt auch REINHARD SCHNEIDER, Das spätmittelalterliche Königtum im europäischen Vergleich. Sigmaringen 1987.

Die mittelalterliche Vorstellung vom Königtum ist grundlegend analysiert worden von FRITZ KERN, Gottesgnadentum und Widerstandsrecht im frühen Mittelalter. Zur Entwicklungsgeschichte der Monarchie. (1914), 7. Aufl. Darmstadt 1980. Die Legitimationsfrage behandelt im Überblick OTTO BRUNNER, Vom Gottesgnadentum zum monarchischen Prinzip. Der Weg der europäischen Monarchie seit dem hohen Mittelalter. In: Das Königtum, a. a. O. Zentrale Aussagen über die politische Kultur enthalten die Fürstenspiegel jener Zeit; zu ihnen vgl. WILHELM BERGES, Die Fürstenspiegel des hohen und späten Mittelalters. Leipzig 1938, und HERBERT ANTON, Fürstenspiegel und Herrschermythos in der karolingischen Zeit. Bonn 1968. Allgemeines zur Legitimation des staatlichen Handelns durch Berufung auf das Gemeinwohl schon in früher Zeit bringt WILHELM MERK, Der Gedanke des gemeinen Besten in der deutschen Staats- und Rechtsentwicklung. (1934), 2. Aufl. Darmstadt 1968; dazu jetzt auch: WINFRIED EBERHARD, »Gemeiner Nutzen« als oppositionelle Leitvorstellung im Spätmittelalter, in: MANFRED GERWING u. GODEHARD RUPPERT (Hrsg.), Renovatio und reformatio: Wider das Bild vom »finsteren« Mittelalter. Festschrift f. Ludwig Hoedl z. 60. Geb. Münster 1985.

Ein zentrales Thema der verfassungsgeschichtlichen Forschung ist von jeher das der Bestallung der deutschen Könige gewesen. Aus der reichhaltigen Literatur sei hier genannt: HEINRICH MITTEIS, Die deutsche Königswahl. Ihre Rechtsgrundlagen bis zur Goldenen Bulle. 2. Aufl. Brünn 1944, ND 1987, sowie REINHARD SCHNEIDER u. HARALD ZIMMERMANN (Hrsg.), Wahlen und Wählen im Mittelalter (Vorträge und Forschungen, Bd. 37). Sigmaringen 1990.

Zur Regierungsweise vgl. WILHELM EBEL, Geschichte der Gesetzgebung in Deutschland. 2. Aufl. Göttingen 1958; mit Hinweisen auf die mittelalterliche Rechtssetzungstechnik. Speziell zur Banngewalt: ROBERT SCHEYHING, Eide, Amtsgewalt und Bannleihe. Eine Untersuchung zur Bannleihe im hohen und späten Mittelalter. Köln, Graz 1960. Allgemein zum Reisekönigtum s. HANS CONRAD PEYER. Das Reisekönigtum des Mittelalters. In: VSWG 51 (1964).

Über die Ressourcen und Wirkungsmöglichkeiten des mittelalterlichen Herrschers unterrichtet THEODOR MAYER, Das deutsche Königtum und sein Wirkungsbereich. 2. Aufl. 1941, jetzt in: ders., Mittelalterliche Studien. Gesammelte Aufsätze. 3. Aufl. Sigmaringen 1972, und allgemein WALTER ULLMANN, Schranken der Königsgewalt im Mittelalter. In: HJB 91 (1971).

Speziell zum Reichsgut und seiner Nutzung: WOLFGANG METZ, Zur Erforschung des karolingischen Reichsguts. Darmstadt 1971; CARLRI-

CHARD BRÜHL, Fodrum, gistum, servitium regis. Studien zu den wirtschaftlichen Grundlagen des Königtums im Frankenreich und in den fränkischen Nachfolgestaaten Deutschland, Frankreich und Italien. Vom 6. bis zur Mitte des 14. Jahrhunderts. 2 Bände, Köln, Graz 1968; WOLFGANG METZ, Das Servitium regis. Zur Erforschung der wirtschaftlichen Grundlagen des hochmittelalterlichen deutschen Königtums. Darmstadt 1978.

Zu den Regalien vgl. HANS THIEME, Die Funktion der Regalien im Mittelalter. In: ZRG GA 62 (1942); IRENE OTT, Der Regalienbegriff im 12. Jahrhundert. In: ZRG KAN 66 (1948); JOHANNES FRIED, Der Regalienbegriff im 11. und 12. Jahrhundert. In: DA 19 (1973).

Für das Steuerwesen ist immer noch zu konsultieren KARL ŹEUMER, Zur Geschichte der Reichssteuern im frühen Mittelalter. In: HZ 81 (1898), ND Darmstadt 1961.

Zum Einfluß der Technik auf die Entwicklung von Staat und Gesellschaft vgl. LYNN WHITE JR., Die mittelalterliche Technik und der Wandel der Gesellschaft. München 1968; s. auch JEAN GIMBEL, Die industrielle Revolution des Mittelalters. München, Zürich 1980.

Über die Regierungs- und Verwaltungsinstitutionen des älteren deutschen Reichs existieren z. T. keine neueren Monographien. In diesen Fällen, wie überhaupt ganz grundsätzlich, wird empfohlen, die entsprechenden Stichwörter (z. B. ›Immunität‹) des Handwörterbuchs zur deutschen Rechtsgeschichte (HRG) zu konsultieren. Für die ottonische Zeit s. ECKHARD MÜLLER-MERTENS, Die Reichsstruktur im Spiegel der Herrschaftspraxis Ottos des Großen. Berlin 1980. Das Problem der Grafschaftsverfassung erörtert HANS KARL SCHULZE, Die Grafschaftsverfassung der Karolingerzeit in den Gebieten östlich des Rheins. Berlin 1973. Die zentrale Funktion der Hofkapelle stellt dar JOSEF FLECKENSTEIN, Die Hofkapelle der deutschen Könige. 2 Bde, Stuttgart 1959–1966. Über die Hofämter zur Karolingerzeit berichtet zeitgenössisch der Erzbischof HINKMAR VON REIMS, De Ordine Palatii. In der letzten Zeit weniger untersucht wurden die Reichsversammlungen; s. dazu HEINRICH WEBER, Die Reichsversammlungen im ostfränkischen Reich 840–918. Würzburg 1962 (mit älterer Literatur). Zu den Synoden s. HEINZ WOLTER, Die Synoden im Reichsgebiet und in Reichsitalien von 916 bis 1056. Paderborn u. a. 1988.

Zur *Adelsherrschaft* und zum *Fürstentum* vgl. OTTO VON DUNGERN, Adelsherrschaft im Mittelalter. München 1927, ND Darmstadt 1967. Dungern arbeitete als erster die Eigenständigkeit der Herrschaft des Adels heraus. Ferner HEINRICH MITTEIS, Formen der Adelsherrschaft im Mittelalter (1951). In: ders., Die Rechtsidee in der Geschichte. Weimar 1957; GERD TELLENBACH, Vom karolingischen Reichsadel zum deutschen Reichsfürstenstand (1943). In: Herrschaft und Staat im Mittelalter, a. a. O.; THEODOR MAYER (Hrsg.), Adel und Bauern im deutschen Staat des Mittelalters. Leipzig 1943, ND 1980.

Lehnswesen

Zur ersten Einführung geeignet ist der Überblicksartikel ›Feudalismus‹ von Otto Brunner in: Geschichtliche Grundbegriffe, Band 2; dazu vertiefend Heide Wunder, Feudalismus. München 1974.

Die klassische Darstellung der *Feudalgesellschaft* stammt von Marc Bloch, La société féodale. Paris 1939, deutsch: Die Feudalgesellschaft. Berlin 1982. Die klassische Darstellung des Lehnswesens gab Heinrich Mitteis, Lehnrecht und Staatsgewalt. Weimar 1933, ND 1974. Zum Lehnswesen vgl. auch den knappen Abriß von François Louis Ganshof, Qu'est-ce que la féodalité? Brüssel 1944, deutsch: Was ist das Lehnswesen? 6. Aufl. Darmstadt 1982, sowie den Sammelband: Studien zum mittelalterlichen Lehnswesen. Vorträge und Forschungen, Bd. 5, 2. Aufl. Sigmaringen 1972.

In einem interkulturell vergleichenden Rahmen erörtert das Lehnswesen Otto Hintze, Wesen und Verbreitung des Feudalismus. In: ders., Staat und Verfassung, Gesammelte Abhandlungen zur allgemeinen Verfassungsgeschichte. 3. Aufl. Göttingen 1970. Instruktiv ist auch die neuere vergleichende Analyse von Hans Kammler, Die Feudalmonarchie. Politische und wirtschaftlich-soziale Faktoren ihrer Entwicklung und Funktionsweise. Köln, Wien 1974.

Die Literatur wurde stark bewegt von der Frage eines Leihezwanges im deutschen Lehnswesen; dazu Wilhelm Goez, Der Leihezwang. Eine Untersuchung zur Geschichte des deutschen Lehnrechts. Tübingen 1962. Zum Lehnrecht im hohen Mittelalter s. Georg Droege, Landrecht und Lehnrecht im hohen Mittelalter. Bonn 1969; zum Weiterwirken des Lehnswesens im Spätmittelalter s. Gerhard Theuerkauf, Land und Lehnwesen vom 14. bis zum 16. Jahrhundert. Ein Beitrag zur Verfassung des Hochstifts Münster und zum nordwestdeutschen Lehnrecht. Köln, Graz 1961; Bernhard Diestelkamp, Lehnrecht und spätmittelalterliche Territorien. In: Hans Patze (Hrsg.), Der deutsche Territorialstaat im 14. Jahrhundert I. Vorträge und Forschungen, Bd. 13, 2. Aufl. Sigmaringen 1986; Karl Friedrich Krieger, Die Lehnshoheit der deutschen Könige im Spätmittelalter (ca. 1200–1437). Aachen 1979.

3. Kapitel
Herkunft und Entwicklung der Institutionen des mittelalterlichen Reiches

Vorbemerkung

Das Mittelalter ist, so sagten wir, nicht »statisch« gewesen. In dem so benannten Zeitraum (ca. 500–1500) fanden vielmehr immer wieder grundlegende Veränderungen statt, im gesellschaftlichen wie im politischen Bereich. Das gilt auch für die Verfassung des älteren deutschen Reiches. Ihrer Entwicklung mit den Etappen des ottonisch-salischen Reichskirchensystems und des Investiturstreites, mit den gesellschaftlichen Neuerungen des 12. und 13. Jahrhunderts und der staufischen Reichsreform sowie jener eigentümlichen Verbindung des deutschen Königtums mit der römischen Kaiseridee, die am Ende die staufische Politik spektakulär scheitern ließ, wollen wir im folgenden nachgehen.

Diese Entwicklung erfolgte zunächst in dem im vorangegangenen Kapitel umrissenen strukturellen Rahmen; sie sprengte ihn aber im 14. und 15. Jahrhundert und schaffte damit modernen staatlichen Ansätzen Raum. Der moderne Staat ist ja nicht erst plötzlich in der frühen Neuzeit entstanden, etwa aufgrund des kulturellen Umbruchs der Renaissance oder als Antwort auf den konfessionellen Bürgerkrieg im Gefolge der Reformation, sondern allmählich im Zusammenhang mit einem grundlegenden sozialen Wandel, der schon im hohen Mittelalter einsetzte. Man kann die staufische Politik in Deutschland als eine erste Reaktion auf diesen Wandel verstehen – eine Reaktion, die mittelalterlichen Vorstellungen noch verhaftet blieb. Dagegen führten die weiteren Versuche, den veränderten Verhältnissen Rechnung zu tragen, nach dem Scheitern der Staufer in den Territorien des Spätmittelalters über den Rahmen dessen, was sich noch als mittelalterliche Struktur bezeichnen läßt, hinaus; wir werden sie daher erst im Kapitel über die Entstehung des modernen Staates behandeln. Die Erörterung der mittelalterlichen Entwicklung schließen wir dagegen mit dem Ende der Stauferzeit, dem 13. Jahrhundert, ab.

Bevor wir auf die Entwicklung der Institutionen des mittelalterlichen Reiches eingehen, wenden wir uns der Frage ihrer

Herkunft zu. Sie hat die Verfassungsgeschichte seit jeher in hohem Maße bewegt, weil man durch die Aufdeckung der Ursprünge besonderen Aufschluß über ihre Eigenart zu gewinnen erhoffte.

1. Zur Herkunft der Institutionen

Die Ursprünge des mittelalterlichen deutschen Regierungssystems werden in der Regel in germanischen Wurzeln und in der römisch-christlichen Tradition gesucht. Neuerdings wird auch auf keltische (bzw. gallo-römische) Einflüsse hingewiesen; sie sind jedoch schwer auszumachen. Kelten und Germanen haben in Süd- und Westdeutschland jahrhundertelang als Nachbarn gelebt. Es gab stammesmäßige und kulturelle Überschneidungen, wie sich insbesondere an einer Reihe germanischer Lehnwörter aus dem Keltischen zeigen läßt. Auch eine Anzahl zentraler Begriffe des Verfassungswesens stammt aus dem keltischen Bereich wie »Reich«, »Amt« (von *ambactus* = Gefolgsmann) und »Vasall« (von *gwas* = Knecht). Sie deuten auf gallorömisch vermittelte Einflüsse in der Staatsorganisation hin. Dementsprechend wird in der Literatur heute die gallo-römische Wurzel des Lehnswesens stärker beachtet, wenn auch germanische Traditionen (des Gefolgschaftswesens) ebensowenig wie eine Veredelung des Vasallitätsverhältnisses durch christliche Treuevorstellungen auszuschließen sind. Ganz allgemein gesehen scheinen allerdings die germanische und die römisch-christliche Tradition bedeutsamer gewesen zu sein. Auch hier bewegen wir uns freilich zum Teil im Felde unsicherer Vermutungen.

I.

Das germanische Erbe in der deutschen Geschichte wird seit den Anfängen kritisch-historischer Forschung im Humanismus betont, obwohl das Selbstverständnis des älteren deutschen Reiches als eines »römischen« und diverse Anlehnungen an römische Traditionsbestände, wie z. B. an das römische Recht, eine vorsichtigere Beurteilung nahegelegt hätten. Die Besinnung auf die germanische Abstammung der Deutschen und die damit verbundene Hinwendung zum Studium germanischer Sitten und Gebräuche, wie sie vor allem Tacitus in seiner ›Germania‹ überliefert hat, fällt mit dem aufkeimenden Nationalgefühl in der frühen Neuzeit, der Distanzierung von Franzosen und Italienern zusammen. Sie ist gleichsam die Kehrseite jener anderen damals zur Herrschaft gelangenden Anschauung vom Untergang des (römischen) Altertums durch die Barbareneinfälle in der Völkerwanderungszeit und seiner Wiedererweckung in der Renaissance. Theorien des »germanischen« Mittelalters und des Zusammenbruchs der antiken Kultur in der Völkerwanderung (die sog. »Katastrophentheorie«) beherrschten die historische Forschung bis in unser Jahrhundert. Erst in neuester Zeit ist ihnen, zunächst in der Siedlungs- und Wirtschaftsgeschichte, die Auffassung von einer kontinuierlichen Weiterexistenz römischer Kulturelemente auch in Deutschland entgegengesetzt worden (sog. »Kontinuitätstheorie«). Der Erfolg dieser Betrachtungsweise hat am Ende dazu geführt, daß man auch die Frage nach der »germanischen Kontinuität« aufwarf, was zunächst Verwunderung erregte, da man sie in Anbetracht der biologischen Abstammung der Deutschen für selbstverständlich hielt. Das ist aber keineswegs so, und zwar aus folgenden Gründen.

Die Tradierung kultureller Elemente, von Werten, Vorstellungsweisen, Verhaltensmustern und Institutionen, ist grundsätzlich von der Vererbung natürlicher Anlagen zu unterscheiden. Sie erfolgt durch besondere Akte der Sozialisation bzw. Enkulturation und läuft meist, aber nicht notwendigerweise der Abstammungslinie parallel. Es kann auch zur Übernahme »fremder«, d.h. nicht von den eigenen Vorfahren herrührender Kulturgüter kommen (Rezeption) wie auch zur Verbindung verschiedener kultureller Traditionen (Kulturmischung) insbesondere dort, wo zwei oder mehrere Völker in eine gemeinsame historische Entwicklung treten und einander angleichen (Assimilation). Diese Situation war, wie wir im 1. Kapitel gesehen haben, mit der Gründung des fränkischen Großreiches gegeben. In ihm verbanden sich germanische und römisch-christliche Traditionslinien. Angesichts dessen ist die Frage nach dem germanischen Erbe alles andere als überflüssig; seine Überlieferung kann nicht als selbstverständlich vorausgesetzt werden.

Das führt uns zu einem weiteren Punkt: Fragt man nach der Herkunft von Institutionen und Bräuchen im frühen deutschen Reich, so läßt sich diese Frage nicht umstandslos mit dem Hinweis auf germanische oder römische Traditionen beantworten, sondern es ist darüber hinaus die Zwischenstation des Fränkischen Reiches zu berücksichtigen, auch wenn es, insbesondere in den nördlichen Randgebieten Deutschlands, eigenständige, kaum durch das Fränkische berührte Traditionsstränge gegeben hat. Generell gilt jedenfalls, daß das Fränkische Reich und seine Kultur eine Art Filter darstellten, durch den die älteren Traditionsströme liefen. Man hat daher mit ihrer Veränderung in fränkischer Zeit zu rechnen, mit dem Verschwinden bestimmter Elemente, der Intensivierung anderer und vor allem auch mit Innovationen, Neuerungen, die für die Entwicklung des deutschen Reiches vermutlich sehr viel bedeutsamer geworden sind als das, was aus grauer Vorzeit überkam.

Berücksichtigt man dies, so muß die Frage nach dem germanischen Erbe explizit gestellt und beantwortet werden. Das aber setzt die Forschung in einige Verlegenheit; denn die Quellen, die darüber Auskunft geben könnten, fließen nicht gerade reichlich. Wir haben außer der ›Germania‹ des Tacitus nur wenige schriftliche Berichte über die Germanen. Versuche, aus hochmittelalterlich-nordgermanischen (d. h. skandinavischen) Zeugnissen auf Sitten und Gebräuche westgermanischer Stämme zurückzuschließen, die Jahrhunderte früher in Deutschland siedelten, haben sich als recht problematisch erwiesen. Auch die archäologischen Funde stellen nur eine interpretationsbedürftige Ergänzung anderer, meist eben fehlender Zeugnisse dar. So überrascht es nicht, daß die (germanische) Herkunft vieler mittelalterlicher Institutionen wie der Grundherrschaft, des Adels oder der Eigenkirche strittig ist. Am einfachsten läßt sich die Tradierung der ländlichen, auf Holzbau statt auf Steinbauten beruhenden Siedlungsweise sowie agrarischer Produktionsmethoden in der Viehzucht und im Getreidebau belegen. Auch viele Rechtsbräuche des Mittelalters scheinen germanische Ursprünge gehabt zu haben, wie auch die Gliederung der Deutschen in Stämme aus jener alten Zeit herrührt. Dasselbe kann von der selbstverständlichen Akzeptanz sozialer Schichtungsverhältnisse im Mittelalter angenommen werden. Auch sie scheint auf einer weit zurückreichenden Gewohnheit zu beruhen.

In dem uns hier interessierenden politischen Bereich trägt die Institution des Königtums partiell archaische Züge, wenn wir an Herrschaftssymbole wie den Speer oder an Bräuche wie glückverheißende Umfahrten im Lande denken. Auf alte Wurzeln des Königtums in der Hausherrschaft und der väterlichen Gewalt weisen der Thronsitz und die Haus- und Hofämter bzw. die Schutzherrschaft (»Munt«), die der König über bestimmte Personenkreise ausübte. Das gleiche gilt von mit dem Königtum verbundenen Heilsvorstellungen. Allerdings weiß man von einem älteren germanischen Sakralkönigtum wenig. Gelegentlich hat man versucht, seine Bedeutung durch ethnologische Vergleiche zu erschließen. Auch das gut bezeugte germanische Gefolgschaftswesen scheint Spuren in späterer Zeit hinterlassen zu haben, wie der Brauch der Merowinger, sich mit einem besonderen Gefolge, den »Antrustionen«, zu umgeben, zeigt. Und ebenso hat das Mitspracherecht des Volkes bzw. seiner Mächtigen bei politischen Entscheidungen, haben die Reichs- und Gerichtsversammlungen des Mittelalters Vorläufer bei den germanischen Völkerschaften gehabt.

Bis heute umstritten ist jedoch die mit der politischen Ordnung eng zusammenhängende Frage der Herkunft der gesellschaftlichen Schichtung, der Adelsherrschaft und der Grundherrschaft und des damit in Zusammenhang stehenden Feudalismus. Dazu ist in einem groben Umriß folgendes zu sagen: Nach einer älteren, vor allem im 19. Jahrhundert vertretenen Lehre handelte es sich bei den Germanen im wesentlichen um ein Volk freier Bauern, das in größeren Sippenverbänden und in Dorfgemeinschaften mit Gemeineigentum am Ackerland und an der Allmende (Weide, Wald, Gewässer) lebte (sog. Markgenossenschaft). Die staatlichen Belange wie Gerichts- und Heeresfragen wurden im Thing, der Volksversammlung, geregelt, in der man auch die Führer *(principes)* für Kriege und Verwaltungsangelegenheiten wählte. Die in dieser Anschauung implizierte, noch heute im Marxismus weiterlebende Annahme eines ursprünglichen Agrarkommunismus schloß zwar die Existenz unfreien Gesindes in der Bauernwirtschaft und durch Besitz und Tüchtigkeit ausgezeichneter Edelleute mit eigener Gefolgschaft nicht aus, gleichwohl blieb in dieser Theorie der hervorstechende Zug der germanischen Gesellschaft der einer Gemeinschaft von Freien und Gleichen (sog. germanische Urdemokratie). Konsequenterweise wurde von diesem Ansatz aus die Epoche der Völkerwanderung und der germanischen Reichsgründungen als eine Zeit tiefgreifenden sozialen und geistigen Umbruchs interpretiert, in der es zu einer ersten grundsätzlichen Durchsetzung des Herrschaftsprinzips kam, zu einer sozialen Differenzierung in Stände sowie zur adligen Grundherrschaft unter Aufgabe der bäuerlichen Gemeinfreiheit und zu einem dauerhaften Großkönigtum, das die neuen Staaten mit einer umfangreichen Verwaltungsorganisation (Grafschaften

u. a.) überzog. Ein in dem Zusammenhang aufkommender Dienstadel hat dann in der Folgezeit seine vasallitische Beziehung zum Königtum zur Umwandlung der Amtsgewalt in Privatherrschaft ausgenutzt (»Feudalisierung des Staates«) und im späteren Mittelalter vornehmlich durch Usurpation ehemals königlicher Rechte und Ressourcen neue staatliche Gewalten in Form von Territorialfürstentümern begründet.

Gegenüber dieser in zahlreichen Spielarten und Abwandlungen vertretenen Lehre hat eine neuere, insbesondere seit den dreißiger Jahren unseres Jahrhunderts aufgekommene Theorie behauptet, daß auch die germanische Gesellschaft von Grundherrschaft und starken sozialen Unterschieden geprägt gewesen sei, worauf archäologische Funde hindeuten. Schon die germanische Welt sei eine Welt des Adels mit zahlreichen unfreien Landleuten und großen, kriegerischen, sich um einen Herrn scharenden Gefolgschaften gewesen. Von dieser Sicht her ließ sich leicht die These der germanischen Kontinuität im Mittelalter belegen, gingen germanische Adelsherrschaft und germanisches Gefolgschaftswesen, so gesehen, doch fast nahtlos in mittelalterliche Grundherrschaft und mittelalterliches Lehnswesen über. Auch ließ sich so das Faktum gut erklären, daß der Adel im Fränkischen Reich schon sehr früh stark genug war, dem Königtum Paroli zu bieten – ein Umstand, der mit der Annahme seiner Entstehung just zu derselben Zeit aus einer vom König abhängigen Dienstmannschaft schwer in Einklang zu bringen war. Ein Verdienst der jüngeren Lehre ist es auch gewesen, die Eigenständigkeit mittelalterlicher Adelsherrschaft hervorgehoben zu haben, ihre Unabgeleitetheit aus der königlichen Gewalt und das Konkurrenzverhältnis, in dem beide zueinander standen. Von hier aus ließ sich die Begründung moderner staatlicher Gewalt in den vielen Territorien des deutschen Reiches seit dem späteren Mittelalter ohne die Vorstellung eines Rechtsbruchs und der Usurpation königlicher Zuständigkeiten verständlich machen.

Heute wird indessen auch die jüngere Theorie nicht mehr ohne Umschweife vertreten. Man betont wieder eher die Existenz einer Altfreiheit (wenn auch nicht einer allgemeinen Freiheit) bei den Germanen und neigt dazu, die germanische Herkunft des Adels in Frage zu stellen. Richtig daran ist, daß es den Adel als einen geburtsständisch abgeschlossenen Stand nicht vor dem 12. Jahrhundert gab. Wenn man »Adel« dementsprechend definiert, so ist er in der Tat relativ jung. Aber das schließt natürlich nicht die Existenz einer unter Umständen stark fluktuierenden Schicht mächtiger Herren im Lande aus, die sich durch Herrschaft über Land und Leute schon in früherer, in germanischer Zeit auszeichnete. *»reges ex nobilitate sumunt«* berichtet Tacitus von den Germanen und bezeugt damit nicht nur die Existenz einer hervorragenden Schicht schon damals, sondern auch die sehr weit zurückreichende Verwurzelung des Königtums in ihr – ein durchaus nicht selbstverständlicher, aber bis in die Gegenwart überdauernder Zug dieser nicht nur deutschen sondern gemeineuropäischen Institution mit kaum zu überschätzenden sozialen und politischen Konsequenzen. Adel im Sinne einer durch Besitz, Herrschaft, kriegerische Tüchtigkeit und Königsnähe ausgezeichneten Schicht hat es offenbar schon vor dem Mittelalter gegeben, wiewohl die ihn prägenden Charakteristika sich in den seiner Entfaltung mehr Spielraum gebenden mittelalterlichen Großreichen augenscheinlich verstärkt haben.

II.

Die Annahme einer vom Adel geprägten germanischen Gesellschaft erleichtert die Erklärung jenes an sich überraschenden Faktums einer raschen und relativ problemlosen Assimilation der in das Römische Reich eindringenden Völkerwanderungsstämme mit der dort lebenden Bevölkerung. Es trafen damals nicht primitive Bauernkrieger auf eine hochentwickelte Stadtkultur, sondern es begegneten sich Populationen mit ähnlicher sozio-ökonomischer Struktur. Die ehemals urbane römische Kultur hatte sich längst zu einer überwiegend agrarischen Gesellschaft zurückentwickelt mit großen Grundherrschaften des senatorischen Adels, mit schollengebundenen Hörigen *(glebae adscripti, coloni)*, die die Ländereien bewirtschafteten, mit einer Vielzahl von Personen, die bei einem Mächtigen, dem Patron, Schutz suchten (die Klientel), und mit dem kriegerischen Gefolge der *buccellarii*, das die vasallitischen Formen des mittelalterlichen Lehnswesens schon vorwegnahm. So läßt sich die im fränkischen Frühmittelalter eintretende Verbindung germanischer und gallo-römischer Traditionen durchaus als eine durch Konvergenz erleichterte Kulturmischung verstehen.

Viele (gallo-)römische Bräuche sind im Fränkischen Reich übernommen und weitergebildet worden wie die Ausleihe von Land auf Bitten von Interessenten (daher *precarium* genannt) oder die Immunität, die zunächst eine Abgaben- und Lastenfreiheit *(e-munitas)* darstellte und sich später allmählich zu einer allgemeinen Eximierung bestimmter Bezirke aus der gräflichen Gewalt entwickelte mit dem Verbot des *introitus* (Betreten), der *exactio* (Abgabenerhebung) und der *districtio* (Vornahme von Zwangsmaßnahmen) durch staatliche Amtsträger. Auch in die damals aufgezeichneten germanischen Volksrechte ist ein gut Teil römisches Vulgarrecht eingeflossen. Seinen Höhepunkt erreichte dieser Prozeß der Assimilation in der fränkischen Reichsideologie, in der die Franken, um auch im Ahnennachweis den römischen Mitbürgern nicht nachzustehen, ihre Abkunft ebenfalls auf die Trojaner zurückführten, wie es seinerzeit Vergil für die Römer getan hatte.

Vor allem aber ist in diesem Zusammenhang die Kirche zu erwähnen. Durch sie wurden nicht nur das Christentum mit seiner kirchlichen Organisation, mit Bistümern und Klöstern tradiert – und mit dem Mönchswesen ein umfangreiches kulturelles Erbe von der Agrartechnik über das Gesundheitswesen bis hin zur Literatur, bildenden Kunst und Musik sowie zu den in den Fürstenspiegeln überlieferten antiken politischen Ordnungsvorstellungen, sondern auch Rudimente der römischen Staatsverfassung selbst. Mehr und mehr war in der Zeit des Zusammenbruches der römischen Staatsverwaltung die Administration der regionalen Einheiten, der *civitates*, in die Hände der Bischöfe mit ihren den *civitates* angeglichenen Diözesen übergegangen. An diese Verwaltungsordnung und die damit verbundene Amtsauffassung lehnte sich die neue fränkische Grafschaftsverfassung an; darüber hinaus blieb die Kirche selbst das ganze Mittelalter über ein wichtiger Träger staatlicher Aufgaben.

Doch gab es nicht nur die Kulturmischung durch Assimilation von Traditionsströmen bis hin zu deren Ununterscheidbarkeit, sondern auch ein Auslaufen von Traditionen und Innovationen. Man hat auf das Auslaufen römischer Überlieferungen immer wieder hingewiesen, so z. B. darauf, daß die römische Goldmünzenprägung unter den Karolingern nicht mehr fortgesetzt und die königliche Kanzlei – möglicherweise mangels geeigneten Nachwuchses – zur selben Zeit nicht mehr von weltlichen Referendarii weitergeführt, sondern der Hofkapelle inkorporiert wurde. Auf der anderen Seite gerieten aber auch offensichtlich germanische Bräuche – wie die heilbringenden Umfahrten der Merowingerkönige auf Ochsenkarren – außer Übung oder wurden christlich umgedeutet. Wichtiger waren indessen die Modifizierungen der Tradition und die Neuerungen. Hier ist für den politischen Bereich vor allem zu nennen: der Übergang zum Großkönigtum, der Aufbau einer Reichsverwaltung und die Verbindung des Königtums und der von ihm repräsentierten politischen Ordnung mit Kirche und Adel.

Man darf nicht übersehen, daß, anders als die germanischen Kleinkönige, die fränkischen Könige Herrscher über ein großes Reich gewesen sind und daß sie es als Eroberer beherrschten, denen ein unermeßlicher Besitz an römischen Domänen und herrenlosen Ländereien zugefallen war. Dieses neue Königtum unterschied sich nicht nur in seiner Dauerhaftigkeit, sondern auch in seiner Legitimation und in seinem Machtpotential grundlegend vom alten germanischen Häuptlingswesen. Nicht zu Unrecht hat man bemerkt, daß die Traditionslinien eher vom germanischen Heerführer, dem Herzog, zum fränkischen König führen als vom alten Sakralkönigtum. Mit den Merowingern tritt uns ein neues Großkönigtum entgegen, das eine mehr als tausendjährige monarchische Tradition in Europa begründet hat.

Eine kaum zu überschätzende Bedeutung für die weitere Entwicklung gewann dabei der Umstand, daß die Nachfolger der Merowinger, die Karolinger, sich genötigt sahen, ihrer Königsherrschaft eine neue Legitimationsgrundlage zu geben, als sie – ursprünglich nur Hausmeier ihrer Vorgänger – deren Thron usurpierten (unter Pippin 751). Sie ersetzten und überhöhten die hergebrachten Legitimationsformen durch die kirchlichen Symbole der Salbung und Krönung von Priesterhand. Seitdem galt das Königtum in Europa als in einem ausgezeichneten Sinn von Gott herrührend, als *Dei gratia.* Diese für die abendländische Monarchie charakteristische Berufung auf das Gottesgnadentum bedeutete zwar nicht einfach eine göttlich legitimierte und auf diese Weise jeder irdischen Kontrolle entzogene Herrschaft, sondern eine im Auftrag Gottes erfolgende, an christlichen Maßstäben orientierte und damit insbesondere der Interpretation durch die Kirche – dem historischen Partner Pippins bei der Usurpation des fränkischen Königtums anno 751 – unterliegende Amtsausübung; sie hob aber den Herrscher deutlich aus der ihn umgebenden Gesellschaft heraus und ließ ihn künftig zu einem idealen Anknüpfungspunkt für eine die sozialen Beziehungen reglementierende Staatsordnung und eine der monarchischen Spitze unterworfene Ämterhierarchie, kurz: für die Einrichtung einer Obrigkeit, werden. Diese Tendenz wurde unter den Nachfolgern Pippins durch den Rekurs auf das römische Kaisertum noch verstärkt.

Die zweite wichtige Innovation schließt an die erste an. Die Größe des von den Franken eroberten Raumes verlangte zu seiner Beherrschung eine neuartige Organisation. Sie wurde in der Grafschaftsverfassung gefunden, der regionalen Verwaltung des Reiches mit Untergliederungen und teilweisen Zusammenfassungen in Dukaten, im Osten den auf der ethnischen Grundlage der alten germanischen Stämme eingerichteten Amtsherzogtümern. Eine effektive Amtsausübung war aber nur mit Hilfe von Kirche und Adel zu erreichen – mit Leuten, die sich im Königsdienst bewährt hatten und eine regionale Machtstellung besaßen. Eine berühmte königliche Anordnung, das Edikt Chlotars II. aus dem Jahre 614, zeigt die rasch wachsende Bedeutung des lokalen Adels und der Herrschaften, die Immunität genossen. Nur aus dem ansässigen Adel sollten fürderhin die Grafen genommen werden.

Vor allem wurde die Entwicklung der Adelsherrschaft unterstützt durch jene bedeutsame Innovation im Kriegswesen in karolingischer Zeit, die im Übergang vom Volksaufgebot zu einer gepanzerten, mit Lanzen kämpfenden Reiterei bestand. Diese militärische Reform – ermöglicht durch die Einführung des Steigbügels und die Benutzung schwerer, ebenfalls durch einen Panzer geschützter Pferde – erhöhte die Mobilität und Schlagkraft der Truppe gegen Normannen, Sarazenen und Ungarn erheblich, erforderte aber gleichzeitig einen speziell geübten Reiter, der über genügend materielle Ressourcen verfügte, um die kostspielige Rüstung, um Pferde, Panzer und Reitknechte zu stellen. Zu diesem Zweck wurden Krieger in vermehrtem Maße mit Ländereien zu Lehen ausgestattet – nach Erschöpfung des Fiskus vor allem aus dem Vermögen der in früherer Zeit reich beschenkten Kirche (sog. *precaria verbo regis*) seit Karl Martell. Die Kirche erhielt dagegen eine allgemeine Abgabe, den Zehnten, zur Entschädigung. Die so etablierten fränkischen Reiterkrieger bildeten bald eine neue, rittermäßig lebende Adelsschicht, einen kriegerischen Berufsadel, den die das Land bewirtschaftenden Bauern zu alimentieren hatten.

Parallel dazu, die Entwicklung verstärkend, lief ein allgemeiner Verfall der älteren Schicht bäuerlicher Freier, die sich angesichts der Großräumigkeit des Reiches mit seinen Erfordernissen eines mobilen Berufsheeres und angesichts der in jener Zeit ebenfalls eintretenden Intensivierung der Landwirtschaft (Ausbreitung der Dreifelderwirtschaft) immer weniger in der Lage sahen, die zeitraubenden Pflichten und Rechte eines freien Mannes wahrzunehmen. Dem versuchten zwar Reformen unter Karl dem Großen wie die Verkürzung der allgemeinen, gerichtlichen Dingpflicht und die Einrichtung von Schöffengerichten sowie die Entlassung der Freien aus der Herrespflicht außer aus dem Landesaufgebot zur Verteidigung Rechnung zu tragen, sie konnten aber ebensowenig wie die zeitweise Einführung eines allgemeinen, dem König zu leistenden Untertaneides die fortschreitende Mediatisierung der bäuerlichen Bevölkerung in den großen Grundherrschaften verhindern – eine Entwicklung, die durch die bürgerkriegsähnlichen Unruhen im 9. Jahrhundert, die jedermann den Schutz der Mächtigen suchen ließ, noch verstärkt wurde.

Überkommene Vorzugsstellung und Großgrundbesitz, Bewährung auf den Eroberungszügen, im Königsdienst und in der Reichsverwaltung, Neuerungen im Kriegswesen und eine allgemeine, der Freiheit des kleinen Mannes wenig günstige soziale Problemlage – das alles macht das Syndrom aus, das zum typisch fränkischen Feudalismus führte, zur Adelsherrschaft in Gestalt der Grundherrschaft und des Lehnswesens, die beide uns seit dem 9. Jahrhundert deutlich entgegentreten. Zugleich aber zeigten sich schon damals jene Formen des Feudalwesens, die einer dauerhaften staatlichen Einbindung des Adels in den Königsdienst zuwiderliefen wie die Erblichkeit der Lehen (so z. B. im Kapitular von Quierzy des westfränkischen Königs Karls des Kahlen 877), die Mehrfachvasallität und jene Art von Adelsvogtei in den Immunitätsbezirken, aus der weniger die schutzbedürftigen Immunitätsangehörigen als die adligen Schirmherren Nutzen trugen.

2. Das ottonisch-salische Reichskirchensystem und der Investiturstreit

Es sind vor allem die im vorangegangenen Abschnitt beschriebenen fränkischen Innovationen gewesen, die für das deutsche Reich wichtig wurden und seinen Charakter bestimmten; die ältere germanische und römisch-christliche Überlieferung ist dagegen im allgemeinen nur in der Gestalt tradiert worden, die sie in den vier Jahrhunderten fränkischer Großreichsbildung erfahren hatte. Um dies deutlich zu machen, kommt es nicht in erster Linie darauf an zu zeigen, daß auch die sächsischen Könige in Deutschland fränkische Tracht trugen und nach fränkischem Recht lebten, sondern daß die Idee des Königtums von Gottes Gnaden und römische Kaiservorstellungen weitergegeben wurden, daß die Verwaltung auch des deutschen Reiches eine enge Verbindung des Königtums mit der Kirche und dem Adel erheischte sowie eine Aufrechterhaltung der Ämterstruktur in Form des Lehnswesens und damit die Beibehaltung der feudalen Strukturen der Grundherrschaft. Gewiß ist der fränkische Feudalismus nicht überall gleichmäßig übernommen worden; er hat aber doch die politische Kultur des deutschen Reiches, eines der beiden großen fränkischen Nachfolgestaaten, nachhaltig geprägt. Hinzu kommt allerdings jene ostfränkische Besonderheit der Herzogtümer auf Stammesgrundlage; sie wurde für die weitere Entwicklung zunächst bedeutsam.

I.

Die Differenzierung des deutschen Reiches in Stämme, die noch aus der germanischen Zeit stammten und in der fränkischen Ära zum Teil Herzogtümer geworden waren, ist von der Geschichtsschreibung des 19. Jahrhunderts überwiegend als nachteilig für Königtum und Reich empfunden worden, schien sie doch – ähnlich wie im 19. Jahrhundert die Territorialstaaten – eine kräftige nationale Politik eher behindert als gefördert zu haben. Tatsächlich hat es, gerade in der Übergangszeit um 900, beträchtliche partikularistische Tendenzen gegeben. Die damals aufkommenden sog. »jüngeren« Stammesherzogtümer hatten sich aus der königlichen Gewalt weitgehend gelöst. Sie verfügten selbst über Grafschaften und Bistümer und begannen sogar, eine eigene Außenpolitik zu betreiben. Auf der anderen Seite darf man aber nicht übersehen, daß die deutschen Könige trotz der Gliederung ihres Reiches in Stämme ungleich mächtiger waren als ihre französischen Vettern zur gleichen Zeit. Das lag nicht einfach daran, daß im traditioneller gestimmten Osten die Idee des fränkischen Königtums unverfälschter weiterlebte und daß die deutschen Könige durch ihre erfolgreiche Außenpolitik, vor allem durch ihre Siege über die Ungarn, eine hohe Legitimation genossen, sondern es ist auch dem Umstand zu verdanken, daß das Königtum hier eben auf Stammesbasis beruhte, von den Stämmen eingesetzt und akzeptiert worden war sowie

– z. B. bei den sächsischen Königen – selbst über ein großes Stammesherzogtum als Machtgrundlage verfügte. Man kann daher sagen, daß die Existenz dieser Herzogtümer überhaupt erst ein starkes Königtum ermöglichte.

Gleichwohl blieb das Verhältnis zwischen beiden prekär, was sich insbesondere an der Frage der Verfügung über die regionalen Untereinheiten des Reiches, die Bistümer und Grafschaften, zeigte. Da an eine Aufhebung der Herzogtümer nicht zu denken war – nur Franken wurde unter den sächsischen Königen zu einer Art Reichsland ohne eigenen Herzog –, und da eine solche Aufhebung sich nicht nur wegen der Eigenständigkeit der Stämme verbot, sondern letztlich auch dem Interesse des Königtums an mächtigen, die Reichsteile aus eigener Kraft schützenden und kontrollierenden Mittelinstanzen widersprochen hätte, mußte eine vermittelnde Lösung gefunden werden. Sie lag grob gesagt darin, daß das Recht zur Besetzung der Bistümer schon unter Heinrich I. wieder an den König zurückfiel, die Grafschaften jedoch mehr und mehr von den Herzogtümern mediatisiert wurden. Dagegen gelang es dem König, deren Besetzung wieder in eigene Hand zu bekommen.

Die Herzöge wurden vom König in lehnsmäßigen Formen eingesetzt. Ihr Herrschaftsbereich konnte ihnen bei einem Verstoß gegen die Vasallenpflichten in einem lehnsrechtlichen Verfahren aberkannt werden. Auch Veränderungen im Gebietsbestand der Herzogtümer waren möglich und sind bald vorgenommen worden (z. B. seit 965 Teilung Lothringens in Nieder- und Oberlothringen, 976 Verselbständigung der bayerischen Ostmark, des späteren Österreichs, und Erhebung Kärntens zum Herzogtum). Vor allem Otto I., der Sohn Heinrichs I., hat die sich hier bietenden Möglichkeiten ausgenutzt, Familienangehörige mit Herzogämtern betraut bzw. zu Herzögen verwandtschaftliche Beziehungen aufgenommen – eine alte, immer wieder benutzte Methode zur Knüpfung enger Kontakte in der Politik, die jedoch, wie die weitverbreitete Heiratspolitik der europäischen Fürstenhöfe zeigt, selten den erwünschten Erfolg hatte und unterschiedliche Interessenlagen nicht beseitigte. Eher hat auf diese Weise familiäre Rivalität zusätzlich politische Ressourcen und Legitimitätsvorwände für blutige Auseinandersetzungen gefunden, so zunächst auch unter Otto I.

Das Scheitern seiner Verwandtschaftspolitik ließ Otto I. sich stärker auf die Kirche stützen. Schon in fränkischer Zeit war die Kirche ein wichtiger Faktor der Administration gewesen und hatte Schutz und Förderung durch die Könige genossen. Auch Konrad I. hatte sich im Kampf gegen die Stammesgewalten ihrer bedient (so z. B. auf der Synode in Hohenaltheim 916). Der Rekurs auf das kirchliche Machtpotential war für das deutsche Königtum naheliegend, weil in Deutschland im Gegensatz zu Frankreich die Bistümer und eine Vielzahl von Abteien nicht in die Hand regionaler Potentaten geraten waren, sondern dem König weiterhin zur Verfügung standen (sog. Reichskirche). Bischöfe und Reichsäbte wurden von ihm in lehnsmäßigen Formen durch Übergabe des Krummstabes, später auch eines Ringes, und gegen Leistung eines Treueides und der Kommendation eingesetzt. Sie waren Herren umfangreicher Besitztümer, aus denen sie dem Reich Dienste leisteten wie das schon erwähnte *servitium regis.* Sogar wesentliche Teile des Heeresaufgebotes wurden von ihnen gestellt. In den Prälaten besaß der König ein ergebenes und funktionstüchtiges Personal, das aufgrund seiner Erbenlosigkeit familiären Rücksichtnahmen weniger ausgesetzt war und dessen Positionen daher immer wieder nach Eignung, und das hieß damals eben auch Eignung zu weltlichen Diensten, neu besetzt werden konnten.

Das alles macht den Übergang zur ottonischen Reichsreform in der Mitte des 10. Jahrhunderts verständlich. Durch sie wurde die Reichskirche einem besonderen Königsschutz unterstellt, erhielt sie eine verstärkte Ausstattung mit Reichsgut und Gerechtsamen wie Münz- und Marktrechten, Zöllen und Forstbann sowie eine eigene Hochgerichtsbarkeit, die sie aus der weltlichen Administration eximierte (ottonische Immunitätsprivilegien). Bistümer und Reichsklöster standen den Grafschaften völlig gleich, ja es wurden diese gelegentlich sogar der geistlichen Administration eingeordnet (am Ende verfügte das Bistum Würzburg z. B. über alle Grafschaften in seinem Bereich). Gleichzeitig wurde die königliche Hofkapelle – bislang schon als zentrale Regierungskanzlei benutzt – zur Ausbildungs- und Rekrutierungsstätte für den geistlichen Nachwuchs in der episkopalen Reichsverwaltung ausgebaut. Die Reichskirche war damit zu einer wesentlichen Stütze der königlichen Macht geworden.

Man kann dieses ottonisch-salische Reichskirchensystem als eine klerikale Variante des mittelalterlichen Lehnswesens bezeichnen. Es ersetzte die Herzogtümer und Grafschaften, die weltliche Vasallität, nicht, aber es ergänzte sie und beschnitt die Auswüchse des Lehnswesens in bedeutsamer Weise. Der Rückgriff auf die Kirche und ihr kompetentes und loyales Personal war eine ingeniöse Lösung des mittelalterlichen Staatsorganisationsproblems, die allerdings zwei Schwächen besaß: Sie förderte auf der einen Seite die Dezentralisierung des Reiches entsprechend dem riesigen Streubesitz der Diözesen und Abteien und führte zu einem ausgesprochenen Dualismus im Reichsaufbau, der bei konsequenter Durchführung des Systems in einer hierokratischen Ordnung hätte enden müssen. Sie verlangte auf der anderen Seite eine oberherrliche Stellung des Königs gegenüber der Kirche, von der nicht ohne weiteres anzunehmen war, daß sie kirchlichen Interessen auf die Dauer entsprach, – und sie warf die Frage nach dem Verhältnis von König und Papst, von weltlichem Oberherrn und geistlichem Oberhaupt der Kirche auf.

Otto I. hat dieses Problem offenbar gesehen und dadurch zu lösen versucht, daß er Einfluß auf die Besetzung des Stuhles Petri nahm. Nachdem er sich schon 951 in Pavia zum König der Langobarden hatte ausrufen lassen (womit er gleichzeitig die eigenwilligen, auf Ausdehnung nach Süden gerichteten Ambitionen der Baiern und Schwaben unterband), zog er 962 von dieser Basis aus weiter nach Rom und ließ sich dort zum Kaiser krönen. So zum Herrn der Römer und zum Schutzherrn des Papstes zugleich avanciert, verfügte er noch im selben Jahr im ›*Pactum Ottonianum*‹, daß der von Volk und Klerus Roms gewählte Papst vor seiner Weihe dem Kaiser einen Treueid zu leisten habe und daß über die Vorgänge in Rom durch kaiserliche und päpstliche Beamte jährlich Rechenschaft abzulegen sei. Ein Jahr später verlangte er von den Römern sogar die eidliche Verpflichtung, keinen Papst ohne Zustimmung des Kaisers zu wählen. Die Tendenz dieser Maßnahmen war deutlich. Es sollte sich allerdings als recht problematisch für das deutsche Königtum erweisen, daß es das kirchliche Oberhaupt nur unter seine Kontrolle bringen konnte, indem es die Herrschaft in Rom errang und die Würde eines römischen Kaisers, des Repräsentanten der Stadtrömer, d. h. der Wähler des Bischofs von Rom, annahm. Das hatte weitreichende Konsequenzen, über die noch zu reden sein wird. Zunächst einmal knüpfte der Streit um das Recht der Investitur der Geistlichen daran an.

II.

Das ottonisch-salische Reichskirchensystem, so genannt, weil es die Reichsadministration unter den Ottonen und Saliern deutlich geprägt hat, konnte solange problemlos funktionieren, wie eine Unterordnung der Bischöfe unter den König und ihre Betrauung mit weltlichen Aufgaben ohne weiteres möglich waren. Es mußte jedoch fragwürdig werden, wenn die Kirche sich einer solchen Einbindung in ein weltliches Bezugssystem widersetzte. Dies war etwa ein Jahrhundert nach seiner Etablierung der Fall. Die damals anhebende Auseinandersetzung ist unter dem Namen »Investiturstreit« bekannt geworden, weil es in ihr zentral um die Frage der Investitur kirchlicher Amtsträger, d.h. deren Einsetzung und Bekleidung mit den Amtsinsignien durch Laien ging. Tatsächlich reichte die Dimension des Streites sehr viel weiter; es handelte sich um einen grundsätzlichen Kampf der Kirche um ihre Stellung in dieser Welt und zur weltlichen Macht.

Das Verhältnis von Staat und Kirche, geistlicher und weltlicher Sphäre, war im Christentum seit Anbeginn spannungsreich. Auch die Anerkennung des Christentums nach langer Verfolgungszeit und sein Avancement zur Staatsreligion unter Theodosius I. hatten daran nichts geändert. *Civitas Dei* und *civitas terrena* (Augustin), die zwei Reiche, wurden stets als wesensverschieden angesehen, was nicht ausschloß, daß es zu den verschiedensten Symbiosen zwischen ihnen kommen konnte. Im Frühmittelalter bemerken wir eine zunehmende Einflußnahme von weltlicher Seite auf die Kirche, nicht nur in Ostrom, wo der Cäsaropapismus vorherrschte, sondern auch im Westen, wo viele Niederkirchen sich im Besitz adliger Familien befanden und Priester als Angestellte adliger Grundherren fungierten (im Eigenkirchenwesen). Auch die Bischofskirchen waren hier von weltlichen Großen abhängig und hatten ihnen, wie z.B. dem König, durchaus auch weltliche Dienste zu leisten. Es läßt sich in dieser Zeit ganz allgemein eine Verweltlichung des Priesterstandes feststellen wie überhaupt ein gewisser Niedergang der Sitten, der im 11. Jahrhundert zunehmend als Mißstand empfunden wurde. Damals gingen insbesondere von den großen burgundischen und lothringischen Klöstern Cluny und Gorze starke Reformimpulse aus, die auf Versittlichung, nicht nur des geistlichen Standes, zielten. Auch die Gottesfriedensbewegung des Mittelalters, die eine allgemeine Befriedung des durch Fehden gestörten öffentlichen Lebens zum Ziel hatte, nahm hier ihren Ausgang.

Für die Kirche wurden die Reformintentionen unter dem Schlagwort der *libertas ecclesiae* zusammengefaßt. Damit war nicht einfach Befreiung aus weltlicher Abhängigkeit gemeint, sondern eine Neubestimmung ihres Platzes in der gesellschaftlichen Ordnung überhaupt und mehr und mehr auch eine ihre Unabhängigkeit sichernde straffe disziplinarische Unterordnung unter Rom in einem großen Verband, wie ihn z. B. die großen Klosterfamilien, allen voran Cluny, später z. B. auch die Zisterzienser, besaßen. Gefordert wurde von den Reformern nicht nur der Zölibat der Priester und das Verbot der Simonie (der Vergabe geistlicher Ämter gegen Geld, vgl. Apostelgeschichte 8,18ff.) und des Nikolaïtismus (des Konkubinates), sondern auch die kanonische Wahl der Bischöfe durch Klerus und Volk sowie – unter Ausdehnung des Simoniebegriffs – das Verbot der Laieninvestitur und des Eigenkirchenwesens überhaupt. Diese Forderungen wurden in zahlreichen Streitschriften und auf Synoden in Europa erhoben; sie waren nicht auf Deutschland beschränkt, trafen hier allerdings insofern auf eine besondere Situation, als die auf den Aufbau einer vom weltlichen Einfluß freien Romkirche gerichteten Reformbestrebungen hier eine Staatsorganisation vorfanden, die gerade umgekehrt auf der Einbeziehung der Kirche samt dem Papsttum in die Sphäre weltlicher Gewaltausübung beruhte.

Bis zu einem gewissen Grade waren die Interessen beider Seiten miteinander vermittelbar. Die Forderungen der Reformer nach einer Versittlichung der Kirche wurden auch vom Kaisertum unterstützt; denn sie entsprachen seinem Interesse an einem moralisch integren, gut organisierten und seinem Dienst ergebenen Priesterstand. Es war daher der Kaiser selbst, der den Reformern den Weg nach Rom ebnete. Im Jahre 1046 ließ Heinrich III. auf einer Synode in Sutri drei miteinander konkurrierende Päpste absetzen und einen Mann der Reformpartei zum Oberhaupt der Kirche wählen. Als *patricius Romanorum,* d. h. als Schutzherr der Römer, vermochte Heinrich nachhaltigen Einfluß auf die Papstwahlen zu gewinnen, was der Reformpartei zugutekam. Dennoch wurde auch in diesen Bemühungen der Gegensatz von Kaisertum und Kirchenreform offenbar; denn mochte das Vorgehen des Kaisers den edelsten Motiven entsprungen sein, es mußte von den Reformern dennoch abgelehnt werden, weil es noch in seiner Reformgesinnung Ausdruck dessen war, was bekämpft wurde: ein Eingriff der weltlichen Gewalt in die Belange der von Gott gestifteten Kirche.

Wie sehr sich die Interessen von Kaisertum und Kirchenreform tatsächlich unterschieden, zeigte schon bald das Papstwahldekret von 1059. Es bestimmte zum ersten Mal, daß der Papst durch ein Kardinalskollegium zu wählen sei, um die Wahl dem Einfluß der stadtrömischen Bevölkerung zu entziehen. Die Rechte des Kaisers blieben unerwähnt; praktisch richtete sich das Dekret aber auch gegen ihn und seine Einflußnahme auf die Wahl. Noch deutlicher wurde der Gegensatz in der alsbald ausgesprochenen Forderung nach der kanonischen Wahl aller Bischöfe und dem Verbot jeglicher Priesterinvestitur durch Laien.

Für das deutsche Königtum komplizierten sich die Dinge dadurch, daß gerade zu jener Zeit die Entwicklung der Staatsorganisation überhaupt in eine kritische Phase getreten war. Der allgemein in jener Zeit in Westeuropa bemerkbare Trend zu einer verstärkten Institutionalisierung der Staatsgewalt, über den noch zu sprechen sein wird, hatte auch in Deutschland unter den Saliern zu einer Intensivierung der Königsherrschaft geführt. Durch den frühen Tod Heinrichs III., dem lange Jahre der Regentschaft für seinen unmündigen Sohn folgten, war diese Entwicklung unterbrochen worden. Bei seinem Regierungsantritt im Jahre 1065 versuchte Heinrich IV. sie in forcierter Weise wieder aufzunehmen, verlorenes Reichsgut wiederzugewinnen und den Reichsbesitz ohne Rücksicht auf entgegenstehende Ansprüche zu mehren. Das führte zur Formierung einer entschiedenen Fürstenopposition. Eine Koalition von Kirchenreformern und hohem Adel gegen das Königtum zeichnete sich ab, der gegenüber die Prälaten des Reiches in einer eigentümlichen Zwiespältigkeit verharrten. Auf der einen Seite an den ihnen durch das Reichskirchensystem eingeräumten Machtpositionen interessiert, vermochten sie sich andererseits doch nicht dem Druck der Reformideen zu entziehen und der lokkenden Möglichkeit, bei einer Reformierung des Systems größere Selbständigkeit gegenüber dem Königtum und eine Reduzierung der ihnen zugemuteten Dienstleistungen zu erreichen. So war die Ausgangslage in dem nun anhebenden Streit gerade für das deutsche Königtum denkbar schlecht.

Der offene Streit brach aus aufgrund von Differenzen zwischen Papst und Kaiser bei der Besetzung des Mailänder Erzbischofstuhls im Jahre 1075. In seinem Verlaufe forderte Heinrich IV. den gerade erst gewählten Papst Gregor VII. zur Abdankung auf. Gregor VII., ein engagierter Reformer, der soeben die Leitsätze seines Reformverständnisses (Freiheit der

Kirche, Verbot der Laieninvestitur, universales, dem Kaiser übergeordnetes Papsttum, Recht zur Absetzung des Kaisers) im sog. ›*Dictatus Papae*‹ zu Papier gebracht hatte, antwortete mit der Bannung des Kaisers; er untersagte ihm die Ausübung der Regierung und entband seine Untergebenen von ihrem Treueid. Diese unerhörte, aber wirksame Maßnahme zwang Heinrich IV., einen Bußgang zum Papst nach Canossa anzutreten, um seine Handlungsfähigkeit wiederzuerlangen. Doch auch damit konnte er die Wahl eines Gegenkönigs, Rudolfs von Rheinfelden, nicht verhindern. Der verzichtete bezeichnenderweise gegenüber seinen fürstlichen Wählern auf den Anspruch der Vererbung des Königtums sowie gegenüber den kirchlichen Reformern auf die königlichen Rechte bei der Einsetzung der Bischöfe. In dem sich anschließenden Bürgerkrieg konnte keine Partei einen endgültigen Erfolg erzielen.

Die Auseinandersetzung ist auf beiden Seiten mit großer Erbitterung geführt worden, sowohl ideologisch als auch mit Waffengewalt, was angesichts der im Streit befindlichen Grundsatzfragen, des Verhältnisses von Staat und Kirche, weltlicher und geistlicher Macht, und in Deutschland: von Königtum und Fürsten, kaum verwunderlich ist. Der Streit fand, wie so häufig in der Politik, trotz aller tiefgreifenden ideologischen Gegensätze ein Ende in einem Kompromiß nach dem Ableben der großen Gegner Gregor VII. und Heinrich IV. Diesem Kompromiß lag die Idee einer prinzipiellen Trennung der geistlichen von der weltlichen Sphäre zugrunde. Nach einer in der Theologenschule in Chartres entwickelten Lehre wurde fortan zwischen den geistlichen Funktionen eines Bischofs und seinen weltlichen Rechten und Besitztümern, zwischen den *spiritualia* und den *temporalia* (bzw. den vom König herrührenden *regalia*), unterschieden. Davon ausgehend trafen Kaiser Heinrich V. und Papst Paschalis II. in Sutri 1111 eine radikale Vereinbarung. Ihr zufolge sollte die Kirche die *spiritualia* weiter verwalten, die *regalia* aber an das Reich zurückgeben. Der theoretisch überzeugende Vorschlag scheiterte am Widerspruch des Reichsepiskopats; denn der hätte damit alle seine weltlichen Machtpositionen verloren. Andererseits hätte aber auch der König kaum genügend geeignetes Personal gefunden, das die bisher von der Kirche wahrgenommenen Verwaltungsaufgaben zu erfüllen imstande gewesen wäre. Die theoretisch korrekte Lösung erwies sich somit als praktisch undurchführbar – was häufig in der Politik vorkommt. Die daraufhin im Wormser Konkordat 1122 gefundene praktikable Lösung folgte schon vorher in Frankreich und England eingeschlagenen Wegen.

Das Wormser Konkordat basierte auf der Idee eines Splittings bei der Investitur. Alle Bischöfe sollten künftig nach den Prinzipien der kanonischen Wahl gewählt werden, also von Volk und Klerus, und eine geistliche Weihe (Konsekration) und Investitur in ihr Bistum empfangen, vom Kaiser jedoch in die *regalia* eingewiesen werden. In Italien und Burgund, den Nebenländern des Reiches, sollte die weltliche Investitur durch den Kaiser der geistlichen Amtseinweisung folgen, in Deutschland ihr vorangehen. Außerdem erhielt der Kaiser hier das Recht, der Bischofswahl beizuwohnen und bei einem Dissens unter den Wählern eine eigene Entscheidung herbeizuführen. Mit dieser Regelung fand eine der bedeutendsten Verfassungsstreitigkeiten in der deutschen Geschichte ihr Ende – ein politisches Ereignis, das auch bedeutsame strukturelle Auswirkungen zeitigte.

Versucht man das Ergebnis des Investiturstreites zu würdigen, so ist zunächst festzuhalten, daß der Kirche die Befreiung aus der Unterordnung unter weltliche Machthaber, wenn auch nicht auf einen Schlag, gelungen ist. Im Gefolge des Streites wurde nicht nur das Recht von Königen und anderen weltlichen Großen zur Einsetzung von Bischöfen beseitigt, sondern allmählich auch das Eigenkirchenwesen (Übergang zum Patronat mit Vorschlagsrecht des weltlichen Kirchenherrn bei der Ernennung von Geistlichen) und schließlich auch die Mitwirkung des Volkes bei der Bischofswahl (seit 1215 Wahl nur noch durch das Domkapitel). Dabei schloß sich die Kirche auf die Dauer nicht nur personalpolitisch von der Laienwelt ab, sondern sie richtete sich auch in verstärktem Maße auf ihr Oberhaupt in Rom, den Papst, aus, dem nunmehr eine unbestrittene Führungsrolle zufiel. Dies ergab sich nicht zuletzt deshalb, weil es den Reformern gelungen war, die mit der Salbung bei der Inthronisation verbundene geistliche Qualifikation des Königs, des *rex et sacerdos,* mit Erfolg zu bestreiten. Der König sei nur ein *rex terrenus,* hatte die Kirchenreform verkündet. Seine Entsakralisierung beraubte das Königtum nicht nur der Legitimation, in Kirchenfragen als Konkurrent des Papstes tätig zu werden, sondern sie bedeutete zugleich eine Absage an heidnische Vorstellungen von einer besonderen Heiligkeit und einem besonderen Charisma gekrönter Häupter. Sie förderte den Gedanken einer freien Wahl des nach rationalen Gesichtspunkten Geeignetsten unter den Kronprätendenten (Aspekt der *idoneïtas*) wie auch den der Absetzbarkeit des Königs. Vor allem das Wahlprinzip bei der Bestallung des deutschen Königs wurde dadurch gestärkt. Man kann sagen, daß die dem Christentum eigene grundsätzliche Unterscheidung von geistlicher und weltlicher Ordnung der mittelalterlichen Welt im Investiturstreit erst eigentlich zu Bewußtsein gekommen ist. Politisch bedeutet der Investiturstreit, daß bei allen Variationen, die das Verhältnis von Kirche und Staat später noch durchmachen sollte, der Weg zum Cäsaropapismus, aber auch der zu einer Theokratie in Europa fortan verschlossen blieb, dagegen jenes eigentümliche europäische Verhältnis der Kontrolle und Kritik weltlicher Macht durch eine geistliche, mit moraltheologischen Erwägungen operierende Gegenmacht seinen Anfang nahm.

Man hat oft behauptet, daß der Investiturstreit zu einem Zusammenbruch des Reichskirchensystems und zu einer Feudalisierung der geistlichen Amtsträger im Reich geführt habe. Das ist sicherlich nicht richtig. Auch nach dem Investiturstreit war die hohe Geistlichkeit in Deutschland weiterhin im Staatsdienst tätig und an politischen Entscheidungen maßgeblich beteiligt. Bis zum Reichsdeputationshauptschluß 1803 gaben die geistlichen Fürstentümer, deren Ursprung in der Betrauung geistlicher Würdenträger mit weltlichen Amtsfunktionen lag, dem älteren deutschen Reich sein eigentümliches Gepräge. Andererseits hatte es lehnsmäßige Beziehungen zwischen dem Kaiser und seinen Reichsprälaten auch vorher schon gegeben. Geändert hatte sich durch das Wormser Konkordat nur die Art der Belehnung: an die Stelle der Investitur mit Ring und Stab trat nunmehr die auf die Temporalien beschränkte mit dem Szepter (sog. Szepterlehen im Gegensatz zu den weltlichen Fahnenlehen).

Empfindlicher war dagegen das Kaisertum in seiner Personalhoheit getroffen worden. Die Rückkehr zur kanonischen Wahl bedeutete, daß der Kaiser nicht mehr frei über eine Reihe der wichtigsten Positionen in der Reichsverwaltung verfügen und sie einfach mit Leuten seines Vertrauens besetzen konnte. Dennoch hatte das Wormser Konkordat ihm wenigstens in Deutschland eine erhebliche Chance zur Einflußnahme auf die Postenvergabe eingeräumt, die von den Kaisern zunächst auch, zum Teil über die Bestimmungen des Konkordats hinausgehend, genutzt wurde. Das begann sich erst im 13. Jahrhundert zu ändern. An einem loyalen und in weltlichen Dingen dienstbereiten Episkopat hat es den deutschen Kaisern bis dahin nicht gefehlt. Wenn später auch in den geistlichen Fürstentümern partikulare Tendenzen Oberhand gewannen, so lag dies weniger an den unmittelbaren Auswirkungen des Investiturstreites als am allgemeinen Trend einer Verselbständigung der geistlichen und weltlichen Reichsfürsten in einer Zeit des Aufbaus territorialer Machtpositionen innerhalb eines nicht mehr von einem starken Königtum geführten Reiches. Auch die Wirkungen des Investiturstreites wird man daher differenziert beurteilen müssen. Sie lagen eher – allgemein – in einer Stärkung kirchlicher Unabhängigkeitstendenzen und einem spektakulären Machtgewinn des Papsttums als – speziell – in einem grundsätzlichen Wandel der Regierungsformen in Deutschland, wo sie freilich einen konsequenten Ausbau des Reichskirchensystems inhibiert haben.

3. Der gesellschaftliche Wandel im Hochmittelalter und die staufische Reichsreform

Nach einer gängigen Meinung ist die sich im 12. Jahrhundert abzeichnende, häufig »staufische Reform« genannte Reorganisation von Regierung und Verwaltung im Reich eine Folge des Zusammenbruchs des Reichskirchensystems im Investiturstreit gewesen. Dieses Urteil dürfte jedoch überzogen sein. Weder kann man, wie die Besetzung der Bistümer noch unter Friedrich I. (Barbarossa) im 12. Jahrhundert zeigt, von einem völligen Verzicht auf die bisherige Reichskirchenpolitik und auf eine Inanspruchnahme der Kirche für die Zwecke der Reichsverwaltung sprechen – die Bildung neuer, mit Bistümern verbundener Herzogtümer wie Würzburg 1168 oder Köln-Westfalen 1180 zeigt eher das Gegenteil –, noch läßt sich der Aufbau von Königsländern und die Territorialisierungspolitik der Staufer insgesamt als Ersatz für das gescheiterte Experiment mit einer Staatsverwaltung durch die Reichskirche erklären; denn jene Vorgehensweise stand im Zusammenhang mit einem gesellschaftlichen Wandel, der schon vor dem Investiturstreit unter den salischen Kaisern zu Ansätzen einer neuen Politik geführt hatte und unabhängig von der Auseinandersetzung zwischen Kaiser und Kirche voranging. Worum handelte es sich dabei?

I.

Die Sozialgeschichte berichtet von einem spektakulären gesellschaftlichen Aufbruch im Europa des 11. Jahrhunderts nach zwei Jahrhunderten Stagnation. Dieser Aufbruch wird im allgemeinen gekennzeichnet durch Stichwörter wie: Klimawandel, bessere und intensivere Bodennutzung, Bevölkerungswachstum, Landesausbau durch Rodungen und andere Formen der Landgewinnung sowie durch Städtegründungen, große Siedlungsbewegungen (Ostkolonisation), Veränderungen im grundherrschaftlichen Gefüge, Bildung von Dorfgemeinden, Aufblühen von Handel und Gewerbe, Zunahme der Geldwirtschaft, Übergang vom magisch-symbolhaften zum rationalen Denken, ständische Neuordnung und Mobilität. Man kann die Bedeutung dieses wirtschaftlichen und sozialen Wandels für die weitere Entwicklung Europas kaum überschätzen. Es entsteht erst jetzt, im Übergang zum Spätmittelalter, jene Welt, die wir gemeinhin als »mittelalterlich« bezeichnen, es entstehen die ummauerten mittelalterlichen Städte mit ihren Fachwerkhäusern, Kirchen und Türmen, die umzäunten Dörfer mit genossenschaftlich verbundenen Bauern, die zur Überwachung des Verkehrs angelegten Burgen, es entsteht die Vielfalt der Mönchsorden und der Universitäten, die Ständepyramide vom König über die Fürsten und die einzelnen Berufsstände bis hin zu Bettelmann und Vagant.

Diese Welt ist das Produkt eines zweihundertjährigen Modernisierungsprozesses. Er hat das Spätmittelalter wie die frühe Neuzeit entscheidend geprägt und ist nicht ohne Wirkung auf die staatlichen Organisationsformen geblieben. Dabei darf dieser Vorgang nicht als eine einfache Kausalabfolge verstanden werden, in der eine einzige Ursache wie z. B. die vermutete Klimaverbesserung oder das Bevölkerungswachstum alle weiteren Veränderungen, insbesondere auch die Reorganisation des »staatlichen Überbaus«, bewirkt hätte. Vielmehr ist davon auszugehen, daß für jedes der genannten Momente des Wandels mehrere Verursachungsfaktoren namhaft gemacht werden können (so z. B. für den Landesausbau die Bevölkerungsvermehrung und das Machtinteresse über das Land verfügender Potentaten) und daß Bewirktes seinerseits wieder auf seine Verursachungsfaktoren zurückwirkte. In diesem Interdependenzverhältnis war die Politik der Könige und Fürsten nicht nur ein schlichtes Reagieren auf den entstandenen Bevölkerungsdruck, sondern sie wurde umgekehrt durch den von ihr geförderten Landesausbau und Landfrieden selbst wiederum zum Stimulans der Bevölkerungszunahme. Zum ersten Mal in der deutschen Geschichte erkennen wir Ansätze zu einer die Entwicklung bewußt steuernden Politik. Betrachten wir einige Faktoren des gesellschaftlichen Wandels in jener Zeit:

1. Für den besagten Zeitraum des Aufschwungs vom 11. bis zum 14. Jahrhundert wird in der Demographie eine Bevölkerungsvermehrung um mindestens das Dreifache angenommen. Schätzungen gehen für den Beginn des 14. Jahrhunderts von über 10 Millionen Einwohnern in Deutschland (in den Grenzen von 1937) aus. Bedenkt man, daß das deutsche Reich nach dem Abschluß der Ostsiedlung im 14. Jahrhundert dank seiner weit in den Westen reichenden Gebiete sehr viel größer gewesen ist als das den Berechnungen zugrundegelegte Gebiet, nämlich weit über 700000 qkm umfaßt haben dürfte, und legt man eine durchschnittliche Bevölkerungsdichte von 20 und mehr Einwohnern pro Quadratkilometer zugrunde, so kommt man auf beträchtlich über 15 Millionen Einwohner insgesamt, weit mehr als zu Beginn des Reiches im 10. Jahrhundert.

2. Ermöglicht wurde diese Bevölkerungsvermehrung durch eine Intensivierung der Landwirtschaft und einen umfangreichen Landesausbau, durch Rodung der Wälder, Trockenlegung von Sümpfen, Eindeichung von Küstengebieten sowie eine systematische Anlegung von Dörfern und Städten. An diesem Landesausbau beteiligten sich Könige, Fürsten und andere Große des Reiches, vielfach durch Einforstung der Wälder, die damit zu ihrem Herrschaftsgebiet wurden und zum Ausgangspunkt für eine durch Rodung, Ansiedlung von Bauern und Städtegründung erfolgende Machtakkumulation. Man hat sich diesen Vorgang als eine allmählich sich steigernde Bewegung vorzustellen, die – so berichtet die Sozialgeschichtsschreibung – um 1200 in Deutschland wie ein »Fieber« grassierte. Wer sich nicht an dieser Herrschaftserweiterung beteiligte, hatte kaum Chancen, seinen alten Herrschaftssprengel gegen die übermächtig werdende Konkurrenz zu behaupten.

3. Der Landesausbau erfolgte, nach einem Vorspiel schon in karolingischer Zeit, seit dem 11. Jahrhundert als Binnenkolonisation, die das rechtsrheinische Deutschland aus einem Waldland mit Siedlungsinseln in ein modernes Kulturland verwandelte. Er griff aber wenig später über die damaligen Grenzen des Reiches weit nach Osten hinaus. Die Ostsiedlung wurde in einer ersten Phase im 12. Jahrhundert im wesentlichen von deutschen Grenzfürsten an Elbe, Saale und Donau betrieben, in der bayerischen Ostmark schon früher. In einer zweiten Phase im 13. Jahrhundert waren es die einheimischen slavischen Für-

sten selbst, die deutsche Siedler nach Mecklenburg, Pommern und Schlesien, aber auch nach Böhmen, Polen und Ungarn riefen. Sie zogen nicht nur Bauern, sondern auch Kaufleute, Handwerker, Ritter und neue, sich speziell der Landeskultivierung widmende Mönchsorden wie die Zisterzienser und die Prämonstratenser mit dem Lockmittel besserer wirtschaftlicher und rechtlicher Lebensbedingungen an. Die Landnahme erfolgte in der Regel friedlich (vom Sonderfall Preußen, dem Missionsgebiet des Deutschen Ritterordens, abgesehen). Neue Dörfer und Städte wurden planmäßig unter Führung damit beauftragter Unternehmer *(locatores)* angelegt. Die einheimische slavische Bevölkerung wurde nicht verdrängt, nahm aber vielfach die Lebensweise der Neusiedler und ihr Recht (das *ius teutonicum*) an. Gelegentlich behauptete sich die ursprüngliche Bevölkerung mit ihrer Sprache und Kultur in abgelegenen Landesteilen, wie die Sorben (Wenden) in der Lausitz. In anderen Gegenden gab es deutsche Kultureinflüsse (z. B. die Übernahme deutscher Stadtrechte), ohne daß es zu einer Germanisierung der Umwelt oder zu einer Angliederung eingedeutschter Gebiete kam (so z. B. in Polen und Siebenbürgen). Im allgemeinen ging die Assimilation jedoch gerade diesen Weg, was nicht zuletzt daran lag, daß die einheimischen Fürstenhäuser selbst sich, vor allem über Heiratsverbindungen, in deutsche verwandelten. Schon im 11. und 12. Jahrhundert nahmen die slavischen Fürsten ihr Land häufig vom Kaiser als Lehen und inkorporierten es auf diese Weise auch rechtlich in das Reich. Am Ende dieser Entwicklung, zu Beginn des 14. Jahrhunderts, war die Grenze des Reichs weit nach Osten vorgeschoben. Es war ein völlig neues Deutschland entstanden, zu dem nun auch Mecklenburg und Pommern, die Mark Brandenburg, Obersachsen und Schlesien, Böhmen und Mähren gehörten. Etwa ein Drittel des gesamten Reichsgebietes bestand aus »Neuland« – großen, territorial geschlossenen Fürstentümern, die alsbald in der Reichspolitik eine ausschlaggebende Rolle spielen sollten.

4. Neben der Ostkolonisation war von größter Bedeutung der Städtegründungsprozeß. Auch er verwandelte den Charakter des Reiches, einmal durch das Aufkommen neuer sozialer Schichten und durch den Gegensatz von Stadt und Land, zum andern – und das ist der verfassungshistorisch wichtigere Aspekt – durch die Etablierung neuer, später auch von den Territorialstaaten übernommener Regierungs- und Verwaltungsformen.

Städte, d. h. Siedlungen mit Märkten, Handel und Gewerbe, die vielfach auch Verwaltungszentren für das Umland sind und eine mehr oder weniger autonome Organisation aufweisen, gab es in Deutschland linksrheinisch und südlich der Donau schon seit der Römerzeit. Als reine Siedlungsstätten, möglicherweise auch als Bischofssitze, haben sie die Völkerwanderungszeit überdauert. Sie spielten im Fränkischen und im frühen deutschen Reich jedoch keine wirtschaftliche und politische Rolle. Die Verwaltung des Reiches ging von Königspfalzen und Burgen aus. Um sie herum findet man allerdings auch in jener Zeit Siedlungen von Kaufleuten, die Fernhandel betrieben. Diese Situation änderte sich grundsätzlich seit dem 11. Jahrhundert. Das Aufkommen der Geldwirtschaft, verbunden mit einer Zunahme der Silberproduktion, und die Belebung des Handels führten zu einer Neubildung von Städten im Schutz der Pfalzen, Burgen und Bischofssitze sowie zu einer Fülle planmäßiger Städtegründungen. Bis zum 14. Jahrhundert waren etwa 30 Prozent der heutigen Städte vorhanden und betrug die Stadtbevölkerung 10 bis 15 Prozent der Gesamtbevölkerung. Allerdings waren die damaligen Städte nach heutigen Maßstäben recht klein. Sie hatten gelegentlich nur einige hundert, meist Ackerbau treibende Bürger. Die Einwohnerzahl von Köln, der größten deutschen Stadt im Spätmittelalter, wird auf 40000 geschätzt.

Die mittelalterlichen Städte waren Märkte und Handelszentren – jetzt auch für den Aufschwung nehmenden Lokal- und Binnenhandel – und wurden zu Zentren des vom Lande abwandernden Handwerks. Sie standen unter einem Stadtherrn (dem König, einem Bischof oder Fürsten), der seine hoheitlichen Rechte, z. B. der Befestigung, des Gerichts, der Marktordnung, Münzprägung und Gebührenerhebung durch abhängige Dienstleute (Ministeriale als Verwaltungspatriziat der Stadt) ausüben ließ. Die in Pauschalen zu entrichtenden Stadtsteuern wurden bald zu einem wesentlichen Element der herrschaftlichen Einkünfte, wie z. B. das Reichssteuerverzeichnis der südwestdeutsch-staufischen Städte von 1241 zeigt. Dagegen fungierten die Städte in der Regel nicht, wie in der Römerzeit und später wieder in Italien, als politische Zentren ihres Umlandes. Stadt und Land blieben in Deutschland auf lange Zeit verwaltungsmäßig und kulturell getrennt. Die Städte verfügten über ein eigenes, auf ihre Bedürfnisse zugeschnittenes Stadtrecht. Sie erhielten es vom Stadtherrn verliehen; auch kamen Übernahmen des Rechtes anderer Städte vor (Bildung von Stadtrechtsfamilien).

Charakteristisch für die Stadt und für die weitere Entwicklung bedeutsam war die bürgerliche Freiheit, die jeder Stadtbürger genoß. Sie äußerte sich zunächst darin, daß der dem Stadtherrn unterstehende Bürger keine Frondienste mehr zu leisten hatte und nicht mehr an die Scholle gebunden war, sondern frei seine Arbeitskraft betätigen und über den Arbeitsertrag verfügen konnte. Der seit dem 12. Jahrhundert bezeugte Satz »Stadtluft macht frei« heißt, daß ein in der Stadt aufgenommener Leibeigener binnen Jahr und Tag die Bindung an seinen Grundherrn abzustreifen vermochte.

Mit der Herausbildung der Bürgergemeinde, die als genossenschaftliche Vereinigung (Eidgenossenschaft oder *coniuratio* nach dem Vorbild älterer Schwurverbrüderungen der Kaufleute u. a.) dem Stadtherrn zu Verhandlungen gegenübertrat (z. B. die Kölner *coniuratio pro libertate* von 1112), befreiten sich die Bürger allmählich aus dem Abhängigkeitsverhältnis zu diesem, sinnfällig z. B. in der Übernahme der städtischen Gerichtsbarkeit in eigene Regie. Dieser Prozeß, der sich teilweise bis in das 11. Jahrhundert zurückverfolgen läßt, in die Zeit des Investiturstreites, in der kaisertreue Bürger sich gegen ihren bischöflichen Stadtherrn wandten, konnte bis zur Vertreibung des Stadtherrn und zur völligen Verselbständigung der Bürgerschaft führen. Aber auch dort, wo die Stadtherrschaft nicht völlig abgestreift wurde, erhielten die Städte spätestens im 13. Jahrhundert generell die Selbstverwaltung gegen eine bestimmte Abgabenverpflichtung gewährt. Aus dem Beratungsorgan des Stadtherrn, dem Stadtrat, wurde so ein selbst beschließendes und regierendes Gremium mit Bürgermeistern und Ausschüssen, in dem das ehemalige Verwaltungspatriziat der Stadt und das Handelspatriziat der in Gilden zusammengeschlossenen Kaufleute saß (sog. ratsfähige Geschlechter). Später erkämpften sich auch die Handwerker über ihre Zünfte den Zutritt zu diesem Organ.

Die Entwicklung im städtischen Bereich führte ganz allgemein zu neuartigen Organisationsformen und -vorstellungen, neben der Ratsversammlung zur genossenschaftlichen Vereinigung und zu der Idee einer geschlossenen Körperschaft, nach der die Stadt (wie später der Staat) als eigenständige rechtliche Einheit auch gegenüber ihren Bürgern selbständig handelnd auftreten konnte und dies durch eine Repräsentation der Allgemeinheit tat, nämlich den allmählich das Recht zum Erlaß allgemeinverbindlicher Anordnungen oder Satzungen erhaltenden Stadtrat. Auch sonst sind die Städte in der Organisation einer modernen Verwaltung bei der großen Zahl auf engem Raum zusammenlebender Menschen vorangegangen, wie viele Bestimmungen über polizeiliche Angelegenheiten, über die Armenpflege oder das Gesundheits- und das Schulwesen zeigen. Aber nicht nur organisatorisches Vorbild oder Finanzquelle waren die Städte. Sie gewannen auch als politische Akteure und Koalitionspartner zunehmend an Gewicht und veränderten so das politische Kräfteverhältnis. Diese Entwicklung zeichnete sich schon im Investiturstreit ab, z. B. in der Unterstützung Heinrichs IV. durch die Stadt Worms, kam in bedeutsamer Weise aber erst im Spätmittelalter und in der frühen Neuzeit zur Wirkung.

5. Der Entwicklung in der Stadt korrespondierte, wenn auch weniger spektakulär, die auf dem Lande. Sie wurde zunächst dadurch bestimmt, daß die großen Grundherren sich allmählich aus dem Eigenbetrieb zurückzogen und das Land an abhängige Dienstleute abgaben (Bildung von Kleingrundherrschaften). Daneben kam es häufig zu einer Aufsplitterung ursprünglich in einer Hand vereinter Rechte, z. B. in Grundeigentum, Leibherrschaft und Gerichtsherrschaft. Angesichts der Möglichkeit, sich des grundherrlichen Zugriffs durch Landflucht oder Wegzug in den Osten zu entziehen, oder aber an der Binnenkolonisation gegen das Versprechen günstigerer Existenzbedingungen teilzunehmen (sog. Rodungsfreiheit), verbesserte sich auch die Situation der auf dem Altland Siedelnden. Auch wenn die Bauern sich nicht vollständig aus der Grundherrschaft befreien konnten, gelang es ihnen doch nicht selten, ihre Pflichten zu mindern und zu fixieren, die ursprüngliche Untertänigkeitsbeziehung in ein Pachtverhältnis umzuwandeln (im Osten: Erbzinszahlung) und das Recht zu erhalten, den Boden auf eigene Rechnung zu bearbeiten. Aus dem allmächtigen Grundherrn wurde so in jener Zeit der Empfänger fixierter Abgaben (Rentengrundherrschaft).

Zu diesem Wandel trugen die zunehmende Verbreitung der Geldwirtschaft und eine allgemeine, aus der Bevölkerungsvermehrung und Verstädterung resultierende, die Landwirtschaft begünstigende Agrarpreissteigerung bei. Das Hochmittelalter war eine Zeit der Intensivierung der Bodenbebauung und benachbarter Techniken (z. B. im Mühlenwesen). Zwar kam es nicht zur Erfindung neuer Produktionsmittel: Der schwere Pflug und die Dreifelderwirtschaft (Wechsel von Sommergetreide, Wintergetreide und Brache) waren schon seit langem bekannt, man setzte sie aber jetzt vermehrt ein und richtete die Produktion stärker am neuen, städtischen Bedarf aus (Vermehrung des Getreideanbaus). Bevölkerungswachstum und Landesausbau führten zu einer Zunahme der Dorfsiedlung. Die Zahl der Dörfer war im Höhepunkt des Aufschwungs, am Ende des 13. Jahrhunderts, sogar größer als in späterer Zeit. Ähnlich wie in den Städten kam es auch hier zu Gemeindebildungen in umzäunten Friedensbezirken (»Einfriedung«) und zu rechtlichen Regelungen des Zusammenlebens durch genossenschaftlich vereinbartes und grundherrlich gesetztes Recht (z. B. in den Hofrechtsaufzeichnungen der bäuerlichen Weistümer) und durch die Bildung von Markgenossenschaften mit Regelungen der Produktion (Flurzwang) und der Allmendenutzung. Auch die Dörfer erreichten ein gewisses Maß an Selbständigkeit mit eigenen Dorfvorstehern (Bauermeister, Schultheiß) und Dorfgerichten. Im Gegensatz zu den Städten blieben sie jedoch, abgesehen von Randgegenden mit freien Bauernschaften, in der Regel in grundherrlicher Abhängigkeit.

6. Die Herausbildung von Städten und Dörfern und die Unterscheidung von Stadt und Land führte zu neuen Formen der sozialen Schichtung. Anstelle der alten Unterscheidung von *liberi* und *servi* und der sie überholenden frühmittelalterlichen von *potentes* und *pauperes* trat mehr und mehr die funktionell-beruflich orientierte der Dreiständelehre: *ora – protege – labora*, des Lehr-, Wehr- und Nährstandes, wobei zwischen den arbeitenden Ständen, den Bürgern und Bauern, entsprechend der nur allmählich hervortretenden sozialen Kluft zwischen Stadt und Land, erst im Spätmittelalter scharf unterschieden wurde. Die vertikale Mobilität scheint zunächst recht hoch gewesen zu sein. Adel und Bürgertum ergänzten sich aus der ländlichen, unfreien Bevölkerung. Doch bereits gegen Ende des 13. Jahrhunderts schlossen sich die Stände gegeneinander ab – augenfällig schon in der unterschiedlichen Kleidung, die sie trugen. Aus der berufsständischen Unterscheidung begann eine geburtsständische zu werden, wobei es vielfältige Abstufungen auch innerhalb der einzelnen Stände gab, zwischen dem Hochadel und dem aus der Unfreiheit stammenden (ministerialen) Niederadel, oder zwischen dem Kaufleutepatriziat und dem zünftlerischen Handwerk sowie den Lohnarbeitern in den Städten, oder zwischen Vollbauern, Halbbauern und Tagelöhnern auf dem Lande.

7. Die Auflistung wäre nicht vollständig ohne einen Hinweis

auf die Veränderungen kulturell-geistiger Art, die auch die politische Vorstellungswelt beeinflußten. Gewiß war die Stauferzeit, war das Hochmittelalter, eine Zeit des Rittertums, erfüllt von seinem Glanz und seinen Idealen, der Tapferkeit, Treue, dem Dienen gegenüber Höherem, der Fairneß und der Ritterlichkeit, der Milde gegenüber den Schutzbefohlenen – Ideale, die sich in unserer Kultur lange erhalten haben, aber es ist doch schon für die damalige Zeit auf den Beginn jenes Wandels aufmerksam zu machen, der zu neuen Ansichten führte. So wird z. B. die gewandelte Einstellung zur Arbeit vielfach – und durchaus nicht zu Unrecht – mit der Reformation in Beziehung gesetzt. Doch brachten die Freisetzung der Arbeitskraft und die Verfügung über den Arbeitsertrag durch die Werktätigen selbst schon im späteren Mittelalter ein verändertes Ethos hervor, dem Arbeit nicht mehr einfach als ein *opus servile* erschien. Damit zusammen hing ein rationelleres Verhältnis zur Arbeit und ihrem Ertrag. Die aufkommende kaufmännisch-städtische Welt beherrschten nüchternes Kalkül und Rechenhaftigkeit. Schon die Zunahme der Bevölkerung und der arbeitsteiligen Produktion verlangten eine höhere Regelungsdichte, eine stärkere Institutionalisierung des Verhaltens und – besonders in der Welt der Kaufleute – präzise Normen. Es wurde notwendig, die vielfältigen und detaillierten Vorschriften und Geschäftsvorgänge aufzuzeichnen; Schriftlichkeit und Registratur begannen als kollektives Gedächtnis die mündliche Tradition zu ersetzen. Sowohl die Setzung neuen Rechts als auch die Aufzeichnung und Ordnung der überlieferten Rechtsvorstellungen in den großen Rechtsbüchern der Zeit, allen voran im ›Sachsenspiegel‹, kennzeichneten den neuen Trend.

Diese Epoche war aber nicht nur durch das Streben nach einer neuen, rationalen Regelhaftigkeit gekennzeichnet, sondern trug auch, unbeschadet bestehender Herrschaft und traditioneller Moralauffassungen, in starkem Maße genossenschaftliche und individuell-freiheitliche Züge. Auch das kommt in der Rechtsauffassung jener Zeit, in den vielfältigen Einungen und Bünden, zum Ausdruck. Man spricht zuweilen von einer ersten Welle der Säkularisierung, die die europäische Welt in jener Epoche ergriffen habe, und verweist dabei auf das Aufblühen von Philosophie und Wissenschaft in der Hochscholastik, auf die Gründung von Universitäten und die Aristoteles-Renaissance des 12. Jahrhunderts, sollte dabei allerdings nicht die gleichzeitige Spiritualisierung des Lebens übersehen; denn dies war auch die Zeit der Gotik und der Mystik, des aufblühenden Mönchtums in den Städten, der kirchlichen Armutsbewegung und der Bettelorden. Dabei läßt sich das Nebeneinander rationaler und irrationaler Strömungen nicht einfach institutionell unterscheiden und letztere etwa der geistlichen Sphäre, der Kirche, zuordnen. Auch die Kirche war mit ihrer Berufung auf das göttliche Recht gegenüber der Tradition, seiner Fixierung im kanonischen Recht (*Decretum Gratiani* 1140), mit der Aufnahme des Aristotelismus und mit ihrer Verwaltungsorganisation ein mächtiger Modernisierungsfaktor in jener Zeit.

II.

Der allmähliche, aber profunde gesellschaftliche Wandel hat mannigfaltige Reaktionen der öffentlichen Gewalt hervorgerufen. Er führte zu dem schon mehrfach erwähnten Landesausbau, zu einer Vielzahl von Städtegründungen (wie z. B. Freiburg i. Br. und Bern durch die Zähringer), zu Versuchen, den eigenen Herrschaftsbereich auszudehnen und zu befrieden durch die Anlegung von Burgen, den Aufbau einer Landesverwaltung mit abhängigen Dienstleuten und die Formulierung neuer, dem Wandel der Zeit angepaßter Verhaltensregeln *(novae consuetudines)* sowie zur Stärkung der Finanzen – vermöge der heraufkommenden Geldwirtschaft – mit Hilfe einer Fiskalierung der hergebrachten Abgaben und der Erhebung besonderer Steuern (Beden).

Ansätze zu einer solchen Politik finden wir bereits im 11. Jahrhundert bei den Saliern, kurz vor dem Investiturstreit bei Heinrich IV., dessen forcierte Ausbildung der Königsherrschaft im Harzer Raum (bedeutsam wegen der Silberproduktion im Rammelsberg bei der Kaiserpfalz Goslar) mit der Anlegung von Burgen und ihrer Besetzung durch schwäbische Dienstmannen den Unmut des sächsischen Adels erregt und zu der schon erwähnten mit den Kirchenreformern verbündeten Fürstenopposition geführt hat. Heinrich versuchte sich gegen sie, ähnlich wie seine Vorgänger, die in Italien die Untervasallen (*valvassores*) gegen die Konkurrenz der großen Kronvasallen *(capitanei)* begünstigt hatten, auf die unteren Schichten, erstmals auch auf städtische Bürger und die in jener Zeit aufkommende Friedensbewegung zu stützen, jedoch ohne Erfolg.

Dennoch ist festzustellen, daß die Friedensbewegung den Herrschern damals eine erste Möglichkeit eröffnete, ordnend mit Geboten und Verboten, d. h. gesetzgeberisch und nicht mehr nur ad hoc und speziell durch Privilegienvergaben und Urteilssprüche, in die öffentlichen Verhältnisse einzugreifen. Ihren Anfang hatte die Friedensbewegung schon im 10. Jahrhundert genommen, ausgehend von den Versuchen der Kirche in Südfrankreich, einerseits bestimmte Personen wie Geistliche, Frauen, Juden und Bauern, und Stätten wie Kirchengebäude, Wohnhäuser, aber auch Ackergeräte und Mühlen, andererseits bestimmte Zeiten (z. B. Adventszeit, Osterzeit) und Wochentage einem Gottesfrieden (sog. *pax* bzw. *treuga Dei*) zu unterstellen und damit den blutigen Fehdegewohnheiten des Adels zu entziehen. Diese Idee wurde im 11. Jahrhundert von weltlichen Machthabern aufgegriffen. Das führte zu vorerst regional und zeitlich begrenzten Landfriedensverkündungen. Schon 1103 erließ Heinrich IV. einen solchen Landfrieden für das ganze Reich. Hand in Hand mit den Landfriedensgeboten ging ein für das spätere Mittelalter und die frühe Neuzeit bedeutsamer Akzentwandel in der Kriminalgerichtsbarkeit durch die verstärkte Anwendung von Leib- und Lebensstrafen, die in gleicher Weise das niedere Volk wie den Adligen treffen konnten, anstelle des bis dahin dominanten Kompositionalsystems mit seinen nach dem Rang des Opfers und der Schwere der Tat abgestuften Geldbußen (lat. *compositio*). Die neue Blutgerichtsbarkeit bot Chancen auch für eine Reorganisation der königlichen Gerichtsaufsicht (Blutbannleihe an die Gerichtsherren).

Von den Staufern, seit 1138 im Besitz der deutschen Königswürde, wurden die Ansätze zu einer neuen Politik aufgegriffen und weiterentwickelt. Abgesehen von lehnsrechtlichen Regelungen fällt in ihre Zeit eine Reihe von Landfriedensgeboten (ab 1152) mit Bestimmungen zur Eindämmung des Fehdewesens und Vorschriften polizeilicher, strafrechtlicher, bald auch ständerechtlicher Art. Die Landfrieden waren schon im 12. Jahrhundert ein wichtiges Mittel, den Landesausbau sowie Arbeit und Handel gegen das Fehdeunwesen und ein aufkommendes professionelles Verbrechertum zu schützen – in einer sich differenzierenden, immer enger miteinander kommunizierenden und gegenseitige Abhängigkeiten herausbildenden, damit aber um so friedensbedürftigeren Welt. Mehr und mehr wurde der König nun zum *legum conditor*, wurde Gesetzgebung und nicht mehr nur einfache Rechtsweisung zum Signum staatlicher Gewalt.

Gestützt auf das salische Krongut und eigene Besitztümer, versuchten die Staufer im Zuge des allgemeinen Landesausbaus einen Kronlandgürtel vom Elsaß über Schwaben, Franken, das Egerland und Thüringen bis nach Obersachsen zu errichten, den sie mit einer Vielzahl von Burgen absicherten und durch eigene Dienstleute verwalten ließen, durch Burggrafen in den Städten (z.B. Nürnberg), durch Landgrafen und Vögte das in Landvogteien gegliederte Land (daher heute noch der Name »Vogtland« im sächsisch-thüringischen Grenzraum). Diese staufische Kronlandpolitik läßt sich als Vorläufer der Hausmachtpolitik späterer deutscher Könige verstehen.

Bei der Verwaltung dieser Lande bedienten sich die Staufer eigener Unfreier für gehobene Dienste (sog. Dienstleute oder Ministeriale) und nicht mehr adliger Vasallen. Auch die Ministerialen erhielten ein Lehen, aber nur als Dienstlehen. Sie waren jederzeit entsetzbar und konnten ihr Dienstrecht weder veräußern noch weiterverleihen, noch durften sie Lehnsbeziehungen zu anderen Herren eingehen. Es handelte sich bei ihnen um die Intelligenz jener breiten, im Mittelalter etwa 90 Prozent der Bevölkerung ausmachenden Schicht der Unfreien, die jetzt in den neuen Amtsstellen des Reiches, der Länder und der Städte als Reichs- oder Landesministerialität oder als städtisches Verwaltungspatriziat ihren sozialen Aufstieg fand. Ministeriale gab es sowohl in der Zentralverwaltung des Reiches als auch in der Lokalverwaltung, sie konnten Statthalter in Italien sein oder Wachleute auf einer Burg. Die Macht der großen Reichsministerialen ließ die neue Berufsstellung aber auch für den alten Adel interessant werden; allmählich trat eine Vermischung beider Schichten, die sich ja ohnehin in der rittermäßigen Lebensweise und in ihrer Berufsausübung entsprachen, ein – allerdings nicht im Sinne einer dienstmäßigen Unterordnung des Adels, sondern umgekehrt: Die Ministerialen streiften die Zeichen ihrer unfreien Geburt ab und wurden in den Adelsstand und in den Heerschild der Lehnsträger übernommen, die dienstrechtliche Beziehung zu ihren Herren wurde in eine lehnsrechtliche verwandelt – d.h. aus den einstigen Dienstleuten wurden selber Herren über Land und Leute.

Die staufische Intensivierung der staatlichen Politik wird noch an einem anderen Beispiel deutlich, am Umgang mit den Regalien, d.h. den dem König zustehenden oder von ihm beanspruchten Hoheitsrechten. Solche Regalien waren schon im Investiturstreit fixiert worden, um die vom Königtum stammenden Besitztümer und Rechte geistlicher Herren zu bezeichnen. Unter den Staufern wurden nun erweiterte Regalienkataloge aufgestellt (z. B. auf dem Reichstag von Roncaglia 1158). Diese Aufstellungen dienten dazu, in einer Zeit grundlegender Veränderungen, des zunehmenden Konkurrenzdrucks und selbständigen Auftretens von Fürsten und Städten (in Oberitalien) alte Rechte des Königtums sicherzustellen sowie durch den gesellschaftlichen Wandel sich ergebende, bzw. durch ihn erst zur Bedeutung gekommene Rechtspositionen für das Königtum zu beanspruchen. Mit ihnen wurde ein ähnlicher Zweck verfolgt wie mit den bald darauf abgefaßten Rechtsbüchern oder Rechtsspiegeln; sie dienten der Übersicht und Klärung in einer komplizierter werdenden Welt. Dabei ging es dem Königtum offensichtlich nicht nur um die Beanspruchung dieser Rechte als eigener, sondern auch darum, durch ihre Weiterverleihung (z. B. des Blutbanns an Vögte, von Zollgerechtigkeiten an Fürsten oder der Münzhoheit an Städte) Abhängigkeiten zu statuieren und das Regal entweder unmittelbar (z. B. durch Erhebung von Gebühren bei Märkten) oder mittelbar (z. B. durch Ablösung der Gastungspflichten der Kirche durch Geldpauschalen) zu nutzen. Die Regalien wurden so zu einer wichtigen Finanzquelle des Reiches. Mit den Einkünften aus ihnen ließ sich Land zur Arrondierung des königlichen Herrschaftsgebietes erwerben. Allerdings hatte diese Territorialpolitik ihre Grenzen.

Der Aufbau der Krondomäne blieb nämlich auch bei den Staufern flächenmäßig weit hinter dem zurück, was die Großen des Reiches, die Herzöge, Grafen und geistlichen Reichsfürsten besaßen. Deren Gebiete waren entweder Reichslehen oder eigenes Land (Allod). Soweit es sich um Reichslehen handelte, wurden sie vom König ausgegeben und konnten sie ungetreuen Vasallen auch wieder entzogen werden. Das ist auch immer wieder vorgekommen. Allerdings gelang es den deutschen Königen nicht, die betreffenden Lehen völlig einzuziehen und der Krondomäne zuzuschlagen. Das demonstriert in augenfälliger Weise ein Prozeß, der 1180 von Friedrich I. gegen seinen Vasallen Heinrich den Löwen, Herzog von Bayern und von Sachsen, angestrengt wurde und in dem Friedrichs »Übervasall« und gefährlichster Konkurrent zwar seine Lehen verlor, diese aber an andere Fürsten wieder ausgegeben werden mußten – im charakteristischen Gegensatz zu einem ähnlichen, wenig später stattfindenden Verfahren des französischen Königs Philipps II. August gegen seinen großen Kronvasallen Johann ohne Land. Anders als in Frankreich war in Deutschland das Gewicht der

Fürsten stark genug, die Wiederausgabe von Thronlehen zu erzwingen, auch dort, wo kein Rechtsgrund (Erbe, Anwartschaft) dafür vorlag. Gegenüber allen wiederholten Versuchen von königlicher Seite, zurückgefallene Lehen als Kronland zu nutzen, wurde vielmehr mit Erfolg die Ansicht propagiert, daß der König sie wieder auszugeben habe (sog. Leihezwang). Das wiederum nötigte die Könige, ihre Kronlandpolitik durch eine gesteigerte Feudalisierungsstrategie zu ergänzen.

Tatsächlich kommt es erst zur Stauferzeit zum Versuch einer durchgreifenden Feudalisierung des Staatsaufbaus, tritt das Lehnswesen erst jetzt in die Zeit seiner Hochblüte, festigt sich der Lehnscharakter der Herzogtümer und der geistlichen Fürstentümer. Die Herstellung lehnsmäßiger Beziehungen hatte den Vorteil, die Großen des Reiches durch das Band der Vasallentreue eng an das Königtum zu fesseln, und war günstig insbesondere dann, wenn man den Vasallen bei der Entgegennahme des Reichslehens dazu bewegen konnte, auch seinen Eigenbesitz dem König aufzutragen und als Lehnsobjekt, bereichert durch weitere Territorien des Reichs, wiederzuempfangen (so z. B. bei der Begründung des Herzogtums Braunschweig-Lüneburg 1235). Auf diese Weise ließ sich der Tendenz nach alle Herrschaft in einen Lehnsbezug zum König bringen, mochte dies auch über mehrere Stufen hin erfolgen, da ja nicht alle Vasallen direkt vom König belehnt und kontrolliert wurden, sondern im wesentlichen nur die sog. »Reichsfürsten«, d. h. jene Schicht von geistlichen und weltlichen Magnaten, die, ohne ihren Rang in der Lehnspyramide zu mindern, nicht von einem anderen als dem König Lehen anzunehmen berechtigt waren. So blieben die Kronvasallen in ausschließlicher und unmittelbarer Abhängigkeit vom König, mit der Maßgabe freilich, daß ein weltlicher Reichsfürst auch von einem geistlichen Lehen empfangen durfte, wie es der König selbst auch nahm – und unbeschadet dessen, daß Reichsfürsten auch von ausländischen Königen, wie dem von Frankreich, Lehen empfingen. So hätte sich das gesamte Reichsgebiet vom König abhängig machen lassen, wenn es gelungen wäre, alle Lande als solche des Reiches und damit der königlichen Gewalt unterworfen zu reklamieren und sie dem Königtum treu ergebenen Vasallen zu überantworten.

Die hierauf zielende Politik der Staufer ist als »Zerschlagung der Stammesherzogtümer« bekannt geworden. Tatsächlich ist in dieser Zeit eine Tendenz spürbar, alte, vor-königliche Stammeseinheiten und darauf gegründete Herrschaftsbeziehungen aufzuheben und durch neue, von »oben« gebildete Territorien zu ersetzen. Schon früher waren Teile von Stammesherzogtümern gelegentlich zu selbständigen Herzogtümern erhoben worden, wie z. B. Kärnten, oder man hatte ein übergroßes Herzogtum wie Lothringen geteilt. Jetzt aber trat der Gesichtspunkt der Territorialisierung gegenüber dem der stammesmäßigen Bindung systematisch in den Vordergrund. Davon zeugen Neubildungen wie die sog. Landgrafschaften des 12. Jahrhunderts (seit 1131 ist z. B. eine »Landgrafschaft« in Thüringen bezeugt) und die Gründung von Herzogtümern neuen Stils, den *terrae imperii,* wie z. B. Österreichs 1156, Würzburgs 1168 und – nach der Verurteilung Heinrichs des Löwen – Westfalens und eines ostsächsischen Herzogtums sowie der Steiermark im Jahre 1180. Allerdings gelang es auch mit dieser neuartigen Territorialisierungs- und Feudalisierungsstrategie den Staufern am Ende nicht, die Konkurrenz der Fürsten bei der Bildung der Territorien zu überwinden und dem Reich eine festere Organisation zu geben. Im Gegenteil: Die große zweite Feudalisierungswelle des 12. Jahrhunderts hatte – wie wir sahen – zur Folge, daß auch die Dienstleute im Kronland ihren Unterworfenenstatus abstreiften und in lehnsrechtlich-feudale Beziehungen zu ihrem Oberherrn traten; das hob die Möglichkeit einer festeren Reichsorganisation zwar nicht völlig auf, minderte sie aber doch erheblich.

Man hat angesichts dieser Entwicklung, insbesondere der Betonung des Feudalsystems in der Stauferzeit, geglaubt, besser nicht von einer Reformpolitik, sondern vom reaktionären Versuch, die mittelalterlich-aristokratische Regierungsweise aufrechtzuerhalten, sprechen zu sollen. Das mag bei manchen Aspekten der staufischen Politik, vor allem gegenüber der Kirche, der Behandlung der Reichsbistümer durch Friedrich I. und angesichts des fruchtlosen Kampfes mit dem Papsttum über ein Jahrhundert hinweg plausibel erscheinen. Es kann aber kaum angesichts der Feudalisierungsstrategie und vollends nicht im Hinblick auf die Kronland- und Ministerialenpolitik und die Bestrebungen, das Reich zu territorialisieren und ein auch fiskalisch starkes Königtum zu errichten, gelten. Unter diesen Modernisierungsansätzen hatte auch die Stärkung des Lehnswesens ihren Platz als ein Mittel, durch Einbindung der Aristokratie und ihrer Ressourcen die königliche, oberlehnsherrliche Macht zu stärken – in einer Welt, die sich damals mit Stadtbürgern und Dienstleuten allein noch nicht regieren ließ. Wenn schließlich aus dieser Entwicklung nicht die Reichsgewalt, sondern die Fürsten Nutzen zogen, so lag das weniger an dem ja auch in Westeuropa mit Erfolg für das Königtum durchgeführten Versuch einer Durchfeudalisierung des Staates als vielmehr an jener spektakulären Schwächung der königlichen Stellung seit Ende des 12. Jahrhunderts, die die Früchte der staatlichen Neuformierung – des Landesausbaus, der Regalienfixierung, der Ministerialenverwaltung und der lehnsmäßigen Bindung der Amtsträger – den Fürsten zugutekommen ließ; es lag an jener Schwächung, die das deutsche Königtum dadurch erlitt, daß es sich vom Ausbau des *regnum Teutonicum* in einer entscheidenden Phase abwandte, um im römischen Kaisertum noch mehr an Macht zu gewinnen.

4. Das römische Kaisertum und der Zusammenbruch der Stauferherrschaft

Seit der Krönung Ottos I. 962 in Rom sind die deutschen Könige in ihrer Mehrzahl auch römische Kaiser geworden. Immer wieder zeigten sie sich bestrebt, selbst unter großen Opfern die Kaiserwürde zu erlangen – ein merkwürdiges Phänomen. Es ist für uns heute schwer zu verstehen, was diese Würde bedeutete und warum man sich so ausdauernd um sie bemühte. Auch ist bis heute in der Literatur umstritten, wie die mittelalterliche Kaiserpolitik für die Entwicklung Deutschlands einzuschätzen ist.

I.

Will man sich eine Vorstellung von der zur Debatte stehenden Problematik machen, so hat man sich zunächst daran zu erinnern, daß es sich bei dem besagten Kaisertum um das römische gehandelt hat, um die Nachfolge der römischen Cäsaren, insbesondere derjenigen, die seit Konstantin das Römische Reich zum Hort der Christenheit hatten werden lassen *(imperium Romanum et Christianum).* Dieses Reich dauerte in seinem östlichen Teil (Byzanz) das ganze Mittelalter über fort und wurde dort erst 1453 durch die Eroberung Konstantinopels durch die Türken ausgelöscht. In der westlichen Reichshälfte hatte dagegen das Kaisertum schon 476 mit der Absetzung des Romulus Augustulus sein Ende gefunden. Etwa 300 Jahre später geschah jedoch etwas Eigenartiges: Der Frankenherrscher Karl der Große knüpfte bewußt an die römische Tradition wieder an. Nach der Eroberung des italienischen Reichs der Langobarden 774 zum Schutzherrn der Römer und des Papstes avanciert, wurde er im Jahre 800 zum Kaiser in Rom gekrönt. Er unterstrich dabei den mit dieser Position verbundenen Anspruch durch die ausdrückliche Erklärung, das Römische Reich, den einstigen Hort der Christenheit, wieder erneuern zu wollen.

Das karolingische Kaisertum nahm nach der Aufsplitterung des Fränkischen Reichs mit dem Untergang seines letzten Trägers 924 ein Ende. Wenig später aber griff erneut ein Prätendent, der ostfränkische König Otto I., die von Karl gestiftete römisch-fränkische Tradition auf. Ihn mag dazu das Interesse an einer Sicherung der Südflanke seines Reiches und der Wunsch, dem schon erwähnten Reichskirchensystem einen es stabilisierenden Abschluß zu geben, bewogen haben. Wie sein Vorgänger Karl ließ sich Otto 951 in Pavia, der langobardischen Hauptstadt, zum *rex Langobardorum* krönen. Dem folgte 962 die Kaiserkrönung in Rom, verbunden mit dem bereits geschilderten Versuch, als Schutzherr Roms und des Papstes auf die Papstwahl Einfluß zu gewinnen. Damit war eine Verbindung von deutschem Königtum und römischem Kaisertum gestiftet worden, die fast ein Jahrtausend lang, bis 1806, währen sollte.

Was machte dieses Kaisertum aus, was ließ es so begehrenswert erscheinen? Eine Beantwortung dieser Frage beginnt am besten mit dem, was es nicht war. Obwohl es sich um eine Erneuerung des römischen Kaisertums handelte, war es kein universales, die ganze Christenheit umfassendes. Dem widersprach die fortdauernde Existenz von Byzanz. Es ist aber auch kein auf den Westen beschränktes imperiales Kaisertum gewesen. Der Kaiser gebot nicht über die anderen europäischen Könige. Er besaß ihnen gegenüber keine Rechte, übte keine hegemonialen Funktionen aus. Wenn Otto I. noch in die inneren Verhältnisse von Frankreich und Burgund schiedsrichterlich eingriff, so beruhte das auf verwandtschaftlichen Bindungen und einer noch lebendigen, gemeinfränkischen Tradition, nicht aber auf kaiserlicher Autorität. Es hat nie eine unter dem Kaiser geeinte, im Römischen Reich zusammengefaßte abendländische Staatenwelt gegeben. Nur in der Würde (*dignitas*) stand der Kaiser seinen königlichen Amtskollegen voran, nicht in einer rechtlich anerkannten Machtstellung (*potestas* oder *auctoritas*).

Der Kaiser ist freilich Herrscher nicht nur über das *regnum Teutonicum* gewesen, sondern auch über Italien und Burgund

(Drei-regna-Kaisertum). Zum Römischen Reich gehörte auch das sog. »Reichsitalien«, das ehemalige langobardische Königtum in Oberitalien um die Lombardei, mit der Toscana (Tuscien) und den weiter südlich gelegenen Herzogtümern Spoleto und Benevent, gehörte Hochburgund mit der Westschweiz (Kleinburgund), der Franche Comté (Freigrafschaft Burgund) und Besançon, sowie Niederburgund an der Rhône mit Lyon, Vienne, Savoyen, der Dauphiné und der Provence. Beide Burgunds bildeten das Königreich Arelat (nach dem Hauptort Arles) und sind nicht zu verwechseln mit dem gleichnamigen westfränkischen Herzogtum Burgund um Dijon, der heutigen Bourgogne. Die *regna* waren dem Reich aber nicht aufgrund des Kaisertums zugefallen, sondern im Falle Italiens 951 erobert, im Falle Burgunds 1032 ererbt worden. Ihre Zusammenfassung mit Deutschland lag nicht im Kaisertum begründet.

So bleibt die Frage nach dem, was dieses Kaisertum eigentlich ausmachte. Sie läßt sich am leichtesten wohl damit beantworten, daß man im Kaiser in besonderem Maße einen Verteidiger der Christenheit sah, einen Förderer des Glaubens und einen Schutzherrn des Papstes, dessen Schutzherrnstellung eine ungeklärte und umstrittene Kontrolle des Papsttums implizierte. Aus dem Pflichtenbündel ließen sich Rechte folgern. Die Stellung des Kaisers bot Chancen und Legitimationsmöglichkeiten zur Festigung erworbener Positionen wie für Ansprüche, die darüber hinausgingen. Das zeigte sich zum einen darin, daß der in Rom vom Papst zum Kaiser Gekrönte seinen fürstlichen Konkurrenten in Deutschland mit einer anderen Autorität entgegentreten konnte als der allein von diesen zum König Gewählte. So hat man insbesondere von den Tschechen gesagt, die seit dem 11. Jahrhundert dem Reich zugehörten, daß sie sich leichter in das kaiserlich-römische Reich eingefügt hätten als in ein nationales deutsches Königtum. Auch der Herrschaft über Burgund und Italien ließ sich mit der Kaiserwürde ein überzeugender Ausdruck verleihen.

Zum andern eignete sich die Kaiserwürde auch dazu, Oberhoheitsansprüche gegenüber anderen Königen zu begründen, wie die allerdings meist nicht von Dauer gewesenen lehnsmäßigen Bindungen z. B. Dänemarks, Polens oder Ungarns an das Reich zeigen. Darüber hinaus blieb die Kaiserwürde als »römische« immer ein mögliches Mittel, eine Oberherrschaft über die europäische Christenheit und ihre Staatenwelt zu reklamieren. Sie stellte keine faktische Macht- oder Rechtsposition dar, wohl aber gab sie einen Legitimationsgrund für umfassende Herrschaftsansprüche ab – gegründet auf die Notwendigkeit der Weiterexistenz Roms. Denn Rom galt vielen in Auslegung der Danielprophetie des Alten Testaments als das letzte der vier Weltreiche der Menschheitsgeschichte vor Ankunft des Antichrist, dessen Erscheinen durch seine Existenz hinausgezögert wurde.

Die Realisierbarkeit der auf die Restauration des Römischen Reiches gerichteten Ansprüche und Vorstellungen mochte fragwürdig sein, darauf ausgehende Versuche gab es gleichwohl mehrfach. Schon Otto III., der Enkel Ottos des Großen, strebte um die Jahrtausendwende nach der *renovatio imperii* und schlug aus diesem Grunde seine Residenz in Rom auf. Einen ähnlichen Anspruch auf das *imperium mundi* finden wir wieder bei den Staufern, die bezeichnenderweise ihre Gesetzeserlasse als allgemeinverbindliche Anordnungen in die Sammlung römisch-antiker Kaiserkonstitutionen aufnehmen ließen. Die Erhöhung des imperialen Anspruchsniveaus gerade in jener Zeit ist nicht unerklärlich; denn es waren jene Jahrzehnte, in der die intensive Beherrschung größerer Räume mit dem Landesausbau und der durchgreifenden Feudalisierung, der Bildung von Herrschafts- oder Lehnspyramiden, begann. Diese Entwicklung griff auch auf die internationale Ebene über, wie zahlreiche Versuche, ausländische Potentaten in Lehnsabhängigkeit zu bringen, und die Ansätze der Staufer beweisen, Italien durch die Einsetzung von Statthaltern und sog. *podestàs* in den Städten organisatorisch stärker an das Reich zu ketten.

Ähnliche Tendenzen zeigte auch die Entwicklung in den westlichen Nachbarstaaten Deutschlands. Vor allem aber bildete die Kirche damals ein festeres, auf den römischen Stuhl konzentriertes, hierarchisches Gefüge aus, mit der Aussendung von Legaten in die Kirchenprovinzen seit dem Investiturstreit und mit Versuchen, auch weltliche Potentaten durch Anerkennung der päpstlichen Lehnsoberhoheit in Abhängigkeit zu bringen. Das sich hier abzeichnende Einheitsstreben fand auch in der Kreuzzugsbewegung jener Zeit seinen Ausdruck. Die Entwicklung gipfelte schließlich in der seit Beginn des 13. Jahrhunderts für den Papst reklamierten *plenitudo potestatis* (Innozenz III.), die bei Bonifaz VIII. (Bulle ›*Unam Sanctam*‹ 1302) zur Forderung der Unterordnung auch der weltlichen Mächte unter die päpstliche Gewalt übersteigert wurde. Auch eine päpstlich-kaiserliche Doppelherrschaft wurde nun für die Kurie denkbar, sozusagen in Verlängerung und Überhöhung aller sich regenden

Konzentrationstendenzen weltlicher und geistlicher Herrschaft – eine Idee, die nicht nur am Widerspruch der gerade erst aufgrund dieser Konzentrationstendenzen entstehenden und mächtig werdenden Nationalstaaten scheitern sollte, sondern zuallererst an dem ungeklärten Verhältnis der beiden Prätendenten für eine universale Herrschaft über die Christenheit. Das bis dahin eher latente Konkurrenzverhältnis zwischen Kaiser und Papst kam unter den Bedingungen und Möglichkeiten der Herrschaftsausübung jener Zeit zur offenen Entfaltung. So erklärt sich der Ausbruch des schon von den Zeitgenossen so empfundenen gewaltigen Ringens zwischen den beiden großen Mächten der damaligen Welt, dem Kaisertum und dem Papsttum – ein Kampf, in dem beide in der Überschätzung ihrer Möglichkeiten scheiterten und aus dem am Ende nicht ein europäisches Großreich als Schlußstein der beobachtbaren Herrschaftskonzentration erwuchs, sondern das Europa der Nationalstaaten – und ein territorialstaatlich aufgegliedertes Deutschland.

II.

Ein nicht nur begrenztes, sondern wörtlich verstandenes »römisches« Kaisertum mußte seinen Träger im Mittelalter in eine Reihe von Problemen verstricken. Da war einmal die Rivalität mit Byzanz, dem oströmischen Reich, das sich anfangs noch in der Lage sah, gesamtrömische Ansprüche geltend zu machen. Das hier entstehende »Zweikaiserproblem« hat man heiratspolitisch zu überbrücken versucht (Heirat Ottos II. mit Theophano 972). Auf die Dauer mußte freilich die Konkurrenz der westeuropäischen Staaten, vorab Frankreichs, bedeutsamer werden, die Konkurrenz jener aufblühenden Königreiche, deren Oberhäupter sich weigerten, einen *superior* anzuerkennen, und die selbst eine kaisergleiche Stellung in ihrem Bereich beanspruchten (*rex est imperator in regno suo*). Vor allem aber barg das Verhältnis von Kaisertum und Papsttum von Anfang an eine Reihe von Schwierigkeiten in sich.

Als Schutzherrn (»Vogt«) des Papstes und der Römer oblag es dem Kaiser nicht nur, seine Schutzbefohlenen gegen Angriffe, etwa der Sarazenen und später der Normannen zu verteidigen, sondern überhaupt für Ordnung in den italienischen Verhältnissen zu sorgen. Diese Stellung war ambivalent; sie beinhaltete auf der einen Seite die Wahrnehmung der Interessen anderer, konnte aber auch zur Oktroyierung eigener Vorstellungen benutzt werden – gerade um den geschuldeten Schutz zu gewährleisten. Damit ließen sich nicht nur Kontrollrechte gegenüber dem Papsttum selbst, sondern auch im sog. Kirchenstaat, dem *patrimonium Petri*, geltend machen, einem von Pippin, dem Vater Karls des Großen, in Erwiderung päpstlicher Hilfe bei der Usurpierung der fränkischen Königskrone der Kirche geschenkten Landstrich in Mittelitalien von Rom bis Ravenna.

Umgekehrt mußte die Kirche aufgrund dessen ein hohes Interesse daran haben, Einfluß auf die Wahl des deutschen Königs, des später zum Kaiser zu krönenden Schutzherrn, zu nehmen. So wurde von Innozenz III. aus dem Recht zur Kaiserkrönung – seit der Zeit der Karolinger galt die Krönung durch den Papst in Rom als konstitutiv für die Erlangung der Kaiserwürde – ein Anspruch auf Approbation des gewählten deutschen Königs gefolgert, wie man auch seit Gregor VII. das Recht zur Absetzung eines unwürdigen Imperators in Anspruch nahm. Auf diese Weise drohte die Kaiserwürde zum Einfallstor kurialer Politik in die inneren Angelegenheiten des deutschen Reiches zu werden. (Der päpstliche Approbationsanspruch wurde durch Rechtsspruch der deutschen Kurfürsten im Kurverein zu Rhense 1338 förmlich zurückgewiesen, das Recht des von den Kurfürsten zum Kaiser Gewählten auf Ausübung der kaiserlichen Rechte schon vor der Krönung in Rom in einem Braunschweiger Fürstenweistum von 1252 und dann im Gesetz *Licet iuris*, 1338, behauptet.)

Zur Begründung ihrer Ansprüche stützte sich die Kurie zum einen auf die sog. Konstantinische Schenkung, die nach einer in karolingischer Zeit hergestellten Urkunde Kaiser Konstantin dem Papst Silvester I. gemacht haben sollte, indem er ihm die Herrschaft über Westrom übertrug, zum andern auf die sog. Zweischwerterlehre, der zufolge ein geistliches und ein weltliches Schwert die Welt regieren – Ausdruck einer auf Lukas 22, 38 gestützten Gewaltenteilungstheorie seit Papst Gelasius I. (494), die nunmehr so interpretiert wurde, daß die Kirche auch das weltliche Schwert von Christus empfangen habe und an den Kaiser als ihren weltlichen Arm weiterreiche. Daraus ließ sich eine entsprechende, lehnsmäßig darzustellende Unterordnung des Kaisers wie der gesamten weltlichen Sphäre unter den Papst folgern.

Gegenüber diesen Ansprüchen und ihren Begründungen befand sich das Kaisertum sichtlich in einer Verteidigungsposition. Seit der prinzipiellen Trennung von geistlicher und weltlicher Sphäre im Investiturstreit waren die Rollen gleichsam vertauscht, ging es nicht mehr um die *libertas ecclesiae*, sondern um die Eigenständigkeit des weltlichen Schwertes, und so wurde bewußt eine eigene Heiligkeit des Reiches, das *sacrum imperium* der *sancta ecclesia* gegenübergestellt. Dementsprechend finden wir Versuche, das Kaisertum nicht mehr nur auf Rom, sondern auch auf das Königtum des Alten Testamentes zurückzuführen und Verbindungen bis nach Jerusalem zu knüpfen. Desungeachtet hat freilich auch das römische Recht als Kaiserrecht dazu gedient, einen Anspruch auf Oberhoheit des Kaisers in der westlichen Hemisphäre zu stützen.

Diese Oberhoheit konnte die Kurie freilich kaum akzeptieren, wollte sie die gewonnene Unabhängigkeit von der weltlichen Gewalt nicht gefährden. Auch ihre Stellung war ambivalent: Einerseits auf den kaiserlichen Schutz angewiesen, suchte sie andererseits zu verhindern, daß sich dieser Schutz in Herrschaft über sie in Rom und Italien verwandelte. So versteht es sich, daß der Kampf der beiden Mächte im 12. Jahrhundert gerade um die kaiserliche Herrschaft dort entbrannte, geführt von den aufstrebenden, um ihre Selbständigkeit besorgten und vom Papsttum unterstützten oberitalienischen Städten. Seinen Höhepunkt erreichte der Streit, als Heinrich VI., der Sohn Barbarossas, durch Heirat auch das normannische Sizilien gewann und ein über Italien hinwegreichendes deutsch-sizilianisches Erbreich zu begründen unternahm (Erbreichsplan von 1196). Der frühe Tod Heinrichs VI. (1197, mit 31 Jahren) markiert einen Kulminationspunkt in der Entwicklung, nicht nur im Verhältnis von Kaiser und Papst, sondern auch in der Geschichte des deutschen Reiches.

In Deutschland kam es – ein mündiger Thronfolger fehlte – 1198 zu einer das Königtum verhängnisvoll schwächenden Doppelwahl (Philipps von Schwaben als Kandidaten der Staufer und Ottos IV. als Kandidaten der welfischen Partei). Der anschließende Thronstreit führte nicht nur zur Verschleuderung von Krongut und königlichen Rechten, um Parteigänger zu gewinnen, sondern auch zu einer verstärkten Einflußnahme des Papstes auf die inneren deutschen Verhältnisse (schiedsrichterliche Rolle Innozenz' III.) und erstmals auch des Auslandes. In der Schlacht von Bouvines, die 1214 zwischen Franzosen und Engländern ausgetragen wurde, entschied der Sieg der Franzosen zugleich über die Nachfolge im Reich zugunsten der mit ihnen verbündeten Staufer; Otto IV. verlor sein Kaisertum.

Mit Friedrich II., dem 1196 geborenen Sohn Heinrichs VI., Gegenkönig in Deutschland seit 1212 und Kaiser seit 1220, begann die letzte Phase des Kampfes zwischen Papst- und Kaisertum. In sie wurde Deutschland unmittelbar nicht mehr hineingezogen; denn Friedrich führte diesen Kampf von seinem Erbland Sizilien aus. Deutschland spielte in jenen Jahren nur noch die Rolle eines Nebenlandes im Römischen Reich. Es wurde für Friedrich von seinen Söhnen Heinrich (VII.) und ab 1237 Konrad IV. verwaltet. Der Kaiser selbst kam nach 1220 nur noch einmal für kurze Zeit in das deutsche *regnum* zurück. Der Kontakt zu den Fürsten riß ab. Von der Reichspolitik ausgeschlossen, wandten sie sich ganz dem Aufbau ihrer Herrschaft zu. Sie erhielten in einer Reihe oft zitierter Abmachungen wie der ›*Confoederatio cum principibus ecclesiasticis*‹ (1220) und dem ›*Statutum in favorem principum*‹ (1231/32) eine Anzahl königlicher Rechte und Schutz gegen die aufkommende Konkurrenz der Städte zugesichert. Nun erst wurde auch das alte Reichskirchensystem mit dem Verzicht des Kaisers auf Einflußnahme bei den Bischofswahlen und dem Verzicht auf das sog. Regalien- und Spolienrecht (1213 in der Goldbulle von Eger, nach vorangegangener Verzichtserklärung Ottos IV., 1209) beendet.

Man hat früher gemeint, daß die genannten Privilegien Friedrichs II. die für das nachmalige Deutschland entscheidende Wende zur Fürstenherrschaft herbeigeführt hätten. Dagegen ist jedoch eingewandt worden, daß es auch zuvor schon entsprechende Privilegierungen gegeben habe und sie vielfach nur die Bestätigung einer bereits eingetretenen Entwicklung enthalten hätten. Diese Entwicklung habe auch nicht einfach in einer Usurpation königlicher Rechte durch die Fürsten bestanden, wie gelegentlich angenommen wurde, sondern sei eine Folge des Landesausbaus, der Begründung und Erweiterung eigener Herrschaft gewesen. Das ist im großen und ganzen wohl richtig. Landesausbau und gesellschaftlicher Wandel hatten in jener Zeit den Mächtigen im Reich genügend Chancen geboten, neue Herrschaftsformen und Rechtspositionen zu begründen wie auch – bei der häufigen Abwesenheit der Kaiser – königliche Rechte gleichsam in Stellvertretung auszuüben. Gerade deshalb wäre es aber falsch, zu meinen, daß die in der Privilegienzusicherung Friedrichs II. dokumentierte Verschiebung des Verhältnisses von Königtum und Fürsten nur vorübergehend gedacht war und einfach revisibel gewesen wäre. Auch diese Ansicht wird vertreten. Zu ihrer Begründung wird darauf hingewiesen, daß

Friedrich II. sich durchaus noch als Herrscher über Deutschland gefühlt habe, dies auch im großen ›Mainzer Landfrieden‹ zur Ordnung der Verhältnisse in Deutschland 1235 bekundet habe, dem ersten Gesetz, das auch in deutscher Sprache publiziert wurde, und daß er z. B. die erledigten Lehen Österreich und Steiermark nicht wieder ausgegeben, sondern der Verwaltung von Generalkapitänen unterstellt habe. An diese Feststellungen wird die Vermutung geknüpft, er hätte nach der in der Tat spektakulären Umwandlung seiner sizilianischen Erblande in einen modernen Beamtenstaat (in den Konstitutionen von Melfi 1231) ähnliches auch in Deutschland erreichen wollen und können. Diese Ansicht übersieht jedoch, daß sich in Deutschland, nicht zuletzt wegen der langen Abwesenheit der Kaiser, die fürstliche Herrschaft fest etabliert hatte und etablieren mußte; denn wie anders als durch sie und die Ausübung ursprünglich königlicher Rechte durch die Fürsten hätte staatliche Ordnungspolitik damals in Deutschland betrieben werden können? Die durch den Landesausbau und die Abwesenheit der Kaiser eingetretene strukturelle Veränderung in der Herrschaft wäre wohl kaum einfach mit einem Schwertstreich oder mit diplomatischen Kniffen wieder rückgängig zu machen gewesen. Im übrigen wurde diese für das deutsche Reich so entscheidende Entwicklung durch das abrupte, mit dem Tode Friedrichs II. 1250 einsetzende Ende der Staufer besiegelt.

III.

Der Zusammenbruch der staufischen Politik in Italien (1254 Tod Konrads IV., 1268 Hinrichtung seines Sohnes Konradin auf dem Marktplatz von Neapel) beendete nicht nur die kaiserliche Herrschaft dort, sondern auch die imperialen Bestrebungen des Kaisertums überhaupt. Über das faktische Ende der mittelalterlichen Kaiserpolitik kann auch der Versuch ihrer Wiederaufnahme durch den Luxemburger Heinrich VII. und den Bayern Ludwig IV. im 14. Jahrhundert nicht hinwegtäuschen. Sie führte noch einmal zu Romzügen und zu einem letzten Streit zwischen Kaiser und Papst in einer Zeit, in der der mächtig gewordene Nachbarstaat Frankreich alle imperialen Ansätze längst hatte unrealistisch werden lassen und der große Gegenspieler des Kaisers, der Papst, sich bereits in französischer Botmäßigkeit befand. Die sog. »babylonische Gefangenschaft« der Kirche in Avignon (1309–1377) zeigt, daß der eigentliche Sieger im Kampf zwischen Kaiser- und Papsttum der aufstrebende Nationalstaat gewesen ist. Trotzdem haben die deutschen Könige den Kaisertitel nicht aufgegeben. Es kam auch später noch zu Krönungen in Rom (zuletzt 1452 die Friedrichs III.; die letzte Kaiserkrönung überhaupt war die Karls V. 1530 in Bologna), aber mehr und mehr beschränkte sich die Herrschaft der deutschen Kaiser-Könige fortan auf das *regnum Teutonicum,* d.h. auf ein Reich, das sie auch ohne besondere Krönung zum Kaiser, allein aufgrund ihrer Wahl zum deutschen König beherrschten und das daher nicht ohne Grund späterhin das »Heilige Römische Reich deutscher Nation« genannt worden ist.

Dem deutschen Königtum hat diese europolitisch erzwungene Beschränkung freilich keine Vorteile mehr gebracht, zu sehr ist es durch den Zusammenbruch der hybriden Stauferpolitik auf Dauer mitgenommen worden. Schon zu Lebzeiten Friedrichs II., seit 1246, war es zur Wahl von Gegenkönigen gekommen; im anschließenden »Interregnum« (1254–1273) setzte sich die Schwächung der Zentralgewalt mit der Wahl rivalisierender Kronprätendenten (Doppelkönigtum) und ausländischer Potentaten fort. Der Streit um das Königtum führte zu fortgesetzten Verlusten von Reichsgut, zu einer allgemeinen Erschütterung der königlichen Macht und zu einer folgenschweren Umorientierung des Verwaltungsstabes des Reiches, der Reichsministerialen, zu den immer mächtiger werdenden Landesherren. Auch wenn mit der Wahl Rudolfs von Habsburg 1273 wieder eine gewisse Stabilisierung eintrat und verlorengegangenes Reichsgut durch Revindikationen wiedergewonnen werden konnte, ließ sich die Macht des alten Königtums nicht mehr herstellen. Das machte schon der Übergang zum System der sog. »springenden Wahlen« seit 1254 unmöglich. Von den Kurfürsten wurden nunmehr Könige aus verschiedenen Häusern gewählt, um die Bildung einer neuen mächtigen Dynastie zu unterbinden. Konsequenterweise wurde jetzt auch deutlich zwischen dem Reichsgut und dem Hausgut des betreffenden Königs unterschieden und zeigten sich die Könige mehr an der Bildung einer Hausmacht, die sie vererben konnten, als an der Mehrung des Reiches interessiert. Auch erledigte Reichslehen wurden von ihnen zu diesem Zwecke vorzugsweise an Verwandte weitergegeben. So belehnte schon Rudolf I. seine Söhne mit Österreich und der Steiermark und begründete damit die für die weitere Verfassungsgeschichte Deutschlands bedeutsame Verbindung des Hauses Habsburg mit den österreichischen

Landen. Fortan blieb die Stärke des deutschen Königs davon abhängig, wie mächtig er als Landesherr war. Das Reich selbst bot nicht mehr Mittel genug, eine eigenständige Reichspolitik zu führen zumal in einer Zeit, in der die Ausübung staatlicher Macht finanziell immer aufwendiger wurde, wie die massenhaften Verpfändungen von Reichsgut (seine Veräußerung war seit 1281 an die Zustimmung der Kurfürsten gebunden), von Städten, Burgen und Ländern im 14. Jahrhundert bezeugen.

Im übrigen bedeutete diese Entwicklung keineswegs so etwas wie einen staatlichen Zusammenbruch Deutschlands. Dieser Eindruck mag entstehen, wenn man unzulässigerweise die Betrachtung ganz auf die Entwicklung des Kaisertums und das katastrophale Ende der Staufer in Italien richtet. Unbeschadet dessen schritt in Deutschland gerade damals die gesellschaftliche und (territorial-)staatliche Entwicklung voran, blühten Städte und Länder auf, gewann das Reich im Osten riesige Gebiete hinzu. Allerdings war nicht mehr das Königtum Träger und Nutznießer dieser Entfaltung von Macht und Reichtum. An seine Stelle traten die verschiedensten »Einungen«, Städte-, Ritter- und Fürstenbünde – Ausdruck der Tendenz zur Regulierung gesellschaftlicher Beziehungen nach dem genossenschaftlichen Prinzip, wie es damals gerade in den Städten und Dörfern auflebte. Diese Bündnisse, etwa der Städte, konnten, zum Teil vom König autorisiert, sogar als sog. Landfriedenseinungen den Landesschutz für die nicht vorhandene Reichsverwaltung übernehmen. Aber auch sie setzten sich nicht durch. Am Ende triumphierte über sie der territoriale Fürstenstaat.

Überblickt man die Entwicklung seit dem 11. Jahrhundert, so läßt sich durchaus von einer Modernisierung von Staat und Gesellschaft seit dem Hochmittelalter reden. Diese Modernisierung vollzog sich zunächst im »mittelalterlichen« Rahmen, durch Ausgestaltung des Lehnswesens und des Feudalismus überhaupt, mit Hilfe der Kirche und des Adels, unter einem dominanten Königtum und getragen von der Vorstellung einer fortdauernden Existenz des Römischen Reiches. Mit der Zeit aber wird deutlich, daß die alten Organisationsformen – zu denen auch das Stammesherzogtum gehörte – die Entwicklung nicht mehr tragen können; es kommt zu organisatorischen Neuansätzen, vor allem in den Städten, aber auch in den sich formierenden Territorien, zu einer Durchgestaltung der Herrschaft, zum Teil zu ihrer genossenschaftlichen Neubegründung und allgemein zu einer Herrschaftskonzentrationsbewegung bis hin zu der Idee eines universalen Kaisertums. So wird die Epoche des gesellschaftlichen Aufbruchs in ihrer zweiten Phase zugleich eine des Niedergangs der älteren Organisation, in Deutschland auch des Königtums. Es sind nicht der neue Konsensualismus, das Aufblühen des Mitbestimmungsprinzips und die genossenschaftliche Herrschaftsbegründung in den Einungen, die das Königtum schwächen, sondern dieses steht ihnen, in den Zusammenbruch der imperialen Kaiseridee hineingezogen, schon von vornherein geschwächt gegenüber. Zwar ging durch diese Entwicklung die Reichseinheit nicht verloren, doch war schon den Zeitgenossen, wie Philipp von Leiden 1355, klar, daß sich in Deutschland die Verhältnisse nunmehr von Grund auf geändert hatten und daß die Fürsten hierzulande jetzt mehr zu sagen hatten als ihr Herr, der König. Um die Mitte des 14. Jahrhunderts ist diese Entwicklung abgeschlossen – der Romzug Heinrichs VII. ist – dichterisch verklärt durch Dante – nur noch eine romantische Reminiszenz an vergangene Zeiten. Aber auch die Ära des gesellschaftlichen Aufbruchs ebbt ab, in Deutschland wie überhaupt in Europa. Es scheint, als habe das gesellschaftliche Wachstum um 1300 allmählich die Grenzen seiner Möglichkeiten erreicht. Klimaverschlechterung, Hungerepidemien in der stark vermehrten Bevölkerung, Seuchen, der »Schwarze Tod«, der in der Mitte des 14. Jahrhunderts durch Europa eilt, sie alle weisen auf das Ende einer Epoche hin. Die Bevölkerung schrumpft in Deutschland in jenen Jahrzehnten um etwa ein Drittel zusammen, zahlreiche Dörfer werden aufgegeben (sog. »Wüstungen«), die Ostsiedlung kommt zum Erliegen, die Preise für die Agrarprodukte fallen, und ihr Fall bedroht die Existenz von Bauern und Grundherren. Bauernunruhen und Unruhen in den Städten kommen auf, das Raubritterunwesen nimmt zu – kurz, es ist eine andere Welt, in die wir nunmehr eintreten, eine Welt, die neue Aufgaben an die Organisation der Gesellschaft stellt, eine weitere Intensivierung der staatlichen Tätigkeit erfordert und uns in die Epoche des modernen, bürokratisch organisierten Territorialstaates führt.

Allgemeines, Kontinuitätsfrage, germanische Ursprünge
Über die allgemeine Entwicklung Deutschlands im Mittelalter unterrichten JOSEF FLECKENSTEIN, Grundlagen und Beginn der deutschen Geschichte. 3. Aufl. Göttingen 1988, HORST FUHRMANN, Deutsche Geschichte im hohen Mittelalter von der Mitte des 11. bis zum Ende des 12. Jahrhunderts. 2. Aufl. Göttingen 1983 und JOACHIM LEUSCHNER, Deutschland im späten Mittelalter. 2. Aufl. Göttingen 1983. Umfangreicher sind die Darstellungen von FRIEDRICH PRINZ, Grundlagen und Anfänge Deutschlands bis 1056. München 1985 und von ALFRED HAVERKAMP, Aufbruch und Gestaltung Deutschlands 1056–1273. München 1984. (Dazu demnächst: PETER MORAW, Wahlreich und Territorien. Deutschland 1273–1500). Einen europäischen Überblick gibt jetzt HERMANN JAKOBS, Kirchenreform und Hochmittelalter: 1046–1215. München 1984. Für die Entwicklung der Staatsverfassung ist das klassische, vergleichend angelegte Werk von HEINRICH MITTEIS, Der Staat des hohen Mittelalters. 11. Aufl. Darmstadt 1986, zu Rate zu ziehen.

Die älteren verfassungsgeschichtlichen Auffassungen über die germanische Gemeinfreiheit, den fränkischen Feudalismus und die Feudalisierung des deutschen Staatswesens schildert ERNST-WOLFGANG BÖCKENFÖRDE, Die deutsche verfassungsgeschichtliche Forschung im 19. Jahrhundert. Zeitgebundene Fragestellungen und Leitbilder. Berlin 1961. Wichtige Beiträge zur neueren Sichtweise über die germanische und mittelalterliche Adelsherrschaft und die moderne Staatsbildung durch Landesausbau im Hochmittelalter sind gesammelt von HELLMUT KÄMPF (Hrsg.), Herrschaft und Staat im Mittelalter. Darmstadt 1956; vgl. darin insbesondere den eine neue Sicht der germanischen Gesellschaft eröffnenden Aufsatz von HEINRICH DANNENBAUER, Adel, Burg und Herrschaft bei den Germanen (1941), und die Ausführungen von THEODOR MAYER, Die Ausbildung der Grundlagen des modernen deutschen Staates im hohen Mittelalter (1939). Vor allem die Arbeiten Theodor Mayers sind für die neuere verfassungsgeschichtliche Interpretation des älteren deutschen Reiches wegweisend gewesen; außer der angegebenen Arbeit sind zu nennen: Geschichtliche Grundlagen der deutschen Verfassung. Gießen 1933, und: Der Wandel unseres Bildes vom Mittelalter. In: Blätter für deutsche Landesgeschichte 94 (1958), sowie der Sammelband: Mittelalterliche Studien. 3. Aufl. Sigmaringen 1972. Knapp und instruktiv behandelt die mittelalterliche Verfassungsentwicklung KARL SIEGFRIED BADER, Volk, Stamm, Territorium. In: Herrschaft und Staat, a. a. O. Eine moderne einführende Darstellung gibt jetzt ROLF SPRANDEL, Verfassung und Gesellschaft im Mittelalter. 3. Aufl. Paderborn 1988. Zur Entwicklung der Verfassungsgeschichtsschreibung zum Mittelalter vgl. auch FRANTISEK GRAUS, Verfassungsgeschichte des Mittelalters, HZ 243, 1986.

Die Frage der *Tradierung* antiker Institutionen und Vorstellungen wurde zunächst als Problem römischer Kontinuität in der Wirtschaftsgeschichte behandelt von ALFONS DOPSCH, Die Wirtschaftsentwicklung der Karolingerzeit vornehmlich in Deutschland. 2 Bände, Weimar 1912–13, ND 1962. Zu der sich daran anschließenden Diskussion vgl. die Aufsatzsammlung von PAUL EGON HÜBINGER (Hrsg.), Kulturbruch und Kulturkontinuität im Übergang von der Antike zum Mittelalter. Darmstadt 1968.

Die Frage der *germanischen Kontinuität* ist formuliert worden von OTTO HÖFLER, Das germanische Kontinuitätsproblem. In: HZ 157 (1938); s. jetzt KARL BOSL, Die germanische Kontinuität im deutschen Mittelalter. In: ders., Frühformen der Gesellschaft im mittelalterlichen Europa. München, Wien 1964.

Speziell zum germanischen Königtum und zur Tradierung damit zusammenhängender Vorstellungen vgl. die Literaturangaben bei KARL BOSL, Staat, Gesellschaft, Wirtschaft im deutschen Mittelalter (Gebhardt, Handbuch der deutschen Geschichte, Band 1; Band 7 der Taschenbuchausgabe), und die Aufsätze von OTTO HÖFLER und WALTER SCHLESINGER in: Das Königtum. Seine geistigen und rechtlichen Grundlagen. Vorträge und Forschungen, Bd. 3, 4. Aufl. Sigmaringen 1973. Kritisch zur sakralen Grundlage des Königtums KLAUS VON SEE, Kontinuitätstheorie und Sakraltheorie in der Germanenforschung. Antwort an Otto Höfler, Frankfurt 1972.

Über die *Germanen* selbst informieren zusammenfassend GERD TELLENBACH in der Saeculum Weltgeschichte. Band 4, Freiburg, Basel, Wien 1967 und RAFAEL VON USLAR, Die Germanen vom 1.–4. Jahrhundert nach Christus. Stuttgart 1980. Zur germanischen Stammesbildung und zum keltischen Einfluß vgl. REINHARD WENSKUS, Stammesbildung und Verfassung. Das Werden der frühmittelalterlichen gentes. Köln, Graz 1961.

Zur *fränkischen Tradition* vgl. GERD TELLENBACH, Von der Tradition des fränkischen Reichs in der deutschen und französischen Geschichte des hohen Mittelalters. In: THEODOR MAYER (Hrsg.), Der Vertrag von Verdun. Leipzig 1943. Zur Bildung der Stammesherzogtümer s. ebenfalls GERD TELLENBACH, Königtum und Stämme in der Werdezeit des deutschen Reichs. Weimar 1939.

Reichskirchensystem, Investiturstreit, Staat und Kirche

Einen knappen Überblick über das ottonisch-salische Reichskirchensystem und seine Probleme gibt LEO SANTIFALLER, Zur Geschichte des ottonisch-salischen Reichskirchensystems. 2. Aufl. Wien 1964; s. jetzt ALBRECHT GRAF FINCK VON FINCKENSTEIN, Bischof und Reich. Untersuchungen zum Integrationsprozeß des ottonisch-salischen Reiches (919–1056). Sigmaringen 1989, sowie HERBERT ZIELINSKI, Der Reichsepiskopat in spätottonischer und salischer Zeit 1002–1125, Wiesbaden 1984. Die Frage der Kirchenreform behandelt allgemein FRIEDrich Kempf, Die Kirche im Zeitalter der Gregorianischen Reform. In: Handbuch der Kirchengeschichte, hrsg. von Hubert Jedin, Band 3, 2. Aufl., Freiburg, Basel, Wien 1973. Grundlegend auch Gerd Tellenbach, Libertas. Kirche und Weltordnung im Zeitalter des Investiturstreits. Stuttgart 1936, sowie ders., Die westliche Kirche vom 10. bis zum frühen 12. Jahrhundert. Göttingen 1988.

Zum *Investiturstreit* speziell vgl. Josef Fleckenstein (Hrsg.), Investiturstreit und Reichsverfassung. Vorträge und Forschungen, Band 17, Sigmaringen 1973, und Uta-Renate Blumenthal, Der Investiturstreit. Stuttgart 1982.

Allgemeine Angaben über das Verhältnis von *Staat und Kirche* machen Walter Peter Fuchs (Hrsg.), Staat und Kirche im Wandel der Jahrhunderte. Stuttgart u. a. 1966, sowie Heribert Raab (Hrsg.), Kirche und Staat. Von der Mitte des 15. Jahrhunderts bis zur Gegenwart. München 1966. Die Organisation der geistlichen Orden schildert Leo Moulin, Le monde vivant des religieux. Paris 1964.

Gesellschaftlicher Wandel, Landesausbau, Städtewesen

In den letzten Jahrzehnten ist das Phänomen des Landesausbaus und des damit zusammenhängenden gesellschaftlichen Wandels im Hochmittelalter auch von der Verfassungsgeschichte stärker berücksichtigt worden. Allgemeines über den gesellschaftlichen Wandel im Mittelalter ist zu entnehmen Karl Bosl, Europa im Aufbruch. Herrschaft – Gesellschaft – Kultur vom 10. bis zum 14. Jahrhundert. München 1980, sowie Richard William Southern, Gestaltende Kräfte des Mittelalters. Das Abendland im 11. und 12. Jahrhundert. Stuttgart 1960; vgl. auch die klassische Darstellung von Charles H. Haskins, The Renaissance of the Twelfth Century. Cambridge/Mass. 1979. Über geistig-kulturelle Erscheinungsformen im Mittelalter unterrichtet Arno Borst, Lebensformen im Mittelalter, Frankfurt a. M. 1987, und ders. (Hrsg.), Das Rittertum im Mittelalter. Darmstadt 1976. Die klassische Darstellung des sich im Hochmittelalter abzeichnenden genossenschaftlichen Organisationsprinzips und des Einungswesens ist die von Otto von Gierke, Das deutsche Genossenschaftsrecht. Band 1, Berlin 1868, ND 1954.

Die verfassungsgeschichtliche Bedeutung des mittelalterlichen *Landesausbaus* stellte zuerst heraus Theodor Mayer, Geschichtliche Grundlagen der deutschen Verfassung. Gießen 1933; den Ertrag der Forschung faßte zusammen Karl Siegfried Bader, Volk, Stamm, Territorium (1953). In: Herrschaft und Staat, a. a. O.

Speziell zur *Ostsiedlung* (so der heute bevorzugte Ausdruck gegenüber dem mißverständlichen »Ostkolonisation«) s. neuestens Charles Higounet, Die deutsche Ostsiedlung im Mittelalter. Berlin 1986 und München 1990.

Zum mittelalterlichen *Städtewesen*, das die Wirtschaft und das Verfassungsleben in Europa in kaum zu überschätzender Weise, vor allem im Übergang vom Spätmittelalter zur Neuzeit, beeinflußt hat, vgl. Hans Planitz, Die deutsche Stadt im Mittelalter von der Römerzeit bis zu den Zunftkämpfen. 4. Aufl. Wien 1975. Einen europäischen Überblick gibt Edith Ennen, Die europäische Stadt des Mittelalters. 4. Aufl. Göttingen 1987. Vgl. auch die Aufsatzsammlung von Carl Haase (Hrsg.), Die Stadt des Mittelalters. 3 Bände, 2. bzw. 3. Aufl. Darmstadt 1976–78, und den neueren Sammelband von Hans Patze (Hrsg.), Stadtgründung und Stadtrecht. Vorträge und Forschungen, Band 23, Sigmaringen 1977, sowie Heinz Stoob (Hrsg.), Forschungen zum Städtewesen in Europa. Band 1, Köln, Wien 1970 und ders. (Hrsg.), Altständisches Bürgertum, 3 Bde. Darmstadt 1978–1989. Zum Spätmittelalter vgl. Hartmut Boockmann, Die Stadt im späteren Mittelalter. München 1986, und Eberhard Isenmann, Die deutsche Stadt im Spätmittelalter. Stuttgart 1988.

Zum *Dorf* und zur Landgemeinde s. Karl Siegfried Bader, Studien zur Rechtsgeschichte des mittelalterlichen Dorfes. 3 Bände, Weimar 1957–73; und: Die Anfänge der Landgemeinde und ihr Wesen, Vorträge und Forschungen, Band 7 u. 8, Sigmaringen 1964.

Verfassungsentwicklung, staufische Reichsreform

Zum Verhältnis des gesellschaftlichen Wandels, insbesondere des Landesausbaus, zur Staatsentwicklung s. die oben angegebenen Abhandlungen von Theodor Mayer, Die Ausbildung der Grundlagen des modernen deutschen Staates im hohen Mittelalter (1939) und Karl Siegfried Bader, Volk, Stamm, Territorium (1953), beide jetzt in: Herrschaft und Staat im Mittelalter, a. a. O.

Speziell zum *Landfrieden* und zur Landfriedensgesetzgebung sind zu nennen Hartmut Hoffmann, Gottesfrieden und Treuga Dei. Stuttgart 1964; Joachim Gernhuber, Die Landfriedensbewegung in Deutschland bis zum Mainzer Landfrieden von 1235. Bonn 1952, sowie Heinz Angermeier, Landfriedenspolitik und Landfriedensgesetzgebung unter den Staufern. In: Probleme um Friedrich II. Vorträge und Forschungen, Band 16, Sigmaringen 1974. Zum Wandel in der Gerichtsbarkeit s. Hans Hirsch, Die hohe Gerichtsbarkeit im deutschen Mittelalter. 2. Aufl. Köln, Graz 1958 (mit Nachwort von Theodor Mayer). Über die weitere Entwicklung unterrichtet Heinz Angermeier, Königtum und Landfriede im deutschen Spätmittelalter. München 1966; s. dazu auch Götz Landwehr, Königtum und Landfrieden. In: Der Staat 7 (1968).

Auf die *Staatsreform der Staufer* machte schon 1913 Otto von Dungern in der FS für Ernst Zitelmann aufmerksam. Eine problematische Einschätzung der Stauferpolitik enthält Friedrich Heer, Aufgang Europas. Eine Studie zu den Zusammenhängen zwischen politischer Religiosität, Frömmigkeitsstil und dem Werden Europas im 12. Jahrhundert. Wien, Zürich 1949, Kommentarband 1950. Vgl. dazu die Rezension von Theodor Mayer in: HZ 171 (1951); s. auch Karl

Bosl, Kaiser Friedrich Barbarossa. Reaktionär oder Staatsmann? In: ders., Mensch und Gesellschaft in der Geschichte Europas. München 1972. Instruktiv zum Wandel in jener Zeit ist Albert Brackmann, Die Wandlung der Staatsanschauungen im Zeitalter Kaiser Friedrichs I. In: HZ 145 (1932), und in ders., Gesammelte Aufsätze. Weimar 1941.

Speziell zur *Reichsministerialität* hat Untersuchungen vorgelegt Karl Bosl, Die Reichsministerialität der Salier und Staufer. Ein Beitrag zur Geschichte des hochmittelalterlichen deutschen Volkes, Staates und Reiches. 2 Bände, Stuttgart 1950/51, ND 1967/69; dazu knapper ders., Die Reichsministerialität als Element der mittelalterlichen deutschen Staatsverfassung im Zeitalter der Salier und Staufer (1943). In: ders., Frühformen der Gesellschaft im mittelalterlichen Europa. München, Wien 1964.

Sehr instruktiv für die Stauferzeit ist auch der vierbändige Katalog der Stuttgarter Stauferausstellung von 1977.

Kaisertum

Die *Italien- und Kaiserpolitik* der deutschen Könige wird unterschiedlich beurteilt seit dem berühmten Streit der Historiker Sybel und Ficker darüber; s. dazu: Universalstaat oder Nationalstaat. Die Streitschriften von H. v. Sybel und J.v. Ficker zur deutschen Kaiserpolitik des Mittelalters, hrsg. von Franz Schneider. Innsbruck 1941. Vgl. auch die Stellungnahme von Friedrich Heer, Die Tragödie des Heiligen Reiches. Stuttgart 1952 (mit Kommentarband) und die Rezension von Theodor Mayer in HZ 178 (1954); s. jetzt auch Alfred Haverkamp, Herrschaftsformen der Frühstaufer in Reichsitalien. 2 Bände, Stuttgart 1970–71.

Einen allgemeinen Umriß gibt Friedrich Kempf, Das mittelalterliche Kaisertum. In: Königtum. Seine geistigen und rechtlichen Grundlagen. Vorträge und Forschungen, Bd. 3, 4. Aufl. Sigmaringen 1973. Das Verhältnis zu Byzanz erörtert Werner Ohnsorge, Abendland und Byzanz. Gesammelte Aufsätze zur Geschichte der byzantinisch-abendländischen Beziehungen und des Kaisertums. Weimar 1958, ND 1979; ders., Konstantinopel und der Okzident. Gesammelte Aufsätze zur Geschichte der byzantinisch-abendländischen Beziehungen und des Kaisertums. Darmstadt 1966.

Die *Nationalstaaten und das Reich* behandelt Friedrich August von der Heydte, Die Geburtsstunde des souveränen Staates. Regensburg 1952 (mit problematischer Sicht des Römischen Reiches); vgl. dazu die Rezension von Hermann Heimpel in: Göttingische Gelehrte Anzeigen 208 (1954).

Über das Verhältnis von *Kaisertum und Papsttum* unterrichten das Handbuch der Kirchengeschichte, hrsg. von Hubert Jedin, Bd. 3, 2. Aufl. Freiburg u.a. 1973, sowie Percy Ernst Schramm, Kaiser, Rom und Renovatio. Studien und Texte des römischen Erneuerungsgedankens vom Ende des karolingischen Reiches bis zum Investiturstreit.

2 Bände, Berlin, Leipzig 1929, und WALTER ULLMANN, The Growth of the Papal Government in the Middle Ages. 3. Aufl. London 1970, deutsch: Die Machtstellung der Päpste im Mittelalter. Graz, Wien, Köln 1960.

Zu den *Kreuzzügen* s. HANS EBERHARD MAYER, Geschichte der Kreuzzüge. 7. Aufl. Stuttgart 1986.

Zur *Ideenwelt des Römischen Reiches* vgl. die Studien von WERNER GOETZ, Translatio imperii. Ein Beitrag zur Geschichte des Geschichtsdenkens und der politischen Theorien im Mittelalter und in der frühen Neuzeit. Tübingen 1958, und GOTTFRIED KOCH, Auf dem Wege zum Sacrum Imperium. Studien zur ideologischen Herrschaftsausübung der deutschen Zentralgewalt im 11. und 12. Jahrhundert. Wien, Köln, Graz 1972, sowie ders., Sacrum Imperium. Bemerkungen zur Herausbildung der staufischen Herrschaftsideologie. In: ZfG 16 (1968). Zum Kaiserrecht s. HERMANN KRAUSE, Kaiserrecht und Rezeption. Heidelberg 1952.

Über *Friedrich II.* und seine modern anmutende Politik unterrichten die Sammelbände von GUNTER WOLF (Hrsg.), Stupor Mundi. 3. Aufl. Darmstadt 1982, und JOSEF FLECKENSTEIN (Hrsg.), Probleme um Friedrich II., Vorträge und Forschungen, Band 16, Sigmaringen 1974. Speziell zum Verfassungswerk Friedrichs II.: Die Konstitutionen Friedrich II. von Hohenstaufen für sein Königreich Sizilien, hrsg. und übersetzt von HERMANN CONRAD u. a., Köln 1973. Zur Bedeutung der Privilegien des 13. Jahrhunderts vgl. ERICH KLINGELHÖFER, Die Reichsgesetze von 1220, 1231/32 und 1235. Weimar 1955.

Zweiter Teil
Das Reich und die Territorien
Spätmittelalter und frühe Neuzeit

4. Kapitel
Der frühmoderne Territorialstaat

1. Staat – (früh-)moderner Staat – Territorialstaat

I.

Wenn wir die mittelalterlichen Verhältnisse verlassen und uns dem modernen Staat zuwenden, treten wir in eine andere Welt. Anstatt der Unklarheiten und Herrschaftsvielfalt, der Mühsal, einen verbindlichen politischen Willen zu bilden und ihn durchzusetzen, finden wir nunmehr eine einzige und einheitliche Staatsgewalt, die sich über ein klar begrenztes Staatsgebiet und einen bestimmten Personenkreis von Staatsangehörigen (Staatsbürgern oder Untertanen) erhebt, eine Staatsgewalt, die keine andere selbständige Macht neben sich duldet, sondern das Monopol legitimer Gewaltanwendung beansprucht, eine Gewalt, von der die Gesellschaften zentral gesteuert werden mit Gesetzen, d. h. mit allgemeinverbindlichen Regeln, die grundsätzlich für das gesamte Staatsgebiet und für alle Staatsangehörigen gelten und die damit eine auch rechtliche Einheit des Staates statuieren. Die sich hier abzeichnende Integrationsleistung wird bewirkt durch einen aus der privaten, gesellschaftlichen Sphäre herausgenommenen (ausdifferenzierten) Staatsapparat, der rational organisiert, nach bestimmten Funktionen gegliedert (binnendifferenziert) und hierarchisch strukturiert ist, so daß seine zentrale Leitung »von oben« möglich wird.

Die so institutionalisierte Staatsgewalt ist technisch in der Lage, eine Gesellschaft mit ihren Anordnungen vollkommen zu durchdringen, zumal wenn ihr eine Unterordnungsbereitschaft, ein neuartiges Staats- oder Nationalbewußtsein entgegenkommt. Als institutionalisierte ist die Staatsgewalt gleichzeitig verrechtlicht in einem Netz von Kompetenzregeln. Modernstaatliche Herrschaft ist nicht mehr personalisiert, es ist im Prinzip sogar gleichgültig, wer sie ausübt, wer »regiert«; es muß das nicht notwendigerweise ein Monarch mehr sein. Man hat daher – durchaus sinnvoll – frühe Gebilde dieser Art, in denen staatliche Herrschaft vom Gebiet her definiert und fest eingerichtet wurde, als »institutionellen Flächenstaat« bezeichnet und dem vorangehenden »Personenverbandsstaat« gegenübergestellt.

Aber auch im modernen Staat finden Mitbestimmung und Selbstverwaltung statt. Es wäre verkehrt, ihn nur durch das Phänomen der Bürokratie und der penetranten Staatsgewalt charakterisieren zu wollen. Die Sphären der Mitbestimmung und Selbstverwaltung erscheinen jetzt ebenfalls fest institutionalisiert, und sie können sowohl im Hinblick auf ihre Gegenstände als auch im Hinblick auf den Personenkreis erweitert sein (demokratische Mitbestimmung, lokale Selbstverwaltung, Privatautonomie, Tarifhoheit der sog. Tarifpartner usw.). Sie sind aber stets eingeordnet in den staatlichen Rahmen; legitime gesellschaftliche Eigenmacht gilt nunmehr als staatlich »gewährt« oder »zugelassen« (»anerkannt«), so sehr auch im modernen Staat gesellschaftliche Macht faktisch eigenständig und ihrerseits wiederum die staatliche Gewalt beherrschend auftreten mag. In seiner idealen Konzeption und heute wohl auch in seinen technischen Möglichkeiten ist der moderne Staat ein Staat der potentiell umfassenden Reglementierung, was die Staatslehre insbesondere des 19. Jahrhunderts zu der beunruhigenden Frage veranlaßte, wo denn wohl die »Grenzen der Staatsgewalt« lägen.

Es nimmt nicht wunder, daß angesichts dieser neuen Phänomene staatlicher Herrschaftseinheit und Rechtsetzung, der Bürokratie und eines allgemeinen Untertanenverbandes, manche Theoretiker dazu neigen, den Ausdruck »Staat« (lat. *status*) nur auf Gebilde solcher Art zu beziehen, zumal die Bezeichnung selbst erst im Laufe der frühen Neuzeit die uns heute vertraute Bedeutung annahm und auf die modernen Staatswesen dieser Zeit angewandt wurde. Für diese Beschränkung, diese engere Definition, spricht einiges, und sie beugt der Gefahr vor, daß man sich mittelalterliche Reiche nach Art moderner Staaten vorstellt. Andererseits ruft der so reduzierte Staatsbegriff den Eindruck einer schroffen Entgegensetzung mittelalterlicher und moderner Gemeinwesen hervor. Es wird dann leicht übersehen, daß auch das Mittelalter eine staatliche Vorstellungsweise besaß, ausgedrückt in der Existenz politischer Institutionen, im Amtscharakter öffentlicher Herrschaft und in der Transpersonalität der Staatsauffassung, und daß es durchaus nicht einfach in eine Reihe konkurrierender und voneinander abhängiger Privatherrschaften zerfiel. Darüber hinaus kann der reduzierte Staatsbegriff dazu verführen, die allmähliche Entfaltung moderner Staatlichkeit aus mittelalterlichen Verhältnissen zu vernachlässigen. Viele moderne Phänomene, wie z. B. die Bürokratie, entwickeln sich ja nur langsam und sind durchaus nicht sofort in der uns vertrauten Form vorhanden. Manches Mittelalterliche wird andererseits ebenfalls nur langsam abgebaut und tritt erst allmählich in seiner Bedeutung zurück, wie das Lehnswesen. Nimmt man z. B. die Existenz des Lehnswesens und die Patrimonialgerichtsbarkeit als Kriterien vormoderner Staatlichkeit, dann sind diese erst im 19. Jahrhundert vollkommen verschwunden; denn erst in jener Zeit ist der Staat im engeren Sinne vorhanden, d. h. ironischerweise dann, wenn er nach Ansicht mancher Theoretiker durch seine damals einsetzende »Vergesellschaftung«, lies: Demokratisierung, schon wieder aufgehoben wird. Nach diesem Verständnis gibt es am Ende nur ein Idealbild eigentlicher Staatlichkeit, der die historische Realität zu keiner Zeit entspricht.

Um diese Schwierigkeiten zu vermeiden, bleiben wir beim weiten Staatsbegriff der Allgemeinen Staatslehre und beziehen auch mittelalterliche Reiche darin ein, unterscheiden davon den »modernen Staat« und unterteilen diesen, um seinen Entwicklungsstufen gerecht zu werden, in den »frühmodernen Staat« (Oestreich) und den »Verfassungsstaat«. Unter »Staat« im weiteren Sinne verstehen wir, wie schon eingangs ausgeführt wurde, hier aber noch einmal zu wiederholen ist, alle Gesellschaftsformationen, die über dauerhafte und kontinuierlich wirksame Institutionen zu ihrer Steuerung (über eine »politische« Sphäre) verfügen und ihre Binnenbeziehungen sowie ihr Verhältnis nach außen nicht mehr gewohnheitsmäßig-selbstverständlich regulieren. Von einem »modernen Staat« sprechen wir, wenn die Steuerung von einem besonderen Staatsapparat erbracht wird, durch Setzung allgemeiner und vor allem neuer Anordnungen (Gesetze), die mit Hilfe einer Bürokratie unter prinzipieller Ausschaltung eigenständiger Herrschaftsgewalten exekutiert werden. Der »frühmoderne Staat« ist für uns derjenige, in dem vormoderne Organisationsformen wie z. B. das Lehnswesen, noch vorhanden sind, aber nicht mehr dominieren, sondern charakteristische Züge des modernen Staates, Bürokratie und Beamtenschaft, bestimmend hervortreten, wo staatliche Tätigkeit intensiviert und stärker institutionalisiert wird und sich insbesondere Tendenzen zu einer umfassenden Reglementierung gesellschaftlicher Beziehungen durch Gesetz abzeichnen – zugleich aber immer noch ältere, eigenständige lokale Gewalten, zu Ständen formiert, die staatlichen Belange mitbestimmen und mitverwalten.

Der frühmoderne Staat ist in der Regel »Ständestaat«, d. h. ein Gebilde, in dem eigenständige Herrengewalten einer fürstlich repräsentierten Zentralgewalt gegenübertreten und mit dieser zusammen ein eigentümlich »dualistisches« Staatswesen formieren. Im Gegensatz dazu definieren wir den hochmodernen oder »Verfassungsstaat«, wie er im 19. Jahrhundert auftritt, als ein Gemeinwesen, das Überbleibsel der Vormoderne völlig abgestreift hat (z. B. durch Allodifikation der Lehen und durch Aufhebung der Patrimonialgerichtsbarkeit) und das die Staatsgewalt institutionell einzufassen versucht durch ihre Teilung und Begrenzung (»Verfassung« im verfassungsstaatlichen Sinne) – bei gleichzeitigem Ausbau des Staatsapparates, dessen technische Leistungsfähigkeit erhöht wird, dessen Tätigkeit zunimmt und sich auch auf bisher staatsfremde Gebiete erweitert, und dessen Mitbestimmungssphäre durch Parlamente und Parteien organisiert ist. Von diesem Verfassungsstaat wird im Dritten Teil (Band 2) die Rede sein.

II.

Insoweit die Integration der alten, regional aufgefächerten Gesellschaft zu einem modernen Staat mit Hilfe eines spezifischen Zusammengehörigkeitsgefühls, in der Regel durch eine gemeinsame (Hoch-) Sprache und eine von einer repräsentativen Schicht getragene gemeinsame Kultur geleistet wird, sprechen wir von einem »Nationalstaat«. Die Erscheinungsform des Nationalstaates ist typisch für den modernen europäischen Staat. Anders dagegen in Deutschland. Hier existiert während der Ausbildung der europäischen Nationalstaaten weiterhin das vormoderne »Römische Reich«, wenn auch seit Beginn der Neuzeit mit dem charakteristischen, der neuen Integrationsweise ihren Tribut zollenden Zusatz »deutscher Nation«. Aber es ist nicht das Reich, das die staatliche Modernisierung zuwege bringt; diese findet in Deutschland nicht auf nationaler Ebene statt, sondern in regionalen Gebietseinheiten, den sog. »Territorien«. Der frühmoderne Staat tritt in Deutschland als »Territorialstaat« in Erscheinung. Auch er kann nationale Eigentümlichkeiten aufweisen: Man kann sich als »Preuße«, »Hesse« oder »Badener« fühlen, also nicht mehr nach den alten Stammeszugehörigkeiten definieren, sondern nach irgendwann und irgendwie entstandenen Territorien; aber es ist doch immer auch das Bewußtsein, zur deutschen Nation zu gehören, was diese kleineren – manchmal auch stärkeren – Nationalgefühle überwölbt.

In einem weiteren Sinne sind alle modernen europäischen Staaten Territorialstaaten, keine Stadtstaaten oder Großreiche, Imperien; denn in der Vorstellung des Nationalstaates liegt im Gegensatz zum Vielvölkerstaat nicht nur die Idee einer Volkseinheit, sondern auch die Vorstellung seiner räumlichen Begrenztheit. Selbst als im 19. Jahrhundert von Europa aus »Kolonialreiche« gegründet wurden, basierten diese Gebilde auf der Unterscheidung von Mutterland und Kolonien und stellten nicht einfach gebietsmäßige Erweiterungen des Ausgangsstaates dar. Für das frühneuzeitliche Deutschland besagt die Bezeichnung »Territorialstaat« jedoch mehr; sie verweist auf die weiterhin bestehende Einordnung der neuen staatlichen Gebilde in das Reich. Die deutschen Territorialstaaten besitzen keine völlige Unabhängigkeit; sie sind meist Reichslehen, haben Pflichten gegenüber dem Reich, müssen z. B. Reichsgesetze ausführen, Verteidigungsmaßnahmen übernehmen und Steuern abführen. Auch können bei internen Streitigkeiten die Reichsgerichte angerufen werden. Aber – und das ist für unsere Betrachtung das Entscheidende – Träger der staatlichen Modernisierung, der Verfassungsentwicklung, sind sie und nicht das Reich.

Um die Struktur dieser deutschen Territorialstaaten geht es im weiteren. Wir haben dabei ihre frühmoderne Ausprägung im Auge, werden aber auch die hochmoderne Staatsentwicklung zur Verdeutlichung des Neuen miteinbeziehen. Im einzelnen sind zu diskutieren

– die Raumbezogenheit staatlicher Herrschaft und die Herausbildung von Obrigkeit und Untertanschaft,
– die genossenschaftliche und die herrschaftliche Variante des frühmodernen Staates,
– die Stellung und Legitimation des Fürsten im Territorialstaat und die Entwicklung eines modernen Staatsverständnisses,
– die Gesetzgebung als typisches Steuerungsmittel des modernen Staates,
– die geistigen, technischen, finanziellen und personellen Ressourcen des frühmodernen Staates, insbesondere der durch die Verbreitung der Geldwirtschaft bewirkte Übergang zur Besteuerung der Untertanen und zum besoldeten Staatsfunktionär (Beamter, Söldner),
– die damit zusammenhängende bürokratische Organisation des modernen Staates (im Gegensatz zur mittelalterlichen Lehnsverwaltung) und der Aufbau der frühmodernen Staatsorganisation,

– die Restriktionen, die einer Entfaltung fürstlicher Macht entgegenstehen, insbesondere die Bindung an die Stände im Ständestaat.

2. Zur politischen Struktur des frühmodernen Territorialstaates

I.

Nicht von ungefähr wird der (früh-)moderne Staat als »Territorialstaat« bezeichnet. Damit soll nicht nur seine Mittelstellung zwischen Stadtstaat und Großreich zum Ausdruck gebracht werden, vielmehr weist der Ausdruck auch darauf hin, daß der Raumaspekt der Herrschaft nunmehr zum primären Aspekt wird. Es ist seit dem Spätmittelalter und der frühen Neuzeit nicht mehr von Gebilden wie dem *regnum Francorum* oder *Teutonicorum* die Rede, sondern von »Landes-Herrschaft«, »Landesherrn« und vom »Landrecht« (im Gegensatz zum »Stammesrecht«). Natürlich ist Herrschaft auch jetzt noch Herrschaft über Personen, aber sie wird räumlich begründet (vgl. das Aufkommen des Ausdrucks »Grund-Herrschaft« in jener Zeit). Personen werden der Tendenz nach nicht mehr nach dem ihnen eigenen Recht, sondern nach dem des Landes, in dem sie sich befinden, behandelt (s. auch das *ius soli* im Staatsangehörigkeitsrecht, den Erwerb der Staatsangehörigkeit des Landes, in dem man geboren wird). Am Ende kann es sogar im Hinblick auf die Konfessionszugehörigkeit heißen: *cuius regio, eius religio.*

Die Raumbezogenheit der Herrschaft (die ihre Entsprechung in der Malerei hat) äußert sich nicht nur in ihrer räumlichen Begründung (Radizierung), sondern auch im Streben nach räumlicher Arrondierung. Durchweg ist die Tendenz erkennbar, ererbte, erheiratete oder sonstwie erworbene Herrschaftssprengel miteinander zu einer weder durch Gebiete fremder Herrscher noch durch Rechte anderer durchbrochenen, impermeablen Raumeinheit zu verbinden und diese kräftig auszuweiten. Der Wunsch, ein *territorium clausum* zu besitzen, richtet sich nicht nur gegen fremde Enklaven im eigenen Staatsgebiet, sondern auch gegen die Teilung der Herrschaft mit anderen (Kondominat) und gegen *iura in territorio alieno,* d. h. Rechte, die jemand anders, etwa durch Zufälligkeiten der Vererbung, im Staatsgebiet besitzt: eine Gerichtsbarkeit, eine Kirchenhoheit oder eine Lehnsherrenstellung zu einem der Untertanen, wie sie sich früher aufgrund der möglichen Mehrfachvasallität hatte ergeben können.

Die Raumbezogenheit der Herrschaft wirkt also durchaus im Sinne einer Bereinigung und Vereinfachung der politischen Verhältnisse, dies nicht zuletzt aufgrund der Vermutungsregel: *quidquid est in territorio, est etiam de territorio*. Sie führt aber auch zu größeren Herrschaftseinheiten, z. B. im Streben nach räumlich definierten, sog. »natürlichen« Grenzen: Meeren, Flüssen oder Gebirgskämmen. Sie kann auf diese Weise sogar mit der nationalstaatlichen Betrachtungsweise, daß ein »Volk« das Recht habe, in einem Staat zusammenzuleben, in Konflikt geraten, wenn nämlich die »natürliche« Grenzziehung den Siedlungsraum eines Volkes überschreitet. Daß Grenzfragen für eine raumbezogene Politik eine entscheidende Rolle spielen, ist verständlich. Das klassische Beispiel dafür ist Frankreich in der frühen Neuzeit. Daß es in der Konsequenz davon zu strengen, linearen, sozusagen auf den Zentimeter berechneten Grenzziehungen zwischen den Staaten kommt, ist allerdings nicht nur Ausdruck einer bestimmten Rationalität, der sogar Breitengrade und Meridiane in Übersee zur Grenzbestimmung dienen können, sondern ergibt sich in Europa aus dem Bevölkerungswachstum und der sie begleitenden Herrschaftsverdichtung, die praktisch kein Niemandsland mehr kennt.

Die so verstandene territoriale Herrschaft hat eine allgemeine, herrschaftliche Erfassung der Bewohner im Lande zur Folge, da sie begrenzte selbständige Herrschaften im eigenen Raum nicht duldet. Alle werden zu Untertanen einer einzigen Staatsgewalt, der Obrigkeit. Zugleich verstärkt sich die vertikal-hierarchische Auffassung der sozialen Beziehungen im staatlichen Bereich. Es tritt deutlich die Idee des Befehls-Gehorsams-Verhältnisses gegenüber Vorstellungen, daß soziale Beziehungen gegenseitig verpflichten, in den Vordergrund. Ist im Spätmittelalter der »Untertan« *(subditus)* eines Fürsten noch derjenige, der in einer spezifischen Unterwerfungssituation zu diesem steht, etwa als Grundholder in einer dem Fürsten gehörenden Grundherrschaft, so werden ab dem 16. Jahrhundert alle, die dem vom Fürsten gelenkten Territorialstaat angehören, als »Untertanen« bezeichnet. Sie alle leisten dem Fürsten bei Regierungsantritt die Erbhuldigung, schwören ihm Treue und Gehorsam. Die Tendenz zur Verallgemeinerung und Nivellierung der Untertanenschaft unter der einen und einzigen Staatsgewalt, der »Obrigkeit«, wie es nunmehr heißt, ist offensichtlich.

II.

Für den Staatsbürger des 20. Jahrhunderts ist verständlicherweise der so begründete »Obrigkeitsstaat« zum Ausdruck einer undemokratischen und daher letztlich illegitimen Staatsgewalt geworden, ein Gebilde mit einer fatalen Fügsamkeit der Bürger gegenüber nicht von ihnen abgeleiteter Macht. Es ist aber zu bedenken, daß die Nivellierung althergekommener gesellschaftlicher Unterschiede zur gleichen Untertanenschaft vor der einen Staatsgewalt im 18. Jahrhundert den Weg zum allgemeinen und gleichen Staatsbürger des 19. Jahrhunderts erst ebnete, zu jenem Bürger, der, obwohl inzwischen zum demokratischen »Souverän« avanciert und politisch mitbestimmungsberechtigt, dennoch ein der Staatsgewalt Unterworfener bleibt, mit schmalen Spielräumen der Privatautonomie und gesellschaftlicher Selbstverwaltung. Wie sollte dies auch anders sein, wenn die Staatsgewalt nach wie vor offensichtlich der einzige verläßliche Garant gesellschaftlicher Ordnung ist? Weit entfernt davon, ein reaktionäres Prinzip zu vertreten, ist die »Obrigkeit« in der frühen Neuzeit Motor der Modernisierung. Sie schafft, manchmal mehr schlecht als recht und manchem unbequem, die Ordnung für eine sich von Grund auf wandelnde Welt, und sie garantiert diese Ordnung gegenüber allen eigenwilligen und eigensüchtigen Gewalten, den vielen Fehden und Friedensbrüchen, die sie nicht mehr duldet, wie auch gegenüber Fronden, Bürgerkriegen und Verbrechen.

Bemerkenswert dabei ist, daß der Gedanke einer obrigkeitlichen höchsten Gewalt, der sich alle unterzuordnen haben, die Idee der Souveränität (Bodin) und ihre technische Umsetzung in die Praxis durch den Apparat der Bürokratie, zwar nunmehr eine Monarchie im strengen Sinne der fürstlichen Alleinherrschaft – im Gegensatz zur beschränkten Königsherrschaft im Mittelalter – möglich macht, gleichzeitig aber auch andere, republikanische Herrschaften möglich werden, die sich ebenfalls der Figur der Souveränität, des bürokratischen Staatsapparates und moderner Herrschaftstechniken bedienen. Staaten, das sind in jener Zeit entweder Monarchien oder Republiken (Machiavelli). Aber »Obrigkeiten« sind sie alle, die Ratsversammlungen und Signorien der republikanischen Stadtstaaten, die Stände und Fürsten der Ständemonarchien mit ihrem bürokratischen Apparat, und es haben ihre Obrigkeit auch die beiden territorialen Republiken, die es neben den städtischen damals in Europa gibt, die niederländischen Generalstaaten und die Schweizer Eidgenossenschaft.

Freilich ist zu beachten, daß damals vor allem in den Schweizer Landsgemeinden eine genossenschaftliche Verfahrensweise geübt wird, die diese Aussage relativiert. Schon im vorangegangenen Kapitel haben wir gesehen, daß im Hochmittelalter in den Städten und auf dem Lande, in Schwurverbrüderungen und in Markgenossenschaften, die genossenschaftliche Regelung öffentlicher Angelegenheiten durch Gleichberechtigte durchaus üblich wird. Das ist ein neues Vorgehen bei der Regelung öffentlicher Dinge. Man hat deshalb, insbesondere in der Rechtsgeschichte, das genossenschaftliche Prinzip dem herrschaftlichen zuweilen als sich ausschließende Gegensätze gegenübergestellt. Im Extrem mag das zutreffen; eine monarchische, im ausgezeichneten Sinne »herrscherliche« Anordnung ist keine genossenschaftliche und umgekehrt. Tatsächlich gilt es aber auch hier zu differenzieren. Gewiß ist eine Anordnung, die gleichberechtigte Genossen einmütig treffen, keine herrschaftliche; denn Herrschaft setzt Unterwerfung voraus, jedenfalls, wenn wir sie (nach Max Weber) als Chance, für einen Befehl bei anderen Gehorsam zu finden, definieren. Verstehen wir sie so, dann mögen sich herrschaftliche Elemente aber auch in genossenschaftlichen Anordnungen finden, z. B. wenn eine genossenschaftliche Anordnung mehrheitlich zustande kam, und die Überstimmten sie nun, obwohl ihrem eigenen Willen widersprechend, hinzunehmen haben. Wir reden in diesen Fällen ganz korrekt und nicht nur metaphorisch von »Mehrheitsherrschaft« und bekunden damit zugleich, daß genossenschaftliche Verfahrensweisen und Herrschaft durchaus vereint sein können.

Das gilt, so scheint es, auch von »Genossenschaft« und »Obrigkeit«. Haben Genossen einen besonderen Apparat zum Erlaß allgemeiner Regelungen und ihrer Exekution geschaffen, werden die Regelungen mithin von Repräsentanten und nicht mehr von ihnen selbst getroffen und von anderen ausgeführt, und haben sich die Genossen dieser Verfahrensweise unterworfen, so taten sie es gegenüber einer Obrigkeit. Wir nennen diese Obrigkeit eine demokratisch eingesetzte und kontrollierte und das mag sie auch tatsächlich sein, dennoch bleibt sie eine Obrigkeit, die über Gewaltunterworfene herrscht. Die Freiwilligkeit der Unterwerfung ändert daran nichts. Auch die Demokratie ist eine Herrschaftsform, und sie kann – in diesem Sinne – eine Obrigkeit haben. Mit nicht gewünschter und nicht kontrollierbarer Fremdherrschaft hat das freilich nichts gemein, aber auf

Phänomene dieser Art sollte man, um falsche Vorstellungen zu vermeiden, die Begriffe von Herrschaft und Obrigkeit nicht reduzieren. »Obrigkeit« ist ein allgemeines Charakteristikum des modernen Staates. Im übrigen sind die territorialen Republiken der frühen Neuzeit, die Schweiz und die Niederlande, auch im zugespitzten Sinne der Fremdherrschaft »Obrigkeit« gewesen; denn zu beiden Staaten gehörten Länder, deren Bewohner nicht politisch mitbestimmten, sondern schlichtweg unterworfen, Untertanen waren (so in den »gemeinen Herrschaften« bzw. den »Generalitätslanden«).

III.

Moderne Staaten sind, so sagten wir, Monarchien oder Republiken, mit einer »Obrigkeit«, d.h. einem aus der gesellschaftlichen Umwelt ausdifferenzierten Lenkungsapparat. Interessanterweise finden wir in Deutschland, wenn wir von den Reichsstädten und einigen wenigen Bauernrepubliken absehen, nur fürstliche Territorialstaaten, keine politisch bedeutsamen republikanisch-genossenschaftlichen Gebilde. Der Fürstenstaat ist typisch für diese Epoche in Europa; Staat und *status principis* werden gelegentlich synonym gebraucht. Dabei verstehen wir unter »Fürsten« in diesem Zusammenhang alle gekrönten und Staatsgewalt ausübenden Häupter Europas, sie mögen Kaiser, Könige, Herzöge, Markgrafen, Fürstbischöfe oder sonst etwas sein. Sie alle einigte die Fähigkeit, »Landesherrschaft«, oder – wie man zeitgenössisch sagte – *superioritas territorialis* auszuüben. Im Ausland sind die Landesherren souverän, nicht aber in Deutschland, wo über ihnen noch der Kaiser thront.

Regierender Fürst wird man in den modernen Staaten auf dem Erbweg. Die frühmodernen Fürstenstaaten sind durchweg Erbmonarchien, mit Ausnahme der geistlichen Fürstentümer, in denen das Domkapitel den Nachfolger wählt. Die erbliche Legitimationsweise unterscheidet die Territorialstaaten vom Reich, das seit dem Spätmittelalter eine Wahlmonarchie im strengen Sinne ist. Sie führt dazu, daß nicht nur die Herrschaft im Lande, sondern sogar dieses selbst als väterliches Erbgut (lat. *patrimonium*, daher: Patrimonialstaat) gilt. Man kann darüber verfügen, es unter seine Erben verteilen, Stücke davon veräußern, verpfänden oder seiner Tochter als Mitgift mitgeben und sogar Landeskinder fremden kriegführenden Mächten als Soldaten vermieten.

Ihre Stütze hat diese Selbstherrlichkeit im Gottesgnadentum, der Herleitung der herrscherlichen Gewalt »von oben«, die den Fürsten hoch über seine Untertanen erhebt. Doch darf nicht übersehen werden, daß darin – wie im Mittelalter – nicht nur eine Bestärkung, sondern auch eine Bindung der fürstlichen Macht liegt. Insbesondere haben sich die reformierten Fürsten nach der Glaubensspaltung im 16. Jahrhundert häufig als »Amtmann Gottes« verstanden; der kirchliche Gedanke, daß auch Herrscher ein Amt haben und Pflichten zu erfüllen, daß ihre Herrschaft nicht Willkür bedeute, sondern in der Wahrnehmung bestimmter Aufgaben bestehe, ist allgemein verbreitet und wird in der Staatstheorie wie von den Fürsten selbst in den für ihr Staatsverständnis aufschlußreichen politischen Testamenten immer wieder erörtert.

Als Staatsaufgaben gelten nach wie vor die Sicherung des inneren Friedens und die Herstellung einer gerechten Ordnung, die allerdings den gesteigerten Regelungserfordernissen einer komplexer gewordenen Gesellschaft entsprechend sehr viel umfangreicher ist als früher. Sie umfaßt auch Regelungen des Wirtschaftslebens und der Gewerbe sowie polizeiliche Vorkehrungen aller Art. Deutlich kommt dabei der ständische Charakter der frühmodernen Gesellschaft zum Ausdruck, wenn vom Fürsten verlangt wird, er habe für die »Erhaltung eines jeden Standes Gebühr, Herkommen, Nahrung und Notdurft« zu sorgen. Im 18. Jahrhundert ist es dann gar das »Glück« der Untertanen, das es – in einer obrigkeitsstaatlichen Wendung der aristotelischen Staatszielformel der *eudaimonia* – zu besorgen gilt. Aus dem Patrimonialherrn, der über Land und Leute verfügt, wird der fürsorgliche »Landesvater« (patriarchalische Legitimation des Fürsten im Wohlfahrtsstaat).

IV.

Bei alldem ist unverkennbar, daß mit der Mehrung der zu erledigenden Aufgaben und der Vergrößerung des dazu benötigten Verwaltungsstabes der »Staat« als abstrakte Bezugsgröße an Bedeutung gewinnt. Allmählich erfüllen nicht mehr »Fürstendiener« dem Fürsten obliegende Aufgaben, sondern »Staatsdiener« erledigen »Staatsaufgaben«, werden Staatsziele bestimmt und empfinden sich die Fürsten selbst als »erste Diener des Staates« (Friedrich der Große). Der Staat wird zu einer arbeitsteiligen Anstalt, einem Großbetrieb, der nicht länger die einfache Identifikation mit einer Person zuläßt, wie das noch in der auf Ludwig XIV. gemünzten Formel des *L'état c'est moi* zum Ausdruck kommt. Man kann nun vom Staat und seiner »Vernunft«, von der Staatsraison (*ragione di stato,* so Botero in seiner Auseinandersetzung mit Machiavelli) reden, die es als Richtschnur des Handelns zu beachten gilt. Natürlich haben Formulierungen wie diese oft genug dazu gedient, die partikulären Interessen von Fürsten oder bestimmter Schichten an der Erhaltung und Ausnutzung ihrer Machtstellung zu verschleiern; sie sind in hohem Grade ideologieanfällig. Aber andererseits ist es offensichtlich nicht sinnlos, ja sogar unverzichtbar, wenn es schon Gebilde wie Staaten gibt, über ihr vernünftiges Zusammenleben und die Prinzipien ihres Handelns gegenüber den Staatsbürgern nachzudenken. So steckt auch in der Frage der Staatsraison die nach den Staatsaufgaben und ihrer vernünftigen Erledigung, mag die Berufung auf die Staatsraison auch immer wieder dazu gedient haben, rein machtstaatliche Interessen zu legitimieren mit den Mitteln der unter dieser Rubrik gelehrten *arcana imperii et dominationis,* mit den Instrumenten der Geheimpolitik, der Geheimdiplomatie und Geheimpolizei, sowie dem kalkulierten Militäreinsatz im Krieg.

Nach innen gewandt erscheint das, was man die wohlverstandene Staatsraison des frühmodernen Staates nennen könnte, als Forderung nach einer Berücksichtigung des »Gemeinen Besten«, des »Gemeinwohls« oder der *utilitas vel necessitas publica,* wie es zeitgenössisch heißt. Gern wird in dem Zusammenhang Ciceros *Salus publica suprema lex esto* zitiert. Auch diese Formel ist ideologieträchtig. Aber auch sie ist in ihrer Intention nicht darauf gerichtet, Gruppeninteressen Vorteile zu verschaffen, sondern es dient die Konstatierung einer *extrema necessitas* dem seine Oberhoheit, sein *ius eminens,* ausübenden Fürsten umgekehrt dazu, um des Wohles des Ganzen willen in die wohlerworbenen Rechte der Untertanen, die ständischen *iura quaesita* einzugreifen. Daraus erwächst in späterer Zeit das Institut der Enteignung wie überhaupt die Auffassung, daß Sonderinteressen dem Allgemeininteresse gegenüber zurückzustehen hätten und Sonderopfer zu bringen sind.

Vielleicht liegt die Gefahr einer solchen Denkweise weniger darin, daß Gruppeninteressen sich der Gemeinnützigkeit als Vorwand bemächtigen, als vielmehr darin, daß die Idee des Staatswohls gegenüber dem, was allen Bürgern nützt, verabsolutiert wird. Bezugspunkt des Handelns ist dann das Abstraktum Staat und nicht die Bürgergemeinschaft, und eine Rücksichtnahme auf Individualinteressen findet am Ende überhaupt nicht mehr statt. Auch das schwingt in der genannten Formel Ciceros mit.

Gleichwohl, Berufungen auf die Staatsraison und das Gemeinwohl sind bis heute notwendig, um Eingriffe des »Staates« in die private Sphäre der Bürger zu legitimieren, sei es aus Gründen des Umweltschutzes oder allgemein zur Herstellung kollektiver Güter, die jedermann genießen, niemand aber auf eigene Rechnung produzieren möchte. Eine erste wichtige Folge der Abstrahierung des Staatsgedankens ist, daß sich schon in der Frühmoderne allmählich die Vorstellung von der Unteilbarkeit und Unveräußerlichkeit des Staatsgebietes durchsetzt, Ausdruck sowohl der Auffassung, daß der Staat dem Fürsten nicht beliebig zur Verfügung steht, wie auch des fürstlichen Interesses, das Erbe seinem Hause zu sichern und nicht durch dauernde Teilungen zu schwächen und am Ende von einer anderen, übermächtig gewordenen Dynastie schlucken zu lassen. Dem dienen die immer wieder abgegebenen, aber erst seit dem 16. Jahrhundert durchgreifenden Unteilbarkeitserklärungen und die Erbfolgeregelungen im Sinne der Primogenitur, wobei gelegentlich kleinere Fürstentümer oder Teile von Territorien der Abfindung später geborener Fürstensöhne vorbehalten werden (sog. Sekundogenitur).

V.

Die ihm angesonnene Ordnungsleistung vollbringt der Landesfürst mit Hilfe des Befehls, insbesondere der allgemeinen Anordnung, mit dem Gesetz. Moderne Staaten sind Gesetzgebungsstaaten. In ihnen geht es nicht mehr in erster Linie darum, vorhandenes Recht im Streitfall urteilsmäßig festzustellen oder bestimmte Rechtspositionen durch Privilegierungen zu fixieren, sondern erstens darum, eine unübersichtlich gewordene Rechtslage neu zu ordnen und damit für Rechtsklarheit zu sorgen (was auf ihre Weise schon die privaten Rechtsaufzeichnungen, die Rechtsspiegel im 13. Jahrhundert, versuchten); zweitens geht es darum, ein regional und lokal zersplittertes Recht durch einheitliche Anordnungen zu ersetzen und damit staatsintegrierend zu wirken, sowie drittens – das darf man nicht übersehen – überhaupt erst Recht für die im Zuge des gesellschaftlichen Wandels entstandenen neuen sozialen Beziehungen zu schaffen. Zeugnis dieses Strebens nach Rechtsklarheit, Rechtseinheit und Rechtserneuerung sind die Landesordnungen des 15. und 16. Jahrhunderts, die nicht nur eine spezielle Materie regeln, sondern schon Kodifikationscharakter haben.

Im einzelnen sind folgende Regelungstypen – auch in ihrer zeitlichen Erscheinungsform – zu unterscheiden: Am Anfang stehen die Landfriedensgesetze des Hochmittelalters, regional und zeitlich begrenzte Versuche, dem Fehdewesen unter Androhung peinlicher Strafen beizukommen. Ihnen folgen die Landrechte, Aufzeichnungen privatrechtlicher Normen, z. B. des Erbrechts, des Vormundschaftswesens oder des ehelichen Güterrechts. Bemüht zeigen sich die Fürsten auch um Gerichtsordnungen, mit deren Hilfe sie das Gerichtswesen in ihren Landen in die Hand zu bekommen und die geistliche Rechtsprechungskonkurrenz der bischöflichen Sendgerichte auszuschalten trachten. Den Höhepunkt der frühmodernen Gesetzgebung stellen die Polizeiordnungen des 16. Jahrhunderts dar, die die neue öffentliche Sphäre regeln (»Polizei« ist abgeleitet von griech. *politeia* = die Verfassung des Stadtstaates, der *polis*, betreffend). In der Regelung des öffentlichen oder Polizeibereichs sind die Städte vorangegangen. Zu den Regelungsmaterien gehören: das Gesundheitswesen (z. B. Vorschriften für Apotheken und den Lebensmittelhandel), Kommerz, Handwerk und Gewerbe bis hin zur Regelung von Löhnen und Höchstpreisen, Vorschriften, die die öffentliche Sittlichkeit betreffen (z. B. Verbote der Gotteslästerung, des Fluchens und Trinkens oder des übertriebenen Aufwandes) und schließlich solche, die die Ständeordnung fixieren (z. B. über das Tragen standesgemäßer Tracht).

Die Fülle dieser Regelungen, zu denen nach der Reformation auch noch die Kirchenordnungen kommen, darf freilich nicht darüber hinwegtäuschen, daß die Gesetzgebung jener Zeit noch recht lückenhaft ist, vorhandenes Gewohnheitsrecht bessern und ergänzen, aber nicht ersetzen will und nicht von der Vorstellung ausgeht, daß die gesellschaftliche Ordnung von Grund auf und in umfassender Weise per Gesetz gestaltet werden muß, wie das der Intention nach die vom Naturrecht und der Aufklärung inspirierten Kodifikationen des 18. und 19. Jahrhunderts tun (z. B. das Allgemeine Landrecht der Preußischen Staaten 1794, die napoleonische Gesetzgebung in Frankreich, schließlich die Reichsgesetzgebung der sechziger Jahre im vorigen Jahrhundert bis hin zum BGB 1900). Dennoch hat die im 18. Jahrhundert in der Ära des Merkantilismus zunehmende Reglementierung des wirtschaftlichen Bereichs und vieler Kleinigkeiten des täglichen Lebens dazu geführt, daß der frühmoderne Staat von liberalen Autoren des 19. Jahrhunderts als »Policeystaat« und paternalistischer Bevormundungs- und Wohlfahrtsstaat abqualifiziert wurde.

VI.

Anders als der mittelalterliche Herrscher verfügt der frühmoderne Fürst – wie der moderne Staat überhaupt – über eine Vielzahl von Ressourcen, die ihm eine Durchsetzung seiner Anordnungen ermöglichen. Dabei ist zunächst anzumerken, daß das Verständnis für die vermehrte Staatstätigkeit und die damit einhergehende Repression allmählich wächst, daß Staatsbewußtsein und Staatsloyalität, der Sinn für Unterordnung auch die Mächtigen im Lande, die zu frondieren in der Lage sind, ergreift. Auch in der Regierung selbst nimmt das Verständnis für die Aufgaben und die Art, wie man sie zu erledigen hat, zu. Das ist nicht zuletzt der Beschäftigung mit der ›Politik‹ des Aristoteles seit dem Hochmittelalter zu verdanken. Sie schärft den Blick für das Phänomen des Staates (*koinonia politiké, societas civilis*) als dem Regierungszentrum einer Mehrzahl von gesellschaftlichen Kreisen (*societates minores*). Die aristotelische Staatslehre wird auch von den um das Verständnis einer neuen weltlichen Ordnung bemühten protestantischen Universitäten aufgegriffen und zu einer Regierungskunst und Regierungsethik unter Rückgriff auf die biblische Überlieferung weiterentwickelt.

Neben dem Aristotelismus ist das römische Recht eine Hilfe. Zuerst als Recht des »Römischen« Kaisers wiederentdeckt, wird es von den darin ausgebildeten Juristen an die Höfe getragen und erweist sich dort als probates Mittel zur Regulierung der veränderten Sozialbeziehungen. Auch wenn seine Rezeption im 15. und 16. Jahrhundert das traditionelle Recht nicht einfach ersetzt, sondern dessen Fortbildung ebenfalls stattfindet, trägt das römische Recht doch viel zur Modernisierung der gesellschaftlichen Verhältnisse (z. B. durch die Einführung eines präzisen Begriffs des Privateigentums) und zur Stärkung der hoheitlichen Stellung des Fürsten bei – allerdings auch zur Verwirrung des sich in den neuen Rechtsfiguren nicht auskennenden gemeinen Mannes. Das römische Recht wirkt in zweierlei Weise: einmal fließen seine Vorstellungen in die »reformierten« Rechte der Territorien ein, zum andern gilt es »subsidiär«, bei Schweigen des heimischen Rechts zu einer Frage.

Im Unterschied zum römischen Recht gewinnt das Naturrecht erst im 18. Jahrhundert gestaltende Kraft. Mit seinem individualistischen Ansatz, dem Ausgehen vom Einzelnen im Naturzustand und der daraus folgenden Begründung des Staates durch Vertrag wird es für die Sozialtheorien des späteren Liberalismus bedeutsamer als für die Organisation des Fürstenstaates, auch wenn es naturrechtlich begründete Legitimationen der Monarchie gibt (Hobbes) und die Wendung, daß etwas »von Natur aus soundso« sei oder sich »aus der Natur der Sache« ergäbe, alter Bestandteil eines säkularisierten, sich nicht mehr auf theologische Begründungen stützenden und der kirchlichen Autorität unterwerfenden Staatsverständnisses ist.

Auch die den Staat gegenüber den Konfessionen im religiösen Bürgerkrieg neutralisierenden und ihn gleichzeitig über sie erhöhenden Souveränitätslehren (Bodin) sowie die Machterhaltungskalküle der Machiavellisten sind zu nennen, aber sie haben in jener Zeit wahrscheinlich das Handeln der Großmächte stärker bestimmt als die Welt der relativ kleinen deutschen Territorien, in denen man sich um eine christliche, lies: »biblische Policey« kümmert (Reinkingk 1656) und um eine hausväterliche Verwaltung des ›Teutschen Fürstenstaates‹ (Seckendorff 1656). Sie wird seit Ende des 17. Jahrhunderts verwissenschaftlicht durch die staatswissenschaftliche Theorie des Kameralismus (der Ausdruck ist abgeleitet aus der im Zentrum der Betrachtung stehenden fürstlichen Finanzverwaltung in der Rent-Kammer), die stärker als ihre Vorgänger auf die praktischen Erfordernisse von Regierung und Verwaltung zielt.

VII.

Eines aber ist vor allem festzuhalten: Trotz der bedeutenden Rolle, die der Adel im frühmodernen Staat noch spielt, ist schon dieser Staat ein »bürgerliches« Staatswesen. Er ist es nicht im Sinne eines Klassenstaates, in dem das Bürgertum die politische Macht monopolisiert oder staatliche Beamten als seine Geschäftsträger fungieren, wohl aber in dem Verständnis, daß er auf den Leistungen der bürgerlich-städtischen Welt aufruht, auf der von den Städten entwickelten Geldwirtschaft, auf den Verwaltungsfähigkeiten der Bürger und ihren technischen Erfindungen und nicht zuletzt auch auf ihren Steuerleistungen. Bürgerlich-kaufmännische Rationalität und Rationalität der modernen Staaten sind Kinder desselben Geistes. Auch der moderne Staat ist »rechnender« Staat, ein »Betrieb«, bei allen Unterschieden zwischen Verwaltungs- und Unternehmensorganisation, kaufmännischer und kameralistischer Buchführung, Etataufstellung und Bilanzierung. Er arbeitet – wie die städtische Administrative – mit einem Rat an der Spitze und einer auf seine Bedürfnisse zugeschnittenen ständigen Behördenorganisation. Seine Effizienz ist abhängig von jenen vielen technischen Erfindungen, die das Spätmittelalter und die frühe Neuzeit hervorgebracht haben und ohne die sich eine moderne Staatsverwaltung gar nicht denken läßt. Das beginnt, so banal es klingen mag, beim Papier, dem aus Fasern billig und in beliebiger Menge herstellbaren Schreibmaterial, dessen eine schriftlich agierende Administration bedarf. Papier, eine chinesische Erfindung, wird in Deutschland in größeren Mengen seit Ende des 14. Jahrhunderts hergestellt und löst das kostbare, aus Häuten verfertigte Pergament ab. Dann der Buchdruck: Er wird von Gutenberg in der Mitte des 15. Jahrhunderts erfunden und ermöglicht die Publikation und Verbreitung von Gesetzen, gibt ihnen erst die Chance, überall dort, wo sie gelten sollen, zur Kenntnis genommen zu werden. Schließlich die arabischen Zahlen und die Rechenarten: Sie werden gepflegt und entwikkelt unter anderem von städtischen Rechenmeistern wie dem sprichwörtlich gewordenen Adam Riese im 16. Jahrhundert und stehen am Beginn jeglicher Statistik, der Einnahme- und Ausgaberechnungen, wie überhaupt der Erfassung staatlicher und gesellschaftlicher Größen, die mit ihnen erst berechenbar und in kalkulierter Weise manipulierbar werden. Es ist damit kein Ende. Zu erwähnen wären noch Verbesserungen in der Landvermessung, der Kartographie, die Erfindung der Federuhren, die eine neue Art von Pünktlichkeit ermöglichen, und manches andere mehr.

Aber nicht nur seine Arbeits- und Organisationstechniken verdankt der moderne Staat der bürgerlichen Arbeitsweise, sondern auch die Arbeitsmoral, wenngleich die neue Gesittung ihn und seine Beamtenwelt nur langsam durchdringt und keineswegs von Anfang an in den Schreibstuben herrscht. Man hat diesen Prozeß der Arbeitsgewöhnung, der Einordnung und Unterordnung, der Verbreitung von Gehorsam und dienender Leistungsbereitschaft als epochalen Vorgang der Sozialdisziplinierung beschrieben (Oestreich) – als einen Vorgang, der gewiß nicht nur bürgerlichem Geist und bürgerlicher Arbeitswelt entspringt, aber doch hier seine charakteristische Ausprägung erfährt –, der ähnlich dem säkularen Trend der Rationalisierung

(Max Weber) im staatlichen Bereich sowohl in der Dienstbereitschaft des Staatsdieners als auch im Untertanengehorsam seine Entsprechung hat. Übrigens ist es den staatlichen Machthabern sehr früh bewußt, wie sehr ihre Machtentfaltung von den Ressourcen der bürgerlichen Welt abhängt. Das zeigen die frühen Bemühungen der Wirtschaftsförderung und -reglementierung, die noch vor der Hochblüte des Merkantilismus einsetzen und nicht mehr nur dem ständischen Sozialmodell der Sorge um ausreichende Nahrung und Notdurft jeden Standes, der Idee sozialer Fürsorge verhaftet sind, sondern auf die Stärkung der Wirtschaft und damit der staatlichen Finanzen als der entscheidenden Ressource staatlicher Machtentfaltung zielen (z. B. durch Vereinheitlichung von Münze und Maß, durch Bemühungen um die Stabilisierung des Geldes, durch Rohstoff-Ausfuhrverbote u. ä.).

VIII.

Von kaum zu überschätzender Bedeutung ist in dem Zusammenhang der Übergang zur Geldwirtschaft. Er stellt die Finanzwirtschaft des Staates auf eine völlig neue Grundlage. Zum einen werden nun das Haus- und Staatsgut, die Domäne, wie auch die überkommenen Hoheitsrechte fiskalisch nutzbar; man kann sie z. B. gegen Entgelt verpachten oder zu Zwecken der Kreditaufnahme verpfänden. Besonders gewinnbringend erweisen sich dabei das Berg-, Zoll- und Salzregal. Zum anderen tritt nun mehr und mehr auch die allgemeine Geldabgabe, die Steuer, als Finanzquelle des Staates in den Vordergrund. Steuern begegnen uns seit Ende des 12. Jahrhunderts als »Bede«, als »erbetene« Abgabe auf Grundbesitz und Gebäude. Sie können auch aus der Umwandlung von Naturalleistungsverpflichtungen in Geldabgaben erwachsen. Zunächst wurden sie ad hoc, im Notfall, gefordert, vielfach aber durch wiederholte Anforderung zur ständigen, in ihrer Höhe fixierten Leistung. Der auch im frühmodernen Staat zunehmende Finanzbedarf führt dazu, daß immer wieder neue außerordentliche Abgaben (Kontributionen) erhoben werden müssen, welche in erster Linie die Städte in Form von Pauschalen zu tragen haben (Bürgerumlagen). Der Adel (in Ansehung seiner Wehrdienstpflicht) und die Geistlichkeit genießen dagegen weitgehend Steuerfreiheit bzw. können die auf ihren Gütern lastenden öffentlichen Abgaben auf die Bauern abwälzen.

Bis ins 18. Jahrhundert stehen die Steuereinnahmen den anderen Staatseinnahmen nach, wird davon ausgegangen, daß der Fürst den normalen Finanzbedarf für Hofhaltung und Verwaltung aus der Domäne deckt und Steuermittel nur für außerordentliche Fälle Verwendung finden. Auch das Rechnungswesen ist zunächst nicht sehr entwickelt. Es fehlt an sicheren Einnahmeberechnungen und Ausgabevoranschlägen. Erst allmählich werden verläßliche Verzeichnisse der Güter, Einnahmequellen und der durchschnittlichen Einnahmen aufgestellt (vgl. allerdings schon 1540 den »ökonomischen Staat« des Landgrafen Wilhelm IV. von Hessen). Da die Einnahmen in der Regel bestimmten Ausgaben zugeordnet sind, gelingt es lange Zeit nicht, Gewinne und Fehlbestände auszugleichen und die Finanzwirtschaft zentral und flexibel zu steuern.

IX.

Nicht nur im Hinblick darauf, daß man jetzt die Untertanen zur Kasse bitten kann, ist der Übergang zur Geldwirtschaft schon für den frühmodernen Staat so bedeutsam. Auf diese Weise gelingt vielmehr auch die Ablösung der Lehnsverwaltung, der Wahrnehmung staatlicher Aufgaben durch die Vergabe von Ämtern und Gütern an Adlige zur eigenen Nutzung. An die Stelle des mit Lehen versehenen Vasallen tritt jetzt der besoldete Beamte, an die Stelle des militärischen Lehnsaufgebots das Söldnertum. Beamte und Söldner sind im Gegensatz zum mittelalterlichen Ministerialen keine Unfreien. Sie leisten ihre Dienste – wie der Vasall – aufgrund einer vertraglichen Abmachung, die bei ihnen allerdings auf eine bestimmte Leistung (Amtserfüllung) fixiert ist und keine umfassende persönliche Bindung zwischen Herrn und Lehnsmann verlangt. Das überantwortete Amt ist dem Beamten daher auch wieder entziehbar; er hat keinen Anspruch darauf, es dauernd zu verwalten oder gar zu vererben. Der Beamte – an bestimmte Orte und Güter nicht gebunden – ist grundsätzlich versetzbar, das Anstellungsverhältnis kündbar. Mit anderen Worten: statt des schwer zu bändigenden Vasallen ist nun ein disponibler Funktionär tätig. Besoldung und Tätigkeitsfixierung ermöglichen die Trennung von privater Sphäre, in der der Beamte sein eigener Herr ist, und Amtssphäre, in der er dient, sowie von privatem und öffentlichem Eigentum. Das führt zu einer ganz ungeahnten Rationalisierung des Dienstverhältnisses.

Hinzu kommt zweierlei. Zum einen bedarf die komplexer werdende Verwaltung eines fachlich geschulten Personals. Mit dem Auftreten des Beamten ist die Professionalisierung der Staatsverwaltung verbunden, zunächst in Gestalt des gelehrten Juristen, der im Römischen Recht ausgebildet wurde. (Von daher rührt das heute noch beobachtbare sog. »Juristenmonopol« im öffentlichen Dienst). Zum anderen gelingt es den Fürsten, das an sich einfache Anstellungsverhältnis durch Betonung des Dienstgedankens allmählich mit einer starken Treue- und Gehorsamsbindung zu erfüllen. Der Beamte, so sagt man noch heute, schuldet seinem Dienstherrn die volle Arbeitskraft. Er dient daher, anders als der Vasall, nicht gleichzeitig mehreren Herren, erhält dafür auch nicht ein bloßes Entgelt für erbrachte Leistung, sondern wird »alimentiert«, d.h. es wird dafür gesorgt, daß er ein »standesgemäßes« Auskommen hat. Aus der so entgoltenen Treue zum Dienstherrn folgt der Gehorsam bei der Verrichtung der Tätigkeit. Vom Staatsdiener wird verlangt, daß er nach Weisung arbeitet und Amtsdisziplin übt. Modernes Beamtentum ist Ausdruck der schon erwähnten Sozialdisziplinierung, woran die besondere Disziplinargerichtsbarkeit erinnert, der Beamte noch heute unterworfen sind.

Die strenge Weisungsgebundenheit, in der der Beamte steht, ermöglicht den Aufbau einer echten Hierarchie, eines mehrstufigen Unterordnungsverhältnisses, in dem auch die auf den unteren Stufen der Amtspyramide stehenden Bediensteten von oben kontrolliert werden. Der Dienstherr, dem alle Treue und Gehorsam schulden, ist der Fürst. Eine Abschichtung der unteren Chargen durch mittlere Instanzen wie im Lehnsverhältnis findet nicht statt. Wie der Befehl von oben ohne Umstände nach unten dringen kann, so können Sachen, die unten zur Erledigung anstehen, auch jederzeit nach oben gezogen und Entscheidungen in höherer Instanz revidiert werden. Mit Hilfe dieser Regeln läßt sich eine Organisation schaffen, die dem modernen Staat eine prompte und kontrollierbare Ausführung seiner Gesetze und allgemeinen Verwaltungsanleitungen ermöglicht. Klare Kompetenzregeln sagen jetzt, wer für was zuständig, wer wem verantwortlich und von wessen Anordnungen abhängig ist. In diese Hierarchie eingeordnet, findet der Beamte die Chance seines beruflichen Aufstiegs; in ihrer ausgebildeten Form bietet sie ihm unterschiedliche Einstiegs- und – normalerweise – auf bestimmte Abschnitte begrenzte Karrieremöglichkeiten (Laufbahnen).

Besoldete, disponible Amtsträger, ein hierarchischer Verwaltungsaufbau und entsprechende Verwaltungstechniken – das sind die wesentlichen Merkmale der sich langsam in der Frühmoderne herausbildenden und im modernen Staat nicht mehr entbehrlichen Herrschaftsform der Bürokratie. Bürokratische Herrschaft ist die Herrschaft eines Apparates, nicht mehr einer Person oder wesentlich auf Personen abgehoben. Es herrscht der fachlich geschulte Funktionär, versehen mit begrenztem Sachverstand (Sachkompetenz) und mit einer darauf zugeschnittenen Aufgabe (Amt), innerhalb derer er die Befugnis haben kann, nach außen verbindlich handelnd aufzutreten (Rechtskompetenz, arbeitsteilige Verwaltung). Die Amtsgeschäfte werden hier grundsätzlich schriftlich erledigt (*bureau* heißt ursprünglich Schreibtisch, dann Schreibzimmer). Zusammengehörende Geschäftsvorgänge werden in einer Akte miteinander verbunden und durch ihre schriftliche Fixierung »aktenkundig« gemacht. Alle Ein- und Ausgänge werden, ebenso wie die Akten, zum Zweck der weiteren Verarbeitung und des Wiederauffindens registriert; aufbewahrungswürdiges Schriftgut wird im Archiv gesammelt. Auf diese Weise gelingt es, die Verwaltungstätigkeit überschaubar und kontrollierbar zu machen, aber auch die Durchsetzungskraft der Verwaltung zu stärken. Zum Beweis irgendwelcher Vorgänge, Absprachen und Rechte kann nun auf die Akten und registrierten Urkunden zurückgegriffen werden. Das geht im frühmodernen Prozeßrecht so weit, daß dort die Regel gilt: *Quod non est in actis, non est in mundo* – und das läßt sich auch von der Vorstellungswelt der Bürokratie überhaupt sagen.

Die schriftliche, aktenmäßig geordnete Arbeitsweise macht die Verwaltungstätigkeit kontinuierlich fortsetzbar ohne Rücksicht auf die jeweilige Person des Amtsinhabers. Dazu gehört auch, daß sie nach Regeln, routinemäßig abläuft. Bürokratische Tätigkeit besteht weitgehend im Vollzug von Gesetzen und ihrer Anwendung auf eine Vielzahl von »Fällen« nach bestimmten Verwaltungsvorschriften und Weisungen. Der staatliche Funktionär ist gehalten, einen Vorgang nach Maßgabe von Regeln und ohne Ansehung der Person des Betroffenen zu erledigen; er ist selbst nicht »Herr« des Verfahrens. Darin liegt die Berechtigung, von der Herrschaft eines Apparates und nicht bestimmter Personen zu sprechen. Die Bürokraten, die diesen Apparat betreiben, sind ihrerseits abhängig, auswechselbare

»Rädchen« im Getriebe der Hierarchie. Ihre strikte Unterordnung und Disponibilität garantiert, daß der durch Arbeitsteilung, Regelhaftigkeit, Sachverstand und Arbeitsdisziplin leistungsfähige, wenn auch manchmal inflexible Apparat ein fügsames und trotz weitreichender Delegation der Amtsgeschäfte kontrollierbares Instrument in der Hand des eigentlichen »Herrn«, sei es eines Fürsten, sei es einer demokratischen Regierung, bleibt.

In alldem ist die bürokratische Verwaltung deutlich von der Lehnsverwaltung unterschieden. Dennoch wäre es falsch, einen absoluten Gegensatz zwischen ihnen zu konstruieren. Vielmehr gibt es Ähnlichkeiten, Einflüsse und Übergänge; das gilt auch im Hinblick auf das Dienstrecht der Ministerialen. Schon im Mittelalter haben wir einen pyramidalen Aufbau der Staatsorganisation, eine Hierarchie in Ansätzen, Amts- und Gebotsdelegation sowie die Bemühung, Tätigkeiten für den König als »Dienst« zu verstehen und zu gestalten. Die Übergänge zum modernen Beamtentum sind fließend; noch lange können Ämter als Lehen vergeben werden, kann jemand Beamter und Vasall zugleich sein. Bis heute ist auch der Beamte seinem Herrn (bzw. der Verfassung) durch einen Eid verbunden, kommt ihm eine besondere, über das Dienstverhältnis hinausreichende Treuepflicht zu, um seine Loyalität zu sichern. Umgekehrt verstehen es die Beamten, das Bindungsinteresse ihres Herrn für sich zu nutzen und allmählich eine Anzahl von »Privilegien« wie die Alimentierung, eine weitreichende Fürsorgepflicht und am Ende sogar die Unkündbarkeit ihres Anstellungsverhältnisses durchzusetzen – im modernen Beamtenrecht des 19. Jahrhunderts.

Offensichtlich gewinnt durch die Entwicklung der Bürokratie nicht nur der Herr an Stärke, sondern auch diese selbst. Fachkenntnis, bessere Informationslage und der Umstand, daß die Bürokratie in ihren obersten Rängen die Regeln, nach denen sie verfährt, selbst produziert (auch wenn sie formal von einem Fürsten, einem demokratisch gewählten Parlament oder einer demokratisch legitimierten Regierung erlassen werden), alles das, wie auch eine wachsende Unübersichtlichkeit der Amtsgeschäfte in einer immer komplexer werdenden Umwelt, fördert die Verselbständigung des Apparates, der dennoch – bis heute – keine eigene Herrschaftslegitimation entwickelt hat, sondern von der Legitimierung durch einen anderen, seinen Herrn, abhängig geblieben ist – eine Chance für diesen, durch Betonung des Dienstcharakters des Beamtentums das Heft in der Hand zu behalten. Emanzipation mag sein, die der Bürokratie sollte besser nicht stattfinden.

XI.

Beamtentum und bürokratische Verfahrensregeln sind das Gerüst moderner Regierung und Verwaltung. Die Vielzahl der Geschäfte und der wachsende Apparat der Staatsdiener, Akten und Registraturen machen eine ständige und ortsfeste Regierung notwendig. Schon im frühmodernen Staat werden bestimmte Städte zu Residenzen (z. B. Wien, Prag, Berlin, Stuttgart, München). Der Fürst regiert nicht mehr im Umherziehen, er verzichtet auf wechselnde Präsenz und siedelt von seiner Burg ins Stadtschloß über. Er kann dies um so mehr tun, als die neue Verwaltungstechnik, verbunden mit einer Verbesserung des Postwesens (im Reich durch das erbliche Generalpostmeisteramt der Fürsten von Thurn und Taxis 1615–1867) bei sonst keiner wesentlichen Veränderung der Verkehrsverhältnisse bis zum 19. Jahrhundert, das stationäre Regieren des Landes von einer günstig gelegenen Hauptstadt aus ermöglicht.

Die zentrale Regierungsinstitution (auch: das »Regiment«) ist der Rat (später, im 19. Jahrhundert, der Ministerrat), eine von den älteren Hofämtern getrennte Behörde zur Verwaltung des Landes, die aus qualifizierten Verwaltungsbeamten besteht, welche dem Fürsten bei seinen Entscheidungen zur Seite stehen, angesichts der Vielzahl der Geschäfte bald aber ständig tagen und selbständig, als kollegiales Gremium nach dem Majoritätsprinzip entscheiden. Der Rat ist allzuständig; er wird tätig auf dem Gebiet der Rechtspflege wie der inneren Verwaltung, er kann Urteile fällen, Reglements aufstellen und Weisungen geben. Sehr bald erscheinen neben ihm aber auch Spezialbehörden; in der Regel werden die Finanzen, d. h. die aus dem fürstlichen (Domanial-) Bereich stammenden Einkünfte von der Rentei, der Finanz- oder Rechenkammer, gesondert verwaltet. Daneben findet man ein selbständig fungierendes Hofgericht, in den reformierten Territorien einen besonderen Rat für die kirchlichen Angelegenheiten, das Konsistorium, und eventuell sogar einen Hofkriegsrat für die militärischen Belange. Es findet also auch im frühmodernen Staat eine gewisse Binnendifferenzierung der Verwaltung statt, wobei gelegentlich fachliche und ländermäßig-geographische Einteilungsgesichtspunkte im Widerstreit liegen (Ressort- vs. Provinzialprinzip).

Die sich hier abzeichnende Beamtenregierung entscheidet nur in Routineangelegenheiten, hochpolitische Dinge, wie brisante außenpolitische Fragen, aber auch die Finanzsachen bleiben grundsätzlich dem Votum des Fürsten vorbehalten (sog. persönliches Regiment). Der trifft seine Entschlüsse, nachdem er sich aus den Tagesgeschäften des Rates zurückgezogen hat, in der Stille seiner Kammer, im Kreise ihm besonders vertrauter, »zur Kammer geschworener«, geheimer Räte. Der Geheime Rat ist ein nur beratendes Gremium. Auch er wird mit der Zeit fest institutionalisiert und gewinnt mit dem Anschwellen der zu erledigenden Angelegenheiten ebenfalls an Selbständigkeit. Wiederum entsteht die Tendenz, daß der Fürst sich aus dem Rat in seine Gemächer (im 18. Jahrhundert nach englischem Vorbild *cabinet* genannt) zurückzieht, um unbehelligt von Routinefragen und darin aufgehenden Staatsdienern seine Entschlüsse zu fassen. Dieser Wechsel zwischen der Ratsregierung und der Regierung aus der Zurückgezogenheit der Kammer entspringt nicht einfach fürstlicher Laune und dem Desinteresse, sich mit Beratern, die ein selbständiges politisches Urteil besitzen, auseinanderzusetzen, sondern spiegelt die immer problematischer werdende Bemühung wider, sich eine persönliche Entscheidung gegenüber dem überhandnehmenden Apparat und dessen in der zunehmenden Komplexität der Geschäfte begründeten Verselbständigungstendenzen vorzubehalten.

In England entsteht im 18. Jahrhundert aus der Regierung im Kabinett durch Verselbständigung der beigezogenen Räte die sog. Kabinettsregierung, weswegen wir noch heute die Versammlung der Minister ein Kabinett nennen und davon sprechen, daß ein Regierungschef sein Kabinett gebildet habe. In Preußen, in dem die Regierung vom Kabinett aus mit Hilfe von Kabinettssekretären im 18. Jahrhundert besonders hochstilisiert wurde, ist dagegen die moderne Ministerregierung im Kampf gegen das dortige »Kabinetts«prinzip durchgesetzt worden.

Unterhalb der Zentralregierung agiert die von ihr abhängige und instruierte Lokalverwaltung, eingeteilt in Ämter (der Ausdruck bezeichnet hier einen räumlichen Zuständigkeitsbereich), an deren Spitze meist »Amtmänner« genannte Funktionäre stehen. In größeren Territorien findet man eine Dreigliederung der Verwaltung mit Mittelinstanzen (in Bayern z. B.: Viztumsämter), wie sie heute gang und gäbe ist und die Kontrolle der Lokalverwaltung erleichtert. Im übrigen muß man eher von Regionalverwaltung als von Lokalverwaltung sprechen, denn deren Ämter erstrecken sich über mehrere Orte.

Unterhalb der staatlichen Verwaltungsebene treffen wir in frühmoderner Zeit besondere Selbstverwaltungseinheiten, z.B. Städte mit eigener Gerichtsbarkeit, Polizei und Finanzverwaltung, oder auf dem Lande Grundherrschaften, die noch öffentliche Funktionen wie eine eigenständige, sog. Patrimonialgerichtsbarkeit und Polizei sowie das Kirchenpatronat besitzen. Ihre Kontrolle ist schwierig. Bemerkenswert oft reicht die Staatsverwaltung des frühmodernen Staates – außer in den Domänen – nicht bis auf die lokale Ebene, bleibt der kleine Mann durch intermediäre Instanzen von ihr abgetrennt. Die ständische Lokalverwaltung der frühen Neuzeit findet in der kommunalen Selbstverwaltung des 19. Jahrhunderts ihre moderne Entsprechung.

XII.

Der Hinweis auf die lokalen Verhältnisse führt zur Frage nach den Grenzen fürstenstaatlicher Machtentfaltung in frühmoderner Zeit. Es darf nicht übersehen werden, daß – obwohl ressourcenmäßig ungleich besser ausgestattet als sein mittelalterlicher Vorgänger – auch der frühmoderne Fürst einer Fülle von Restriktionen ausgesetzt ist, die der hochmoderne Staat nicht kennt. Machen wir uns das deutlich, indem wir die Ressourcen noch einmal zusammenfassen und den Restriktionen gegenüberstellen.

Die Staatsaufgaben wachsen in der Frühmoderne an, aber auch die Mittel zu ihrer Erledigung und damit die Chancen fürstlicher Herrschaftsausübung sowie ihrer Legitimation; denn die Herstellung und Sicherung einer allgemein erwünschten Ordnung eröffnet immer auch besondere Herrschaftsmöglichkeiten für die mit dieser Aufgabe Betrauten. Das gilt auch für die Frühmoderne. Es wächst in dieser Zeit das Verständnis für die ordnende Tätigkeit des Staates sowohl bei den Regierenden und in der Regierungswissenschaft, der »Politik«, als auch bei den Untertanen. Es wird die Technik des Befehlens und der Gesetzgebung verfeinert, und es wächst die Bereitschaft zu ihrer Akzeptierung. Es stehen dem Fürsten mehr Finanzen, insbesondere auch disponible Geldmittel zur Verfügung und vor allem verfügt er in der Beamtenschaft über ein Personal, das darauf trainiert ist, Tätigkeiten gehorsam und unter Hintansetzung der persönlichen Belange wahrzunehmen. Mit seiner Hilfe läßt sich der für den modernen Staat so überaus charakteristische Herrschaftsapparat, die Bürokratie, aufbauen. Die Bürokratie beruht nicht nur auf Geldwirtschaft und Amtsdisziplin, den Pfeilern des Beamtentums, sondern auf einer Fülle von Verwaltungstechniken wie der Aktenführung und interner Organisationsmaßnahmen wie Arbeitsteilung, Kompetenzabgrenzung und Kontrollen, durch die sie erst zu einem effizienten Instrument wird. Ihre Etablierung hat erhebliche soziale Konsequenzen; denn der Aufbau eines solchen, vorzugsweise mit Bürgerlichen besetzten Apparats erlaubt es, auf die Dienste von Geistlichkeit und Adel zu verzichten und den Staat insoweit aus der Abhängigkeit der beiden führenden Gesellschaftsschichten zu lösen.

Drastischer noch lassen sich die sozialen Konsequenzen technischer Innovationen auf dem Gebiet der Kriegstechnik zeigen. Auch hier wirkt innovierend nicht nur die Geldwirtschaft, sondern hinzu kommt die Entwicklung neuer Waffen, des langen Spießes und der Armbrust, mit der bäuerliche und städtische Heerhaufen sich der ritterlichen Gefechtsweise seit dem 14. Jahrhundert überlegen erweisen. Das wiederum gestattet den Fürsten, Landsknechte statt Ritter anzuwerben, und es droht, zusammen mit der Herstellung staatlicher Landfrieden (vgl. den vom Reich verkündeten »Ewigen Landfrieden« von 1495), den Adel überhaupt sozial funktionslos zu machen. Weder benötigen ihn die Bauern in einer befriedeten Gesellschaft weiterhin zu ihrem Schutz, noch der Fürst zu Kriegsfahrten. Mehr noch: die Erfindung des Schießpulvers und seine artilleristische Verwendung durch die sog. »Donnerbüchsen« beraubt die sich gegen ihr Schicksal auflehnenden Ritter auch des Schutzes ihrer Burgen, die ebenso wie Stadtmauern den neuen Kanonen nicht standhalten. So werden Adel und Städte gegenüber dem fürstlichen Zugriff wehrlos. Gegen die Staatsgewalt gibt es bald keine chancenreichen Widerstandsmöglichkeiten mehr (sog. Gewaltmonopol des modernen Staates). Doch das ist, wie gesagt, nur die eine Seite der Entwicklung.

Auf der anderen Seite gibt es gerade im frühmodernen Staat eine Reihe von Restriktionen, die die Durchsetzung des fürstlichen Macht- und Gestaltungswillen behindern. Sie liegen teils im Entwicklungsstand der Herrschaftstechnik, teils in den Auffassungen von Religion, Recht und Moral jener Zeit begründet; es handelt sich um finanzielle Abhängigkeiten und

Abhängigkeiten vom eigenen Machtapparat sowie vom Reich und von den gesellschaftlich bedeutsamen Ständen.

Zunächst ist zu konstatieren, daß der Fürst vom Apparat, der ihm seine Machtdurchsetzung ermöglicht, selbst abhängig wird. Dies um so mehr, je stärker das Selbstbewußtsein der Funktionäre und das Bestreben nach Absicherung ihrer Positionen wachsen. Diese Entwicklung führt gelegentlich – insbesondere in Frankreich – dazu, daß dem alten, etablierten und verpfründeten Verwaltungspersonal ein neues, konkurrierendes gegenübergestellt wird. Ironischerweise trägt das Bemühen der Fürsten, den eigenen Apparat aufzuwerten und seine Spitzenleute in den Adelsstand zu erheben, dazu bei, das Selbstbewußtsein und die Vorstellung, ein eigener »Stand« mit den vornehmsten Aufgaben und entsprechenden Rechten zu sein, zu stärken (vgl. in Frankreich die *noblesse de robe* als Gegenstück zur *noblesse d'épée*). Im Grunde handelt es sich hierbei um die bekannte Tatsache, daß jemand, der Herrschaft ausübt, von den Mitteln abhängig ist, die ihm zu Gebote stehen – von der Gefügigkeit des Apparates wie von dessen technischer Leistungsfähigkeit. Diese ist, gemessen an der späteren Entwicklung des Kommunikations- und Kontrollwesens, der Propaganda und der Waffengewalt seit dem 19. Jahrhundert (Telefon, Flugzeug, Eisenbahn, Massenheere und Polizeitruppen, Rundfunk, Fernsehen, Überwachungsdateien), im frühmodernen Staat jedoch relativ bescheiden.

Aber es sind nicht nur technische Probleme, die die frühmoderne Staatstätigkeit restringieren. Die Hemmnisse liegen auch im Bereich der Religion, des Rechtes und der Moral. Trotz der Ratschläge der Machiavellisten, trotz der Möglichkeit, ja Verpflichtung des Fürsten, Recht zu setzen und zu gestalten, trotz der Reformation und der damit gegebenen Anlehnungsbedürftigkeit insbesondere der reformierten Geistlichkeit an den Staat, um im Schutz wohlgesonnener Fürsten ihren Glauben pflegen zu können, sind Recht, Religion und Moral damals und noch lange Zeit nicht einfach manipulierbare Objekte des Herrschaftsbeliebens, Mittel der Herrschaftstechnik, sondern eigenständige Faktoren, die Staat und Fürst die Richtung seines Handelns vorgeben und dessen Grenzen bestimmen. Auch der absolutistische Fürst des 18. Jahrhunderts ist in eine geistig traditionale Welt gebunden, bei allen Spielarten in der Auffassung, die sie zuläßt; er ist es von seiner Erziehung her oder – als »aufgeklärter Despot« – mindestens insoweit, als er sich über die Glaubensvorstellungen und das Sittlichkeitsempfinden seiner Untertanen und Staatsdiener nicht ohne weiteres hinwegzusetzen vermag. So gibt es auch in diesen Staatswesen eine Fülle von Traditionalismen, die gegenüber dem staatlichen Zugriff hemmend, begrenzend und bewahrend wirken; die wohlerworbenen Rechte seiner Untertanen kann kein Fürst ohne Grund antasten, ihr Vermögen nicht beliebig mit Steuern belasten.

Ein Fürst mag geneigt sein, gegenüber renitenten Ständen seine »Souveränität« zu stabilisieren wie ein *rocher de bronce* (so Friedrich Wilhelm I. von Preußen), aber das, was sein Rechts- und Moralempfinden, seine religiöse Überzeugung dabei gebieten, wird er nicht in den Wind schlagen. Zwar kann er bestimmen, welcher Konfession seine Landeskinder angehören sollen, doch kann er die Glaubensinhalte nicht einfach selbst setzen; bei aller Verbindung von Thron und Altar und dem Bemühen, Obrigkeit und Obrigkeitliches von der Religion her zu rechtfertigen und zu stützen, bleibt auch in den reformierten Staaten selbst der beamteten Geistlichkeit ein staatsfreier Raum reiner Glaubensdinge. Trotz der Unterwerfung des Adels, die teilweise mit Waffengewalt erfolgt, wird nirgendwo an seine Ausschaltung oder gar Abschaffung gedacht. Es besteht wohl ein Interesse der Fürsten, die adlige Machtkonkurrenz zu beseitigen, auch diesen Stand in die neue Staatsordnung einzuordnen und zu kontrollieren, etwa indem einem adligen Grundherrn die Gerichtsherrschaft überlassen bleibt, jedoch verlangt wird, daß sie von ausgebildeten und staatlich akzeptierten Richtern ausgeübt wird. Aber bei Bereitschaft, sich unterzuordnen, stehen dem Adel auch weiterhin die Führungspositionen im Staate offen, als Offizier im Heer, als Diplomat, oder als Verwaltungsbeamter, so er es nicht verschmäht, sich einer entsprechenden, im Zweifelsfall juristischen Ausbildung zu unterziehen. Immerhin handelt es sich beim Adel um die Schicht, aus der der Fürst selbst stammt, die ihm vertraut und durch die traditionsreichen Bande der Vasallität verbunden ist.

Gelegentlich taucht der Adel sogar als Finanzier seines in Nöte geratenen Herrn auf und kann auf diese Weise in manchen Ländern, in denen seine Grundherrschaft nicht völlig auf geldliche Abgaben zur sog. Rentengrundherrschaft reduziert ist, sogar seine lokale Herrschaft (Gerichtsbarkeit und Polizeigewalt über erbuntertänige Bauern, Kirchenpatronat) ausbauen. Das führt uns zu einem letzten Punkt: neben den mehr mentalen und technisch-apparatmäßigen Restriktionen sind es finanzielle, die es zu beachten gilt. Im steigenden Finanzbedarf des modernen Staates für Hofhaltung, Krieg, Militär und Verwaltungspersonal, einem Bedarf, der sich aus dem fürstlichen Kammergut bei weitem nicht decken läßt, liegt eine der wesentlichen Beschränkungen seiner Machtentfaltungsmöglichkeit. Er bedeutet Angewiesensein auf die Hilfe anderer, und die ist nicht beliebig zu haben, sondern abhängig davon, was als erlaubte Besteuerung gilt und die Zustimmung der Betroffenen gefunden hat, sowie – faktisch – von ihrer wirtschaftlichen Leistungsfähigkeit. Darin liegt, wie wir schon weiter oben gesehen haben, auch die Chance der Städte, ihre Interessen zur Geltung zu bringen; denn sie tragen vor allem die finanzielle Last.

Nimmt man die schon erwähnte Bindung der Territorien an das Reich, an seine Gebote und Forderungen hinzu, so rundet sich das Bild der im ganzen doch beträchtlichen Restriktionen der frühmodernen Staatsgewalt ab. Diese Restriktionen sind faktisch erheblicher in den vielen Zwergstaaten Deutschlands, die über keine ausreichende Ressourcengrundlage verfügen; sie sind weniger gravierend in Staaten mit reicher Wirtschaft wie Sachsen, das im Bergbau eine Quelle des Reichtums findet. Aber auch große Staaten leben in der Regel finanziell angespannt, da sie sich, nicht zuletzt durch viele kriegerische Verwicklungen, kaum zu bewältigenden Ausgaben gegenüber sehen. Daß ein Staat finanzielle Rücklagen macht, wie Preußen unter Friedrich Wilhelm I., ist singulär.

Finanzielle Leistungen müssen auch dem Reich erbracht werden (sog. Matrikularbeiträge), daneben sind Heereskontingente zu stellen, Reichsgesetze zu beachten. In diesen Angelegenheiten besitzen die Territorialherren allerdings ein Mitspracherecht, soweit sie im Reichstag Sitz und Stimme haben. Der Gerichtshoheit des Reiches, ursprünglich in der königlichen Bannleihe und dem Recht des Königs begründet, Rechtsstreitigkeiten an sich zu ziehen (Evokation), versuchen sie, durch den Ausbau einer eigenen Gerichtsbarkeit zu entgehen; die Möglichkeit der Appellation von Untertanen und Ständen an die mit Beginn der Neuzeit eingerichteten Reichsgerichte wird durch sog. *privilegia de non appellando* des Reiches reduziert. Im Hinblick auf die Verfassungsstruktur und die sich daraus ergebenden Möglichkeiten für eine eigenständige Politik ist die Abhängigkeit vom Reich daher geringer zu veranschlagen als von den Ständen im eigenen Lande. Diese macht das eigentlich Charakteristische des frühmodernen Territorialstaates aus.

3. Der frühmoderne Territorialstaat als Ständestaat

In gewisser Weise wirkt der frühmoderne Staat mit der Etablierung des Beamtentums, der Bürokratie, überhaupt des Staatsapparates, und mit seiner Regulierung sozialer Beziehungen durch Gesetzgebung wie ein – noch unvollkommener – Vorläufer moderner Staatlichkeit. Aber er besitzt eine Komponente, die zwar – in der Entwicklungsperspektive gesehen – ebenfalls eine Zwischenstufe zwischen mittelalterlichem und modernem Staat darstellt, dennoch so eigentümlich ausgestaltet ist, daß sie ihn deutlich von älteren wie jüngeren Staatstypen unterscheidet; gemeint ist seine Ausformung als Ständestaat. In ihm findet die Mitbestimmung im politischen Bereich einen neuartigen, wesentlich stärker institutionalisierten Ausdruck als früher, zugleich aber auch eine eigenartige, vom Verfassungsstaat des 19. Jahrhunderts nicht mehr weiter verfolgte Gestalt.

I.

Ständische Mitbestimmung im Staat, das setzt zunächst einmal die Existenz von Ständen im gesellschaftlichen Bereich voraus, dessen Differenzierung in relativ geschlossene Schichten mit verschiedenen sozialen Funktionen und einem besonderen Lebensstil, bis hin zu spezifischen Vorstellungen von Moral und Sitte, unterschiedlicher Kleidung, unterschiedlichem Recht und einer Tendenz, Heiraten zwischen Angehörigen verschiedener Stände zu untersagen (geburtsständische Abschließung). Solche Stände finden wir in Ansätzen schon im frühen Mittelalter, unterschieden nach den gesellschaftlichen Funktionen der Nahrungssorge, des (militärischen) Schutzes sowie der geistigen Unterweisung und Sorge für das Seelenheil: Bauern, ritterlicher Adel und Geistlichkeit. Dieses Spektrum wird seit dem Hochmittelalter durch einen vierten Stand ergänzt, den man später nach seinem Rang in der Ständevertretung den »dritten« nennt, durch das städtische Bürgertum, das in der gesellschaftlichen Arbeitsteilung der Zeit den Handel, das größere Gewerbe und weitgehend auch das Handwerk übernimmt.

Durch ihre gesellschaftliche Funktion definierte Stände (d. h. Sozialstände im Gegensatz zu den späteren, durch spezielle Professionen gekennzeichneten Berufsständen) stellen die gesellschaftliche Basis des Ständestaats dar; sie sind aber mit den politischen Ständen in diesem Staatswesen, den Landständen, nicht identisch. Zur politischen Mitbestimmung kommen auch hier in der Regel nur Gruppen, die kraft Herkommen und gesellschaftlicher Machtstellung Rücksicht finden, auf die ein Territorialherr bei seiner Herrschaftsausübung angewiesen ist. Hier wirkt die alte Regel, daß (nur) wer Rat und Hilfe geben kann, auch mitraten und mitbestimmen darf, noch deutlich nach. Politische Stände sind im frühmodernen Staat meist Herrenstände; ihre Angehörigen üben selbst Herrschaft aus, auf ihre Mitarbeit und finanzielle Hilfe kommt es an. Im wesentlichen handelt es sich dabei um die beiden alten, schon im Mittelalter als mitbestimmungsberechtigt geltenden Gruppen, den weltlichen Adel und die (hohe) Geistlichkeit; dazu treten jetzt auch – deutliches Zeichen des eingetretenen gesellschaftlichen Wandels – die Städte.

Die politischen Stände treten, in besonderen Korporationen zusammengefaßt, schon sehr bald im Spätmittelalter als Verhandlungspartner der Fürsten auf. Ihre korporative Verfaßtheit ist Ausdruck der Zeittendenz, die neue und zum Teil sehr weitgehende gesellschaftliche Differenzierung rechtlich durch korporative Ordnungen zu stabilisieren, die dem einzelnen einen sozialen Standort und Orientierung, eine bestimmte Rechtsposition und Schutz geben (z. B. durch Aufnahme in Handwerkszünfte oder Kaufmannsgilden), und die diese Gesamtheit selbst als eine Einheit handlungsfähig machen.

Ort der Verhandlung der politisch mitbestimmenden Stände mit dem Fürsten ist der Landtag, eine Frühform des Parlaments. Landstandschaft, d. h. das Recht, auf dem Landtag zu erscheinen, haben adlige Grundherren und die Vasallen des Fürsten, seine ritterliche Dienstmannschaft. In manchen Territorien, in denen alter, ehemals eigenständiger Adel in größerer Zahl landsässig, d. h. einem Territorialherrn untertan geworden ist, wird bei den Landständen auch zwischen einem Ritter- und einem besonderen Herrenstand unterschieden. Neben dem Adel erscheinen auf dem Landtag die höhergestellten Geistlichen, die sog. Prälaten, landsässig gewordene Bischöfe, Äbte und Stiftspröpste. In den geistlichen Fürstentümern nimmt die Wählerschaft der Fürstbischöfe, das Domkapitel (d. i. die Korporation der Geistlichen an der bischöflichen Kathedralkirche), den ersten Rang in der Landtagsfolge ein. In den reformierten Staaten wird die Geistlichkeit zum Teil durch Vertreter der Universitäten ersetzt. Als dritter Stand erscheinen Abgeordnete der Städte. Es gibt Landtage, die auch von Deputierten der ländlichen Bezirke, den Ämtern, beschickt werden und auf denen sogar die Bauern stimmberechtigt sind (so z. B. in Tirol, in der Fürstabtei Kempten und in Ostfriesland).

Die Zusammensetzung der Landtage ist von Territorium zu Territorium verschieden. Nur sehr selten ist auf ihnen der »gemeine Mann« vertreten. Es kann aber auch die Ritterschaft fehlen, wenn sie ihre Reichsunmittelbarkeit zu wahren oder wiederzuerlangen wußte, wie z. B. in Württemberg. Es gibt Territorien mit nur einem Landstand und manchmal sogar ohne einen solchen, wie in der Pfalz, wo der Fürst als Inhaber der Rheinzölle finanziell unabhängig ist, das Land zufriedenstellend verwaltet wird und eine unmittelbare Verbindung zwischen der fürstlichen Administration und den Ortschaften im Lande besteht, die den Weg zum Landtag überflüssig macht. Wo es dagegen Ständeversammlungen gibt, sind immer die Städte vertreten, wenn nicht sogar dominant. Die Städte sind gleichsam die Achse der Mitbestimmungsorganisation im frühmodernen Staat – auch darin kommt die besondere Bedeutung, die sie für ihn besitzen, zum Ausdruck.

Es muß allerdings bemerkt werden, daß nie alle Angehörigen eines Standes landtagsfähig sind oder auf dem Landtag durch Deputierte vertreten werden. Zur Landtagsfähigkeit gehört vielmehr eine besondere bevorzugte Stellung, beim Adel z. B. der Besitz eines in der Landtafel (Matrikel) aufgenommenen Gutes. Auch von den Städten eines Territoriums sind nie alle landtagsberechtigt gewesen. Es lassen sich daher für die Landstandschaft keine festen, allgemeinen Regeln aufstellen.

II.

Die eigenartigen Formen der Auswahl der Landtagsberechtigten haben in der Literatur zu der Frage geführt, inwieweit die Landstände überhaupt Repräsentativcharakter besessen hätten und ob man schon im Ständestaat von einem Repräsentativsystem sprechen könne. Die Meinungen darüber sind geteilt, vor allem, weil der Ausdruck »Repräsentation« selbst nicht einheitlich gebraucht wird. Seit Beginn des 19. Jahrhunderts versteht man unter dem Repräsentativsystem eine Volksvertretung. Konservative Autoren neigten damals zur Auffassung, daß die Einführung eines solchen Systems – wie sie zur Debatte stand – eine Anerkennung der Volkssouveränität bedeute und deshalb Monarchien nicht zu empfehlen sei. Die Landstände früherer Zeiten seien dagegen nicht Repräsentanten des Volkes oder ihres Landes gewesen, sondern aus eigenem Recht, als Vertreter ihrer speziellen Interessen in der Versammlung der Stände erschienen. Mit dieser Auffassung vom Repräsentativsystem verwandt ist die noch heute anzutreffende Vorstellung, ein »Repräsentant« sei ein »Volksvertreter« und zwar ein solcher, der nicht spezielle Interessen seiner Wähler, sondern das Wohl des Ganzen im Auge habe und daher kein imperatives, sondern ein freies (ungebundenes) Mandat ausübe. Andere Autoren scheuen sich hingegen nicht, auch die von einer Gruppe mit einem bestimmten Auftrag versehenen, ins Parlament gesandten Handlungsbevollmächtigten als deren Repräsentanten zu bezeichnen.

Was nun die Landtagsberechtigten frühmoderner Staaten anlangt, so können sie in der Tat nicht als Volksvertreter bezeichnet werden. Sie vertreten nicht das Volk in den Territorien und werden vielfach nicht einmal von ihren Standesgenossen gewählt und entsandt, sondern erscheinen kraft eigenen Rechts, d.h. vermöge ihrer Geburts-, Berufs- und Besitzstellung im Parlament (so heute noch im englischen Oberhaus). Anders verhält es sich jedoch, wenn Städte, vom Rat ernannte – nicht von der Stadtbevölkerung gewählte – Vertreter in den Landtag senden. Denen kann man eine Repräsentativeigenschaft kaum absprechen. Das gleiche gilt für die Vertreter von Klöstern, Stiften und Ämtern. In manchen Territorien senden auch Teile des Adels lediglich Deputierte zum Landtag. Es gibt also immerhin eine ganze Anzahl von »Vertretern« oder »Repräsentanten« in den frühmodernen Ständeversammlungen, falls man nicht daran Anstoß nimmt, diesen Ausdruck auch dort zu verwenden, wo – wie damals üblich – solche Abgesandten nur mit einem imperativen Mandat versehen in der Ständeversammlung erscheinen.

Man kann die Ständeversammlung jener Tage aber auch noch in einem anderen Sinne als eine Repräsentation ihres Landes bezeichnen, insofern nämlich, als hier die maßgeblichen politischen Kräfte eines Territoriums versammelt sind, deren Beschlüsse auch den nicht vertretenen Teil der Bevölkerung treffen und von ihm mitgetragen werden müssen. Das Bewußtsein, auf diese Weise doch für das ganze Land zu sprechen und es gegenüber dem Fürsten zu »repräsentieren«, mag Grund dafür gewesen sein, daß die Landstände seinerzeit gelegentlich von sich selbst behaupteten, sie »seien« das »Land«.

III.
Die Landtage werden von den Fürsten einberufen; sie besitzen üblicherweise kein Selbstversammlungsrecht und tagen nicht periodisch. Der Fürst bestimmt die Tagesordnung (Proposition). Es liegt zuvörderst in seinem Interesse, die Stände um sich zu versammeln und sich ihrer Unterstützung zu versichern. Umgekehrt wächst mit der Zeit das Interesse der Stände an der Wahrnehmung ihrer Beratungspflichten und der damit verbundenen Mitbestimmungsrechte. Verschiedenheit und Eigenständigkeit der Stände drücken sich darin aus, daß sie in Kurien getrennt tagen. Innerhalb der Kurien herrscht das Majoritätsprinzip, aber kein Stand kann den anderen überstimmen. Der Landtag ist kein einheitliches Parlament; zwischen den Kurienvoten muß vermittelt werden. In der Regel gibt es drei Kurien (Adel – Geistlichkeit – Städte), doch finden sich auch andere Einteilungen, z. B. die in ein »House of Lords« und ein »House of Commons« in England, aus der sich das in den Verfassungsstaaten des 19. Jahrhunderts weitverbreitete Zweikammersystem entwickelt hat. Auch Landtagsausschüsse werden zur besseren und schnelleren Erledigung der Arbeit gebildet.

Die Kompetenzen der als Landtag versammelten Stände sind nicht fest umrissen. Worin sie mitsprechen, hängt vom Interesse und der politischen Durchsetzungskraft aller Beteiligten ab. Die Fürsten legen es in erster Linie darauf an, finanzielle Hilfe zu erhalten; für sie stehen die Funktionen der Steuerbewilligung, der Kreditvergabe und der Schuldentilgung im Vordergrund. Auch um die Zustimmung der Stände zu Gesetzen oder Gesetzesänderungen geht es ihnen, zumal von deren Einwilligung die Ausführbarkeit der Anordnungen zu einem guten Teil abhängt; aber es ist nicht ein für allemal festgelegt, welche Regelungen der Zustimmung bedürfen und welche nicht.

Die Stände benutzen die Abhängigkeit der Fürsten dazu, einen allgemeinen Einfluß auf politische und administrative Angelegenheiten zu erlangen. Sie wollen in hochpolitischen Fragen wie Krieg und Frieden und zum Abschluß von Bündnissen gehört werden wie zu den, durch die Reformation entstandenen Problemen der Konfessionszugehörigkeit. Sie nehmen Anteil an der Besetzung des fürstlichen Rates und der Landesverwaltung, fordern die Landeszugehörigkeit (das Indigenat) der Ratspersonen und versuchen, Vertrauensleute in die bedeutenden Positionen der fürstlichen Administration zu bringen. Gelegentlich gelingt es ihnen, den Rat zu einer Art vermittelnden

Instanz zwischen sich und dem Fürsten werden zu lassen. Sie erheben auch bei der Veräußerung von Gütern, bei Gebietsabtretungen und Erbteilungen ihre Stimme und suchen bei Thronstreitigkeiten zu vermitteln. Sie regen Gesetze und die Einrichtung von Behörden an, wenngleich sie im allgemeinen weniger initiativ hervortreten denn als Beschwerdeinstanz. Auch in dieser Funktion sind sie wichtig für den Fürsten. Die ständischen *gravamina* informieren ihn über Mißstände im Lande und Mißbräuche in der Administration. Die Stände klagen aber auch über die verschwenderische fürstliche Hofhaltung und scheuen selbst vor einer persönlichen Kritik am Landesherrn nicht zurück.

Man hat den Landständen oft vorgeworfen, sie seien nur auf ihre (Herren-) Interessen bedacht gewesen, sie hätten mit ihrer Knauserigkeit und Nörgelei die fürstliche Politik gehemmt, und es müsse das ganze ständische Wesen für die Entwicklung des modernen Staates nachteilig beurteilt werden. Daran ist sicherlich manches richtig. Häufig genug haben die Stände die Last der von ihnen bewilligten Steuern auf ihre Abhängigen, die Bauern und den gemeinen Mann in den Städten, abgewälzt; sie haben sich gegen fürstliche Projekte gesperrt und ihr imperatives Mandat gern dazu benutzt, zur Entscheidung stehende Fragen »hinter sich zu bringen«, d. h. die Beschlußfassung mit dem Hinweis, erst Instruktionen einholen zu müssen, verschleppt. Auch ist der Interessenhorizont der Stände manchmal etwas eng gewesen, oft klaffte in den größeren, aus mehreren Altländern zusammengesetzten Territorialstaaten zwischen der gesamtstaatlichen Perspektive des Fürsten und dem »Regionalismus« der Stände eine empfindliche Lücke. Vielfach gelang es den Fürsten beim Aufbau größerer Staatssysteme durch Zusammenlegung der durch Kauf, Erbschaft, Einheirat oder Kriegserfolge erworbenen Länder nämlich nicht, auch deren Stände zu Generallandtagen oder »Generalständen« zu vereinen (wie in Frankreich und in den Niederlanden), sondern es blieb bei den Ständeversammlungen der Kleinterritorien.

Dennoch ist hervorzuheben, daß die Stände durchaus auch effektiv für den Staat und das Wohl der gesamten Bevölkerung gearbeitet haben, z. B. durch Bewilligung notwendiger Finanzmittel, durch wiederholte Übernahme fürstlicher Schulden, die Aufhellung von Mißständen und die Anregung wichtiger Gesetze. Keineswegs haben sie sich nur als Hemmschuh erwiesen, und wo sie hemmend wirkten, ist das manches Mal eher wohltuend für das Territorium gewesen, haben es die Stände vor fürstlichen Abenteuern, unbedachten Landesteilungen und Schwächungen des Staates aus fürstlichem Privatinteresse geschützt.

Dazu kommt noch ein weiterer, wichtiger Punkt: Die Landstände im frühmodernen Staat darf man nicht nur als eine Art Vorläufer der späteren parlamentarischen Mitbestimmung verstehen, sondern sie sind darüber hinaus auch in eigentümlicher Weise an der Staatsverwaltung beteiligt. Sie erheben nämlich die von ihnen bewilligten Steuern selbst. Es gibt zwei Finanzverwaltungen im Ständestaat, die Kammerverwaltung des Fürsten für dessen eigene Finanzmittel – meist zur Deckung der laufenden Ausgaben für Hof und Verwaltung – und den »Landkasten« der Stände für Steuern und Schuldentilgung. Gelegentlich stellen Stände auch eigene Truppenkontingente und sie können – z. B. bei Unmündigkeit und Regierungsunfähigkeit des fürstlichen Erben – am Ende auch die Staatsregierung in eigene Hand übernehmen (ständisches Regiment). Die Stände sind nämlich durchaus in der Lage, selbst zu regieren, ohne Hilfe des Fürsten, wie das Schweizer und das niederländische Beispiel zeigen.

IV.

Man hat angesichts ihrer eigenartigen Ausbildung, insbesondere der Finanzverwaltung, die frühmodernen Territorialstaaten als »dualistische« Staaten bezeichnet (Gierke). In der Tat stellen die Stände in diesen Staatswesen mehr als eine gesellschaftliche Gegenmacht dar, sind sie mehr als eine bloße – gar antistaatliche – Opposition gegenüber dem Fürsten. Fürst und Staat sind auch in der Frühmoderne nicht identisch. Auch die Stände sind an der Organisation des Staates beteiligt, ihre Funktion im Landtag und in der Verwaltung geht ebenso wie ihre Handlungsweise weit über das rein Restriktive hinaus. Der »Ständestaat« ist sicherlich nicht einfach ein Staat der Stände gewesen, insofern führt die eingebürgerte Bezeichnung in die Irre. Er ist in seiner typischen Ausformung vielmehr ein von zwei eigenständigen politischen Größen gesteuerter Staat, vom erblich legitimierten Fürsten einerseits und von Inhabern einer eigenen, in der Regel lokalen Rechts- und Machtstellung andererseits. Die beiden unterschiedlich legitimierten Gewaltträger teilen sich in Regierung und Verwaltung. Den daraus resultierenden Dualismus heißt man eine »landständische Verfassung«.

Diese Verfassung ist gelegentlich mit einer Ellipse, einem Gebilde mit zwei Brennpunkten, verglichen worden (Näf). Damit wird jedoch eine funktionale Gleichartigkeit von Fürst und Ständen suggeriert, die es nicht gab. Umgekehrt wird die Bezeichnung der ständischen Monarchie als einer »beschränkten« (*monarchia limitata*) der Rolle der Stände zu wenig gerecht; denn diese Formulierung erweckt den Eindruck, daß es eine einzige, einheitliche monarchische Staatsgewalt im Ständestaat gegeben habe, die nur in der Ausübung durch ständische Vetomöglichkeiten begrenzt gewesen sei. Auch das trifft nicht den Kern der Dinge.

Besser läßt sich das Verhältnis von Fürst und Ständen im frühmodernen Staat wie folgt beschreiben: Beide sind zur Ausübung politischer Macht in der Lage und legitimiert. Sie sind durch Herkommen, Recht und aufgrund politischer Machtkonstellationen aufeinander angewiesen. Erst durch ihre gegenseitige Ergänzung entsteht im Regelfall ein handlungsfähiger Staat. Daraus resultiert das Interesse, das sie füreinander haben. So ist der Fürst nicht *a limine* ein Gegner der landständischen Finanzverwaltung, deren Effektivität, Kenntnis der Landesumstände und Sparsamkeit er zu schätzen weiß, so sehr ihm gleichzeitig an ihrer Kontrolle gelegen ist. Die Stände erfüllen für ihn darüber hinaus nützliche Informations- und Hilfsfunktionen. Umgekehrt haben die Stände durchaus ein Interesse an einer gut funktionierenden fürstlichen Verwaltung, an der Sicherung der von ihnen akzeptierten und mitgestalteten Ordnung durch einen fürstlichen Machtapparat, der sie auch gegen Äußerungen gesellschaftlichen Unmuts der nicht am Staatsleben teilnehmenden, aber passiv davon betroffenen Unterschichten, schützt.

Damit ist die Parallelisierungsmöglichkeit von Fürst und Ständen jedoch schon erschöpft. Näher besehen herrscht zwischen ihnen ein bedeutsames strukturelles Ungleichgewicht. Vom Fürsten erwartet man politische Initiative, Staatsgestaltung und Führung; er ist mit seinem Apparat zu schnellen Entscheidungen eher in der Lage als die Stände, bei denen – auch wenn sie gelegentlich ihren Landesherrn drängen müssen – das Moment der Bewahrung, des vorsichtigen Abwägens, der Kontrolle und der Hilfeleistung überwiegt. Fürst und Stände sind letztlich doch zwei recht ungleiche »Brennpunkte« des Verfassungslebens. Sie können sich vorteilhaft ergänzen. Es kann aber ebenso zahlreiche und tiefgreifende Interessengegensätze zwischen ihnen geben. Wer in einem solchen Fall die Oberhand behält, das liegt nicht von vornherein fest. Es folgt nicht einfach aus der strukturellen Differenz, so sehr diese dem Fürsten das raschere Handeln ermöglicht, sondern ergibt sich aus der politischen Durchsetzungskraft, die je nach Mächtekonstellation verschieden sein kann. Daher sieht sich der frühmoderne Fürst wie sein mittelalterlicher Vorgänger häufig genötigt, Koalitionen einzugehen und die Stände gegeneinander auszuspielen. Beide Seiten versuchen dabei auch, extraterritoriale Hilfe zu gewinnen und sich der Unterstützung des Reiches zu versichern.

V.

Es spricht für die Stabilität des Ständestaates, daß auch tiefgreifende Interessengegensätze in der Regel im Kompromiß münden, in Abmachungen, die weniger Einigungen auf ein gemeinsames politisches Programm darstellen, sondern *do-ut-des*-Charakter tragen – als typischer Ausdruck der dualistischen Grundstruktur dieser Staatswesen. In diesen Abmachungen bewilligen die Stände z. B. Steuern und übernehmen sie Schulden, lassen sich dafür aber versprechen, nicht mit weiteren Abgaben behelligt zu werden, oder lassen sich sogar spezielle Hoheitsrechte wie die niedere Gerichtsbarkeit oder die lokale Polizeigewalt ausfolgen. Zusicherungen dieser Art werden – auch dort, wo sie von den Fürsten einseitig, z. B. in sog. Freiheitsbriefen gegeben wurden – in der Literatur als »Herrschaftsverträge« bezeichnet. Das bringt den Zweck der Arrangements, einen grundsätzlichen Rechts- und Interessenausgleich herzustellen, gut zum Ausdruck. Wir finden solche Herrschaftsverträge schon früh in England (Magna Charta von 1215), später – bis ins 18. Jahrhundert – auch in Deutschland und allgemein in Europa (vgl. z. B. die Ottonische Handfeste in Bayern 1311, die Joyeuse Entrée von Brabant 1356, den Brandenburgischen Vergleich von 1472 und den Tübinger Vertrag von 1514). In ihnen wird die Leistungsbereitschaft und Loyalität der Stände an die Zusicherung bestimmter von ihnen beanspruchter Rechte, vor allem das auf Mitbestimmung, geknüpft und als äußerstes Mittel gegen den Rechtsbruch des Fürsten ein Widerstandsrecht eingeräumt. An diesen vertraglichen Festlegungen und Rechtszugeständnissen sind die Stände so interessiert, daß sie zuweilen einem neuen Herrscher den Treueid erst leisten, wenn er sie bekräftigt hat.

Herrschaftsverträge, das ist zu betonen, begründen nicht den Staat. Insofern unterscheiden sie sich grundsätzlich von den sog. Gesellschaftsverträgen der Naturrechtslehre, wie sehr sie diese auch beeinflußt haben mögen. Sie begründen nicht erst die

Stellung des Fürsten (und der Stände) im Staat, die Art der Staatsorganisation, wie es moderne Verfassungen ihrer Intention nach tun, sondern sie fixieren die vorhandene, dualistische Rechtslage in situationsspezifischer Weise. Indem sie dabei die grundsätzliche Auffassung des Verhältnisses von Fürst und Ständen zum Ausdruck bringen, sind sie typische Zeugnisse des frühmodernen Ständestaates; der (Grundlagen-)Vertrag ist offenbar die Rechtsfigur, die dem Ständestaat am angemessensten ist. Das wird auch in der zeitgenössischen Theorie der französischen Monarchomachen deutlich, die ja nicht einfach Feinde der Monarchie gewesen sind, sondern den wechselseitig bindenden Charakter des Rechts, seine vertragliche Ausgestaltung und die Unerschütterlichkeit seiner Fundamente in der *loi fondamentale*, den nicht veränderbaren Grundregeln des Ständestaats, gegen die einseitig für die fürstliche Gewalt optierenden Souveränitätstheoretiker betont haben. Man kann in den Monarchomachen und dem ihnen nahestehenden Emdener Stadtsyndikus Althusius die eigentlichen Theoretiker des Ständestaats sehen.

So sehr auf diese Weise durch vertragliche Abmachungen die Ratio des Ständestaates zum Ausdruck gebracht wird, so wenig darf man andererseits darüber hinwegsehen, daß seine Grundregeln und Grundgesetze prekärer Natur sind, daher Freiheitszusicherungen und Verträge immer wieder repetiert, verletzt und verändert werden. Es scheint so, als ob in der Aufbauphase des Ständestaates Fürst und Stände eher zusammenarbeiteten, um eine gemeinsame Ordnung zu schaffen, als später in einer Zeit, in der die fürstliche Gewalt stark und ausgreifend geworden war und die Stände in eine Verteidigungsposition geworfen wurden, in der sie nur noch an die Wahrung ihrer Rechte und regionalen Eigenart dachten. Manchmal setzten sich in dieser Dauerauseinandersetzung endgültig die Stände durch – wie in England – und öffneten der Entwicklung zur parlamentarischen Regierung den Weg. Häufiger sehen wir die Fürsten triumphieren und im absolutistischen Regiment die Stände bedrücken. Aber auch in den absolutistischen Staaten gewinnt die Idee der Mitbestimmung in neuer, zeitangemessener Form wieder an Boden und drängt am Ende das monarchische Prinzip und die Bürokratie zurück. Es ist daher nicht einfach die absolutistische Politik der Fürsten gewesen, die den Ständen den Garaus bereitete, sondern ein tiefergehender gesellschaftlicher Wandel, der ihnen im Übergang von der Ständegesellschaft zur staatsbürgerlichen Gesellschaft des 19. Jahrhunderts die sozialen Grundlagen entzog, auf der das landständische Wesen ruhte. Doch gehören diese Erwägungen schon dem folgenden Kapitel über die Entwicklung des frühmodernen Staates an.

Literaturhinweise (vgl. auch die Angaben zum 5. Kapitel)

»Moderner« Staat, »frühmoderner« Staat, Territorialstaat

Eine allgemeine und grundlegende Erörterung des *»modernen« Staates* findet sich bei OTTO HINTZE, Wesen und Wandlung des modernen Staates (1931). In: ders., Staat und Verfassung. Gesammelte Abhandlungen zur allgemeinen Verfassungsgeschichte. Hrsg. von Gerhard Oestreich, 3. Aufl. Göttingen 1970; vgl. jetzt auch THEODOR SCHIEDER, Wandlungen des Staates in der Neuzeit. In: HZ 216 (1973). Zum unterschiedlichen Wortgebrauch s. STEPHAN SKALWEIT, Der »moderne Staat«. Ein historischer Begriff und seine Problematik. Opladen 1975, und ders., Der Beginn der Neuzeit. Darmstadt 1982. Wichtige Aufsätze enthält HANNS HUBERT HOFMANN (Hrsg.), Die Entstehung des modernen Staates, Köln, Berlin 1967. Eine Identifizierung von »Staat« und »moderner Staat« nimmt vor EDUARD KERN, Moderner Staat und Staatsbegriff. Hamburg 1949, ebenso in ausführlicher Weise HELMUT QUARITSCH, Staat und Souveränität. Band 1: Die Grundlagen. Frankfurt a. M. 1970. Zur Wortgeschichte vgl. WOLFGANG MAGER, Zur Entstehung des modernen Staatsbegriffs. Wiesbaden 1968, und PAUL-LUDWIG WEINACHT, Staat. Studien zur Bedeutungsgeschichte des Wortes von den Anfängen bis ins 19. Jahrhundert. Berlin 1968.

Die Besonderheiten eines *»frühmodernen« Staatstypus* versucht zu umreißen GERHARD OESTREICH, Geist und Gestalt des frühmodernen Staates. Berlin, München 1969. Einen grundlegenden (Neu-)Ansatz zur Erfassung des frühen Territorialstaats bietet OTTO BRUNNER, Land und Herrschaft. Grundfragen der territorialen Verfassungsgeschichte Österreichs im Mittelalter. 1939. ND der 5. Aufl. Darmstadt 1984; s. auch HEINER TIMMERMANN, Die Bildung des frühmodernen Staates. Stände und Konfessionen. Saarbrücken-Scheidt 1989. Die Bedeutung der zentralen Kategorie »Land« erörtert GERHARD KÖBLER, Land und Landrecht im Frühmittelalter. In: ZRG GA 86 (1969). Allgemein über die zeitgenössische Erfassung des Territorialstaates orientiert DIETMAR WILLOWEIT, Rechtsgrundlagen der Territorialgewalt. Landesobrigkeit, Herrschaftsrechte und Territorium in der Rechtswissenschaft der Neuzeit. Köln 1975. Zur Entwicklung von Untertanschaft und Staatsangehörigkeit vgl. ROLF GRAWERT, Staat und Staatsangehörigkeit. Verfassungsgeschichtliche Untersuchung zur Entstehung der Staatsangehörigkeit. Berlin, München 1973. Auf die republikanisch-föderative Alternative zum fürstlichen Territorialstaat verweist FRITZ HARTUNG, Der ständische Föderalismus der Neuzeit als Vorläufer des Bundesstaats. Bern 1961.

Staatsverständnis, Legitimationsweisen, Staatslehre der frühen Neuzeit
Allgemein über die *Staatsaufgaben* in der frühen Neuzeit unterrichtet ULRICH SCHEUNER, Die Staatszwecke und die Entwicklung der Verwaltung im deutschen Staat des 18. Jahrhunderts. In: Beiträge zur Rechtsgeschichte. Gedächtnisschrift für Hermann Conrad. Hrsg. von Gerhard Kleinheyer und Paul Mikat, Paderborn u.a. 1979. Probleme der Erbmonarchie erörtert JOHANNES KUNISCH (Hrsg.), Der dynastische Fürstenstaat. Zur Bedeutung von Sukzessionsordnungen für die Entstehung des frühmodernen Staates. Berlin, München 1982.

Spezielle *Legitimationsansätze* schildern OTTO BRUNNER, Vom Gottesgnadentum zum monarchischen Prinzip. Der Weg der europäischen Monarchie seit dem hohen Mittelalter. In: HANNS HUBERT HOFMANN (Hrsg.), Die Entstehung des modernen Staates, a.a.O.; WILHELM MERK, Der Gedanke des Gemeinen Besten in der deutschen Staats- und Rechtsentwicklung. 1934, 2. Aufl. Darmstadt 1968; FRIEDRICH MEINECKE, Die Idee der Staatsräson in der neueren Geschichte. 1924, 4. Aufl. München 1976; ROMAN SCHNUR (Hrsg.), Staatsräson. Zur Geschichte eines politischen Begriffs. Berlin 1975; JÜRGEN DENNERT, Ursprung und Begriff der Souveränität. Stuttgart 1964 (mit Ausführungen zur Staatstheorie der Monarchomachen); HERFRIED MÜNKLER, Im Namen des Staates. Die Begründung der Staatsraison in der frühen Neuzeit. Frankfurt a.M. 1987. Zur Bedeutung der Rezeption des Römischen Rechts vgl. allgemein PAUL KOSCHAKER, Europa und das Römische Recht. 4. Aufl. München 1966, sowie FRANZ WIEACKER, Privatrechtsgeschichte der Neuzeit. 2. Aufl. Göttingen 1967.

Zeitgenössische Reflexionen zum Staatsverständnis des Fürstenstaates findet man bei BRUNO SINGER, Die Fürstenspiegel in Deutschland im Zeitalter des Humanismus und der Reformation. München 1981, FRITZ HARTUNG, Der deutsche Territorialstaat des 16. und 17. Jahrhunderts nach den fürstlichen Testamenten (1912). In: ders., Volk und Staat in der deutschen Geschichte, Leipzig 1940; RICHARD DIETRICH (Hrsg.), Politische Testamente der Hohenzollern. München 1981.

Die klassische Untersuchung zur *Staatslehre der frühen Neuzeit* ist die von OTTO VON GIERKE, Johannes Althusius und die Entwicklung der naturrechtlichen Staatstheorien. 1880, 6. Aufl. Aalen 1968. Einen neueren Überblick bietet MICHAEL STOLLEIS (Hrsg.), Staatsdenker im 17. und 18. Jahrhundert. Reichspublizistik, Politik, Naturrecht. 2. Aufl. Frankfurt a.M. 1987. Weitere wichtige Untersuchungen zum Staatsdenken der Frühmoderne enthalten DIETER WYDUCKEL, Princeps legibus solutus. Eine Untersuchung zur frühmodernen Rechts- und Staatslehre. Berlin 1979; GÜNTHER ABEL, Stoizismus und frühe Neuzeit. Zur Entstehungsgeschichte modernen Denkens im Felde von Ethik und Politik. Berlin, New York 1977; CHRISTOPH LINK, Herrschaftsordnung und bürgerliche Freiheit. Grenzen der Staatsgewalt in der älteren deutschen Staatslehre. Wien, Köln, Graz 1979, HANS MAIER, Die ältere deutsche Staats- und Verwaltungslehre. Ein Beitrag zur Geschichte der politischen Wissenschaft in Deutschland. 1966, 2. Aufl. München 1980.

Die *ältere Staatslehre* wird bibliographisch erschlossen durch HANS-ULRICH SCUPIN und ULRICH SCHEUNER (Hrsg.), Althusius-Bibliographie. Zur politischen Ideengeschichte und Staatslehre, zum Staatsrecht und zur Verfassungsgeschichte des 16. bis 18. Jahrhunderts. Bearb. von DIETER WYDUCKEL. Berlin 1973.

Gesetzgebung, Staat und Kirche, Finanzen

Den Wandel zur modernen Gesellschaftssteuerung durch Gesetzgebung behandelt STEN GAGNÉR, Studien zur Ideengeschichte der Gesetzgebung. Stockholm u. a. 1960. Einen Überblick für Deutschland bietet WILHELM EBEL, Geschichte der Gesetzgebung in Deutschland. 2. Aufl. Göttingen 1958 (ND 1988). Für die Frühzeit vgl. die ausführlichen Angaben bei ARMIN WOLF. Die Gesetzgebung der entstehenden Territorialstaaten. In: HELMUT COING (Hrsg.): Handbuch der Quellen und Literatur der neueren europäischen Privatrechtsgeschichte. Band 1: Mittelalter (1100–1500). München 1973. Zur weiteren Entwicklung s. den Band 2 des genannten Handbuchs, Teil 2, München 1976, und ROLF GRAWERT, Historische Entwicklungslinien des neuzeitlichen Gesetzesrechts. In: Der Staat 11 (1972). Über den Inhalt der für den frühmodernen Staat charakteristischen Polizeiordnungen s. WILHELM BRAUNEDER, Der soziale und rechtliche Gehalt der österreichischen Polizeiordnungen des 16. Jahrhunderts. In: ZhF 3 (1976), und GUSTAV KLEMENS SCHMELZEISEN, Polizeiordnungen und Privatrecht. Münster, Köln 1955.

Zum modernen *Kirchenregiment* und *Konkordatswesen* s. WILHELM BERTRAMS, Der neuzeitliche Staatsgedanke und die Konkordate des ausgehenden Mittelalters. 2. Aufl. Rom 1950.

Einen Überblick über die *finanziellen Quellen* des frühmodernen Staates gibt THEODOR MAYER, Geschichte der Finanzwirtschaft vom Mittelalter bis zum Ende des 18. Jahrhunderts. In: Handbuch der Finanzwissenschaften, Band 1, 2. Aufl. Tübingen 1952; vgl. auch ERNST KLEIN, Geschichte der öffentlichen Finanzen in Deutschland (1500–1870). Wiesbaden 1974, sowie HERMANN SCHULZ, Das System und die Prinzipien der Einkünfte im werdenden Staat der Neuzeit. Dargestellt anhand der kameralwissenschaftlichen Literatur (1600–1835). Berlin 1987. Einen Einblick in frühe Ressourcenübersichten gewährt LUDWIG ZIMMERMANN, Der ökonomische Staat Landgraf Wilhelms IV. 3 Bände, Marburg 1933–77 (Band 3, hrsg. von Kersten Krüger). Zur Kommerzialisierung des Ämterwesens vgl. WOLFGANG REINHARD, Staatsmacht als Kreditproblem. Zu Struktur und Funktion des frühneuzeitlichen Ämterhandels. In: VSWG 61 (1974).

Bürokratie, Beamte, Behördenorganisation und Regierungsweise, Verhältnis zum Reich

Das Phänomen der *Bürokratie* ist grundlegend thematisiert worden von MAX WEBER; vgl. seine Ausführungen in: Wirtschaft und Gesellschaft. 5. Aufl., 2 Bände, Tübingen 1980. Einen allgemeinen Abriß gibt Henry Jacoby, Die Bürokratisierung der Welt. Erw. Neuausgabe. Neuwied, Berlin 1989.

In die Geschichte des *Beamtentums* führt ein Hans Hattenhauer, Geschichte des Beamtentums. Köln 1980; vgl. auch den knappen Überblick von Otto Kimminich, Die Bedeutung des Beamtentums für die Herausbildung des modernen Staates. In: Walter Leisner (Hrsg.), Das Berufsbeamtentum im demokratischen Staat. Beiträge zum Dienstrecht und zur Dienstrechtsreform. Berlin 1975. Die allmählichen Übergänge aus dem Lehnsrecht stellt dar Erich Wyluda, Lehnrecht und Beamtentum. Studien zur Entstehung des preußischen Beamtentums. Berlin 1969; die Ausbildung des Berufsbeamtentums im 19. Jahrhundert diskutiert Bernd Wunder, Geschichte der Bürokratie in Deutschland. Frankfurt a. M. 1986.

Über die Entwicklung des Beamtentums und der Behördenorganisation in Deutschland gibt in allgemeiner Weise Auskunft Kurt G. A. Jeserich, Hans Pohl und Georg-Christoph Unruh (Hrsg.), Deutsche Verwaltungsgeschichte. Band 1: Vom Spätmittelalter bis zum Ende des Reichs. Stuttgart 1982. Einen europäischen Überblick bietet Günther Gudian, Die grundlegenden Institutionen der Länder. In: Helmut Coing (Hrsg.), Handbuch der Quellen und europäischen Privatrechtsgeschichte. Band 1: Mittelalter (1100–1500). München 1973. Daran schließt zeitlich an Heinrich Otto Meisner, Staats- und Regierungsformen in Deutschland seit dem 16. Jahrhundert. In: AÖR 77 (1951/52), jetzt auch in: Hanns Hubert Hofmann, Die Entstehung des modernen Staates, a. a. O.

Einen instruktiven, querschnittartigen Einblick bietet Otto Hintze, Behördenorganisation und allgemeine Verwaltung in Preußen beim Regierungsantritt Friedrich II. Acta Borussia VI, 1, Berlin 1901. Zur Frage des persönlichen Regiments s. Gerhard Oestreich, Das persönliche Regiment der deutschen Fürsten am Beginn der Neuzeit. (1935) In: ders., Geist und Gestalt des frühmodernen Staates, und Kurt Dülfer, Studien zur Staatsorganisation des fürstlichen Regierungssystems in der obersten Zentralsphäre im 17. und 18. Jahrhundert. In: Archivar und Historiker. FS für H. O. Meisner, Berlin 1956.

Zum *Verhältnis der Territorien zum Reich* s. Ulrich Eisenhardt, Die kaiserlichen Privilegia de non appellando. Köln, Wien 1980.

Stände und Ständestaat

Die grundlegende Erörterung der *ständischen Verfassung* stammt von Georg von Below, System und Bedeutung der landständischen Verfassung. In: ders., Territorium und Staat. Aufsätze zur deutschen Verfassungs-, Verwaltungs- und Wirtschaftsgeschichte. 2. Aufl. München, Berlin 1923, ND 1965. Grundsätzliche allgemeine Erörterungen findet man bei Otto Hintze, Typologie der ständischen Verfassungen des Abendlands (1930). In: ders., Staat und Verfassung, Gesammelte Abhandlungen zur allgemeinen Verfassungsgeschichte. 3. Aufl. Göttingen 1970, und OTTO HINTZE, Weltgeschichtliche Bedingungen der Repräsentativverfassung (1931), ebd. Seit 1937 sind zahlreiche Untersuchungen zum europäischen Ständewesen erschienen in der Reihe: Études du Commission Internationale pour l'Histoire des Assemblées d'État.

Wichtige Abhandlungen finden sich in folgenden Sammlungen: HEINZ RAUSCH (Hrsg.), Die geschichtlichen Grundlagen der modernen Volksvertretung. Die Entwicklung von den mittelalterlichen Korporationen zu den modernen Parlamenten. 2 Bde. Darmstadt 1974–80, KARL BOSL und KARL MÖCKL (Hrsg.), Der moderne Parlamentarismus und seine Grundlagen in der ständischen Repräsentation. Berlin 1977, mit einem Überblicksartikel über das mittelalterliche Ständewesen von MICHAEL MITTERAUER; DIETRICH GERHARD (Hrsg.), Ständische Vertretungen in Europa im 17. und 18. Jahrhundert. 2. Aufl. Göttingen 1974, mit Forschungsüberblicken von DIETRICH GERHARD und GÜNTER BIRTSCH; vgl. auch die Aufsatzsammlungen von DIETER GERHARD, Alte und neue Welt in vergleichender Geschichtsbetrachtung. Göttingen 1962, und ders., Gesammelte Aufsätze. Göttingen 1977.

Diskutiert werden vor allem der Charakter der Landstände (Vorläufer des modernen Parlamentarismus oder eigenständige Bildungen?). Vgl. dazu EMIL LOUSSE, Parlamentarisme ou corporatisme? Les origines des assemblées d'états (1935), deutsch bei HEINZ RAUSCH, a. a. O., Band 1, und das Verhältnis der Landstände zum Fürsten; dazu grundsätzlich FRANCIS L. CARSTEN, Princes and Parliaments in Germany. From the Fifteenth to the Eighteenth Century. Oxford 1959. Zur Handlungsfähigkeit der Landtage s. ULRICH LANGE, Landtag und Ausschuß. Zum Problem der Handlungsfähigkeit landständischer Versammlungen im Zeitalter der Entstehung des frühmodernen Staates. Die welfischen Territorien als Beispiel (1500–1628). Hildesheim 1986. Die politische Vertretung niederer Volksschichten erörtert PETER BLICKLE, Landschaften im alten Reich. Die staatliche Funktion des gemeinen Mannes in Oberdeutschland. München 1973. Zur Repräsentationsfrage allgemein s. CHRISTOPH MÜLLER, Das imperative und freie Mandat. Leiden 1966. Das Phänomen der Herrschaftsverträge umreißen WERNER NÄF, Herrschaftsverträge und Lehre vom Herrschaftsvertrag. 1949, ND bei HEINZ RAUSCH, a. a. O., Band 1, und FRITZ HARTUNG, Herrschaftsverträge und ständischer Dualismus in deutschen Territorien. 1952, ND ebenfalls bei HEINZ RAUSCH, a. a. O., Band 2; vgl. jetzt auch RUDOLF VIERHAUS (Hrsg.), Herrschaftsverträge, Wahlkapitulationen, Fundamentalgesetze. Göttingen 1977.

Auf die Eigenständigkeit, die die Herrschaft ständischer Korporationen auch noch in absolutistischer Zeit besessen hat, macht grundsätzlich aufmerksam DIETMAR WILLOWEIT, Struktur und Funktion intermediärer Gewalten im Ancien Régime. In: Der Staat, Beiheft 2 (1978).

5. Kapitel
Entwicklungsaspekte des frühmodernen Territorialstaates

Vorbemerkung

Der moderne Staat ist nicht plötzlich, mit einem Schlage entstanden. Gesellschaftliche Neuerungen, wie die Etablierung neuer Staatsstrukturen, brauchen ihre Zeit, um sich zu entwikkeln und durchzusetzen. Das erklärt auch, warum man unterschiedliche Antworten auf die Frage erhält, wann sie entstanden sind. Man kann nämlich von »Entstehung« schon dann sprechen, wenn die ersten Anzeichen von etwas Neuem auftreten, oder erst, wenn das Neue gegenüber den älteren Verhaltensweisen und Institutionen dominant geworden ist, schließlich gar den Zeitpunkt meinen, in dem die alten Strukturen endgültig verschwunden sind und das Neue sich vollkommen durchgesetzt hat. So verhält es sich auch mit den Antworten auf die Frage, seit wann es den modernen Staat gibt. Diejenigen, die auf die ersten Ansätze moderner Staatlichkeit schauen, sprechen von seinen Anfängen schon im Hochmittelalter, von einer »Wende« um 1200 und von der Territorialbildung im 13. Jahrhundert als seiner eigentlichen Entstehungszeit. Andere, die sich an der Entfaltung und festen Institutionalisierung modernstaatlicher Phänomene orientieren, geben als Beginn das 15. und 16., wenn nicht erst das 17. Jahrhundert an. Und wenn man auf das endgültige Erlöschen mittelalterlicher Ordnungsvorstellungen im staatlichen Bereich abhebt, so wird man gar auf das 18. und 19. Jahrhundert verwiesen, denn – wir haben das mehrfach festgestellt – erst damals kommt das mittelalterliche Lehnswesen zu seinem Ende.

Es sind aber nicht nur unterschiedliche Akzentuierungen der Entwicklungsphase, die zu verschiedenen Ansichten über die Entstehung des modernen Staates führen, sondern oft auch unterschiedliche Vorstellungen von dem, was man unter »modernem Staat« überhaupt zu verstehen habe. Viele Autoren verbinden mit dem Begriff des modernen Staates die Idee einer einheitlichen und absoluten Staatsgewalt, die in einer souveränen Spitze gipfelt und – unterstützt von einem festgefügten bürokratischen Apparat – jede andere eigenständige Gewalt im Staat verdrängt bzw. sich unterworfen hat. Für diese Autoren ist der

Ständestaat der frühen Neuzeit mit seiner dualistischen Organisation noch kein Staat im modernen Sinne, sondern er fängt erst mit dem Sieg Richelieus und Mazarins über die Hugenotten und die Fronde, mit der Entfaltung der absolutistischen Herrschaft unter Ludwig XIV. an – zuerst in Frankreich, dann – nach dem Dreißigjährigen Krieg – auch in Deutschland. In dieser Sichtweise werden bedeutsame Aspekte moderner Staatlichkeit wie die Durchsetzung der fürstlichen Souveränität und die bürokratische Penetration der Gesellschaft als die allein entscheidenden genommen; dagegen gelten die Phänomene der Mitbestimmung und autonomen Selbstverwaltung eher als Störelemente, als das, was durch staatliche Modernisierung überwunden werden sollte.

Weit entfernt davon, die einzig mögliche zu sein, ist diese Perspektive noch nicht einmal eine sonderlich zweckmäßige; denn es sind ja gerade auch die Phänomene der Mitbestimmung und der Selbstverwaltung für die Geschichte des europäischen Staates – sowohl in seiner vormodernen, als auch in seiner modernen Phase – von erheblicher Bedeutung gewesen. Offenbar gibt es in dieser Geschichte nicht nur die Entwicklung territorialer Herrschaftseinheiten, der Gesetzgebung und der bürokratischen Institutionen sowie der Durchsetzungsfähigkeit des Staatsapparats gegenüber den Untertanen, sondern auch die Institutionalisierung von Mitbestimmungsgremien und eine Neuordnung der Selbstverwaltung, nicht nur die Einrichtung von Behörden, sondern auch die von Landtagen, nicht nur die Entfaltung fürstlicher Staatstätigkeit, sondern auch ihr Zusammenspiel mit Ständen und Parlamenten. Demgegenüber bedeutet die Reduzierung der Aspekte moderner Staatlichkeit auf den absolutistischen Staat lediglich, sich auf einen Extremfall zu kaprizieren; außer absolutistischen Staaten gab es immer auch Staaten mit ständisch institutionalisierten Mitbestimmungsgremien, sogar solche, in denen sich die Ständeversammlung im Parlament erfolgreich gegen die absolutistischen Tendenzen der Monarchie durchsetzte wie in England. Beide Varianten, die kontinental-absolutistische wie die englisch-parlamentarische, bezeichnen mögliche Entwicklungspfade zum modernen Staat. Der ist nicht nur aus dem Absolutismus entstanden.

Berücksichtigt man das, dann wird man auch die ständische Mitbestimmungskomponente als Modernisierungsfaktor ernstnehmen und dem Ständestaat als wichtigem Entwicklungsstadium des modernen Staates Beachtung schenken. Dabei zeigt es sich, daß viele modern-staatliche Elemente schon vor-absolutistische Ansätze haben und ihre Ursprünge sich zum Teil bis ins Hochmittelalter zurückverfolgen lassen. Es empfiehlt sich daher, die Entwicklung des frühmodernen Staates, wie wir ihn im 4. Kapitel definiert haben, in drei Phasen zu teilen, in

- eine Entstehungszeit, in der die ersten Ansätze der Territorialstaatsbildung sichtbar werden und die Entscheidung für den fürstlichen Territorialstaat fällt (in Deutschland zwischen dem 12. und 14. Jahrhundert),
- eine Zeit der Entfaltung typisch ständestaatlicher Institutionen und ihres Dominierens über ältere Staatsstrukturen (im 15. und 16. Jahrhundert),
- die sog. absolutistische Phase (in Deutschland im 17. und 18. Jahrhundert), in der die Fürsten die ständische Konkurrenz in der Regel der Fälle zurückdrängen, wenn auch nicht völlig beseitigen, während in England die Entwicklung des modernen Staates den umgekehrten Verlauf nimmt, beide Wege aber zum hochmodernen Verfassungsstaat führen.

Die gesamte Entwicklungsphase des frühmodernen Staates reicht somit vom 12. bis zum 19. Jahrhundert. Sie deckt sich zeitlich mit der Epoche, die heute in der Sozialgeschichte »Alteuropa« genannt wird: die Welt der ständischen Gesellschaft, der alten Familien- und Sozialstrukturen, der fürsorglichen Hausväter und des von ihnen abhängigen Gesindes und der vorindustriellen Lebensweise. Im Gegensatz zur Sozialgeschichte stellt für die Verfassungsgeschichte diese Epoche jedoch keine statische Einheit dar: denn man kann vom frühmodernen Staat nicht einfach sagen, wie es von der alteuropäischen Gesellschaft gelegentlich behauptet wird, er sei im Hochmittelalter entstanden und habe dann bis zur Schwelle des Industriezeitalters überdauert. Obwohl es Gründe gibt, diese Epoche auch unter dem Blickwinkel der Staatsbildung als eine Einheit zu fassen, kann doch nicht übersehen werden, daß in ihr eine bedeutsame, über die Schwelle zum 19. Jahrhundert hinausweisende Entwicklung stattgefunden hat. Vor allem verdient der Wandel im 15. Jahrhundert, die damals einsetzende, verstärkte Ausdifferenzierung staatlicher Strukturen aus dem gesellschaftlichen Umfeld, Beachtung. Dieser wichtige Einschnitt in der Entwicklung des frühmodernen Staates ist nicht identisch mit der traditionellen Einteilung der europäischen Geschichte in ein Mittelalter und eine Neuzeit mit der Epochengrenze von 1500; denn er liegt schon im Spätmittelalter. Die Verschiebung des

Entwicklungsakzentes ändert jedoch nichts daran, daß die Verfassungsgeschichte genötigt ist, einen wesentlichen Entwicklungsfortschritt in der Herausbildung modern-staatlicher Strukturen inmitten der frühmodernen Epoche zu konstatieren und diese grundsätzlich auch unter dem Aspekt der Entwicklung zu sehen, was der Sozialgeschichte nachzuvollziehen offensichtlich schwer fällt, weil sie befangen ist in der Vorstellung von einer durchgängigen vormodernen Einheit von Staat und Gesellschaft in Alteuropa, der eine Ausdifferenzierung des staatlichen Sektors, seine Trennung von der Gesellschaft erst im 19. Jahrhundert folgt.

1. Zur Entstehung des frühmodernen Territorialstaates im Mittelalter

I.

Ein erstes wichtiges Charakteristikum des (früh-)modernen Staates ist, daß er als »Territorium« oder »Land« in Erscheinung tritt. Auf die sich darin andeutende Betonung der räumlichen Komponente der Herrschaft haben wir im vorangegangenen Kapitel hingewiesen. Die Feststellung führt uns in das 13. Jahrhundert zurück. Von *domini terrae* ist schon in einem Reichsweistum von 1231 die Rede, wenig später (1237) von *ministeriales terrae* (anstatt von *ministeriales ducis*) und allmählich werden die Zusammensetzungen mit »Land« Legion, vom »Landrecht« über »Landgrafschaften« und »Landvogteien« bis zum »Landesvater«, zu den »Landeskindern« und »Landsknechten«.

»Land« und seine Komposita wie »Landschaft« waren im Mittelalter nicht einfach geographische Begriffe, sondern politische. Ein »Land« war eine Bevölkerung in einem Raum, vereinigt durch ein Landrecht und beherrscht von einem Landesherrn. Es konnte aber auch ohne einen Fürsten existieren, und es konnte mit dieser Bezeichnung sogar ein gewisses Spannungsverhältnis zum Fürsten ausgedrückt werden, z. B. wenn die Landstände behaupteten, daß sie das »Land« – im Gegensatz zum Domanialbesitz des Fürsten – seien. Man geht kaum fehl, wenn man die neuartige Sichtweise und Terminologie mit dem schon erwähnten Landesausbau im Hochmittelalter in Verbindung bringt. Der Übergang zur »Landes«-Herrschaft ist offenbar Ausdruck einer aufgrund der Bevölkerungszunahme und -differenzierung eingetretenen Herrschaftsverdichtung gewesen, nicht nur in Deutschland, sondern z. B. auch in Frankreich.

Gefördert wurde diese Territorialisierung der Herrschaft schon früh vom Reich, durch Kaiser und Könige, die sich gegen die Konkurrenz der Stammesherzöge durchzusetzen versuchten. Schon im 12. Jahrhundert tauchen neue, nicht mehr dem Stammesprinzip folgende *terrae imperii* auf. Auch unmittelbar nahmen die Könige an der Politik, über Ländererwerb ihre Macht zu mehren, teil. Während aber in Frankreich das Königtum mit dieser Politik am Ende das ganze Reich umfaßte und eine königliche Landesherrschaft aufzubauen vermochte, führte die Raumerfassung in Deutschland nach dem Zusammenbruch der Stauferherrschaft dazu, daß eine Fülle größerer und kleinerer Potentaten durch Errichtung von Gebietsherrschaften zu »Landesherren« aufstieg.

Man hat in der Rechtsgeschichte des 19. und beginnenden 20. Jahrhunderts oft versucht, diesen Vorgang der »Entstehung der Landesherrschaft« auf eine einzige Rechtsgrundlage zurückzuführen, auf die Grundherrschaft oder die Grafschaft mit den Grafenrechten wie z. B. der hohen Gerichtsbarkeit. Alle diese Versuche sind jedoch gescheitert. Es hat nicht nur eine Rechtsbasis und schon gar nicht ein bestimmtes Recht gegeben, mit dessen Besitz man Landesherr werden konnte, sondern dazu ließen sich alle möglichen Machtmittel und Rechtstitel benutzen, eine Grundherrschaft, insbesondere wenn sie mit Immunitätsrechten begabt war, eine Vogtei über Kirchen, die niedere Gerichtsbarkeit, das Forstregal, mit dessen Hilfe sich eine Herrschaft über Waldungen ausbauen ließ, und natürlich auch eine Grafschaft mit ihrem Bündel von Hoheitsrechten.

Vorteilhaft war bei der Begründung einer Landesherrschaft zweifellos der Besitz von Reichsrechten, eine vom König verliehene Banngewalt, das Privileg, Burgen bauen zu dürfen, die Nutzung von Regalien. Diese Rechte konnten vom König delegiert, sie konnten mit der Zeit auch usurpiert worden sein, wie auch Reichsgut häufig von den Reichsvasallen im Interregnum vereinnahmt worden ist. Überhaupt ist die Zeit seit der Doppelwahl von 1198 mit ihrer Schwächung der Reichsgewalt dem Aufbau von Landesherrschaften günstig gewesen. Doch war die Stellung zum Reich nicht allein ausschlaggebend. Sicher war es bedeutsam, ob jemand als Herzog, Markgraf oder Reichsbischof über eine besondere Position im Reich und damit über gute Startmöglichkeiten verfügte – über ein eigenes Militäraufgebot z. B. oder über eine anerkannte Gerichtsbarkeit. Wer aber reichsunmittelbar bleiben und zugleich Landesherr werden wollte – beides gehört ja zusammen –, mußte sich gegen Konkurrenten und eine Vielzahl kleiner, eigenständiger Herrschaftsträger im betreffenden Gebiet durchsetzen. Er stand nicht nur vor der Frage, wieweit er seinen Herrschaftsraum auszudehnen vermochte, sondern zunächst einmal, ob es ihm überhaupt gelingen würde, einen solchen dauerhaft zu begründen. Auch dazu ließ sich eine Fülle von Machtmitteln und Rechtstiteln benutzen, neben dem Kampf der Aufkauf konkurrierender Herrschaften oder die Einheirat in sie. Gegenüber den kleinen Machtträgern im Lande wurden oft herkömmliche Machtpositionen ausgespielt, z. B. das Lehnrecht, indem man Lehnsvergaben davon abhängig machte, daß der Vasall seinen Eigenbesitz dem Herrn auftrug, um ihn anschließend zusammen mit den begehrten Herrengütern als Lehen zurückzuempfangen. Das verstärkte seine Abhängigkeit und vergrößerte zugleich den Umfang dessen, was gegebenenfalls, beim Aussterben einer hochadligen Familie im Lande, an den Fürsten zurückfiel. Andere Mittel, wie die Durchsetzung der Öffnung der Burgen und die Erstreckung der Landesverwaltung auch auf die Untertanen der Vasallen, kamen hinzu.

In dem Bestreben, eine Landesherrschaft zu begründen, sind auch andere Potentaten als die in der Lehnspyramide unmittelbar unter dem König stehenden Reichsfürsten erfolgreich gewesen, Grafen oder Vögte, Freiherren oder selbständig gewordene Reichsministerialen. Mancher Bischof konnte sich gegenüber einer starken herzoglichen oder markgräflichen Gewalt nicht unabhängig halten und wurde landsässig; umgekehrt gelang es einer Anzahl von Städten, Dörfern und Rittern, reichsunmittelbar zu bleiben. So kommt es, daß die Landkarten von Deutschland in jener Zeit wie Fleckerlteppiche ausschauen mit ihrer Fülle größerer und kleinerer, zusammenhängender und über die Gegend verstreuter Territorialherrschaften: Herzogtümer und Markgrafschaften, Bistümer und Grafschaften, Fürstentümer und Reichsstädte, Reichsdörfer und Reichsritterschaften.

Sie alle waren reichsunmittelbar, und wo sie Landesherrschaften waren, verfügten sie am Ende über eine Anzahl typischer Hoheitsrechte, vor allem über die Blutgerichtsbarkeit, die Herrschaft über Leben und Tod im Lande, aber auch über ehemalige Reichsrechte, die Regalien, über Vogteirechte und

Lehnsherrschaft. Es ist bezeichnend, daß bis weit in das 18. Jahrhundert hinein von der Staatslehre die Landesherrschaft nicht anders charakterisiert werden konnte als durch eine Aufzählung der typischen Rechte, die damals von den Landesherren gesammelt und vereinigt worden waren. Und auch als man sich seit Ende des 17. Jahrhunderts daran gewöhnte, die Rechte zusammengefaßt als *superioritas territorialis* (Landeshoheit) zu bezeichnen, war die Landesherrschaft zunächst immer noch nicht anders vorstellbar denn als Resultat einer Sammlung von Rechtspositionen. Erst allmählich änderte sich die Vorstellungsweise, wurde unter »Landeshoheit« im Laufe des 18. Jahrhunderts die quasi-souveräne Stellung eines Landesherrn verstanden, die sich nicht aus einer Reihe von Rechten zusammensetzte, sondern aus der umgekehrt diese sich ableiten ließen. Erst damals wurde der Übergang zur Vorstellung von einer einheitlichen Territorial- oder Staatsgewalt, aus der die Fülle spezieller Hoheitsansprüche und Rechte fließt, vollzogen.

Fassen wir zusammen: Eine Landesherrschaft ist Herrschaft über ein Gebiet durch Erwerb darauf bezogener Herrschaftsrechte. Von welcher ursprünglichen politischen Machtstellung aus und mit welchen Mitteln sie erworben wurde, ist unterschiedlich und läßt sich nicht auf eine allgemeine Formel bringen. Aber am Ende dieses Prozesses sind – jedenfalls im Idealfall – alle anderen Herrschaftsträger aus dem betreffenden Raum ausgeschlossen oder untergeordnet, und es besteht nur noch eine Abhängigkeit vom Reich. Nicht in allen Fällen ist das Endziel eines geschlossenen Territoriums erreicht worden, leichter war dies in den Kolonialgebieten des Ostens als im Altreich. Hier gab es Landesherrschaften, die es nie zu einem einheitlichen Gebiet brachten, weil in ihnen z. B. die Ritterschaft mit ihren Gütern reichsunmittelbar geblieben war (sog. *territoria non clausa*). Abgesehen davon ist die Begründung einer vollkommenen Landesherrschaft in jedem Fall ein langwieriger Prozeß gewesen, und er war mit dem Erwerb der Herrschaft über ein Territorium meist noch nicht zu Ende; denn das Sammeln, Vereinigen und wieder Teilen von Ländern ging die ganze Frühmoderne hindurch weiter, sichtbar in den immer voluminöseren Titeln erfolgreicher Fürsten, die zur Sicherung ihrer Ansprüche mit ihnen bekundeten, wo sie Herr waren und auf welcher Stellung (Herzog, Markgraf, Graf, einfach »Herr« etc. etc.) ihre Herrschaft beruhte.

II.
Durch die angedeutete Entwicklung sind nicht alle kleinen Territorialherrschaften beseitigt worden, aber mit der Zeit wurden die deutschen Territorialherrschaften doch überschaubarer, insbesondere am Ende des alten Reiches. Einen entsprechenden Verlauf hat die innere Organisation der Territorialherrschaften genommen. Auch sie war anfangs noch rudimentär. Erst allmählich bildete sich der moderne Staatsapparat, bildeten sich feste staatliche Institutionen heraus – eine Entwicklung vom »Territorium« zum »Territorialstaat« im engeren Sinne, die die kleineren Territorien (die sog. »Zwergstaaten«) freilich nicht mitvollzogen.

Die frühen mittelalterlichen Territorien besaßen in der Regel noch keine feste Residenz und keine von der Verwaltung des fürstlichen Hofes getrennte Administration des Landes. Regiert wurde mit Hilfe der traditionellen Hofämter und mit »Räten«, die ständig am Hof anwesend waren (sog. »wesentliche« Räte) bzw. einen Anspruch auf Mitbestimmung hatten und auf die zu hören wichtig war (sog. »Räte von Haus aus«). Der Kreis der Berater war weder klar definiert noch gab es bestimmte Zeiten, zu denen er einberufen werden mußte. Die Leitung der Hofverwaltung oblag meist dem Hofmeister; neben ihm fungierte der Kanzler als Vorsteher der Kanzlei, deren Geschäftsbetrieb in dem Maße zunahm, als in ihr nicht nur Urkunden ausgestellt wurden und das Siegel geführt wurde, sondern nunmehr auch Register: Übersichten über die vergebenen Lehen sowie Verzeichnisse der Güter und Abgaben (sog. Urbare), eine im 13. Jahrhundert üblich werdende administrative Rationalisierungsmaßnahme, wie sie die geistlichen Grundherrschaften mit ihren Kopial- und Traditionsbüchern zum Teil schon seit dem 9. und die Städte seit dem 11. Jahrhundert kannten. Hofmeister und Kanzler zeigten sich in der Regel bemüht, im Rat Sitz und Stimme, wenn nicht gar eine führende Position zu erlangen – ein Zeichen dafür, daß dort wesentliche Entscheidungen gefällt wurden.

Zu den wichtigsten Aufgaben eines Landesherrn gehörte es, für Frieden und Ordnung in dem von ihm beherrschten Gebiet zu sorgen; darauf weist eine Reihe von Landfriedensgesetzen hin, die im Mittelalter erlassen wurden und die von den lokalen Herrschaftsträgern beschworen werden mußten. Hinzu kamen schon bald erste Aufzeichnungen von Privat- und Prozeßrechtsnormen in den »Landrechten« (vgl. die sog. Kulmer

Handfeste von 1233, die Landrechtsaufzeichnung im Kulmer Land des Deutschen Ritterordens, 1298 das österreichische Landrecht und weitere Landrechte im 14. und 15. Jahrhundert). Für die Befriedung des Landes unerläßlich war es auch, daß das Gerichtswesen im Territorium unter Kontrolle genommen wurde und die hohe Gerichtsbarkeit an fürstliche Landgerichte kam, einer neuen gerichtlichen Instanz neben dem rechtsprechenden Fürsten im Rat.

Man kann die Bedeutung der Befriedungsaufgabe für die Begründung der Landesherrschaft in einer Zeit chronischer Schwäche der Reichsgewalt nicht hoch genug einschätzen. Sie war ein probates Mittel, die eigenen Herrschaftsansprüche zu legitimieren, lokale Herrschaften sich unterzuordnen und den Aufbau eines Staatsapparates zu rechtfertigen. Das wird deutlich in der Lokalverwaltung der Territorien, die zunächst von Burgen ausging. In ihnen saßen Burgvögte oder Kastellane mit einer Söldnermannschaft zur Sicherung des Landes und der Landesherrschaft. Bei diesen Vögten oder Amtmännern handelte es sich damals noch um rittermäßig lebende Funktionäre, was angesichts ihrer militärischen Aufgaben nicht wundernimmt. Vielfach waren es Adlige, die ein widerrufbares Dienstlehen erhalten hatten – eine Übergangsform vom Lehnswesen zum modernen Beamtentum, in der die stärkere Unterordnung des Lehnsempfängers unter die Anordnungen des Herrn, die Idee der Verwaltung eines Amtes im Auftrag und zu Diensten eines anderen sich langsam abzeichneten. Auf der anderen Seite finden wir im Zuge der aufkommenden Geldwirtschaft aber auch ganz andere Phänomene im Bereich der Verwaltung, nämlich die Verpfändung und die Verpachtung von Ämtern und den Ämterkauf.

III.

Heute seltsam anmutende Bräuche wie Ämterverpfändung, Ämterverpachtung und Ämterkauf, in unterschiedlichem Umfang in den einzelnen Territorien geübt, geben Anlaß, noch einmal auf die Bedeutung der Geldwirtschaft für den frühmodernen Staat hinzuweisen. Erstens hat die Möglichkeit, mit Geld zu zahlen, Personen käuflich und ihr Verhalten in besonderer Weise berechenbar gemacht. Man konnte – ihr Interesse an Geldeinkünften vorausgesetzt – sich auf ihre Arbeitsbereitschaft verlassen (Berechenbarkeit im Sinne von Verläßlichkeit) und – anders als bei einer diffusen Treueverpflichtung – ihre

Leistungspflichten nun genauer regeln (Berechenbarkeit im Sinne von Verrechenbarkeit). Ansätze zu einer derartigen rechenhaften Rationalität finden wir im Handels- und Gewerbeleben der mittelalterlichen Städte, aber auch im Lehnswesen, da auch dort die Vasallen sich früh bestrebt zeigten, nicht einfach aufgrund einer unbestimmten Treueverpflichtung zu dienen, sondern nach Maßgabe des ihnen überlassenen Lehnsgutes – ein Vorgang, der in der Rechtsgeschichte als »Verdinglichung« des Lehnswesens bezeichnet wird. Mochte die Beziehung auf Größe und Ausstattung des Lehnsgutes nur einen ungefähren Maßstab für den Umfang der Lehnsverpflichtungen abgeben, so war doch das Interesse an einer »Entpersönlichung« der Beziehungen, nach einem gleichsam »neutralen« Kriterium für Leistung und Lohn und damit nach einer »Versachlichung« des Lehnsverhältnisses offensichtlich.

Zum andern wurden nun aber auch die vorhandenen Herrschaftsressourcen disponibel, soweit sie sich in Geldgrößen ausdrücken ließen, wie Ämter, die Pfründen abwarfen, Berechtigungen, Güter und ganze Landesteile. Sie alle ließen sich jetzt verpfänden, verpachten oder veräußern und damit für den steigenden fürstlichen Geldbedarf nutzen, z. B. indem man die Eintreibung von Zöllen einem Unternehmer gegen eine Pauschalabgabe überließ. Die mit der Geldwirtschaft eintretende allgemeine Kommerzialisierung der Dinge machte auch vor Herrschaftsbeziehungen sowie staatlichen Gütern und Rechten nicht halt.

Man hat diese Entwicklung, in der im Extremfall alle staatlichen Belange dem individuellen Belieben der Herrschenden disponibel zu werden schienen, meist als kurios und gründlich verfehlt angesehen, den Patrimonialstaat nicht als wirklichen Staat anerkennen wollen und das Ganze als Rückschritt gegenüber den im Reich ja schon längst artikulierten Vorstellungen von der Unteilbarkeit und der das individuelle Belieben übersteigenden Transpersonalität des Staates empfunden. Fraglos hatte das patrimoniale Besitzdenken in der Sphäre der öffentlichen Herrschaft etwas Mißliches an sich, wie die Folgen zeigen: die Zerstückelung von Ländern, die Preisgabe von Rechten und Ämtern, die Veräußerung und Vererbung ganzer Landesteile und die in diesem Zusammenhang auftauchenden zeittypischen Erbfolgekriege. Doch darf nicht übersehen werden, daß dieser »Patrimonialismus«, der sich im übrigen die ganze Frühmoderne durch hielt, keineswegs nur zerstörerisch auf die Staatsentwicklung jener Zeit gewirkt hat, sondern auch zum Aufbau größerer, mit ihrer überlegenen Ordnungskraft den Bürgern mehr Sicherheit gebender Staaten beitrug; denn ein Herrscher konnte ja nicht nur Land und Leute verpfänden und veräußern, sondern ebenso fremde Herrschaften aufkaufen, erheiraten, oder als nicht wieder eingelöste Pfandstücke erwerben. Dieser Weg ist gegenüber dem der kriegerischen Eroberung vermutlich oft der angenehmere gewesen.

Eingedenk dessen werden wir die patrimoniale Phase der Staatsentwicklung eher als einen wichtigen und förderlichen Abschnitt der modernen Staatsbildung anzusehen haben denn als ihr negatives Gegenstück. Allerdings ließ sich der strikt kommerzielle Standpunkt nicht auf Dauer durchhalten. So widersprach die Ausbeutung eines gekauften oder gepachteten Amtes in eigensüchtigem Interesse letztlich ebenso wie die Amtsausübung aus bloßem Lohninteresse der im Amt liegenden Auffassung von seiner Wahrnehmung im Dienst der Allgemeinheit. Die Ämter verloren daher – genauso wie das Staatsgebiet – im weiteren Verlauf der Entwicklung wieder den Charakter handelbarer Gegenstände, und die Amtsausübung gegen Sold erhielt Momente einer auf einem wechselseitigen Treueverhältnis beruhenden und in Geldgrößen nicht mehr ausdrückbaren Dienstbereitschaft, was das moderne Beamtentum in den Augen seiner, an den einfachen Lohn- und Leistungsverhältnissen der Wirtschaft orientierten Kritiker folgerichtig als eigentlich recht »unmodern« erscheinen läßt.

IV.

Die Bildung von Territorien durch die verschiedensten Potentaten im 13. und 14. Jahrhundert und ihr patrimoniales Schalten und Walten hat die Verfassungsgeschichte gelegentlich dazu animiert, diesem Zeitabschnitt die Epochenbezeichnung »frühabsolutistisch« zu geben (Spangenberg). Jedoch so gerechtfertigt es auch sein mag, auf die bedeutende Rolle von Herrscherpersönlichkeiten bei der Entstehung der Landesherrschaft und der Territorien hinzuweisen, so unglücklich ist die Bezeichnung »frühabsolutistisch« in dem Zusammenhang; denn sie suggeriert, daß politische Stände in jener Zeit nicht vorhanden oder insgesamt unbedeutend gewesen seien. Das war aber keineswegs der Fall. Auch in den Anfängen frühmoderner Staatsbildung gab es schon politisch handelnde Stände. Sie sind nicht erst nach der Ausbildung des Territorialstaates entstanden, als

Gegenschlag gegen ihn, zur Begrenzung einer zunächst unabhängig etablierten fürstlichen Gewalt. Politische oder Land-Stände haben vielmehr einen wesentlichen Anteil an der Bildung der frühmodernen Territorialstaaten gehabt.

Schon zu Beginn der Territorialbildung war den neuen *domini terrae* vom Reich eingeschärft worden, daß sie keine *constitutiones vel nova iura facere possint,* ohne *meliorum et maiorum terrae consensus* einzuholen (Reichsweistum vom 1. Mai 1231). Diese Hinweise mögen die *domini terrae* freilich weniger bewogen haben, auf die Großen im Lande Rücksicht zu nehmen, als der simple Umstand, daß jeder, der Landesherrschaft ausüben wollte, auf Rat und Hilfe anderer angewiesen war und sich gegen sie nicht ohne weiteres durchsetzen konnte. So begegnet uns auch hier wieder die aus dem Mittelalter bekannte Verflechtung von *consilium-* und *auxilium-*Wünschen des Herrn mit entsprechenden Verpflichtungen und Mitbestimmungsansprüchen der anderen Seite. Das alte *quod omnes tangit, ab omnibus approbetur* war eine auch in jener Zeit häufig benutzte Formel, was uns berechtigt, von einer Tradierung des Mitbestimmungsprinzips selbst dort zu sprechen, wo – wie etwa in neu geschaffenen Territorien – eine unmittelbare institutionelle Kontinuität von mittelalterlichen Mitbestimmungsgremien zu den neuen ständischen nicht erkennbar ist. Doch lassen sich auch ohne Kontinuitätsbeweis im einzelnen unschwer Verbindungslinien ziehen von den Hoftagen und Ratsversammlungen in den älteren Herzogtümern und Markgrafschaften zur Herrenkurie der Grafen und Freiherren in herzoglichen und markgräflichen Territorien, oder von den Vasallentagen, den Lehnsversammlungen eines Feudalherren, zu den Ritterkurien der entstehenden Ständestaaten.

Was jedoch die Stände von den älteren Mitsprachegremien unterschied, war zweierlei: zum einen ihr über die Versammlung mächtiger Persönlichkeiten im Lande hinausgehender korporativer Zusammenschluß und zum anderen der Umstand, daß seit dem 13. Jahrhundert neben den traditionell zur Mitsprache berechtigten Herrenschichten des Adels und der Geistlichkeit auch die Städte mitspracheberechtigt wurden. Mit den Landständen verhandelt der Fürst zunächst bilateral; es gab Ständezusammenkünfte, wenn auch anfangs noch keinen institutionalisierten Landtag. Auch in dieser Hinsicht ist die Organisation des frühmodernen Territorialstaats zunächst recht rudimentär gewesen. Aber das heißt eben nicht, daß Stände als politische Machtfaktoren in dieser Anfangsphase überhaupt gefehlt hätten. Ihre Hilfe war vielmehr gerade damals für den Landesherrn unverzichtbar, sei es, daß er sie zur Durchsetzung des Landfriedens benötigte, sei es, daß sie finanzielle Hilfe zur Unterhaltung des Verwaltungsapparats oder zur Durchführung von Kriegen leisten mußten.

Die in solchen Fällen aufgenommenen Verhandlungen zeigen, wie gewichtig die Position der Stände war. In der Regel gelang es ihnen schon damals, ihre Mitfinanzierung der fürstlichen Politik von Gegenleistungen abhängig zu machen, die in Form von Verträgen oder einseitigen Zugeständnissen der Fürsten fixiert wurden. Meist handelte es sich dabei um Versuche, die Einnahmen aus der Bede auf Dauer festzuschreiben und die Anlässe für außerordentliche Abgaben auf besondere Fälle zu beschränken wie den Ritterschlag des Fürstensohnes, die Verheiratung der Tochter und Kriegskosten, insbesondere die Zahlung von Lösegeld für in Gefangenschaft geratene Landesherren. Darüber hinaus ging es den Ständen um Anerkennung ihrer Rechte und Freiheiten, um die Zustimmung zu Veränderungen im Lande und die Einflußnahme auf die Besetzung der Ämter und Ratsstellen, die Einheimischen (d. h. Ständemitgliedern) vorbehalten bleiben sollten. Zur Wahrung der ständischen Belange konnten durchaus auch Forderungen der Ausfolgerung oder Bestätigung lokaler Hoheitsbefugnisse wie z. B. der niederen Gerichtsbarkeit gehören (so z. B. in der Ottonischen Handfeste in Niederbayern 1311).

Die Stärke der Stände beruhte nicht zuletzt darauf, daß die neuen Landesherren von ihnen finanziell abhängiger waren als deren mittelalterliche Vorgänger von den älteren Mitbestimmungskonsilien – eine Folge des steigenden Geldbedarfs für Hofhaltung, Verwaltung und Militär. Was durch die Einführung des Söldnerwesens an personeller Unabhängigkeit vom Lehnsaufgebot der Vasallen erreicht wurde, schlug so rasch in eine finanzielle Abhängigkeit um. Bis zu einem gewissen Grade konnte ein Fürst ihr entgehen, indem er sich verschuldete. Da er aber in der Regel nicht in der Lage war, die aufgenommenen Kredite aus seinen Kammereinkünften zurückzuzahlen, mußte er früher oder später doch wieder mit der Bitte um finanzielle Hilfe vor die Stände treten. Eine absolutistische Politik an den Ständen vorbei war für den Landesherrn im Spätmittelalter jedenfalls grundsätzlich ausgeschlossen, und damit blieb der Aufbau des Territorialstaates eine Sache, die der Fürst trotz aller eigenen Initiative und Führung nur mit den Ständen zusammen leisten konnte.

V.

Man wird den Ständen nicht gerecht, wenn man nur ihre Rolle beim Aufbau der fürstlichen Territorialstaaten beachtet. Als korporative Einungen konnten sie sich nämlich auch selbständig formieren, ohne Zutun eines Fürsten, und Bündnisse untereinander sowie über die Territorien hinweg eingehen. Ihre Bünde konnten sich sogar gegen einen Fürsten, der mit landesherrlichen Ansprüchen auftrat, richten. Wir haben derartige korporative Einungen schon in den mittelalterlichen Städten kennengelernt, in denen sich die Bürger gegen die Stadtherrschaft zusammengeschlossen und die Stadtregierung in eigene Regie übernommen hatten. Wir können sie aber auch in anderen Bereichen des mittelalterlichen Korporatismus beobachten, in bäuerlichen Markgenossenschaften, im Zunftwesen und in der konziliaren Bewegung der Kirche, die sich gegen den päpstlichen Anspruch auf Machtvollkommenheit *(plenitudo potestatis)* richtete. Die Vertrags- und Bündnissysteme, die aus ihnen hervorgingen, konnten sogar zu selbständigen Staatsbildungen führen wie der Schweizer Eidgenossenschaft und den niederländischen Generalstaaten.

In Deutschland ist diese Entwicklung durch den Verfall der Reichsgewalt im 13. Jahrhundert forciert worden. Nunmehr traten Städtebünde auf wie der Rheinische von 1254, die nicht nur zur Förderung des Handels geschlossen worden waren (wie die bekannte, aus einer Kaufmannsvereinigung hervorgegangene norddeutsche Hanse), sondern Einungen zum Schutz des Landfriedens darstellten. Sie übernahmen in der Phase des Niedergangs der Reichsgewalt die Wahrung der öffentlichen Ordnung auf bündischer Grundlage, mit einer Schiedsgerichtsbarkeit zur Schlichtung von Streitigkeiten unter den Bundesmitgliedern. Neben der sich ausbildenden Territorialherrschaft, neben den Resten einstiger Reichsgewalt, den selbständig gebliebenen kaiserlichen Landgerichten in Süddeutschland und der berühmt-berüchtigten westfälischen Veme, bildeten so die Städte einen weiteren Ansatz für eine künftige staatliche Ordnung.

Dem Rheinischen Städtebund folgten zahlreiche andere im 14. Jahrhundert, z. B. im Elsaß 1354, in Schwaben 1376, in Niedersachsen 1382. In ihnen schlossen sich zum Teil 70, 80 und mehr Städte zusammen; auch Fürsten und Ritter wurden gelegentlich Mitglieder. Die Ritterschaft folgte dem Beispiel. Seit den siebziger Jahren des 14. Jahrhunderts finden wir eine Anzahl von Ritterbünden wie die »Gesellschaft mit St. Jörgenschild in Schwaben« zur Verteidigung von Standesinteressen. Auch bäuerliche Einungen und sogar eine Art von Bauernrepubliken an der Peripherie des Reiches hat es gegeben, an der Nordseeküste wie in den Alpen, wo sich schon zur Zeit des Interregnums die drei Waldstätten Uri, Schwyz und Unterwalden zusammengeschlossen und 1291 einen »Ewigen Bund« zur Aufrechterhaltung des Landfriedens gebildet haben.

Anscheinend hat die tiefgreifende Krise des 14. Jahrhunderts – der schon erwähnte Zusammenbruch der mittelalterlichen Wirtschaftsorganisation mit seinen Hungerepidemien und Seuchenwellen, mit einer Bevölkerungsabnahme um etwa ein Drittel und einem spektakulären Rückgang der Agrarproduktion – die Selbsthilfetendenzen der Städte und der durch den Verfall der Agrarpreise besonders betroffenen Bauern und Grundherren noch gestärkt, zumal ein staatliches Krisenmanagement – im Gegensatz zu der Zeit nach dem Dreißigjährigen Krieg – ausblieb; es war angesichts des Entwicklungsstandes von Reich und Territorien wohl auch nicht zu erwarten. Die in jener Zeit beobachtbaren Selbsthilfeansätze reichten von den simplen Überlebensstrategien depravierter Adliger im Raubrittertum bis hin zu großen, Stände übergreifenden Bündnissystemen wie dem Schwäbischen Bund von 1488, der sich gegen bayerische Übergriffe zur Wehr setzte. Es ist bezeichnend, daß im 14. Jahrhundert die Landfriedenseinungen die kaiserliche und fürstliche Gesetzgebung in diesem Bereich übertrafen; überhaupt scheint die Gesetzgebung wie auch das Verhandlungswesen zwischen Fürst und Ständen in den Territorien damals ins Stocken gekommen zu sein.

Das Reich hat der Einungsbewegung ambivalent gegenübergestanden. Die Kaiser haben immer wieder die Bildung von Städtebünden mit Rücksicht auf die Fürsten untersagt (so z. B. Karl IV. in der berühmten Goldenen Bulle von 1356). Gelegentlich hat man jedoch auch Ansätze zu einer Reichsreform auf die bündische Idee gestützt, so vor allem Kaiser Sigismund, der die Vorstellung von einem unter seiner Führung stehenden Städtebund entwickelte und 1422 der gesamten deutschen Ritterschaft das Recht zugestand, sich korporativ zusammenzuschließen und mit den Städten zu vereinen. Damit deutete sich eine neue, antifürstliche Konstellation im Reich an. Eine

»Reichsreform von unten« (Grundmann) schien möglich zu werden. Dennoch sind diese Organisationsansätze am Ende alle gescheitert, außer an der Peripherie des Reiches, in der Schweiz und etwas später in den Niederlanden. Das lag sicherlich zum Teil daran, daß sie keine nachhaltige Unterstützung durch das Reich fanden; schließlich waren die Kaiser ja selbst Landesherren und damit Kollegen der Fürsten, gegen die sich die Förderung der Bünde richtete. Es lag aber auch daran, daß die vielen Mitglieder eines Bundes nicht zu einem dauerhaften Zusammenhalt und zu einer wirksamen Machtkonzentration zu bewegen waren. Darüber hinaus waren die Gegensätze zwischen den Städten und der Ritterschaft, die sich 1381 sogar in einer kriegerischen Auseinandersetzung entluden, zu groß, um eine dauerhafte Einigung zwischen beiden erhoffen zu lassen. Schließlich erwiesen sich die Fürsten ihnen militärtechnisch und politisch überlegen, so schon im sog. Ersten Städtekrieg 1388/89, in dem die Fürsten dem Schwäbischen Städtebund bei Döffingen und den rheinischen Städten bei Worms vernichtende Niederlagen beibrachten, wie dann auch im Zweiten Städtekrieg 1449/50. Beide Kriege markieren die Zeitspanne, in der die bündische Idee zwar noch einmal im Rahmen der Überlegungen zu einer Reichsreform auflebte, die Entscheidung aber endgültig für den fürstlichen Territorialstaat als der Ordnungsmacht der Zukunft fiel.

2. Die Organisierung des frühmodernen Territorialstaates im 15. und 16. Jahrhundert

Mit dem 14. Jahrhundert, spätestens dem beginnenden 15. Jahrhundert hat die Entstehungsphase des Territorialstaates in Deutschland ihren Abschluß gefunden. Die Territorien hatten sich nun mit einer gewissen Festigkeit herausgebildet; sie konnten nicht mehr einfach aufgehoben und neu formiert werden. Ein Landesherr vermochte zwar mehrere von ihnen zu beherrschen, aber nur in Personalunion; ein neuer, einheitlicher Staat entstand dadurch nicht. Auch die Entscheidung für den fürstlichen Territorialstaat war jetzt, im Kampf gegen die föderativen Bündnisorganisationen der Ritter und Städte gefallen. In großen Territorien hatten sich die Landesherren schon im 14. Jahrhundert so stark etabliert, daß sie faktisch eine umfassende Landeshoheit ausübten. Deutlich ist daher von der vorangegangenen Epoche nun eine neue zu unterscheiden, in der es um den organisatorischen Ausbau des Territorialstaates und sein gesellschaftsregulierendes Wirken ging.

Man hat die nun zu beobachtende Machtentfaltung des Staates, die Verdichtung seiner Organisation und seine zunehmende Regulation der gesellschaftlichen Beziehungen gern mit dem Geist der Renaissance, mit Machiavelli und einem geheimnisvoll vermehrten Auftreten großer Fürstenpersönlichkeiten mit politischem Gestaltungswillen im 15. Jahrhundert in Zusammenhang gebracht. Das sind unzureichende Charakterisierungen. Die Entstehung und Entwicklung des frühmodernen Staates hängt vielmehr in hohem Maße vom schon erwähnten, bis ins Hochmittelalter zurückreichenden gesellschaftlichen Wandel ab. Dabei war seine Entwicklung offenbar mit den Aufschwungsphasen dieses Wandels enger verbunden als mit Krisensituationen. Die Krise des 14. Jahrhunderts zeigte keine besonderen Entwicklungsprozesse im staatlichen Bereich. Dagegen läßt sich ein – nicht nur zeitlicher – Zusammenhang zwischen dem Staatsausbau und dem gesellschaftlichen Aufschwung des 15. und 16. Jahrhunderts, wie früher schon zwischen der Territorialbildung und dem Landesausbau im Hochmittelalter, beobachten.

I.

Nach den Erkenntnissen der Sozialgeschichte dauerten die Folgen des wirtschaftlichen und demographischen Zusammenbruchs im 14. Jahrhundert lange Zeit an. Die auf zwei Drittel des Standes von 1340 zusammengeschrumpfte Bevölkerung stagnierte bis in die zweite Hälfte des 15. Jahrhunderts. Dementsprechend gab es, trotz Abwanderungen in die Städte und Wüstungen, im 14. Jahrhundert ein relativ hohes Angebot an Agrarprodukten. Niedrige Preise waren die Folge; sie drückten Bauern und Grundherren. Dagegen blühten die Städte auf. Das Spätmittelalter und die frühe Neuzeit bis gegen 1600 waren eine Zeit dominierender bürgerlich-städtischer Kultur. Handel und Gewerbe entwickelten größere, zum Teil über die Territorien hinwegreichende Zusammenschlüsse und Produktionseinheiten. In der Textilbranche faßte das Verlagswesen Fuß. Hier wurden die ersten großen Vermögen gemacht, die nachher in den Bergbau flossen. Im Bergbau, insbesondere in der Silber- und Kupferproduktion, im Erzgebirge, im Mansfelder und Siegener Land, im Schwarzwald und in Tirol, war Deutschland in jener Zeit führend. In diesem Bereich finden wir auch die ersten Unterscheidungen von Arbeitgebern, den Finanziers und Anteilseignern, und Arbeitern. Die großen, meist im Familienbesitz befindlichen Handelsgesellschaften, wie die Ravensburger Handelsgesellschaft oder die Fugger und Welser in Augsburg, besaßen weit über eine Stadt oder ein Territorium hinausgehende Verbindungen und Interessen. Sie legten im Zeitalter der Entdeckungen und des Überseehandels ihr Geld auch in überseeischen Unternehmungen an. Darüber hinaus gelang es ihnen, zeitweilig ganze Produktionszweige zu monopolisieren (sog. Frühkapitalismus).

Das Aufblühen der Städte und die erneute Zunahme der Bevölkerung – um 1560 war der Stand von 1340 wieder erreicht – verbesserte allmählich auch die Absatzchancen der Landwirtschaft. Es wuchs die Nachfrage nach Agrarprodukten bei steigenden Preisen, und es wurde demzufolge, insbesondere für die Grundherren in den östlichen Gebieten Deutschlands, interessant, Agrarwirtschaft für den städtischen Bedarf in größerem Umfang und in eigener Regie zu betreiben (Getreideexport in den Westen). Zu diesem Zweck wurde brachliegendes Bauernland eingezogen, wurden bäuerliche Hilfskräfte mobilisiert und dem eigenen Betrieb untergeordnet oder gar – im 16. und 17. Jahrhundert – »Bauern gelegt«, d. h. von ihrem Land durch Aufkauf unter Druck vertrieben. Deutlich lassen sich seitdem zwei Agrarlandschaften in Deutschland unterscheiden: der Bereich der westdeutschen Rentengrundherrschaft, in dem die Grundbesitzer ein Geldeinkommen (Rente) aus dem von ihnen zur Verfügung gestellten Land bezogen, mit Bauern im Pachtverhältnis, aber auch solchen, die in der alten Leibeigenschaft verharrten; und der Bereich der ostdeutschen Gutswirtschaft, in dem die Grundherren wieder zur Eigenproduktion landwirtschaftlicher Güter übergegangen waren.

Bevölkerungszunahme, Kommunikationsverdichtung durch den sich ausweitenden Handel und durch steigende Arbeitsteilung sowie eine zunehmende soziale Differenzierung waren die wesentlichen Ergebnisse der eben skizzierten Entwicklung. Erst jetzt, im späten Mittelalter, wurde der Unterschied von Stadt und Land allgemein bewußt und auch in politischer Hinsicht bedeutsam. Zugleich wuchs die soziale Differenzierung in beiden Sektoren mit Großgrundbesitzern und städtischem Patriziat am einen, mit besitzlosen Landarbeitern, Tagelöhnern und einem städtischen Proto-Proletariat am anderen Ende der

Skala. Diese Entwicklung warf eine Fülle von Ordnungsproblemen auf. Es stieg der Regelungsbedarf für die zum Teil völlig neuartigen sozialen Beziehungen, zumal deren Differenzierung und Verdichtung ja keineswegs von einer quasi natürlichen Harmonie gelenkt wurde, sondern von Krisen, sozialen Unruhen und Verteilungsstreitigkeiten begleitet war. Da waren auf der einen Seite die adligen Grundherren, deren Renten durch den Verfall der Agrarpreise entwertet wurden und deren Sozialprestige neben der steigenden Bedeutung der Städte und dem wachsenden Reichtum der Bürger sank. Da waren Bauern, die von den in den Eigenbetrieb zurückdrängenden Grundherren und von einer Erhöhung der Abgaben bedrängt wurden. Aber auch in den Städten führte der Aufschwung zur Unruhe, zu internen Macht- und Prestigekämpfen zwischen dem alten Verwaltungsadel und dem zur Stadtführung aufsteigenden Kaufmannspatriziat, zwischen Kaufleuten und in Zünften organisierten Handwerkern, zwischen Meistern und Gesellen, etablierten Bürgern und Stadtproletariat.

Von marxistischer Seite hat man die sich hier abzeichnende Unruhe, die sich nicht nur in sozialem Streit, sondern auch in einer tiefgreifenden geistig-religiösen Desorientierung äußerte, als »frühbürgerliche Revolution« charakterisiert. Diese Bezeichnung erscheint insoweit akzeptabel, als mit ihr eine vornehmlich von der städtischen Entwicklung seit dem Hochmittelalter ausgehende und im 15. und 16. Jahrhundert ihren Höhepunkt erreichende allgemeine soziale Umwälzung und Neuorientierung gemeint ist, in der alle Sozialstände der Zeit in unterschiedlicher Weise involviert waren und die sich auch in recht unterschiedlichen geistigen und religiösen Strömungen, bis hin zu Ketzerei und Hexenverfolgung, niederschlug. Nicht akzeptabel ist die Bezeichnung dagegen dann, wenn sie einen vom Bürgertum als der neuen, fortschrittlichen Klasse gegen die Feudalherren gerichteten »Klassenkampf« meint, der – obwohl eigentlich Sache der Bürger – von den Bauern im Bauernkrieg des 16. Jahrhunderts getragen und geistig von den religiösen Reformatoren jener Zeit artikuliert wurde. Eine derartige etwas merkwürdige »frühbürgerliche Revolution« hat es nicht gegeben, wohl aber eine allgemeine soziale Spannungssituation, deren man sich in jener Zeit offenbar auch bewußt war und deren Bereinigung durch den Staat man zunehmend verlangte, durch Kaiser und Fürsten; denn anders lassen sich die im 15. Jahrhundert aufkommenden Forderungen nach einer »Reformation«

der staatlichen Institutionen in Reich und Ländern kaum verstehen.

Das eigentlich Bemerkenswerte an dieser Entwicklung ist nun freilich, daß sie nicht nur einen jetzt auch subjektiv bewußt gewordenen Regelungsbedarf evoziert hat, sondern selbst die Mittel zu seiner Erfüllung parat hatte, was alles andere als selbstverständlich ist. Nicht nur, daß in jener Zeit das Verständnis für den Staat und seine Ordnungsaufgabe wuchs und die patrimoniale, zur privaten Ausnutzung öffentlicher Machtmittel einladende Herrschaftsauffassung allmählich in den Hintergrund gedrängt wurde, sondern es machte im Zeitalter der Erfindungen auch eine Fülle von Innovationen und neuartigen Techniken die erforderliche durchgreifende Ordnungsleistung überhaupt erst möglich; das reicht von der Aktenordnung und Registratur über Kartographie, Statistik, Buchdruck bis hin zu den Innovationen der Kriegstechnik und der Verwendung der Geldwirtschaft in Regierung und Administration.

Wir sprachen von diesen für eine moderne Staatsführung notwendigen Ressourcen schon, wie auch von der städtisch-bürgerlichen Basis des frühmodernen Staates überhaupt. Deren Bedeutung wird nun, in der Ausbauphase des Territorialstaates, stärker sichtbar – in der Finanzierung der staatlichen Ausgaben durch die Städte wie auch in der Rekrutierung staatlicher Amtsträger aus dem Bürgertum. Gelegentlich wurden sogar Kaufleute berufen, um die staatliche Verwaltung zu reorganisieren (wie man heute zuweilen Manager aus der Wirtschaft in hohe staatliche Positionen beruft, in der Hoffnung, sie könnten den Staatsbetrieb besonders effektvoll »rationalisieren«). Auch gewährten die Frühkapitalisten den Königen und Fürsten finanzielle Unterstützung, indem sie den chronisch um Geld verlegenen Potentaten zum Teil immense Summen liehen, nicht ohne Einfluß auf die Staatsgeschäfte zu nehmen und wirtschaftliche Privilegien für sich auszuhandeln. Dennoch wurde die politische Ordnung jener Zeit nicht mehr von den Städten und den ständischen Bünden organisiert, sondern von den Fürsten. Sie verstanden rascher und nachdrücklicher zu handeln als die Stände mit ihrer Vielzahl von Mitgliedern und Meinungen, Gegensätzen und Rücksichtnahmen. Ihren partikularen Interessen setzte der Fürst mit Erfolg die Idee des »gemeinen Besten«, des Gemeinwohls, entgegen.

Natürlich ging es bei der hier zur Debatte stehenden Ordnungsleistung nicht ohne Frustrationen und Auflehnungen ab.

Eine allgemein anerkannte Ordnungsaufgabe läßt sich auch bei Vorhandensein technischer Möglichkeiten, sie zu lösen, und bei allgemeiner Akzeptierung eines Ordners, der sie lösen soll, nicht problemlos bewältigen. Jede soziale Neuordnung hat ihre Kosten und schafft dadurch die Unruhe, die sie beseitigen soll, zum Teil selbst. So war das auch in unserem Fall. Exemplarisch dafür ist die Situation der Ritterschaft, die in ihrer Funktion als militärischer Ordnungsgarant durch den Übergang zum Söldnerwesen und zu neuen Kriegstechniken sowie bei zunehmender Gewährleistung des öffentlichen Friedens durch den Staatsapparat sich um ihre Funktion als gesellschaftlicher Ordnungsträger gebracht sah, zudem als Grundherr wirtschaftliche Einbußen erlitt und im Prestigekampf mit dem Bürgertum den kürzeren zu ziehen drohte. Exemplarisch dafür war aber auch die Situation der Bauern, die nicht nur von den Grundherren bedrängt wurden, sondern auch einer zunehmenden Ausbeutung durch den Staat und seine Beamten unterlagen; denn vermehrte Staatsleistungen setzten schon damals ein Mehr an Steuerleistung voraus. So sind die Unruhen unter Rittern und Bauern zu einem guten Teil erst durch die staatliche Tätigkeit hervorgerufen worden, die eine neue Ordnung schaffen sollte. Dennoch hat der frühmoderne Staat die ihm abgeforderte Leistung am Ende erbracht, und zwar in der eigenartigen politischen Symbiose von Fürst und Ständen im Ständestaat.

II.

Wir haben über Organisation und Ordnungsleistung des frühmodernen Territorialstaates schon im vorigen Kapitel anläßlich der Erörterung seiner Struktur gesprochen. Es genügt hier, das dort Gesagte noch einmal unter Entwicklungsaspekten kurz zu verdeutlichen.

1. Schon relativ früh – seit Beginn des 15. Jahrhunderts – ist es zu einer Institutionalisierung der Beziehungen zwischen Fürst und Ständen im Landtag gekommen – im Erzbistum Magdeburg z. B. um 1400, in der Grafschaft Mark ab 1419, in Bayern 1453, Württemberg 1457, Brandenburg 1472. Dem lag ein beiderseitiges Interesse an einem geregelten und ständigen Verhandlungsforum zugrunde. Den Landesherren ging es darum, die Stände in ihre Politik einzubinden, sich ihre Loyalität und die von ihnen verwalteten finanziellen Ressourcen zu sichern, ohne dabei die politische Führung aus der Hand zu geben, daher ihr Beharren auf dem Einberufungsrecht und der Propo-

sition des Verhandlungsgegenstandes. Den Ständen lag daran, Einfluß auf die fürstliche Regierung und Administration zu gewinnen und an der Organisation der neuen staatlichen und gesellschaftlichen Ordnung beteiligt zu sein. Aus diesem Grunde blieb auch in dieser Phase der dualistische Charakter des frühmodernen Staates gewahrt. Er fand gerade jetzt in den großen Herrschaftsverträgen jener Zeit, dem Vergleich des Kurfürsten Achilles von Brandenburg mit seiner Landschaft von 1472 und dem Tübinger Vertrag zwischen dem Herzog von Württemberg und den Ständen 1514, seinen prägnantesten Ausdruck.

2. Die notwendige Konzentration, Intensivierung und Verstetigung der staatlichen Tätigkeit, wie sie auch von ständischer Seite immer wieder gefordert wurde, führte ebenfalls im 15. Jahrhundert zum Aufbau einer zentralen Behördenorganisation. Er begann mit der Ausgestaltung des fürstlichen Rates zu einer ständig, auch in Abwesenheit der Fürsten tagenden, kollegialen Behörde mit bestimmten Mitgliedern, die ihre Entscheidungen nach Mehrheitsprinzip fällten (sog. »geordnete« Räte seit 1469 in Kurköln, 1487 in Tirol, 1488 in Bayern, 1498 in Württemberg). Der Rat wurde auf diese Weise zur zentralen Regierungsinstitution, neben dem sich weitere spezielle Behörden herausbildeten bzw. zu existieren fortfuhren, so die Rentkammer, die Hofkanzlei, das Hofgericht, eventuell auch Hofkriegsräte und Konsistorien für geistliche Angelegenheiten. Das Gerichtswesen im Lande erhielt ein oberstes fürstliches Gericht als zentrale Appellationsinstanz, der Rekurs der Untertanen zu den Reichsgerichten wurde durch Einholung sog. Appellationsprivilegien unterbunden (1470 für Nürnberg, 1480 für Bayern, zuletzt 1804 für Nassau).

3. Eine besondere Schwierigkeit beim Aufbau einer zentralen Behördenorganisation ergab sich dort, wo Landesherren mehrere »Staaten« oder »Länder« in ihrer Hand vereinten wie z. B. die Habsburger im heutigen Österreich. Hier ging es darum, durch eine zentrale Organisation zugleich regionale Besonderheiten zu überwinden und die Repräsentanten der einzelnen Länder, die Landstände, zu übergreifenden Zusammenkünften und Abmachungen zu bewegen. Um eine Lösung dieser Frage wie auch um die Einrichtung ständiger, arbeitsteilig tätiger und sich durch eine kollegiale Verfassung intern kontrollierender Behörden war die österreichische Staatsreorganisation unter Maximilian I. und Ferdinand I. seit 1490 bemüht. Dabei hat man sich an entsprechende, von Frankreich inspirierte Staatsor-

ganisationsansätze in Neuburgund angelehnt, jenem von den Habsburgern erheirateten Staatswesen, das im 15. Jahrhundert aus einer Sammlung französischer und deutscher Lehnsherrschaften in Burgund und den Niederlanden entstanden war und wie kein anderes einer neuartigen organisatorischen Verklammerung bedurfte, wenn es überleben wollte. Der österreichische Staatsorganisationsversuch ist von anderen deutschen Territorien wie Baden, Kursachsen, Hessen und Bayern recht bald zu Beginn des 16. Jahrhunderts kopiert worden.

4. Die Effektivität des neu gebildeten Staatsapparates wurde gesichert durch die Besetzung seiner Positionen mit gelehrten, d. h. in der Technik der Regelung sozialer Beziehungen geschulten Juristen. Die neuen Räte und Amtsträger waren ausgebildet am römischen Recht, dem in jener Zeit technisch ausgereiftesten, das vor allem für das städtische Leben eine Fülle sinnvoller Regelungsansätze bot. Der Übergang zu einer professionalisierten Administration hatte zahlreiche Gründungen von Landes-Universitäten zur Folge. (Die erste Universitätsgründung im Reich erfolgte in Prag 1348, daran schlossen sich an: Wien 1365, Heidelberg 1386, Köln 1388, Erfurt 1392 und weitere elf Gründungen in fast allen großen Territorien im 15. Jahrhundert). Die Universitäten dienten als Ausbildungsstätten für den einheimischen Nachwuchs. Mit ihrer Hilfe hoffte man, sich aus der Abhängigkeit von landfremden, im Ausland geschulten Funktionären befreien zu können.

5. Tatsächlich gelang es, so ausgerüstet, in den Territorien ein umfangreiches Gesetzgebungsprogramm, ebenfalls seit Mitte des 15. Jahrhunderts, durchzuführen. Die damals entstandenen Landes- und Gerichtsordnungen waren nicht mehr einfach Aufzeichnungen älteren Rechts, sondern »Reformationen«, die unter dem Einfluß des römischen Rechts das Recht eines Landes wenigstens partiell neu zu fassen und in manchen Fällen auch umfassend zu fixieren suchten (so z. B. 1446 in Thüringen und vor allem 1495 in Württemberg; weitere Landesordnungen sind erlassen worden z. B. in Cleve 1431, Hessen 1455, Bayern-Landshut 1474; etwas später das Badische Landrecht von 1511, die brandenburgische Constitutio Joachimica von 1527 und die Kursächsischen Konstitutionen von 1572). Die legislativen Ansätze, eine gute Ordnung oder »Polizey« im Lande zu begründen, richteten sich auf Handel und Gewerbe wie auf das Verhalten der Stände und das Auftreten der Untertanen in der Öffentlichkeit überhaupt. Sie dienten einer weit über die Wahrung des

äußeren Landfriedens hinausgehenden staatlichen Reglementierung der gesellschaftlichen Beziehungen. Sie wurden ergänzt durch Maßnahmen wie Ausfuhrverbote oder Magazinierungen von Getreide, mit denen man schon damals Vorsorge gegen krisenhafte Entwicklungen traf.

6. Bei den erwähnten Regelungen handelte es sich um obrigkeitliche Anordnungen. Nach der mittelalterlichen Auslegung des römischen Rechts war die gesamte Zuständigkeit zur Gesetzgebung durch die sog. *lex regia* vom (römischen) Volk auf den Kaiser, den *princeps*, übertragen worden. Seitdem galt: »*Quod principi placuit, legis habet vigorem*« (vgl. Codex Justiniani 1.4.1.pr.). Das Gesetzgebungsrecht wurde vom Kaiser noch im 16. Jahrhundert in den großen Reichspolizeiordnungen wahrgenommen. Aber es war inzwischen unzweifelhaft auch zu einer Befugnis der Fürsten (der *principi* im weiteren Sinne) geworden. Sie beschränkten sich nicht darauf, die Reichsgesetze auszuführen und zu ergänzen. Bei der Gesetzgebung ließ das römische Recht mit seiner Vorstellung von einer Übertragung der Rechtsetzungsgewalt vom Volk auf die Fürsten auch Deutungen zu, die es erlaubten, am hergebrachten Zustimmungserfordernis festzuhalten (so in der Theorie der »Conzessualisten« im Gegensatz zu den »Translatisten«). Dementsprechend trug die neue Territorialgesetzgebung weitgehend den Charakter einer Einigung zwischen den Fürsten und den Ständen, dem »Volk« des Ständestaates.

7. Sowohl die Absprachen mit den Ständen als auch die verbesserte Administration sicherten den obrigkeitlichen Anordnungen zunehmende Beachtung. In diesem Zusammenhang ist auf die überlegenen militärischen Mittel der Fürsten hinzuweisen, die jetzt eine Durchsetzung des fürstlichen Willens überall im Lande garantierten und mit deren Hilfe die Monopolisierung der legitimen Gewaltanwendung in den Territorien durch den Staat gelang. Mit Landsknechten, Musketen und Geschützen wurde der widerspenstige Adel, wurden aufbegehrende Städte und Bauern unterworfen. Dabei handelte es sich im 15. und 16. Jahrhundert nicht mehr, wie noch im 13. oder 14., um die Etablierung des fürstlichen Territorialstaates gegen konkurrierende bündische Organisationen, sondern um die Durchsetzung einer bestimmten Ordnung in ihm, der als solcher inzwischen akzeptiert war. Folgerichtig erschienen die Gegner dieser Ordnung jetzt auch nicht mehr als konkurrierende Ordnungsmächte, sondern nur noch als bloße »Störer« oder »Empörer«

oder, wie man später in Erinnerung an die französische Fronde sagte: als »Frondeure«. Auf diese Weise stellten die Hohenzollern in Brandenburg zu Beginn des 15. Jahrhunderts die Ordnung gegen renitente Städte und Adelscliquen her und so wurde sie in den überterritorialen Kriegen des 16. Jahrhunderts, im sog. Ritterkrieg, der Fehde Franz von Sickingens gegen die Kurfürstentümer Trier, Pfalz und die Landgrafschaft Hessen 1522/23, und im sog. Bauernkrieg 1524/25, gegen »Aufständische« durchgesetzt.

8. Bei diesen Vorgängen ging es nicht um eine völlige Beseitigung der renitenten Stände, sondern um ihre Einordnung in das sich ausbildende ständestaatliche System, in dem der Fürst Garant der öffentlichen Ordnung war, die Stände sie aber mittragen und in unterschiedlichem Ausmaß mitbestimmen sollten. Am leichtesten konnte dieses Arrangement offenbar mit den Städten verwirklicht werden, deren Interesse an Ruhe und Ordnung, an einer durch Fehden nicht gestörten Sicherheit der Straßen und Wege, des Handels und Wandels, sie zu einem natürlichen Verbündeten fürstlicher Herrschaftsansprüche und Ordnungstätigkeit werden und dafür auch hohe finanzielle Verpflichtungen übernehmen ließ.

Schwieriger war der Ausgleich mit dem Adel, der – soweit es ihm nicht in Form der Reichsritterschaft gelang, sich der territorialstaatlichen Einbindung überhaupt zu entziehen – seinen Standort im frühmodernen Staat als Offizier, Diplomat oder in den höheren Rängen der Administration fand. Dabei hat er oft seinen Anspruch auf eine eigenständige lokale Herrschaft auch in der neuen Staatsordnung zu wahren gewußt, so vor allem in den ostelbischen Territorien, wo er sich für die Unterstützung des Landesherrn die niedere Gerichtsbarkeit und Polizeigewalt in seinen Rittergutsbezirken einhandelte. Damals, im 16. Jahrhundert, wurde auf diese Weise die neue Gutswirtschaft zur staatlich privilegierten Gutsherrschaft, dem Regiment der »Junker« über die Bauern, erweitert (sog. »zweite Leibeigenschaft«). Bezeichnenderweise war Kursachsen der einzige Staat in jener Region, in dem die Entwicklung in andere Richtung ging. Durch den Bergbau und die Wirtschaftsblüte seiner Städte finanzkräftig, konnte der Staat dort auf die finanzielle und administrative Unterstützung durch den Adel verzichten und im 16. Jahrhundert erste Maßnahmen zum Bauernschutz ergreifen.

Am schlechtesten kamen offenbar die Bauern weg. Man hat gesagt, daß sie nach ihrer vernichtenden Niederlage im Bauernkrieg für lange Zeit überhaupt aus dem politischen Leben Deutschlands ausgeschieden seien. Das stimmt nicht ganz; denn in manchen kleineren Territorien konnten sie Landstandschaft und damit eine politische Mitsprache behaupten bzw. durchsetzen. Darüber hinaus wurden manche ihrer Forderungen berücksichtigt, und zwar solche, die mehr auf die Wahrung gemeindlicher Autonomien und althergebrachter Rechte vor der Bedrückung durch Grundherrn und staatliche Beamte als auf eine Veränderung der gesellschaftlichen Verhältnisse gerichtet waren. Gleichwohl bleibt festzustellen, daß bei allen wirtschaftlich-sozialen und regionalen Unterschieden, die dieser Stand aufwies, seine politische Stellung in den Territorien im allgemeinen sehr zu wünschen übrig ließ.

III.

Das Problem der Einordnung überkommener gesellschaftlicher Institutionen und Gruppierungen stellte sich auch im Hinblick auf Kirche und Geistlichkeit. Hier hatte sich im Laufe des 16. Jahrhunderts eine neue Situation durch die Reformation ergeben. Die Versuche einer Neubegründung des christlichen Glaubens führten zu einer starken Anlehnung der darum bemühten Geistlichkeit an das Landesfürstentum, das Schutz und Möglichkeit zur Verbreitung der neuen Glaubenssätze gewährte. Für die Landesherren bedeutete die Reformation eine Machtstärkung in dreifacher Hinsicht: Erstens erhielten sie im Laufe der Auseinandersetzungen das Recht, die Konfession in ihrem Territorium aus eigener Machtvollkommenheit zu bestimmen (sog. *ius reformandi; cuius regio, eius religio*). Zweitens traten sie in den reformierten Staaten selbst an die Spitze der neu gebildeten Landeskirchen (landesherrliches Summepiskopat); sie sorgten für Kirchenordnungen (nach dem Vorbild der württembergischen Kirchenordnungen von 1553 und 1559) und setzten oberste Kirchenbehörden ein (sog. Konsistorien, zuerst in Wittenberg 1539). Drittens floß ihnen durch die Säkularisierung des Kirchengutes, insbesondere des riesigen Besitzes der Klöster, eine Fülle bis dahin nicht unmittelbar nutzbarer finanzieller Quellen zu. Dafür wurden Aufgaben, die vordem im wesentlichen der Kirche zugefallen waren, wie die Sorge für das Schulwesen, vom Staat übernommen.

Für manche Autoren stellt die Reformation mit ihren politischen Konsequenzen ein zentrales Moment bei der Entstehung des modernen Staates dar. Sie sehen in der Reformation die

Ausschaltung der überkommenen Herrschaftskonkurrenz der Kirche und den entscheidenden Ausgangspunkt zur Formierung der Gesellschaft unter einer nun konkurrenzlos gewordenen weltlichen Staatsgewalt. Dem ist in dreifacher Hinsicht zu widersprechen.

Was die Beseitigung der kirchlichen Herrschaftskonkurrenz anlangt, so war die Reformation nur eine späte Etappe in einer weit früher beginnenden Entwicklung. Diese Entwicklung hing mit der Entstehung des modernen Staates überhaupt zusammen. Sie hatte wesentliche Resultate schon in dem für die Staatsbildung so überaus wichtigen 15. Jahrhundert erbracht. Damals bereits war es den Fürsten gelungen, angesichts der Schwäche der päpstlichen Gewalt in der Zeit des Schismas und des Konziliarismus in ihren Territorien die konkurrierende geistliche Gerichtsbarkeit in weltlichen Dingen zurückzudrängen und ein landesherrliches Kirchenregiment zu errichten, Bistümer zu mediatisieren (d. h. in das eigene Territorium einzufügen, so in Brandenburg und Kursachsen), Aufsichts- und Visitationsrechte gegenüber der Kirche durchzusetzen und Einfluß auf die Besetzung der Bischofsstühle zu nehmen. Die auf das moderne Staatskirchentum abzielende Praxis wurde durch Verträge mit der Kirche abgesichert (Fürstenkonkordate von 1446/47 und Wiener Konkordat »für die deutsche Nation« 1448). Sprichwörtlich, wenn auch um einiges überspitzt galt: »*Dux Cliviae* (gemeint war Cleve als Beispiel) *est papa in territorio suo.*« Mit dem *ius reformandi* für katholische und protestantische Fürsten sowie dem Summepiskopat für letztere verstärkte die Reformation nur eine von ihr nicht hervorgerufene Tendenz, allerdings in bedeutsamer Weise.

Bei alldem ging es jedoch auch in den reformatorischen Staaten nicht um eine völlige Unterwerfung und Unterordnung der Kirche unter die staatliche Gewalt. Abgesehen davon, daß der Grundsatz *cuius regio, eius religio* schon bald nicht mehr durchgeführt und schließlich durch das Prinzip der religiösen Toleranz ersetzt wurde (in der Toleranzgesetzgebung des 18. Jahrhunderts), ist auch die Einmischung des Staates in kirchliche Angelegenheiten nie total gewesen. Das konnte sie nicht sein, weil auch die Reformation Staat und Kirche als zwei grundsätzlich zu unterscheidende Sphären betrachtete (Zwei-Reiche-Lehre). Demzufolge zeigte man sich immer wieder bemüht, zwischen den »Externa«, der äußeren, vom Staat kontrollierbaren Kirchenordnung, und den »Interna«, den religiösen Lehren und der Heilsvermittlung als alleiniger Domäne der Kirche zu differenzieren. Grenzziehung und Art der Ausgestaltung der staatlichen Kirchenkontrolle sind immer schwierig gewesen und nahmen zu verschiedenen Zeiten unterschiedliche Formen an – ein Problem, das sich uns auch heute noch stellt. Aber daß es sich stellt, zeigt, daß die Selbständigkeit der kirchlichen Verkündung auch im modernen Staat grundsätzlich nicht in Zweifel gezogen wird, daß es auch hier um die Einordnung eines bedeutsamen gesellschaftlichen Faktors in die modernen Staatswesen geht, und nicht um seine Beseitigung oder Unterwerfung. Auch die in der Folgezeit aufgekommene Formel von »Thron und Altar« war Ausdruck nicht der Einheit von Staat und Kirche, sondern der Harmonie zweier an sich selbständiger Größen, wenn auch diese Harmonie von der Kirche gelegentlich teuer bezahlt worden ist.

Was schließlich die Staatsorganisation selbst anlangt, so wurde die Existenz des frühmodernen Ständestaates durch die Reformation nicht berührt. Zwar fiel in protestantischen Staaten die Geistlichkeit als politischer Stand im Landtag aus und haben konfessionelle Zwistigkeiten zwischen Ständen und Fürsten zuweilen zur Schwächung der ständischen Seite auch in katholischen Staaten beigetragen, in seiner grundsätzlichen Organisationsform ist der fürstlich-ständische Territorialstaat durch die Reformation jedoch nicht verändert worden. Vielmehr erwies sich die einmal gefundene Rahmenordnung als stabil genug, auch den religiösen Umbruch zu überdauern.

IV.

Mit der Bemerkung, die Rahmenordnung des Ständestaates sei durch die Reformation nicht wesentlich tangiert worden, wollen wir nicht behaupten, sie sei extrem stabil gewesen. Eine den Organisationstypus des Ständestaates zur Anschauung bringende Fixierung, eine »Verfassung« im modernen Sinne, hat es damals nicht gegeben. Auch die sog. Herrschaftsverträge mit ihren konkreten, situationsgebundenen Regelungen stellten eine solche abstrakte Organisationsfixierung nicht dar. Um derartige Verfassungen (»Regierungs-Verfassung«, »Regierungsinstrument«, *frames* (!) *of government* oder *instrument of government*) bemühte sich erst das 17. und 18. Jahrhundert. Sie wurden schließlich – unter veränderten politischen Bedingungen – im 18. und 19. Jahrhundert in den deswegen »Verfassungsstaaten« genannten Gemeinwesen formuliert.

Die fehlende explizite Fixierung eines Organisationsrahmens bedeutet natürlich nicht, daß man keine Vorstellung von ihm besessen hätte. Was nach allgemeiner Auffassung der Zeit zu einer ständischen Verfassung gehörte, haben wir schon umrissen: eine fürstliche Regierung, Gesetzgebung und Verwaltungsorganisation sowie ständische Mittelbereitstellung durch einen besonderen ständischen Verwaltungsapparat, ständische Zustimmung und Einflußnahme auf die staatliche Tätigkeit, vielfach auch eigenständige lokale Herrschaften. In diesem Rahmen bewegte sich, was wir einen frühmodernen, einen Ständestaat nennen. Die Gewichte waren dabei von Territorium zu Territorium verschieden verteilt, in den einzelnen Territorien war das auch durch die mangelnde Festlegung der ständischen Mitsprachesphäre offen geblieben und es hing von wechselnden politischen, sozio-kulturellen und ökonomischen Einflüssen ab. Diese Einflüsse konnten die einmal gefundene Struktur schließlich auch wieder ins Wanken bringen und die Situation für Fürst oder Stände prekär machen – eher für die Stände als für den Fürsten, doch auch für ihn, wie das Folgende zeigt:

Grundsätzlich hat man sich zu vergegenwärtigen, daß nicht nur der Ständestaat das Resultat der Politik von Fürst und Ständen ist, sondern sich umgekehrt durch seine Organisierung das Bezugsfeld geändert hat, in dem beide agierten und dadurch ihre Position ebenfalls erheblich tangiert wurde. Indem Fürst und Stände ihre Beziehungen zueinander in einer auch sie umgreifenden Ordnung institutionalisierten und einen umfangreichen Apparat zur Erledigung der öffentlichen Angelegenheiten errichteten, begannen sie zu Teilen ihrer eigenen Kreation zu werden, die als »Staat« (im modernen Sinne) eine beachtenswerte Eigenständigkeit gewann. Deutlich wird das daran, daß man dieser Organisation nun auch eine eigene Rechtssphäre zuerkannte, das öffentliche Recht *(ius publicum)*, das seit dem 17. Jahrhundert gelehrt wurde, und in dem ein besonderer Staatszweck und die Staatsorganisation deutlich von der sie umgebenden Gesellschaft unterschieden wurden, sei es in der dem römischen Recht entlehnten Formel Ulpians: *»Publicum ius est, quod ad statum rei Romanae spectat, privatum, quod ad singulorum utilitatem«* (Dig. 1. 1. 1. 2), sei es in der Charakterisierung des öffentlichen Rechts als eines hoheitlich gebietenden, im Gegensatz zu dem auf Gleichberechtigung beruhenden Privatrecht. In dieser traditionellen Doppeldeutigkeit des öffentlichen Rechts kommt bis heute der Anspruch des modernen Staates zum Ausdruck, eine allgemeingültige und gemeinnützige Ordnung darzustellen, die gestützt ist auf die hoheitlichen Anordnungen des staatlichen Apparats.

In einer so verstandenen Ordnung war für ein nicht am Staatszweck, dem gemeinen Besten, der *utilitas publica*, legitimierbares Verhalten von Fürst und Ständen theoretisch kein Platz mehr, mußte es dem Verdikt, »private« Willkür zu sein, anheimfallen. Waren erst einmal private und staatliche Sphäre streng unterschieden, konnte es auf das, was man für die privaten Interessen von Fürst und Ständen hielt, nicht ankommen. So wurde der Fürst als Fürst zum Staatsdiener und Amtsträger, eine Position, die, wie wir beim mittelalterlichen König sahen, seine Herrschergewalt durchaus legitimatorisch zu stärken vermochte, ihn aber auf Funktionen im Staat beschränkte und nicht mehr Herr über den Staat sein ließ. Die Bedeutung dieses Unterschieds wird klar, wenn man sich vergegenwärtigt, daß in der Konsequenz des neuen Staatsverständnisses das patrimoniale Verhältnis des Fürsten zum Staat als private Willkür erscheinen mußte und daher insbesondere auch Verfügungen über das Staatsgebiet mit der Zeit als einem falschen, nämlich »privatrechtlichen« Eigentumsdenken entsprossen galten. Tatsächlich finden wir zeitgleich mit der Verfestigung der Staatsorganisation im 15. Jahrhundert Festlegungen der Unteilbarkeit der Territorien (z. B. in der Dispositio Achillea 1473 in Brandenburg, wenig später in Württemberg, im albertinischen Sachsen und in Bayern). Allerdings hinderten diese Erklärungen spätere Erbteilungen nicht, wie überhaupt die patrimoniale Staatsauffassung offenbar nur langsam dem neuen Staatsverständnis wich. Zu endgültigen Festlegungen der Unteilbarkeit kam es in Bayern 1578, in anderen Staaten vor allem im 17. Jahrhundert und zuletzt 1802 in Sachsen-Meiningen.

Von noch größerer Bedeutung sollte sich auf die Dauer die Trennung der Landesverwaltung von der Hofverwaltung für den Fürsten erweisen, der Aufbau eines organisatorisch differenzierten und eine kaum übersehbare Fülle von Geschäften erledigenden Staatsapparates neben Ständen und Landesherren. Man hat gelegentlich gemeint, der Ständestaat sei eher »trialistisch« als »dualistisch« aufgebaut gewesen, mit dem Rat als drittem Machtfaktor zwischen Ständen und Fürsten. Damit wird auf den Umstand verwiesen, daß eine fachlich versierte zentrale Behörde als Spitze einer umfangreichen Bürokratie tendenziell ein politisches Eigengewicht entwickeln kann, wie das Schicksal der modernen Staatsorganisation mit der Beamtenministerregierung im 19. Jahrhundert beweist. Ein derartiges politisches Eigengewicht hatte die Ratsregierung des 15. und 16. Jahrhunderts freilich nicht besessen. Wohl aber hatte sie – unter dem Einfluß der Stände – oft eine vermittelnde Position zwischen ihnen und dem Fürsten eingenommen und eine gewisse administrative Eigenständigkeit aufgrund der Vielfalt und der Routinisierung der Geschäfte gehabt. Dem Druck der Stände und der Routine haben sich die Fürsten mit Erfolg durch ihren Rückzug in die »Kammer« zu entziehen gewußt. Sie haben sich dabei die Entscheidung hochpolitischer Angelegenheiten und wichtiger Finanzfragen im »persönlichen Regiment« vorbehalten. Zur Entscheidung dieser Angelegenheiten haben sie aber doch auf beratende Kollegien nicht verzichten können, die angesichts der Fülle und Komplexität der Entscheidungen wiederum als eine feste Behörde institutionalisiert werden mußten: als »Geheimer Rat« (seit 1527 in Österreich nachweisbar, seit Ende des 16. Jahrhunderts auch in anderen Territorien). Es blieb die fatale Situation, daß der Fürst delegieren mußte, um Überblick und freie Hand zur Entscheidung zu behalten, daß er aber gerade dadurch mehr und mehr vom Apparat abhängig wurde und an Entscheidungsfreiheit verlor. Allerdings ist diese Entwicklung durch den Absolutismus aufgehalten worden und konnte sich erst im 19. Jahrhundert völlig durchsetzen.

Sehr viel schneller wurde dagegen die Situation für die Stände prekär. Sozusagen von Natur aus Vertreter partikularer Interessen, mochten sie einem am »Gemeinwohl« orientierten Staatsverständnis leicht als Verfechter bloß privater Interessen erscheinen. Nicht, daß dies immer und in jeder Hinsicht zutreffend gewesen wäre. Es fällt nicht schwer, viele Beispiele für ihr den Staat und die Allgemeinheit förderndes Verhalten zu finden, sei es in der Übernahme finanzieller Lasten, der Mithilfe beim Aufbau der Staatsorganisation, bei der Gesetzgebung oder in ihrer Verteidigung der Staatseinheit gegen Erbteilungen und andere Bekundungen fürstlicher Willkür. Mit der Zeit aber stand ihnen doch ein strukturelles Handicap im Wege: sie konnten nicht schnell handeln, nur unter Schwierigkeiten gemeinsam und nicht häufig genug unter Überwindung partikularer Standpunkte.

Stände waren auf langwierige Verhandlungen eingestellt. Sie mußten unter ihren Mitgliedern vermitteln und – so es sich um Repräsentanten handelte – zeitraubende Rückfragen bei ihren

Entsende-Gremien nehmen. Zuweilen wurde dieses Handicap dadurch ausgeräumt, daß die Fürsten mit schnell verfügbaren und rascher entscheidenden Landtagsausschüssen zusammenarbeiteten, wodurch die Stände überspielt zu werden drohten. Die Stände konnten auch kaum gemeinsam handeln. Oft genug mußte zwischen den Voten der einzelnen Landtagskurien mühsam vermittelt werden. Versuche, das Mehrheitsprinzip auch zwischen den Kurien gelten zu lassen, schlugen fehl: ein Stand ließ sich nicht durch die anderen überstimmen.

Die hierin liegende Option für die Partikularität kam in größeren Staaten auch in regionaler Hinsicht zum Ausdruck. In den aus verschiedenen Territorien zusammengesetzten Staatengebilden gab es in der Regel Stände nur in den einzelnen Ländern, wurden keine General-Stände gebildet, und bei ihnen behielten die regionalen Interessen gegenüber den gesamtstaatlichen die Oberhand. All das aber mußte sich in den großen, zusammengesetzten, zunehmend international verflochtenen und zu raschen Entscheidungen genötigten Territorialstaaten als nachteilig erweisen. So nimmt es nicht wunder, daß gerade in ihnen von einem bestimmten Zeitpunkt an absolutistische Tendenzen besonders deutlich hervortraten und das ständische Element an Gewicht verlor.

3. Die Entwicklung zum Absolutismus und zum aufgeklärten Absolutismus im 17. und 18. Jahrhundert

I.

Man nennt gewöhnlich die letzte Phase des frühmodernen, vorkonstitutionellen Staates das »Zeitalter des Absolutismus« und meint damit eine auffällige Akkumulation von Macht in der Hand des Fürsten, eine starke Steigerung der fürstlichen Selbstherrschaft im 17. und 18. Jahrhundert. Die Bezeichnung »Absolutismus« ist vom Gegner dieser Entwicklung, vom Liberalismus des 19. Jahrhunderts, geprägt worden, der damit unter Anspielung auf die römischrechtliche Formel *princeps legibus solutus est* eine an Gesetze nicht gebundene und sogar in die Rechtsprechung mit »Machtsprüchen« eingreifende Regierungsweise charakterisieren wollte. Für den Liberalismus ist der Absolutismus fürstliche Willkürherrschaft gewesen in einem Staat, den er gleichzeitig als »Polizeistaat« beschrieb, in dem alles – auch die Wirtschaft und sogar die private Sphäre – in obrigkeitlich-fürsorglicher Weise reglementiert worden sei. Diesem absolutistischen Polizeistaat stellte der Liberalismus die Idee des Konstitutionalismus und des freiheitlichen Rechtsstaates gegenüber mit Freiheitsrechten für jedermann, freier Marktwirtschaft und streng gesetzlich geregelter Tätigkeit der Staatsgewalt.

Nun haben die Fürsten in der Frühmoderne, seit der Wiederentdeckung des römischen Rechts im Hochmittelalter, in der Tat als *legibus solutus* gegolten. Sie waren Gesetzgeber; infolgedessen konnten sie die Gesetze ändern, modernisieren und im Einzelfall durchbrechen, d. h. als Inhaber der staatlichen Jurisdiktionsgewalt an die Stelle einer Gerichtsentscheidung ihr eigenes Urteil, den sog. »Machtspruch« setzen. Das alles war ihnen schon von der älteren Staatslehre zugestanden worden, lange bevor Bodin 1576 die Souveränität für die künftige Zeit mustergültig als *puissance absolue* und als *summa in cives ac subditos legibusque soluta potestas* beschrieb. Desungeachtet sind aber immer auch Grenzen und Bindungen für die sich über das Gesetz erhebende Herrschergewalt anerkannt worden – Grenzen, die man durch das Naturrecht und das göttliche Recht, durch die christliche Religion und die Moral gezogen sah, und Bindungen, die in vertraglichen Zusagen gegenüber den Bürgern und in ihrer Zustimmung zu den Gesetzen lagen. Dies findet man in der älteren Staatslehre selbst bei den Parteigängern des monarchischen Souveränitätsanspruchs wie Bodin oder Hobbes. Der fürstliche Machtspruch ließ sich in diesem Kontext statt als willkürlicher Eingriff in die Rechtsprechung als Durchbrechung des Gesetzes zugunsten der Gerechtigkeit des Einzelfalles (der *aequitas* oder Billigkeit) im Dienste des Rechts verstehen. Diese Auffassung bewegte sich durchaus in den Bahnen der europäischen Tradition, in der der legitime Herrscher an das Recht gebunden und kein Tyrann oder Despot war.

Sicherlich konnte sich der absolute Fürst leichter über Gesetze und über die wohlerworbenen Rechte (*iura quaesita*) seiner Untertanen im Namen der *utilitas publica* und unter dem Vorwand einer *extrema necessitas* hinwegsetzen. Doch ist die *legibus solutio* des Fürsten nicht das Spezifische der neuen Regierungsweise gewesen. Dies lag vielmehr darin, daß es den Fürsten mehr und mehr gelang, sich von den Ständen zu lösen, zuweilen sogar von ihrem eigenen Apparat (vgl. die typische Kabinettsregierung bei Friedrich dem Großen und August dem

Starken; anders allerdings Ludwig XIV. und der Große Kurfürst, die sich beide gern von einer sachverständigen Ratsversammlung beraten ließen). Ganz allgemein gesprochen läßt sich die Staatsentwicklung im Absolutismus sowohl durch das erneute Hervortreten des Fürsten als Regenten als auch durch eine weitere Entfaltung des Staatsapparates, durch verstärkte Staatstätigkeit und Penetrierung der Gesellschaft kennzeichnen. Leistungs- und Ausbeutungsfähigkeit des Staates nahmen beträchtlich zu. Das 17. und 18. Jahrhundert stellen daher einen wichtigen Abschnitt im allgemeinen Prozeß der Verstaatung der Gesellschaft dar, der Trennung des Staatsapparates von der Gesellschaft und deren Unterwerfung unter ihn. Fortschreitende Sozialdisziplinierung, neostoische und machiavellistische Machttheorien, allmähliches Aufsaugen eigenständiger Herrschaftszentren, Unterordnung aller Gesellschaftskreise unter den Staat und zunehmende Dienstbereitschaft – nicht nur im Beamtenstand, sondern auch in der Untertanenschaft – charakterisieren die Situation.

Offenbar ist das, was man landläufig »Absolutismus« nennt, ein vielfältiges Phänomen gewesen, gekennzeichnet nicht nur durch eine »Verfürstlichung« der Regierung, sondern ebenso durch eine »Verstaatung« der Gesellschaft, an deren Ende eine Verabsolutierung des Staatsapparates und der Staatsidee stand, die anstelle des Fürsten auch eine Regierung der »Staats-Diener«, der Beamten selbst, denkbar werden ließ. Wenn wir daher, wie das gern geschieht, den Absolutismus nur als eine Regierungsweise ohne Stände definieren, dann werden wir der ganzen Fülle der Erscheinungen in jener Zeit nicht gerecht. Zwar war es für die Staatsentwicklung im 17. und 18. Jahrhundert typisch, daß man versuchte, ohne Stände zu regieren, so besonders in Frankreich und in Dänemark, aber selbst in Frankreich sah man sich 1789 genötigt, sie wieder einzuberufen, und in vielen anderen Staaten ist es nie zu einer auch nur temporären Ausschaltung der Stände gekommen. Umgekehrt gelang es gerade damals in England den Ständen, sich als Parlament gegen die absolutistischen Tendenzen der Monarchie, die es auch dort gegeben hat, durchzusetzen.

Berücksichtigt man dies, so sollte man vielleicht besser so formulieren: Auch die europäische und deutsche Staatenwelt des 17. und 18. Jahrhunderts läßt sich dem Typus des frühmodernen Ständestaates zuordnen. In diesem Zeitabschnitt erreicht der schon länger beobachtbare Verstaatungsprozeß mit zunehmender Differenzierung des Staatsapparats und seiner bürokratischen Organisierung sowie zunehmender Penetration der Gesellschaft und Extraktion von Leistungen aus ihr, schließlich mit der Formulierung einer Staatsidee als Bezugspunkt des politischen Handelns einen neuen Höhepunkt (Verabsolutierung des Staates). Diese Tendenz wird dadurch verstärkt, daß die Fürsten sich als Herren des neuen Staatsapparats und damit als Träger der Staatsgewalt in der Regel gegenüber den Ständen durchsetzen, sich von ihnen lösen und »absolut« regieren (Absolutismus als fürstliche Regierungsweise). Obwohl eine völlige Ausschaltung der Stände dabei nur selten erreicht wird (es gibt in jener Zeit auch Staaten mit starken Ständen, die sich sogar gegen die fürstlichen Machtansprüche durchzusetzen wußten), sind Verstaatungsprozeß und absolutistische Regierungsweisen so signifikant für jene Epoche, daß sie eine geeignete Tpyenbezeichnung für sie darstellen.

II.

Um die Präzisierung des »Absolutismus« als Epochenbegriff hat sich die Geschichtswissenschaft seit dem vorigen Jahrhundert bemüht, desgleichen um eine Gliederung des damit gemeinten Zeitraums in einzelne Phasen. Neben dem Hochabsolutismus nach dem Dreißigjährigen Krieg hat man einen Frühabsolutismus, einen aufgeklärten und einen bürokratischen Absolutismus unterschieden. Als »frühabsolutistisch« ist gelegentlich die Zeit der Entstehung der Territorialstaaten im späten Mittelalter bezeichnet worden wegen der bedeutenden Rolle, die energische Fürsten bei der Territorialbildung gespielt haben. Dennoch handelte es sich damals, wie wir zeigen konnten, nicht um eine absolutistische Phase, denn es ging nicht um eine Zurückdrängung oder gar Ausschaltung der Stände, sondern um den gemeinsamen Aufbau des Ständestaats, wenn auch in zum Teil scharfer Auseinandersetzung mit ihnen.

Eher läßt sich vom »Frühabsolutismus« im 16. Jahrhundert reden. Von absolutistischer Regierungsweise in Florenz, im Kirchenstaat und in Spanien zu jener Zeit wird berichtet. In Österreich führten Auseinandersetzungen mit den Ständen in der Konfessionsfrage und die Türkenkriege (1529 erste Belagerung Wiens) zur Stärkung der fürstlichen Gewalt. Dennoch wäre es verkehrt, in der Stärkung der fürstlichen Machtstellung im 16. Jahrhundert, insbesondere im *ius reformandi,* grundsätzlich schon den Übergang zu einer absolutistischen Regierung sehen zu wollen; denn Reformation und Gegenreformation spielten sich im allgemeinen noch im Rahmen eines funktionierenden Ständestaates ab. Auch hat die fürstliche Religionshoheit, wiewohl gerade sie gern als treffendster Ausdruck absolutistischer Herrschaft genommen wird, bei deren Begründung in Deutschland im 17. Jahrhundert keine zentrale Bedeutung gehabt. Die Entwicklung verlief hier anders als in Frankreich. Dagegen gibt die Rede vom Frühabsolutismus des 16. Jahrhunderts Anlaß, auf wirtschaftliche und soziale Voraussetzungen der absolutistischen Regierungsweise hinzuweisen.

Um 1600 war die bis ins Spätmittelalter zurückreichende wirtschaftliche Aufschwungsphase zu einem vorläufigen Ende gekommen. Vom einsetzenden Niedergang waren vor allem die Städte, Hauptträger und Hauptfinanziers des ständestaatlichen Systems, betroffen. Das lag offenbar weniger an einer Verlagerung der Handelszentren nach Westeuropa in jener Zeit – im Gefolge der Entdeckungen ferner Länder und des aufblühenden Überseehandels –, als an Gründen, die der angedeuteten Konjunkturentwicklung immanent waren. Der wirtschaftliche und soziale Aufschwung seit dem 15. Jahrhundert hatte zu einer Bevölkerungszunahme geführt, die den zu Beginn des 14. Jahrhunderts erreichten Stand mit über 20 Millionen Einwohnern in Deutschland weit hinter sich ließ. Die damit verbundene Steigerung der Nachfrage nach Agrargütern hatte zwar die Intensivierung der Gutswirtschaft, die Umwandlung von Bauernland in große Rittergutsbezirke, begünstigt, war aber nicht von einer entsprechenden landwirtschaftlichen Produktionserweiterung kompensiert worden. Wieder war das Ende einer Entwicklung erreicht: Versorgungskrisen, Seuchen und eine empfindliche Zunahme der Agrarpreise (sog. »Agrarpreisrevolution« in der zweiten Hälfte des 16. Jahrhunderts) zeigten das deutlich. Die Reallohneinbußen z. B. der Handwerksgesellen in den Städten sind offenbar erheblich gewesen. Auf der anderen Seite scheint die Bevölkerungszunahme auf dem Lande die Situation der Bauern ebenfalls eher verschlechtert zu haben.

Verschärfend kam hinzu, daß just zu jener Zeit die von den Städten betriebene Silberproduktion und der Erzbergbau sich erschöpften. Deutschland mußte seine führende Position auf diesem Sektor an überseeische Gebiete abgeben. Auf dem Bergbau basierte aber der Reichtum der großen Handelshäuser, ihre Wirtschaftskraft und Initiative, der die Städte nicht zuletzt ihre Blüte verdankten – und die Fürsten die Finanzierung eines guten Teiles ihrer Ausgaben. Gerade die enge finanzielle Verbindung mit dem Staat drohte den Frühkapitalisten nun zum Verhängnis zu werden, je mehr sich die Fürsten daran gewöhnten, den durch Ausbau des Hofes und des Staatsapparates wie durch zunehmende kriegerische Verwicklungen steigenden Staatsbedarf nicht mehr wie bisher durch Steuern und Anleihen, sondern durch systematische Münzverschlechterungen zu stillen (sog. Kipper- und Wipperzeit) oder sich kurzerhand für insolvent zu erklären (sog. »Staatsbankrotte«). Vorgänge dieser Art brachten die großen Handelshäuser zum Sturz (so z. B. die Welser in Augsburg 1614). Sie hatten Auswirkungen auf die Städte. Ganz allgemein gesehen neigte sich das städtische Zeitalter, die Epoche der Dominanz des Bürgertums in Wirtschaft, Staat und Kultur, seinem Ende entgegen.

In diesem Zusammenhang ist die Bedeutung des Dreißigjährigen Krieges für die Entwicklung des Absolutismus in Deutschland zu erörtern. Der Dreißigjährige Krieg läßt sich nicht mit dem religiösen Bürgerkrieg in Frankreich vergleichen, der dort bei der Überwindung des konfessionellen Haders und des ständischen Widerstands zur Begründung der absoluten Monarchie führte. In Deutschland war die Entscheidung in der Konfessionsfrage schon längst, nämlich auf dem Augsburger Reichstag 1555, gefallen, wo man jedem Reichsstand, d. h. jedem Landesherrn, das Recht eingeräumt hatte, über die Konfessionszugehörigkeit seiner Untertanen zu befinden. In dem zwei Menschenalter später ausbrechenden Krieg wurde diese Frage nicht noch einmal aufgeworfen, sondern um Veränderung und Wahrung des Besitzstandes der Protestanten und Katholiken gekämpft, letztlich – da hinter den Konfessionsparteien ja politische Mächtegruppierungen standen – um den politischen Status des Heiligen Römischen Reiches überhaupt, was auch die intensive Einmischung so vieler, an bestimmten politischen Zuständen in Deutschland interessierter ausländischer Mächte, der Spanier, Franzosen, Dänen und Schweden erklärt. All das trug dazu bei, den Krieg zu verlängern und in einen allgemeinen Zusammenbruch enden zu lassen. Städte und Dörfer, ganze Landstriche waren verwüstet, die Bevölkerung um 30, 50 und mehr Prozent zurückgegangen, die Produktion vielerorts zum Erliegen gekommen. Was Ende des 16. Jahrhunderts als Krise und wirtschaftlicher Niedergang begonnen hatte, hatte der Krieg in den völligen Ruin getrieben. Zwar hat sich das städtische Gewerbe in den nächsten 20 bis 30 Jahren wieder relativ schnell erholt, aber auf dem Lande dauerte die Depression bis ins 18. Jahrhundert an; die Bevölkerung hat sich erst ein Jahrhundert später wieder regeneriert.

Es ist verständlich, daß sich unter diesen, als allgemeiner Trend vorhandenen und im Krieg zur Katastrophe gesteigerten Bedingungen kein blühendes ständisches Leben zu erhalten vermochte, und das hatte seine politischen Konsequenzen. War erst einmal der Reichtum der Stände dahin, so war es auch ihre politische Macht. Umgekehrt bot die Notwendigkeit, die Kriegsfolgen zu beseitigen, das Land zu befrieden, Schutz gegen marodierende Söldnerhaufen zu schaffen, für die Wiederherstellung der Verkehrsverhältnisse, die Ernährung der Bevölkerung und die Peuplierung entvölkerter Landstriche zu sorgen, eine Fülle von Möglichkeiten, die fürstliche Macht zu entfalten. Tatsächlich können wir im 17. und 18. Jahrhundert von einer fürstlichen oder staatlichen Wirtschaftspolitik sprechen, die sich erneut dem Ausbau des Landes zuwandte, die den Verkehr durch Kanalbauten förderte (z. B. Oder-Spree-Kanal 1662–1669) und die Produktion durch Einrichtung von Manufakturen, den ersten noch überwiegend auf Handarbeit beruhenden Großbetrieben. Von vielen Fürsten wurden Holländer und französische Hugenotten, bekannt ob ihres Gewerbefleißes und ihrer technischen Fähigkeiten, ins Land gerufen.

Alle diese Maßnahmen zum Wiederaufbau (Rétablissement) im Gefolge des Dreißigjährigen Krieges wie auch späterer Kriege erweiterten den Handlungsraum des fürstlichen Staatsapparats beträchtlich. Sie waren indessen nicht einfach auf die Förderung des Wohlstandes der notleidenden Bevölkerung gerichtet, sondern dienten in erster Linie der Stärkung des Staates und seiner Finanzen. Die Entwicklung der Produktion, insbesondere der zeittypischen Porzellan- und Seidenmanufakturen, galt ebenso wie die Beseitigung der Binnenzölle der Steigerung des Exports. Sie sollte bei gleichzeitiger Importbeschränkung durch Schutzzölle zu einer aktiven Handelsbilanz und damit zu einer Stärkung der Staatseinnahmen führen (Merkantilismus). Ziel dieser Politik war die Sicherung der Staatsausgaben für Heer, Beamtenapparat und Hof; in ihrem Dienst standen allgemeine Wohlstandsförderung und dirigistische Wirtschaftspolitik.

Das führt uns auf einen weiteren, wichtigen Punkt. Mit dem Dreißigjährigen Krieg scheint die Einsicht gewachsen zu sein, daß nur ein wehrhafter Staat Chancen hatte, sich gegen seine Nachbarn zu behaupten. Seit dieser Zeit datiert der Übergang zum stehenden Heer – im Gegensatz zu den im Bedarfsfall angeworbenen Söldnerhaufen. Wieder war es eine militärtechnische Neuerung, die sich auf das Verfassungsleben auswirkte; denn der Unterhalt des *miles perpetuus* kostete Geld, verlangte infolgedessen gezielte finanzielle und wirtschaftliche Anstrengungen. Als Herren des Heeres und einer auf seinen Unterhalt abgestimmten Politik gewannen die Fürsten beträchtlich an Macht.

Es waren also nicht nur der Niedergang der Wirtschaft und der Stände, nicht nur der Dreißigjährige Krieg als sozialer Katastrophenfall ursächlich für die absolutistische Entwicklung in Deutschland, sondern offenbar auch die, gerade in diesem Krieg deutlich werdende Zunahme der internationalen Verwicklungen und die militärtechnischen Konsequenzen, die man daraus zog. Seit dieser Zeit hat man die internationale Situation als zentralen Einflußfaktor auf die Verfassungsentwicklung in Deutschland zu berücksichtigen. Dagegen kommt die gelegentlich geäußerte Ansicht, die absolutistische Fürstenherrschaft beruhe auf einem »Klassengleichgewicht«, mit der die einer Klassenstaatstheorie widersprechende Tatsache nicht klassenbedingter Herrschaft erklärt werden soll, für Deutschland nicht in Betracht.

III.

Das Paradebeispiel für den Zusammenhang von internationaler Konfliktsituation und Etablierung absolutistischer Verfassungsstrukturen ist Brandenburg-Preußen – ein Extremfall, gerade deswegen aber besonders lehrreich. Zur Zeit des Dreißigjährigen Krieges war Brandenburg-Preußen ein aus mehreren Territorien zusammengesetztes Staatsgebilde wie viele andere auch. Außer über die Kurmark gebot der damals herrschende Landesherr, der Große Kurfürst, über Ostpreußen und Cleve-Mark in Personalunion, über weit auseinanderliegende, ererbte Länder. Bei ihnen handelte es sich um eigenständige Staaten mit eigenen Landtagen und einer eigenen, von den Ständen zum Teil stark beeinflußten Administration.

Der Dreißigjährige Krieg und anschließende kriegerische Verwicklungen mit Schweden und Polen ließen ein stehendes Heer als unumgänglich erscheinen, wollte man sich im Konzert der Mächte mit dem relativ großen, aber schwer zu verteidigenden Staatsgebilde behaupten. Der Anfang dazu wurde schon 1644 gemacht. Da das Heer vorwiegend aus Söldnern bestand, war seine Unterhaltung einigermaßen kostspielig. Sie warf beträchtliche Finanzierungsprobleme auf, deren Lösung allmählich zu einer tiefgreifenden Reorganisation von Staat und Gesellschaft führte.

Wie in anderen Ständestaaten auch ließen sich solche staatlichen Unternehmungen zunächst einmal durch fürstliche Eigenmittel finanzieren. Tatsächlich zeigte man sich in Brandenburg-Preußen in jener Zeit bemüht, die Einkünfte aus den Domänen planmäßig zu steigern (Zusammenfassung der Domänenkammern in der Geheimen Hofkammer 1689 bzw. im Generalfinanzdirektorium 1713). Im wesentlichen war aber in diesem Fall der Fürst auf eine Finanzierung seines Vorhabens durch Steuern und damit auf eine Steuerbewilligung durch die Landstände angewiesen. Sie konnte er in den Jahren zwischen 1653 und 1663 erreichen und zwar in der im Ständestaat typischen Weise durch Kompromiß. Für die Bewilligung der verlangten »Kontribution«, bzw. einer »Akzise« genannten Verbrauchssteuer in den Städten, erhielten die Stände in der Kurmark, in Preußen und in Cleve-Mark unterschiedliche Zugeständnisse, die ihr Steuerbewilligungsrecht, ihre Selbstverwaltung und die Besetzung von Verwaltungsstellen mit Einheimischen betrafen. In der Kurmark wurde ihnen die bereits etablierte Gutsherrschaft mit Gerichtsbarkeit und Polizeigewalt bestätigt (Kurmärkischer Landtagsrezeß von 1653).

Später bemühte man sich, auch den Adel allgemein an den finanziellen Lasten zu beteiligen, durch Umwandlung seiner Lehen in Privateigentum (sog. Allodifizierung der Lehen 1717). Damit fand die althergebrachte Lehnsbindung zwischen Fürst und Vasall ein Ende, und es trat an die Stelle der praktisch uninteressant gewordenen militärischen Dienstverpflichtung des Vasallen eine finanzielle Leistungspflicht. Dennoch gelang es zugleich, den Adel in Brandenburg-Preußen an einer vollständigen Privatisierung seiner Position als Großgrundbesitzer zu hindern und ihn weiterhin im Dienst für den Fürsten, insbesondere als Offizier im Heer, zu halten, nicht zuletzt durch die Einrichtung staatlicher Kadettenanstalten, in denen der adlige Offiziersnachwuchs erzogen wurde.

Die Einnahmen für das Militär sind von besonderen Kommissaren erhoben worden. Mit der Kommissariatsverwaltung trat ein neuer Verwaltungstyp neben die reguläre, von den Ständen getragene Administration in den einzelnen Ländern. Der neue Verwaltungsapparat war seit 1660 im Generalkriegskommissariat zentralisiert und an Aufträge des Fürsten strikt gebunden. Er hatte nicht nur Steuern einzutreiben, sondern auch für die Entwicklung der Finanz- und Wirtschaftskraft in den Ländern zu sorgen, stellte damit ein Instrument merkantilistischer Wirtschaftspolitik in der Hand des Fürsten dar. Deutlich zeigte sich hier der Zusammenhang zwischen dem Aufbau eines ständigen Heeres, dem Finanzwesen und der allgemeinen Wirtschaftsförderung; auch die Einrichtung von Manufakturen gehört in diesen Kontext.

Unvermeidlicherweise geriet das Generalkriegskommissariat bei einer derartig breiten Aufgabenstellung rasch in Konkurrenz zu den anderen Verwaltungszweigen, zur alten ständischen Finanzverwaltung, zur überkommenen Landesverwaltung und zu den neuen, ebenfalls zur Stärkung der Staatsfinanzen eingerichteten, aber speziell die Landwirtschaft fördernden Domänenkammern. Um hier aufkommende Friktionen zu vermeiden, wurden 1723 das Generalfinanzdirektorium und das Generalkriegskommissariat zu einer Behörde mit dem hübschen barocken Namen »General-Ober-Finanz- und -Domänen-Direktorium« (kurz: Generaldirektorium) vereinigt. Kurz zuvor, 1713, war mit der Preußischen Generalrechenkammer eine zentrale Institution zur finanziellen Verwaltungskontrolle geschaffen worden, das Urbild der späteren Rechnungshöfe. Damit besaß Brandenburg-Preußen eine gut funktionierende, allgemeine und zentrale staatliche Verwaltung für Inneres und Wirtschaftspolitik. Der ursprünglich mehrstaatliche Verwaltungsaufbau war überwunden. Zwar blieb zunächst die Zentralbehörde in Provinzialdepartements unterteilt, doch wich allmählich das geographische Einteilungsprinzip der Gliederung nach sachlichen Gesichtspunkten, dem Fach- oder Ressortprinzip.

Neben der Innenverwaltung existierten im 18. Jahrhundert in Brandenburg-Preußen noch ein Departement für Auswärtige Angelegenheiten (das sog. Kabinettsministerium mit kollegialer Führung, seit 1728) und das aus den Restbeständen des brandenburgischen Geheimen Rats gebildete Departement für Justiz und Geistliche Angelegenheiten (unter einem Großkanzler, seit 1737). Die drei Verwaltungszweige waren nicht in einem zentralen Regierungskollegium zusammengefaßt (Ansätze dazu gab es im sog. Geheimen Staatsrat). Jedes Departement unterstand direkt dem Monarchen, der auf diese Weise als einziger den Regierungsüberblick zu wahren in der Lage war und seine Ministerien ohne Beratung »aus dem Kabinett« mit schriftlichen Anordnungen (Kabinettsordres) zu dirigieren pflegte (so besonders Friedrich II.).

Unterhalb der zentralen Ebene gab es in den einzelnen Territorien Kriegs- und Domänenkammern, die bei Streitigkeiten über Gegenstände ihres Zuständigkeitsbereichs als Gerichte fungierten. Angesichts der regen Verwaltungstätigkeit der Kammern verlor die ältere Administration an Bedeutung und wurde allmählich auf bloße Rechtsprechungstätigkeiten reduziert, als Appellationsinstanz für städtische und patrimoniale, gutsherrliche Gerichte sowie als erste Instanz für privilegierte Personen. Auch die ständische Lokalverwaltung geriet zunehmend unter Aufsicht und Direktion der neuen Staatsadministration. Zu diesem Zweck wurden Mittelinstanzen errichtet, staatliche »Steuerräte« für die Städte und der Landrat für die ländlichen Kreise, der allerdings eine eigenartige Doppelstellung hatte: Von den Kreisständen als ihr Vertrauensmann vorgeschlagen und vom Monarchen ernannt, erfüllte er sowohl staatliche Aufgaben als solche der ständischen Selbstverwaltung.

Auch beim personellen Ausbau des Behördenwesens bediente man sich des Militärs. Ausgediente Unteroffiziere fungierten als Steuereintreiber und Schullehrer, Offiziere übernahmen Positionen in den höheren Verwaltungsrängen. Zugleich machte sich ein Bedürfnis nach einem speziell gebildeten Personal für die erweiterte Staatstätigkeit bemerkbar. Die Hinwendung zur Finanz- und Wirtschaftspolitik veränderte das Ausbildungsprofil der Staatsdiener. Neben den ob seiner Rechtskenntnisse geschätzten, am römischen Recht ausgebildeten Juristen trat der in Finanz- und Wirtschaftsfragen bewanderte Kameralist. Lehrstühle für Verwaltung (Kameralistik) wurden 1727 an den preußischen Universitäten Halle und Frankfurt an der Oder eingerichtet. Darüber hinaus sollten Eingangsprüfungen in den Staatsdienst die fachliche Qualifikation der Beamtenschaft heben. Mit Maßnahmen dieser Art und einer allgemeinen Steigerung des Dienstethos – das *travailler pour le roi de Prusse* war eine besondere Ehre – gelang es in Brandenburg-Preußen, eine fachlich versierte, dienstwillige, sparsame und effiziente Beamtenschaft zu etablieren, die später einen legendären Ruf genießen sollte. Ein Zeichen der Modernisierung war auch hier die endgültige Abschaffung der Verwaltung per Ämterkauf 1740.

Die Reorganisation der Staatsverwaltung wurde unter Friedrich dem Großen mit einer Justizreform zur Vereinheitlichung des Gerichtswesens und zur Beseitigung der Rechtsprechungskonkurrenz zwischen den ordentlichen Gerichten und den Kriegs- und Domänenkammern abgeschlossen. Mit dem Allgemeinen Landrecht von 1794, einer umfassenden Rechtskodifikation, wurde die Rechtseinheit in allen preußischen Landen hergestellt.

In Brandenburg-Preußen hat also das Interesse an einem Staat, der seine Selbständigkeit wahren kann, zum Ausbau der Staatsorganisation und zur Intensivierung der Staatstätigkeit geführt, zur Errichtung einer ständigen Armee und zur Vergrößerung, Verfachlichung und Disziplinierung der Beamtenschaft, zu einer Fülle auf Wirtschaftsförderung angelegter, dirigistischer Maßnahmen mit dem Zweck, die finanzielle Leistungsfähigkeit zu heben, zudem auch zur Zentralisierung der Befehlsstrukturen. Diese Zentralisierung ging auf Kosten der Einzelstaaten, die für die neue Verwaltung nur noch Provinzen waren; sie ging zum andern auf Kosten der Stände, deren Verwaltungstätigkeit zurückgedrängt wurde, die – in der Kurmark seit 1653, in Preußen seit 1671 – nicht mehr einberufen und konsultiert wurden und deren lokale Herrschaften mehr und mehr unter die Kontrolle des Staates gerieten. Die Steuerungszentrale dieses die Gesellschaft in zunehmendem Maße penetrierenden, dirigierenden, finanziell und personell für seine Zwecke einspannenden Systems aber war der Monarch, bei dem alle Geschäftszweige zusammenliefen und der absolut herrschte, soweit er den anwachsenden Apparat überhaupt noch zu lenken vermochte. Das allerdings war bei der Fülle der Staatsgeschäfte und der zum Teil bewußten Desinformation des zurückgezogen in seinem Kabinett weilenden Monarchen durch seine Untergebenen mit der Zeit immer weniger möglich. So hat sich auch in Preußen auf Dauer nicht das absolutistische Regiment, wohl aber die Idee eines in der Person des Monarchen repräsentierten, von einer leistungswilligen Bürokratie gelenkten Staates halten können.

IV.

Brandenburg-Preußen, das war sicherlich ein Extremfall, dem aber insofern erhöhte Bedeutung zukommt, als dieser Staat im 19. Jahrhundert die Führung in Deutschland übernahm. Desungeachtet läßt sich in den anderen Territorien ein ähnlicher Trend weg vom ständestaatlichen Dualismus und hin zum Ausbau eines auf den Fürsten konzentrierten Staatsapparats beobachten. Der »Staat« wurde auf diese Weise synonym mit dem den Ständen entgegengesetzten fürstlich-bürokratischen Apparat und der Fürst zum alleinigen Staatsrepräsentanten. In keiner Zeit der europäischen Verfassungsentwicklung sind die Fürsten mehr »Monarchen« im strengen Sinne des Wortes gewesen, als in jener Epoche des die Pracht liebenden und auf die Darstellung der Macht versessenen Barock.

Auf die Fürsten war nicht nur der Staatsapparat ausgerichtet, auch die Kultur des Landes gipfelte gleichsam in ihnen. Anstelle der Vielfalt der Städte, dieser wahren Republiken des Handels und Gewerbes, trat nun die fürstliche Residenz. Sie beherrschte das Leben im Lande als geographischer Ausdruck der Staatskonzentration. Ihr Mittelpunkt war das fürstliche Schloß, der fürstliche Hof, und dessen Mittelpunkt war der Fürst selbst. Geschützt vom spanischen oder französischen Hofzeremoniell stand er weit über allen – ein Monarch von Gottes Gnaden, den das Gottesgnadentum hoch über alle Menschen erhob und unangreifbar, zur geheiligten Majestät, machte. Die Kultur in jener Zeit – man kann das ablesen an den Bauten, der Malerei oder der Musik – war höfische Kultur, keine bürgerliche mehr. Sie wurde übernommen von den großen, ihre Zeit prägenden Höfen, allen voran dem französischen Ludwigs XIV., und auch in den kleinsten Duodezfürstentümern Deutschlands nachgeahmt – wie ja überhaupt der kleinstaatliche Absolutismus hierzulande oft reine Nachahmung, nichts Eigenständiges gewesen ist, nicht auf wirklicher Macht beruhte, sondern sie z. B. in der Unterhaltung fürstlicher Paradesoldaten nur vortäuschte. Dennoch war der Trend zur Konzentration auf Fürst und Hof allgemein, und es schwanden davor die politischen Unterschiede im Land. Ob lokale Potentaten oder gemeiner Mann, vor dem Fürsten waren sie alle bloße Untertanen. Auch dem Reich gegenüber gewann die fürstliche Landeshoheit nun völlige Anerkennung; das war das Ergebnis des Dreißigjährigen Krieges, in dessen Friedensaufzeichnung es ausdrücklich hieß, daß die Reichsstände (die Landesherren) nicht nur das *ius territorii et superioritatis* hätten, sondern auch mit ausländischen Mächten Bündnisse eingehen könnten, die jedoch nicht gegen Kaiser und Reich gerichtet sein dürften (Instrumentum Pacis Osnabrugense Art. VIII, § 2).

Gegenüber der fürstlichen Machtentfaltung fiel es den Ständen schwer, sich zu behaupten, insbesondere dort, wo das Problem der Besteuerung ohne Rückgriff auf ihr Bewilligungsrecht gelöst werden konnte wie bei der Einführung indirekter Steuern

(Akzise), die nun ständig auf Verbrauchsgüter aufgeschlagen wurden. Bestrebungen im Reich, den Ständen das Steuerbewilligungsrecht völlig zu nehmen, schlugen zwar fehl, doch wurden die Landstände im Jüngsten Reichsabschied von 1654 (§ 180) ausdrücklich verpflichtet, Beiträge zur Unterhaltung landesherrlicher Festungen und Garnisonen zu leisten. Mit dem Mitbestimmungsrecht schwand die ständische Verwaltung; bezeichnenderweise hörte im 18. Jahrhundert auch der Brauch auf, die ständischen Rechte durch Freiheitsbriefe zu bestätigen. Vom Widerstandsrecht war ebenfalls nicht mehr die Rede, nachdem sich schon in der Reformation die Meinung verbreitet hatte, man dürfe es allenfalls in passiver Weise ausüben. Wo es Ständeversammlungen noch gab, nahmen sie vielfach den Charakter bloßer Huldigungs- und Postulatenlandtage an, die dem Landesherrn untertänigst gegenübertraten.

Das alles galt gewiß nicht allgemein, aber es war doch zeitspezifisch und daher für den genannten Zeitraum typisch. Im einzelnen wird man zwischen den Territorien und den Ständen differenzieren müssen. So gewann in auffälliger Weise der Adel damals gegenüber dem Bürgertum wieder an Boden. Nachdem er sich mit den Fürsten abgeglichen hatte, rückte er – vielfach in Ritterakademien auf seine neuen Funktionen vorbereitet – wieder vermehrt in die hohen Positionen am Hof, im Heer und in der Verwaltung ein. Was die Territorien anlangt, so gab es weiterhin Staaten, in denen sich die Stände gegen absolutistische Tendenzen durchzusetzen wußten, so z. B. in Mecklenburg, wo das Reich auf Antrag der Landstände sogar eine Exekution gegen den Herzog durchführte, die im mecklenburgischen Erbvergleich von 1755 endete. Dieser Grundvertrag, der die Mitregierung der Stände vorsah, galt bis 1918. Ähnlich verlief die Entwicklung in Württemberg, wo die Stände mit Erfolg den Reichshofrat anriefen und der Herzog im Erbvergleich von 1770 genötigt wurde, den alten Tübinger Vertrag von 1514 wieder anzuerkennen. Wo – wie in Hannover nach dem Erwerb der englischen Königskrone durch den Kurfürsten im Jahre 1714 – der Landesherr ständig außer Landes weilte, konnte es sogar zu einem ausgesprochen ständischen Regiment der führenden Adels- und Bürgerfamilien kommen.

Neue Strömungen gegen Ende des 18. Jahrhunderts wie der sich gegen die Aufklärung wendende Konservativismus haben ebenfalls viel zur Wiederbelebung des ständischen Gedankens beigetragen. Unter Rückgriff auf Montesquieu versuchte man, die Bedeutung der Stände als »intermediärer« Gewalt herauszustellen, die den Zugriff des Fürsten auf seine Untertanen hemme und mildere, regionale Besonderheiten zur Berücksichtigung bringe und allgemein die Freiheit gegenüber der staatlichen Gewalt fördere. Dennoch fiel es schwer, die Stellung der Stände in den sich wandelnden Staatswesen zeitentsprechend neu zu bestimmen und zu legitimieren. Im modernen Staatsaufbau war es offensichtlich nicht einfach, den Ständen zwischen dem Fürsten und den Untertanen, zwischen denen jetzt der Beamtenapparat vermittelte, noch einen sinnvollen Platz anzuweisen.

Angesichts des Trends zu einer allgemeinen und nivellierten Untertanschaft galten die Stände bald nur noch als »Privilegienkorporationen«, deren besondere Rechtsstellung vor dem Gedanken der Gleichheit aller als ungerechtfertigte Bevorzugung (als »Privileg« in der modernen Bedeutung des Wortes) erschien. Wo man ihnen aber als »Untertanenrepräsentation« eine zeitgemäße Funktion zuordnen wollte, mußte ebenfalls der Umstand, daß sie nicht einfach Untertanen waren, sondern eine traditionelle Vorzugsstellung in der Gesellschaft besaßen, sich als hinderlich erweisen. So hat es denn im 18. Jahrhundert auch keine »Ständerenaissance« gegeben, die diesen Namen verdiente, wenngleich das Fortleben der Stände und die Debatte über sie manches dazu beigetragen haben mag, die Idee der »Libertät«, der zunächst spezifisch ständischen, dann aber allgemeinen gesellschaftlichen Freiheit gegenüber dem um sich greifenden Staat zu bewahren und ins 19. Jahrhundert hinüberzuretten.

V.

Daß es keine wirkliche Chance gab, das Ständewesen wieder zu verlebendigen, zeigt die letzte Phase des Absolutismus, die man die »aufgeklärte« nennt. Der aufgeklärte Absolutismus war die eigenartige Verbindung absoluter Fürstenherrschaft mit den Ideen der Aufklärung, denen einige Monarchen in der zweiten Hälfte des 18. Jahrhunderts huldigten, ohne daß freilich die Berührung von Aufklärung und Staat auf sie beschränkt geblieben wäre.

Wir verstehen unter Aufklärung eine geistige Strömung, die sich damals im Namen der »Vernunft« gegen Tradition und Religion wandte, die mit dem Herkommen begründete soziale Beziehungen einer grundsätzlichen Kritik unterzog, mit dem bloßen Verstande nicht einsichtige Glaubensüberzeugungen als »Aberglauben« verwarf und hoffte, Staat und Gesellschaft ohne

Rücksicht auf überkommene Vorstellungen, Machtverteilungen und Interessen, allein aufgrund vernünftiger Überlegung neu und besser als vordem ordnen zu können (Rationalismus). Dieser Glaube an die Vernunft war beflügelt durch die Erfolge der Wissenschaft in jener Zeit, besonders der Naturwissenschaften mit ihren Versuchen, den Aufbau der Natur aus ihren Elementen geistig und experimentell nachzuvollziehen. In ähnlicher Weise hatte sich das neuere Naturrecht, die Gesellschaftsphilosophie jener Epoche, bemüht, den Staat als eine (vertragliche) Zusammensetzung aus einer Vielzahl von Individuen zu verstehen, als einen vollkommenen Mechanismus oder eine Maschine, die man so einrichten könne, daß ihr reibungsloses Funktionieren das Glück der Bürger unfehlbar hervorbringe.

Es ist charakteristisch für die Aufklärung, daß in ihr die Idee des starken Staates hinter der des Glücks seiner Untertanen als dem eigentlichen Ziel staatlicher Tätigkeit zurücktrat. In der neuen, mit ihren Wurzeln bis ins 17. Jahrhundert zurückreichenden Gesellschaftsphilosophie, wurde auf das Individuum in doppelter Weise Bezug genommen. Zum einen diente es als Aufbauelement für Staat und Gesellschaft, die jetzt aus freien Einzelmenschen und nicht mehr wie früher aus »natürlichen« Verbindungen, wie Familien und Ständen, zusammengesetzt gedacht wurden; zum andern wurde es zum Ziel oder Nutznießer von »Staat« und »Gesellschaft« erklärt, um dessen Wohlfahrt es in diesen Veranstaltungen ging. Die Förderung der individuellen Wohlfahrt konnte aber als Aufgabe des absoluten Staates erscheinen, weil gerade er in der Lage zu sein schien, hemmende Widerstände der Stände und der Tradition niederzureißen. So wandte sich die Aufklärung bewußt an den absoluten Monarchen. Er konnte in seiner Machtvollkommenheit die entsetzlichen Bräuche der Vergangenheit, Folter und Hexenprozesse, abschaffen; er konnte religiöse Toleranz gebieten, Zensur und gesellschaftliche Unterdrückung, wie die bäuerliche Leibeigenschaft, aufheben; er konnte die Zunftschranken niederreißen und mit der individuellen Freiheit zugleich Produktivität und Wohlstand im Lande fördern; er konnte das Recht vereinheitlichen und durch seine Kodifikation in den großen Gesetzgebungen des 18. Jahrhunderts (wie dem Allgemeinen Landrecht für die preußischen Staaten von 1794) dafür sorgen, daß die gesellschaftlichen Beziehungen auf eine neue, vernünftige Grundlage gestellt wurden; er konnte der Vernunft zum Siege verhelfen, indem er Verwaltung und Justiz an die Gesetze band und auf seinen, die Vernunft des Gesetzes durchbrechenden »Machtspruch« verzichtete. Das alles wurde von einem aufgeklärten Monarchen, einem *despot éclairé,* erwartet, und es gab eine Reihe von Herrschern, die eine entsprechende Politik betrieben, wie Friedrich der Große in Preußen und Markgraf Karl Friedrich von Baden, der 1767 die Folter und 1783 die Leibeigenschaft in seinem Territorium beseitigte und eine moderne Verwaltung einführte.

Am spektakulärsten aber ist die aufgeklärte Politik des Habsburgers Josephs II. gewesen. Der nach ihm benannte Josephinismus bestand in einer rigorosen Durchführung gesellschaftlicher, vor allem gegen die Kirche gerichteter Reformen und einer Neuorganisation des Staatsapparats innerhalb von nur zehn Jahren (1780–1790). Bereits 1781 wurde in Österreich die Leibeigenschaft aufgehoben und die Ablösbarkeit der auf dem Bauernland liegenden Abgaben verfügt. Gleichzeitig wurden religiöse Toleranz verkündet, der Instanzenzug in der Justiz reformiert, das Bildungs- und Gesundheitswesen verbessert und erste gesetzliche Neuregelungen erlassen. Die Administration in den Habsburger Landen wurde gleichgeschaltet, die ständische Selbstverwaltung aufgehoben und die Lokalverwaltung verstaatlicht. Eine Vielzahl von Klöstern wurde säkularisiert und das reiche Kirchengut, wie vorher schon in den protestantischen Territorien, dem staatlichen Zugriff, unter anderem durch Beseitigung steuerlicher Privilegien, zugänglich gemacht. Die Reform zielte offensichtlich auf einen leistungsfähigeren Staat und eine leistungsfähigere Gesellschaft durch Abbau gesellschaftlicher Abhängigkeiten und Bedrückungen (Befreiungsaspekt) und durch Aufhebung irrelevant gewordener Unterschiede in der Administration sowie durch Straffung und Vereinheitlichung der Staatsorganisation (Nivellierungsaspekt). Viele Reformmaßnahmen erfolgten allerdings überhastet. Sie mußten nach 1790 wieder zurückgenommen werden. Es zeigte sich, daß Reformen, selbst wenn sie im allgemeinen Zuge der Zeit liegen, auf Widerstand stoßen und möglicherweise erfolglos bleiben, wenn sie nicht behutsam genug und ohne Rücksicht auf Stimmungen im Volke und mögliche Folgen vorgenommen werden.

Für das Ständewesen wurde der aufgeklärte Absolutismus in doppelter Weise zum Totengräber. Wie der klassische Absolutismus wandte er sich gegen die politische Mitbestimmung und Mitverwaltung der Stände, über diesen hinausgehend legte er aber zugleich die Axt an die Wurzeln ihrer gesellschaftlichen

Existenz. Wir erinnern uns, daß die politischen Stände im Ständestaat im allgemeinen Herrenstände gewesen sind, daß sie über eigene lokale Herrschaften verfügten und daß darin die soziale Basis ihrer politischen Machtstellung lag. Durch die Bauernbefreiung und die Aufhebung der Grundherrschaft, durch die Säkularisierung des Kirchenbesitzes und die Abschaffung städtischer Selbstverwaltung wurde diese soziale Basis nun systematisch beseitigt. Es ist am Ende eine über die Reform der Staatsorganisation hinausgehende Gesellschaftsreform gewesen, die das Ständewesen zum Erlöschen brachte.

Unterstützt wurde diese Reform von neuen, die Aufklärung repräsentierenden Gesellschaftskreisen, vornehmlich einer akademisch gebildeten und in der Staatsbürokratie beheimateten Intelligenzschicht, die sich in frei gebildeten Vereinigungen, in Debattierclubs und zahlreichen Geheimgesellschaften, wie der Freimaurerei, sowie im aufblühenden Zeitungswesen artikulierte und eine neue Öffentlichkeit jenseits des Staates und überkommener gesellschaftlicher Herrschaftsstrukturen bildete. (Bezeichnenderweise hat sie für die dem neuen Egalitarismus und Freiheitsdenken widersprechende herrschaftliche Organisation der alten Gesellschaft das pauschale Schimpfwort »Feudalismus« geprägt.)

Bei alldem darf man nicht übersehen, daß das Bündnis von Aufklärung und Absolutismus nur vorübergehend war. Beide berührten sich in ihrem antitraditionalen Modernisierungsstreben. Aber während der Absolutismus auf ein gesellschaftlich freies, in seinen privaten Auffassungen tolerables Individuum zielte, das zugleich ein gehorsamer und leistungsfähiger Untertan war, mit dessen Hilfe man in Deutschland z. B. den ökonomischen und technischen Rückstand gegenüber England, Frankreich und den Niederlanden aufzuholen trachtete, verstand die Aufklärung Freiheit nicht nur als eine Befreiung von gesellschaftlicher Unterdrückung, sondern ganz allgemein als Selbstbestimmung eines mündig gewordenen Individuums – auch in politischer Hinsicht. Ausgehend von der Idee einer allgemeinen, im Einzelnen lebenden Vernunft konnte sie die Vorstellung von einem natürlichen und harmonischen Gesellschaftszustand hegen, von einem *ordre naturel* (wie ihn die führenden Gesellschaftsphilosophen jener Jahre, die Physiokraten, nannten), in dem die Individuen auch frei von staatlicher Bevormundung und Gängelei waren: *»laissez faire, laissez aller, le monde va de lui même.«*

Für derlei Intentionen konnte der absolute Staat nur ein temporärer Waffen- und Weggefährte sein. Er besaß die Macht, die gesellschaftlichen Hindernisse, die die Tradition aufgetürmt hatte, wegzuräumen und – maulwurfsgleich – den Weg freizuschaufeln für eine freie Gesellschaft. Er konnte deren Voraussetzungen schaffen durch Bauernbefreiung und Förderung der Landwirtschaft als der eigentlichen Produktivkraft in einer Gesellschaft nach physiokratischer Lehre. Der aufgeklärte Despot konnte eine Gesellschaft zu ihrem Glück bringen, notfalls mit drakonischen Maßnahmen – hier klingt die Idee der Erziehungsdiktatur im Namen der Vernunft an –, so wie er Zuchthäuser zur Resozialisation der Verbrecher und Verwahrlosten einrichtete; aber mit der gelungenen Reform machte er sich am Ende selbst überflüssig und hatte der Gesellschaft mündiger Individuen zu weichen. So wurde die politische Kultur im 18. Jahrhundert – und das ist eine Wende von größter epochaler Bedeutung gewesen – republikanisch, nicht nur antifeudal, sondern antiabsolutistisch, wie die Französische Revolution zeigt.

Freilich sollte die Französische Revolution den Absolutismus in Deutschland noch nicht zu Fall bringen. Mit dem *terreur*, den sie nach sich zog, hat sie das bürgerliche Publikum hierzulande eher erschreckt als begeistert trotz der anfänglichen Zustimmung, die sie fand. Um so mehr vertraute man nun wieder auf die reformatorische Kraft des absoluten Staates, und tatsächlich hat es in Deutschland zu Beginn des 19. Jahrhunderts so etwas wie eine verlängerte Phase des Absolutismus gegeben, den sog. bürokratischen Absolutismus, in dem eine aufgeklärte Bürokratie, gedeckt durch den Monarchen, der selbst als politischer Gestalter immer weniger in Erscheinung trat, die Gesellschaft auf dem Verordnungswege veränderte durch eine, wie man das genannt hat, »Revolution von oben«.

Und noch in einer anderen Hinsicht hat die Französische Revolution eine positive Bedeutung für den fürstlichen Territorialstaat in Deutschland gehabt. Sie hat nicht nur den monarchischen Gedanken vorübergehend wieder gefestigt, sondern durch die in ihrem Gefolge vorgenommene Säkularisation der geistlichen Fürstentümer und die Mediatisierung kleinerer Herrschaften zu großen, arrondierten Territorialstaaten geführt (Reichsdeputationshauptschluß von 1803), die endlich auch die schützende Hülle des Reichs abstreiften und das zuerkannt erhielten, was nach damaliger Auffassung zu einem modernen Staat nun einmal gehörte: *la plénitude de la souveraineté.*

Allgemein zur Verfassungsgeschichte dieser Zeit vgl. GERHARD OESTREICH, Verfassungsgeschichte vom Ende des Mittelalters bis zum Ende des alten Reiches. Gebhardt, Handbuch der deutschen Geschichte, Band 2 (Band 11 der Taschenbuchausgabe). Zum gesellschaftlichen Wandel vgl. Leonhard Bauer u. Herbert Matis, Geburt der Neuzeit. Vom Feudalsystem zur Marktgesellschaft. München 1988. Zu berücksichtigen ist auch die im 4. Kapitel angegebene Literatur, da strukturelle und entwicklungshistorische Betrachtungen nicht strikt voneinander zu trennen sind.

Entstehung des modernen Staates und der Landesherrschaft, Entwicklungsphasen

Zur Entstehungsfrage vgl. grundsätzlich WERNER NÄF, Frühformen des modernen Staates im Spätmittelalter. In: HZ 171 (1951), auch bei Hanns Hubert Hofmann (Hrsg.), Die Entstehung des modernen Staats. Köln, Berlin 1967. Ferner: THEODOR MAYER, Die Ausbildung des modernen Staats im hohen Mittelalter. In: HZ 159 (1939), jetzt bei Hellmut Kämpf (Hrsg.), Herrschaft und Staat im Mittelalter. Darmstadt 1960. Allgemein europäisch orientiert: JOSEPH R. SCHRAYER, Die mittelalterlichen Grundlagen des modernen Staates. Köln, Wien 1975, und FRIEDRICH AUGUST VON DER HEYDTE, Die Geburtsstunde des souveränen Staates. Regensburg 1952. Eine andere Akzentsetzung haben CHARLES TILLY (Hrsg.), The Formation of National-States in Western Europe. Princeton 1975, und HELMUT QUARITSCH, Staat und Souveränität. Band 1: Die Grundlagen. Frankfurt a.M. 1970, sowie ders., Souveränität. Entstehung und Entwicklung des Begriffs in Frankreich und Deutschland vom 13. Jh. bis 1806. Berlin 1986.

Zu den *Entwicklungsphasen des frühmodernen Staates* vgl. GERHARD OESTREICH, Ständetum und Staatsbildung in Deutschland. In: Der Staat 6 (1967), auch in ders., Geist und Gestalt des frühmodernen Staats. Berlin 1969; s. auch WERNER NÄF, Der geschichtliche Aufbau des modernen Staats (1927). In: ders., Staat und Staatsgedanke. Bern 1935.

Zur Entstehung der *Landesherrschaft* geben Überblicke über die vertretenen Theorien THEODOR KNAPP, Zur Geschichte der Landeshoheit. In: Württembergische Vierteljahreshefte für Landesgeschichte 38 (1932), und THEODOR MAYER, Analekten zum Problem der Entstehung der Landeshoheit, vornehmlich in Süddeutschland. In: Blätter für deutsche Landesgeschichte 89 (1952). Einen grundsätzlichen Überblick über die Entwicklung findet man bei KARL SIEGFRIED BADER, Volk – Stamm – Territorium. In: Hellmut Kämpf (Hrsg.), Herrschaft und Staat im Mittelalter, a.a.O. Eine instruktive Detailanalyse enthält PANKRAZ FRIED, Grafschaft, Vogtei und Grundherrschaft als Grundlage der Wittelsbachschen Landesherrschaft in Bayern. In: Zeitschrift für Bayerische Landesgeschichte 26 (1963).

Übergang zum Ständestaat im Mittelalter, Einigungswesen
Allgemein zur Epoche s. JOACHIM LEUSCHNER, Deutschland im späten Mittelalter. 2. Aufl. Göttingen 1983. Grundlegend für die Entwicklung ist HANS SPANGENBERG, Vom Lehnsstaat zum Ständestaat. Ein Beitrag zur Entstehung der landständischen Verfassung. München 1912, ND 1964; vgl. auch ders., Landesherrliche Verwaltung, Feudalismus und Ständetum in den deutschen Territorien des 13. bis 15. Jahrhunderts. In: HZ 103 (1909). Die Übergangsphänomene und Neuansätze werden diskutiert bei HANS PATZE (Hrsg.), Der deutsche Territorialstaat im 14. Jahrhundert. 2 Bde. (Vorträge und Forschungen 13 u. 14). 2. Aufl. Sigmaringen 1986; s. dort insbesondere zur Funktion des Lehnswesens BERNHARD DIESTELKAMP, Lehnrecht und spätmittelalterliche Territorien (Bd. 1), zur Staatsorganisation und zum Finanzwesen GEORG DROEGE, Die Ausbildung der mittelalterlichen territorialen Finanzverwaltung (Bd. 1) und die allgemeine Zusammenfassung unter Hinweis auf das Phänomen der Kommerzialisierung von GÖTZ LANDWEHR, Mobilisierung und Konsolidierung der Herrschaftsordnung im 14. Jahrhundert (Bd. 2); s. auch GEORG DROEGE, Die finanziellen Grundlagen des Territorialstaates in West- und Ostdeutschland an der Wende vom Mittelalter zur Neuzeit. In: VSWG 53 (1966).

Zur *Landfriedensproblematik* s. HEINZ ANGERMEIER, Königtum und Landfriede im deutschen Spätmittelalter. München 1966, und GÖTZ LANDWEHR, Königtum und Landfrieden. In: Der Staat 7 (1968). Zum Genossenschafts- und Einigungswesen ist grundlegend OTTO VON GIERKE, Das deutsche Genossenschaftsrecht. Band 1, Berlin 1868, ND 1954; vgl. auch HEINZ ANGERMEIER, Städtebünde und Landfriede im 14. Jahrhundert. In: HJB 76 (1957).

Gesellschaftlicher Wandel und Organisierung des fürstlichen Territorialstaats im 15. und 16. Jahrhundert
Einen europäischen Überblick über den Zeitraum bietet ERICH MEUTHEN, Das 15. Jahrhundert. 2. Aufl. Müchen 1984. Für Deutschland vgl. BERND MOELLER, Deutschland im Zeitalter der Reformation. 3. Aufl. Göttingen 1988, und MARTIN HECKEL, Deutschland im konfessionellen Zeitalter. Göttingen 1983. Zur gesellschaftlichen Entwicklung s. KARL BOSL und EBERHARD WEIS, Die Gesellschaft in Deutschland. Band 1: Von der fränkischen Zeit bis 1848. München 1976; GEORG SCHMIDT (Hrsg.), Stände und Gesellschaft im Alten Reich. Wiesbaden 1989, und WILHELM TREUE, Wirtschaft, Gesellschaft und Technik vom 16. bis zum 18. Jahrhundert. Gebhardt, Handbuch der deutschen Geschichte, Band 2 (Band 12 der Taschenbuchausgabe).

Das Thema der *»frühbürgerlichen Revolution«* wird behandelt bei RAINER WOHLFEIL (Hrsg.), Reformation oder frühbürgerliche Revolution? München 1972. Besondere Aufmerksamkeit wird neuerdings dem Phänomen des Bauernkrieges geschenkt; vgl. dazu die klassische Darstellung von GÜNTHER FRANZ, Der deutsche Bauernkrieg. 12. Aufl.

Darmstadt 1984, sowie aus der reichhaltigen neueren Literatur HANS-ULRICH WEHLER (Hrsg.), Der deutsche Bauernkrieg 1524–1526. Göttingen 1975, RAINER WOHLFEIL (Hrsg.), Der Bauernkrieg 1524–1526. München 1975, PETER BLICKLE (Hrsg.), Der Deutsche Bauernkrieg von 1525. Darmstadt 1985. Allgemein auch: WINFRIED SCHULZE, Bäuerlicher Widerstand und feudale Herrschaft in der frühen Neuzeit. Stuttgart 1980.

Die *politische Situation* umreißt GERHARD OESTREICH, Die verfassungspolitische Situation der Monarchie in Deutschland vom 16. bis 18. Jahrhundert (1965). In: ders., Geist und Gestalt des frühmodernen Staats. Berlin, München 1969. Herrschaftsfragen geht nach HELMUT G. WALTER, Imperiales Königtum, Konziliarismus und Volkssouveränität. München 1976. Zur Entwicklung der Gesetzgebung und der staatlichen Institutionen vgl. die europäischen Überblicke von ARMIN WOLF und GÜNTER GUDIAN im Handbuch der Quellen und Literatur der neueren europäischen Privatrechtsgeschichte (Angaben dazu im 4. Kapitel); vgl. auch OTTO HINTZE, Der Commissarius und seine Bedeutung in der allgemeinen Verwaltungsgeschichte. In: ders., Gesammelte Abhandlungen. Bd. 1, 3. Aufl. Göttingen 1970. Zur Frage des neuburgundischen Einflusses s. FRITZ HARTUNG, Der französisch-burgundische Einfluß auf die Entwicklung der deutschen Behördenorganisation. In: ders., Staatsbildende Kräfte der Neuzeit. Berlin 1961. Zur Bedeutung der Reformation vgl. KARL-HEINZ BLASCHKE, Wechselwirkungen zwischen der Reformation und dem Aufbau des Territorialstaats. In: Der Staat 9 (1970). Zur Bedeutung des Militärs: JOHANNES KUNISCH (Hrsg.), Staatsverfassung und Heeresverfassung in der europäischen Geschichte der frühen Neuzeit. Berlin 1986.

Absolutismus und aufgeklärter Absolutismus

Allgemein zur Epoche s. HEINZ DURCHHARDT, Das Zeitalter des Absolutismus. München 1986, RUDOLF VIERHAUS, Deutschland im Zeitalter des Absolutismus. 2. Aufl. Göttingen 1984, und KARL OTMAR FREIHERR VON ARETIN, Vom Deutschen Reich zum Deutschen Bund. Göttingen 1980. Sammlungen grundsätzlicher Aufsätze zur Thematik sind: WALTHER HUBATSCH (Hrsg.), Absolutismus. 2. Aufl. Darmstadt 1982; HANS PATZE, (Hrsg.), Aspekte des europäischen Absolutismus. Hildesheim 1979, ERNST HINRICHS (Hrsg.), Absolutismus. Frankfurt a.M. 1986. Zur Frage der Phasen des Absolutismus vgl. FRITZ HARTUNG, Die Epochen der absoluten Monarchie in der neueren Geschichte (1932). In: ders., Volk und Staat in der deutschen Geschichte. Leipzig 1940.

Zum Phänomen der *Sozialdisziplinierung* s. GERHARD OESTREICH, Strukturprobleme des europäischen Absolutismus. In: VSWG 55 (1968/69), jetzt auch in: ders., Geist und Gestalt des frühmodernen Staats. Berlin, München 1969. Allgemein zur gesellschaftlichen Entwicklung s. auch NORBERT ELIAS, Die höfische Gesellschaft. Frankfurt a.M. 1983, und ders., Über den Prozeß der Zivilisation. 2 Bände, 8. Aufl. Frankfurt a.M. 1981/82, sowie Hans-Ulrich Wehler, Deutsche Gesellschaftsgeschichte, Bd. I: Vom Feudalismus des Alten Reiches bis zur Defensiven Modernisierung der Reformära. 1700–1815. München 1987.

Zum *Merkantilismus* vgl. Fritz Blaich, Die Epoche des Merkantilismus. Wiesbaden 1973, und das ausführliche ältere Standardwerk von Eli F. Heckscher, Der Merkantilismus. 2 Bände, Jena 1932.

Zum *preußischen Beispiel* werden aus der überreichen Literatur hier genannt Hans Rosenberg, Bureaucracy, Aristocracy und Autocracy. The Prussian Experience 1660–1815. 3. Aufl. Cambridge/Mass. 1968, sowie der neueste Überblick zur preußischen Geschichte, der Preußen-Ploetz, hrsg. von Manfred Schlenke. Freiburg, Würzburg 1987. Vgl. speziell auch Christoph Fürbringer, Necessitas und Libertas. Staatsbildung und Landstände im 17. Jahrhundert in Brandenburg. Frankfurt a.M. 1985, sowie mit grundsätzlicher Fragestellung Dietmar Willoweit, Über den preußischen Beitrag zur deutschen Staatsentwicklung, in: Saeculum, 33 (1982).

Sehr häufig ist in letzter Zeit die *Situation der Stände* im Absolutismus behandelt worden; vgl. dazu die im 4. Kapitel angegebenen Sammelbände und Kurt von Raumer, Absoluter Staat, korporative Libertät, persönliche Freiheit. In: HZ 183 (1958), Rudolf Vierhaus, Ständewesen und Staatsverwaltung in Deutschland im späten 18. Jahrhundert. In: Dauer und Wandel in der Geschichte. FG für Kurt von Raumer, hrsg. von Manfred Botzenhart und Rudolf Vierhaus. Münster 1966; Günter Birtsch, Gesetzgebung und Repräsentation im späten Absolutismus. Die Mitwirkung der preußischen Provinzialstände bei der Entstehung des Allgemeinen Landrechts. In: HZ 208 (1969). Eine instruktive Erörterung anläßlich eines landesgeschichtlichen Beispiels bietet Reinhard Renger, Landesherr und Landstände im Hochstift Osnabrück in der Mitte des 18. Jahrhunderts. Göttingen 1968.

Zum *aufgeklärten Absolutismus* vgl. die Aufsatzsammlung von Karl Otmar Freiherr von Aretin (Hrsg.), Der aufgeklärte Absolutismus, Köln 1974; Hermann Conrad, Staatsgedanke und Staatspraxis des aufgeklärten Absolutismus. Opladen 1971; Franklin Kopitzsch (Hrsg.), Aufklärung, Absolutismus und Bürgertum in Deutschland. München 1976. Zur österreichischen Variante s. Helmut Reinalter, Aufgeklärter Absolutismus und Revolution. Zur Geschichte des Jakobinertums und der frühdemokratischen Bestrebungen in der Habsburger Monarchie. Wien, Köln, Graz 1980. Zur Entwicklung des Freiheitsgedankens vgl. Diethelm Klippel, Politische Freiheit und Freiheitsrechte im deutschen Naturrecht des 18. Jahrhunderts. Paderborn 1976, sowie ders., Der Einfluß der Physiokraten auf die Entwicklung der liberalen Theorie in Deutschland. In: Der Staat 23 (1984), und Günter Birtsch (Hrsg.), Grund- und Freiheitsrechte von der ständischen zur spätbürgerlichen Gesellschaft. Göttingen 1987.

6. Kapitel
Das ältere deutsche Reich im Spätmittelalter und in der frühen Neuzeit

Vorbemerkung

Während der Zeit, in der sich die Territorien herausbildeten und zu modernen Staaten entwickelten, hat auch das Reich fortexistiert. Es ist nicht ein bloßes Überbleibsel aus einer vergangenen, der mittelalterlichen Epoche gewesen, ein Petrefakt, sondern besaß weiterhin wichtige Funktionen, bis zu einem bestimmten Grade die Macht, sie wahrzunehmen, und die Fähigkeit, sich veränderten Bedingungen organisatorisch anzupassen. Zu nennen ist in erster Linie seine Schutzfunktion gegen Bedrohungen von außen, der es mit Hilfe des Reichsheeres nachkam; dann die Schutzfunktion im Innern, die Bewahrung territorialer Eigenständigkeit vor Übergriffen fremder Herrscher, die Wahrung der Rechte von Landständen gegenüber ihren Landesherren und die Regelung des Landfriedens. Dieser Schutzfunktion entsprach die Jurisdiktionsgewalt des Reiches, sie oblag dem Reichsgericht.

Neben der Schutzfunktion ist die Gestaltungsfunktion zu erwähnen. Sie entsprang zum einen der Lehnshoheit des Reiches über die Territorien, die trotz ihrer selbständigen Entwicklung weiterhin als Reichslehen galten und daher z. B. beim Aussterben einer Dynastie an andere Dynastien und fremde Landesherren vergeben werden konnten. Auf diese Weise ließ sich vom Reich aus, insbesondere durch die Vergabe von Lehnsanwartschaften, Territorialpolitik betreiben, wenn auch in einer zunehmend durch dynastische Erbfolgeregelungen und Erbverbrüderungen eingeschränkten Form. Daneben kam aber auch die Gestaltungsfunktion des Reiches in seiner Gesetzgebung zum Ausdruck. Wie bei den Territorien ließ sie sich als moderne Form der Rechtsetzung aus der Jurisdiktionsgewalt ableiten.

Das Reich ist in all diesen Funktionen konkurrierend mit den Territorien tätig gewesen, konnte zeitweise eine führende Position wahren und vermochte auch seine Organisation neuen Erfordernissen anzupassen. Seine Funktionstüchtigkeit und Lebensfähigkeit im Spätmittelalter und in der frühen Neuzeit wird daher in der jüngeren Literatur betont. Trotz aller Modernisierung läßt sich aber nicht leugnen, daß, aufs Ganze gesehen, die Effizienz der Reichstätigkeit mit der Zeit abnahm, daß es in seiner äußeren Entwicklung schließlich zu keiner Erweiterung seiner Funktionen und seiner Machtstellung mehr kam und daß es auch organisatorisch hinter den im Ausland und in den eigenen Territorien errichteten Standards zurückblieb. Das Reich blieb letztlich amodern und wurde zunehmend führungsunfähig – dies unbeschadet einzelner bedeutender Kaiser, die sich indessen nie endgültig gegenüber den Reichsständen, den Territorialherren, durchzusetzen vermochten und selbst aus ihren Reihen stammten, mit den gleichen partikular-territorialstaatlichen Interessen.

Trotz am Ende unzureichender Leistungen ist die Existenz des Reiches jedoch nie in Frage gestellt worden, was nicht nur auf einen starken Traditionalismus in den herrschenden Anschauungen der damaligen Zeit schließen läßt, sondern auch darauf, daß die Erhaltung des Reichs bestimmten Interessen entsprach. Obwohl von den großen Territorien allmählich ausgehöhlt, ist es nicht von innen zum Einsturz gebracht worden, sondern durch äußeren Druck. Das weist auf die Bedeutung hin, die internationale Einflüsse für die Verfassungsgeschichte Deutschlands in der neueren Zeit gehabt haben.

1. Das Reich im Spätmittelalter

I.

Ausgangspunkt für eine Betrachtung des Reichs im Spätmittelalter und in der frühen Neuzeit sind der Zusammenbruch der Stauferherrschaft in der Mitte des 13. Jahrhunderts und das ihm folgende Interregnum, d. h. die Zeit der Doppelwahl zweier ausländischer Potentaten, Richard von Cornwall und Alfons von Kastilien, zu deutschen Königen, die nur für kurze Zeit bzw. nie deutschen Boden betraten und keine Reichsgewalt mehr ausübten (1256–1273). Gerechtfertigt wird die Unterscheidung einer älteren, mittelalterlichen Epoche des Reiches von einer spätmittelalterlich-neuzeitlichen dadurch, daß die Staufer die letzte große Kaiserdynastie im Mittelalter waren, ihnen auch nach der Doppelwahl von 1256 eine Reihe zumeist schwächerer Herrscher folgte, die Reichsgewalt einen deutlichen Niedergang erlebte und sich neu zu organisieren hatte.

Ende der Stauferherrschaft und Interregnum führten zum einen zum Verlust der Vormachtstellung des Reiches in Europa gegenüber den aufkommenden, organisatorisch moderneren Nationalstaaten, insbesondere Frankreichs. Das hatte zugleich eine zunehmende Einflußnahme ausländischer Mächte auf die Belange des Reichs zur Folge. Zum andern bedeutete diese Entwicklung das frühzeitige Ende der gerade erst einsetzenden modernen Staatsbildung auf Reichsebene, der Ausbildung eines Reichsterritoriums (Kronland) und einer Reichsverwaltung (Reichsministerialität). Das wiederum führte zur Aufsplitterung des ehemaligen Reichsbesitzes; königliche Städte wurden zu freien Reichsstädten und Amtsleute des Reichs zu freien Reichsrittern, sofern sie von den entstehenden Territorialherrschaften nicht aufgesogen wurden. Die starke Aufgliederung des deutschen Südwestens, Schwabens und des Oberrheins sowie Frankens, rührt von dieser Auflösung des ehemals kaiserlich-staufischen Besitzes her. Verloren ging nicht nur die Vormachtstellung des Reichs in Europa, sondern auch die des Kaisers gegenüber den aufstrebenden Landesherrschaften.

Obwohl mit dem Tod Kaiser Friedrichs II. zusammenhängend, kam diese Entwicklung nicht plötzlich über das Reich, sie läßt sich vielmehr bis auf die Doppelwahl von 1198 zurückführen. Mit Recht wird in der Literatur der frühe Tod Kaiser Heinrichs VI. als ein bedeutendes, zäsursetzendes Ereignis angesehen. Er beendete nicht nur die Pläne, das Reich in eine Erbmonarchie umzuwandeln (was in jener Zeit z. B. in Frankreich gelang), sondern leitete durch die Doppelwahl Philipps von Schwaben und Ottos IV. eine Periode von Reichsgutsvergaben und privilegienmäßiger Ausstattung der Fürsten mit Regalien ein, die zum Aufschwung der Landesherrschaft beitrugen, zugleich die Machtbasis der künftigen Wahlmonarchie schmälerten. Zwar hat die Territorialisierung des Reiches schon früher begonnen, wie wir sahen, doch gewannen die Territorien seit dieser Zeit an Selbständigkeit, was ihre äußere Bildung und innere Gestaltung anlangt. Mehr und mehr wurde das Reich durch die Territorien von seinen Untertanen abgeschnürt, vor allem von den für Verwaltungsaufgaben in Betracht kommenden Ministerialen, die in Landesdienste traten.

Der angedeutete Prozeß ging auch nach dem Interregnum weiter, trotz einer teilweise erfolgreichen Politik König Rudolfs I. bei der Rückgewinnung (Revindikation) verlorengegangenen Reichsgutes. Das hing nicht zuletzt mit dem Übergang zu sog. »springenden Wahlen« zusammen, d. h. der Wahl von

Königen im Wechsel verschiedener Herrscherhäuser, in erster Linie der in Konkurrenz um die Reichsgewalt liegenden Wittelsbacher in Bayern, der Luxemburger in Prag und der Habsburger in Wien. Was ein König während seiner Amtszeit gewann, versuchte er – dynastisch denkend – seiner Familie zugutekommen zu lassen; so gab schon Rudolf I. 1278 die erledigten Reichslehen Österreich und die Steiermark an seine Söhne. Da diese aber in der Regel ihrem Vater auf dem Thron nicht folgten, bedeutete der Machtzuwachs keinen Gewinn für das Reich, sondern er vergrößerte die Hausmacht eines Fürstengeschlechts. An die Stelle von Reichspolitik trat die Hausmachtpolitik im Dienste der Bildung von Territorialherrschaften. Soweit aber Reichsgut noch vorhanden und Reichsrechte noch vergebbar waren, gerieten sie durch zahllose Verpfändungen, insbesondere von ganzen Reichsstädten, im 13. und 14. Jahrhundert in fremde Hände; denn auch im Reich war mit der Durchsetzung der Geldwirtschaft der Geldbedarf zur Erfüllung seiner Aufgaben gestiegen, ohne daß es über nennenswerte Steuern verfügte. So kam es zu seiner Auszehrung auf dem Pfandweg; seine chronische Finanznot ließ den Rückerwerb von Pfändern in der Regel als illusorisch erscheinen. Fraglos hat die Kommerzialisierung von Besitz und Rechten, die wir in jener Zeit beobachten, sich gegen das Reich ausgewirkt. Es vergab seine Güter, ohne daß es mit Hilfe des Entgelts dafür die Aufgaben, die es hätte erfüllen sollen, zureichend wahrnehmen konnte.

II.
Die Entwicklung ist in jener Zeit jedoch nicht nur negativ für das Reich verlaufen. Verschiedene, länger anstehende Probleme wurden gelöst. Dazu gehörte als erstes die grundsätzliche Bereinigung des Verhältnisses von Kaiser und Papst. Noch im 14. Jahrhundert haben sich deutsche Könige aufgemacht, um in Rom die Kaiserkrone zu gewinnen und ihren Herrschaftsanspruch über Italien zu bekräftigen (Heinrich VII.). An der Frage des Reichsvikariats über Italien entzündete sich damals ein letzter Streit zwischen Papst und Kaiser Ludwig dem Bayern der vor allem um das Recht des Papstes ging, den gewählten deutschen König zu bestätigen (approbieren). Im Verlauf dieses Konfliktes ließ sich Ludwig 1328 in Rom vom städtischen Magistrat zum Kaiser krönen – theoretisch gestützt durch Marsilius von Padua, einen der ersten Gelehrten, die das Recht

zur Gesetzgebung und zur Wahl des Herrschers in den Händen des *populus* (der Bürgerschaft) liegen sahen. Im Kurverein zu Rhense wiesen 1338 die Kurfürsten das Approbationsrecht des Papstes bei der deutschen Königswahl zurück; das im selben Jahr erlassene kaiserliche Gesetz ›*Licet iuris*‹ ließ aus der approbationslosen Königswahl allein schon Rechte und Titel des Römischen Kaisers folgen. Bis 1530 haben sich deutsche Könige zwar noch vom Papst zum Römischen Kaiser krönen lassen; danach aber begnügten sie sich, wie schon Maximilian I., mit dem Titel »erwählter Römischer Kaiser«.

Ein zweites Problem, das gelöst werden konnte, war die Wahl des deutschen Königs. Eine Regelung war hier vordringlich geworden, seit man zum freien Wahlrecht ohne dynastische Rücksichten und Designationen übergegangen war. Ohne daß die Gründe dafür vollkommen ersichtlich sind, hatte sich seit der Mitte des 13. Jahrhunderts ein bestimmter Kreis von Königswählern herausgebildet, die sieben Kurfürsten, nämlich die Erzbischöfe von Mainz, Köln und Trier, der König von Böhmen, der Pfalzgraf bei Rhein, der Markgraf von Brandenburg und der Herzog von Sachsen (Wittenberg). Die geistlichen Kurfürsten galten als die Erzkanzler des Reiches, von Deutschland (Mainz), Italien (Köln) und Burgund (Trier). Die weltlichen bekleideten ehrenamtlich die Hofämter des Erzschenken (Böhmen), Erztruchsessen (Pfalz, später Bayern), Erzmarschalls (Sachsen) und Erzkämmerers (Brandenburg). Nach dem Dreißigjährigen Krieg wurde der Pfälzer Kurfürst Erzschatzmeister.

Trotz der Beschränkung der den König Kürenden auf eine bestimmte Zahl, kam es immer wieder zu Streitigkeiten über das Wahlrecht und zu Doppelwahlen. Dem setzte die Goldene Bulle Kaiser Karls IV. 1356 ein Ende. Der Wahlvorgang, unter der Leitung des Reichserzkanzlers, des Erzbischofs von Mainz, wurde nunmehr genau geregelt und das Mehrheitsprinzip anerkannt. Gewählt sollte der sein, der die Majorität aller Kurfürsten (vier Stimmen) auf sich vereinigte. Um Unklarheiten in der Stimmträgerschaft durch Erbteilungen der Kurfürstentümer zu vermeiden, wurde deren Unteilbarkeit und die Erbfolge nach Primogeniturrecht für bindend erklärt. Gegen diese Regelung ist zuweilen verstoßen worden. Dennoch stellte die Goldene Bulle (so genannt nach dem die Urkunde zierenden goldenen Siegel) einen wichtigen Schritt in der Organisierung der Reichsgewalt dar; als endgültige Regelung der Königswahl kann man sie das erste Grundgesetz des Reiches nennen.

Neben der Wahl wurde auch das Reichsvikariat, die Ausübung der kaiserlichen Gewalt bei Thronerledigungen, durch die Goldene Bulle geregelt und in die Hände des Pfalzgrafen bei Rhein und des Herzogs von Sachsen gelegt. Andere Bestimmungen wiesen eine deutliche Tendenz zur Begünstigung der Kur- und Territorialfürsten auf, z. B. indem den Kurfürstentümern eine besondere Rechtsstellung wie die Eximierung von der Reichsgerichtsbarkeit zuerkannt wurde *(privilegium de non evocando et appellando)* oder indem den Städten die Bildung von Bünden und die Aufnahme von Pfahlbürgern (d. h. von außerhalb der Stadt, in von Pfählen umgebenen Dörfern Wohnenden) untersagt wurde, um die Errichtung fürstlicher Territorialherrschaften nicht zu behindern. Auch erste Ansätze, die Reichsstandschaft, das Recht von Reichsfürsten, reichsunmittelbaren Grafen und freien Herrn auf dem Reichstag zu erscheinen, zu fixieren, wurden gemacht. Doch kam es hier nicht zu einer abschließenden Regelung, wie auch die Frage der Verbindlichkeit der Reichstagsbeschlüsse offenblieb.

Überhaupt wird man sagen müssen, daß – bei aller Anerkennung des Geleisteten – viele anstehende Probleme der Reichsorganisation nicht gelöst werden konnten. Selbst einem so bedeutenden Herrscher wie dem Luxemburger Karl IV., der das Reich von seiner Residenz Prag aus regierte, gelang es nicht, weitere Regelungen, z. B. des Münz- und Abgabewesens sowie der Landfriedenssicherung, durchzusetzen. Die Reichszentrale blieb unorganisiert. Das seit 1235 bestehende Reichshofgericht entfaltete keine nennenswerte rechtssichernde Tätigkeit; an seine Stelle trat 1415 das für Finanzsachen zuständige königliche Kammergericht. Vor allem aber fehlte dem Reich der Verwaltungsunterbau zur Durchsetzung seiner Anordnungen, fehlten ihm personelle und finanzielle Ressourcen, von ein paar ad hoc bewilligten Steuern bei Kriegsgefahren abgesehen. Darüber hinaus bewährte sich das System der freien Königswahl nicht. Es unterband den Aufbau einer starken Reichsgewalt, die nach Lage der Dinge nur aus einer kräftigen territorialen Hausmacht entstehen konnte, und ließ Herrscher auf den Thron gelangen, die wegen ihrer Unzulänglichkeit wieder abgesetzt wurden (so Adolf von Nassau 1298, Wenzel 1400; erwogen wurde auch die Absetzung des 1493 verstorbenen Friedrichs III., »des Reiches Erzschlafmütze«).

Um den Landfrieden bemühten sich, wie wir schon in den Kapiteln über die Territorien gesehen haben, die Untertanen des Reiches selbst in freien Zusammenschlüssen, sog. »Einungen«, wie zuerst im Rheinischen Städtebund von 1254. Die Mitglieder dieser Einungen unterwarfen sich mangels einer wirkungsvollen kaiserlichen Gerichtsbarkeit eigenen Schiedsgerichten (sog. Austrägalgerichtsbarkeit). Auch über die Wahrung des äußeren Friedens hinausgehende Regelungen, z. B. im Bereich des Münzwesens, wurden von ihnen getroffen. Wie sehr es trotz allem an einem Schutz durch das Reich fehlte, machten die Hussitenkriege (1419–1434) deutlich, in deren Verlauf an Böhmen angrenzende Gebiete von den Anhängern des Reformators Hus verwüstet wurden, nachdem Kreuzzüge gegen die Hussiten in Böhmen gescheitert waren. So wurde gerade in jenen Jahren der Ruf nach einer Reform des Reiches dringend.

2. Die Reichsreform im 15. und 16. Jahrhundert

I.

Die Hussitenkriege, die gegen Ende des 15. Jahrhunderts einsetzende über zwei Jahrhunderte lang währende Bedrohung durch die Türken, die sozialen Umwälzungen im Übergang zu einer dominant werdenden Städtekultur, die Fülle interner Fehden, die Behauptung des Faustrechts anstelle einer friedlichen Austragung von Streitigkeiten vor Gericht, das Raubrittertum und Bauernunruhen, aber auch die geistige Desorientierung in der Zeit der »Babylonischen Gefangenschaft« der Kirche (in Avignon 1309–1377) und im großen Schisma (1378–1409) lassen den Ruf nach Reformen, der sich damals allenthalben in Städten, Territorien und im Reich, im Staat und in der Kirche erhob, verständlich erscheinen. Schon bald haben die Versuche, die Kirche zu reorganisieren, begonnen (Konzil von Konstanz 1414–1418). Sie sollten über ein Jahrhundert andauern und erst nach der Kirchenspaltung, der Reformation im engeren Sinne, im Konzil von Trient (1545–1563) ihren Abschluß finden. Zur gleichen Zeit erhoben sich Stimmen, die eine Reform des Reiches, oft im Zusammenhang mit der kirchlichen Erneuerung, forderten (z. B. Reformplan des Kardinals Nikolaus von Cues *›De concordantia catholica‹* 1433, Reformvorschlag der kurfürstlichen Räte auf dem Reichstag von Nürnberg 1438, sog. Reformation Kaiser Sigismunds 1439 von einem unbekannten Autor, ohne Beziehung zum Kaiser, mit sozialen Reformvorschlägen).

In diesen Reformplänen ging es in erster Linie darum, einen Landfrieden aufzurichten, die Fehde durch eine funktionierende Gerichtsorganisation zu ersetzen, für eine durchgreifende Exekutivgewalt im Reich zu sorgen und dem Reich Möglichkeiten zu geben, sich militärisch besser gegen äußere Bedrohungen zur Wehr zu setzen, sowie sein Finanzwesen zu ordnen, um eine tragfähige materielle Basis für die gestiegenen Anforderungen zu erhalten. Deutlich waren dabei Anleihen bei westeuropäischen Vorbildern. Den politisch ambivalenten Verhältnissen im Reich entsprechend neigten die Reformer teilweise dazu, die Institution des Reichstags als Forum der Territorialherren aufzuwerten, aber auch die sich etablierenden territorialstaatlichen Mächte auf diese Weise in das Reich einzubinden. Teilweise wurden Pläne entwickelt, die die Anordnungs- und Exekutionsgewalt des Kaisers stärken sollten. Von Anfang an war die Reichsreform vom Dualismus Kaiser – Fürsten überschattet.

Grundsätzlich boten sich folgende Varianten der Reform an: Man konnte an das neu entwickelte Einungswesen der Städte und Ritter anknüpfen und über regional, nicht ständisch etablierte Bündnissysteme eine kaiserliche Zentralgewalt aufrichten. Ein interessantes Beispiel hierfür gab der Schwäbische Bund (1488–1534), in dem sich Städte, Ritterschaften und Fürsten zur Wahrung der Ordnung in der schwäbischen Region zusammengefunden hatten. Zu Beginn des 15. Jahrhunderts neigte Kaiser Sigismund mit seiner Förderung der Ritterbünde und ihrer Verbindung mit den Städten dieser »bündischen« Lösung zu. Die Durchsetzung des fürstlichen Territorialstaates gegenüber Städten und Rittern im Laufe des Jahrhunderts machte diese Lösung jedoch gegenstandslos. Eine zweite Möglichkeit war die, das Reich über die fürstlichen Territorialstaaten aufzubauen mit dem Reichstag als Fürstenkonzil in zentraler Position. Dem stand als eine dritte Möglichkeit die Stärkung der kaiserlichen Zentralgewalt gegenüber. Die Ende des 15. und zu Beginn des 16. Jahrhunderts zustande gekommene Reichsreform ist vom Spannungsverhältnis fürstlich-reichsständischer und kaiserlicher Reformintentionen geprägt worden.

II.

Wenn wir von der Reichsreform um die Wende zur Neuzeit sprechen, so meinen wir in erster Linie die Ergebnisse des Reichstags zu Worms 1495 und die unmittelbar daran anknüpfenden Reformbeschlüsse. Genaugenommen ist die Reichsreform freilich nicht nur das Werk eines Reichstags gewesen, sondern einer ganzen Reformperiode, die schon vor 1495, nämlich mit der Verfestigung der Reichstagsorganisation seit dem Frankfurter Reichstag 1486 einsetzte und zwei Generationen später, 1555 mit dem Reichstag zu Augsburg, ihren Abschluß fand. Einzelne strittige Fragen fanden sogar erst im Westfälischen Frieden am Ende des Dreißigjährigen Krieges 1648 eine endgültige Regelung.

Als erstes ist in unserem Zusammenhang wichtig, daß seit 1438 nur noch Habsburger zum deutschen König bzw. römischen Kaiser gewählt wurden. Die Habsburger haben mit einer Unterbrechung bis zum Ende des Reiches 1806 die deutschen Kaiser gestellt. Das bedeutete kein Abgehen vom Prinzip der Wahlmonarchie, stärkte das Reich aber insofern, als nun eine kontinuierliche Reichspolitik, gegründet auf der Hausmacht der größten deutschen Territorialfürsten, möglich wurde. Zugleich verknüpfte diese Entscheidung Reichsbelange mit den Interessen der *casa d'Austria* in nicht immer problemloser Weise. Die Habsburger, ein Grafengeschlecht aus dem Südwesten des Reiches, hatten 1273 mit Rudolf I. zum ersten Mal die deutsche Königskrone erlangt. Aus dieser Zeit stammt der Erwerb Österreichs (d. h. des heutigen Niederösterreichs mit Wien als Mittelpunkt). Dadurch wurde der Schwerpunkt der territorialen Interessen Habsburgs in den Südosten des Reiches verlagert, ohne daß es seine Besitzungen im Westen aufgegeben oder auch nur darauf verzichtet hätte, sie zu mehren. Das Engagement der Habsburger im Westen wie im Osten des Reiches kam dem Reich insofern zugute, als den seit dem Spätmittelalter spürbaren Übergriffen der Franzosen auf der einen und der Türken auf der anderen Seite eine kaiserliche Macht entgegentrat, deren eigener Besitz durch das Ausgreifen der ausländischen Mächte mitbedroht war. Insoweit deckten sich territoriales Eigeninteresse und Reichsinteressen. Andererseits gingen die politischen Ziele des Hauses Österreich bald weit über die Reichsgrenzen hinaus, was zu Konflikten mit den Interessen der Reichsstände führte. Ein solcher Konflikt stand schon am Anfang der Reichsreform, da Kaiser Friedrich III. in seiner langen Regierungszeit (1444–1493) sich nur mäßig um das Reich kümmerte, kaum ins Innere des Reiches kam und sich ganz auf den Ausbau des Habsburger Familienbesitzes konzentrierte. Das rief die Opposition der Fürsten, allen voran des Mainzer Erzbischofs und Reichserzkanzlers Berthold von Henneberg, hervor.

Seit 1486 wurde die Fürstenopposition auf dem Reichstag spürbar. Sie fand im Ausschluß des Kaisers von den Beratungen des Reichstags und in der vertraglichen Fassung der Reichstagsbeschlüsse ihren Ausdruck. Der Reichstag behauptete nicht nur ein über die reine Beratung des Kaisers hinausgehendes Mitbestimmungsrecht, sondern rückte damit in eine zentrale Stellung in der Gesetzgebung ein, der das Recht des Kaisers zum Gesetzesvorschlag (Proposition) und zur Zustimmung (Sanktion) der Reichstagsbeschlüsse gegenüberstand. Vom Interesse der Reichsstände an einer über die Unterstützung des Kaisers auf allfälligen Reichsversammlungen hinausgehenden kontinuierlichen Mitbestimmung in den Reichsangelegenheiten zeugte auch ihr Versuch, 1495 in Worms die jährliche Einberufung des Reichstags durchzusetzen sowie 1500 und 1521 eine ständische Reichsregierung zu etablieren (sog. 1. und 2. Reichsregiment) – Maßnahmen, die allerdings nicht von Dauer waren. Dagegen hatte das Bestreben, die Friedensordnung des Reiches endgültig zu fixieren, Erfolg. Auf dem berühmten Reformreichstag zu Worms wurde 1495 der »Ewige Landfrieden«, die Abschaffung der Fehde und der gewaltätigen Selbsthilfe, verkündet. Damit hatten die vielfältigen, seit dem Hochmittelalter in unterschiedlicher Weise artikulierten Friedensbestrebungen ihr Ziel erreicht. Gewährleistet wurde die Friedensordnung durch die Einrichtung eines ständigen Spruchkörpers, des Reichskammergerichts, das die gerichtsförmige Austragung von Streitigkeiten ermöglichte. Auf Betreiben der Reichsstände wurde es vom kaiserlichen Hof gelöst und zunächst in Frankfurt am Main, seit 1693 in Wetzlar angesiedelt. Ebenfalls ständischem Interesse entsprach der Wahlmodus der Richter: Der Präsident des Gerichts sollte vom Kaiser ausgewählt, seine (ursprünglich) sechzehn Beisitzer (Assessoren) – zum Teil – von den Reichsständen vorgeschlagen werden. Neben dem Ewigen Landfrieden und der Reichskammergerichtsordnung kam es auf dem Wormser Reichstag zur Verabschiedung einer Vereinbarung über die Sicherung und Durchführung des Landfriedens mit dem Beschluß der jährlichen Einberufung des Reichstags (sog. Handhabung Friedens und Rechts) sowie zur Einführung einer allgemeinen Reichssteuer, des Gemeinen Pfennigs zur Unterhaltung des Kammergerichts und eines Reichsheeres (Ordnung des Gemeinen Pfennigs).

Die vier auf dem Wormser Reichstag 1495 gefaßten Beschlüsse ließen sich nicht umstandslos verwirklichen. Das Fehdewesen ist durch die Verkündung des Ewigen Landfriedens nicht sofort zum Erliegen gekommen, doch konnte das Reichskammergericht bald eine reiche Spruchtätigkeit entwickeln; sie litt allerdings unter der Vielzahl der Prozesse und einem umständlichen Verfahren, das zu Prozeßverschleppungen über Jahre hinaus führte. Schlimmer noch war es um die Exekution der Gerichtsurteile, die außergerichtliche Sicherung des Friedens und die Unterhaltung einer militärischen Schutzordnung sowie die Finanzierung all dieser Dinge bestellt.

Die Durchführung (»Handhabung«) von Frieden und Recht lag, da dem Reich ein Verwaltungsunterbau fehlte, in den Händen der Reichsstände. Es zeigte sich aber, daß diese genauso wenig wie zu einer ständigen Mitregierung des Reiches zur Exekution seiner Beschlüsse imstande waren. Zu unterschiedlich waren ihre Interessen und zu wenig reichsbestimmt, zu groß die Zahl der für die Exekutionsaufgaben in Anspruch zu nehmenden Herrschaften. Auch die Aufbringung des Gemeinen Pfennigs erwies sich als undurchführbar. Damit war der Plan, dem Kaiser ein Söldnerheer auf Reichskosten zur Seite zu geben, gescheitert. 1507 konnte wenigstens mit dem sog. Kammerzieler eine Umlage zur Unterhaltung des Kammergerichts eingeführt werden. Für das Reichsheer griff man auf dem Wormser Reichstag von 1521 zur Kontingentlösung. Die Reichsstände wurden nach einem bestimmten Schema (Wormser Matrikel) zur Gestellung unterschiedlicher Truppenkontingente und zu entsprechenden Finanzleistungen für deren Besoldung (sog. Römermonat) verpflichtet.

Die Aufrechterhaltung des inneren Friedens und die Exekution der Reichsgerichtsurteile erhielten sog. Reichskreise, d. h. regionale Zusammenfassungen mehrerer Herrschaften, eine Art Zwischeninstanz zwischen Reich und Territorien, übertragen. Solche Reichskreise waren erstmals 1500 geschaffen worden. Mit ihrer Hilfe ließen sich auch die nicht im Reichstag vertretenen Herrschaften im Reich erfassen. Zahl, Größe und Aufgabenstellung der Reichskreise schwankten bis zur Festlegung in der Reichsexekutionsordnung von 1555. Die Reichskreise setzten in gewisser Weise die regionalen Landfriedensbündnisse des späten Mittelalters fort. Jetzt jedoch vom Reich zentral institutionalisiert, nahmen sie als provinziale Selbstverwaltungseinheiten bald eine Fülle von Aufgaben auf dem Gebiet des Polizeiwesens, der Wirtschafts- und Finanzpolitik sowie der militärischen Verteidigung wahr.

III.

Behindert wurde das Reformwerk in nicht unerheblichem Maße dadurch, daß zur gleichen Zeit das Kaiserhaus sich in zahlreiche internationale Verwicklungen verstrickte, die religiöse Reformationsbewegung Deutschland konfessionell spaltete und Ritter- und Bauernunruhen aufbrachen. Dieser Unruhen konnte man zwar im sog. Ritterkrieg 1522/23 und im Bauernkrieg 1524/25 rasch Herr werden; als nicht so leicht regelbar sollten sich dagegen die internationalen Verwicklungen und die Reformation erweisen. Durch eine geschickte Heiratspolitik war es den Habsburgern gerade in jener Zeit gelungen, Neuburgund, Spanien, Böhmen und Ungarn zu erwerben. Insbesondere das burgundische Erbe wurde zur Quelle eines dauernden Streites mit Frankreich. Diese eigentümliche neuburgundische Staatsbildung ist aus der Heirats- und Erbschaftspolitik burgundischer Herzöge entstanden. Sie hatten im Laufe des 15. Jahrhunderts außer ihren Stammlanden, dem Herzogtum Bourgogne, einem französischen Lehen, Besitzungen in dem zum Römischen Reich gehörenden Königtum Burgund erworben, die sog. Freigrafschaft (Franche Comté), außerdem weitere zu Frankreich gehörende Gebiete wie das Artois und die Picardie sowie im Raum des deutschen *regnum* einen großen Teil der Niederlande und Luxemburg. Ihre Beerbung durch die Habsburger 1477 rief Frankreich auf den Plan, dessen neuburgundisch gewordene Grenzprovinzen nunmehr endgültig verlorenzugehen drohten, und das sich durch die bald darauf (1516/1519) stattfindende Vereinigung von Spanien und dem Römischen Reich in der Hand der Habsburger aufs äußerste bedroht sah. Die rasche Einigung über Grenzprovinzen (Abtretung der Bourgogne und der Picardie an Frankreich) führte zu keinem endgültigen Ausgleich. Die ganze erste Hälfte des 16. Jahrhunderts blieb von Kämpfen zwischen Frankreich und Habsburg erfüllt.

Für die Reichsreform hatte das zwei bedeutsame Folgen: Die Kurfürsten konnten sich 1519 zur Wahl eines so mächtigen und in die internationale Politik verwobenen Herrschers, wie es der Habsburger Erbe Kaiser Maximilians, Karl, war, nur gegen eine Zusicherung ihrer Rechte und Positionen sowie dem Versprechen, das Reich nicht gegen seine Interessen in internationale Händel zu verwickeln, entschließen. Die »Wahlkapitulation«, die der Thronprätendent zu unterschreiben und zu beschwören hatte, war deutlich von der Intention bestimmt, einen übermächtigen Kaiser auf den geltenden Rechtszustand des Reiches festzulegen, Veränderungen nicht ohne fürstliche Zustimmung zuzulassen sowie eine Infiltration des Reichs mit ausländischen Hilfsmitteln des Kaisers zu verhindern (z. B. Verbot, fremde Truppen einzuführen oder Ausländer im Reichsdienst zu beschäftigen). Soweit sie Zusagen über die Wahrung des Rechtszustands des Reiches und reichsständisch-fürstlicher Privilegien, insbesondere das Zustimmungserfordernis zu allen wichtigen politischen Beschlüssen zum Gegenstand hatte, entsprach die Wahlkapitulation den Freiheitsbriefen und Herrschaftsverträgen in den ständestaatlichen Territorien. Sie ist in einer den Zeitumständen angepaßten Form auch den Nachfolgern Karls vorgelegt worden und fand 1711 eine endgültige Formulierung.

Ein zweites Problem, das auch die Wahlkapitulation nicht ausräumen konnte, lag in der dauernden Beschäftigung des Kaisers mit seinen weit über das Reich hinausgehenden Besitzungen und Interessen. Sie ließ ihn über lange Jahre hinweg das Schlachtenglück im Ausland suchen, wo doch die Weiterführung der Reichsreform seine Anwesenheit im Reich dringend erheischte. Reorganisation des Reiches, Bekämpfung der inneren Unruhen, Regelung der konfessionellen Streitigkeiten, Behauptung des habsburgischen Erbes gegen Frankreich und Abwehr der mit Frankreich verbündeten Türken, die 1529 zum ersten Mal vor Wien erschienen – alles dies zugleich war offenbar mehr, als auf einmal erledigt werden konnte. Gerade in der entscheidenden Phase seiner Reform litt das Reich daher unter dem, was man in der Regierungslehre *problem overload* nennt, unter einem nicht mehr zu bewältigendem Andrang von Problemen. Das machte sich insbesondere bei der Behandlung der Reformationsfrage bemerkbar.

IV.

Die kirchliche Reformproblematik hatte Ähnlichkeiten mit der weltlichen. In ihr ging es ebenfalls um das Verhältnis zwischen einem quasi-monarchischen Oberhaupt, dem Papst, zu der quasi-ständischen Kirchenversammlung, dem Konzil. Damit zusammenhängende Bestrebungen einer Regionalisierung der Kirchenorganisation waren in Deutschland durch die Fürstenkonkordate von 1448 aufgefangen worden. Mit dem Auftreten Luthers gewann die Frage der Kirchenreform eine neue Dimension, traten inhaltliche Glaubensfragen in den Vordergrund, wenn auch der jetzt einsetzende, nicht zuletzt durch die Kommerzialisierung der Güterwelt – und zwar nunmehr auch der

Heilsgüter (Ablaßwesen) – veranlaßte Streit über Glaubensfragen seine Vorläufer hatte (Wycliffe, Hus, überhaupt Ketzerbewegungen). Nachdem Luther sich mit der Erklärung der Irrtumsfähigkeit des Papstes und des allgemeinen Konzils von der hergebrachten Kirchenorganisation grundsätzlich losgesagt hatte und wegen einer Reihe seiner für ketzerisch erklärten Lehrsätze in den Kirchenbann getan worden war, kam die Glaubensfrage vor die weltlichen Instanzen, vor Kaiser und Reichstag. Dies deshalb, weil der Kaiser als Schutzherr der Christenheit und ihres Glaubens verpflichtet war, bei Ketzerei einzuschreiten und im Falle des Kirchenbannes die Reichsacht über den Betroffenen zu verhängen, d. h. ihn und seinen Glauben weltlicher Strafverfolgung auszusetzen, wenn auch erst nach einer Anhörung.

Die Anhörung Luthers fand auf dem Reichstag zu Worms 1521 statt. Sie endete damit, daß über Luther und seine Anhänger die Reichsacht verhängt, der Druck seiner Schriften und die Verbreitung seiner Glaubensüberzeugung verboten wurden (Wormser Edikt). Zu einer Verfolgung Luthers und zu einer systematischen Unterdrückung seiner Glaubensüberzeugungen kam es jedoch nicht. Der neue Glaube fand vielmehr Rückhalt im Volk und bei vielen Landesfürsten, die gerade in jener Zeit ihre Territorien zu relativ unabhängigen Staatsgebilden ausgebaut hatten. Das in Abwesenheit des Kaisers, den Kriege gegen Frankreich im Ausland festhielten, in Deutschland regierende zweite ständische Reichsregiment ging einer endgültigen Lösung des Reformationsproblems aus dem Wege. Ähnlich wie schon auf den Reichstagen in Nürnberg 1523 und 1524 erklärte man auf dem 1. Reichstag zu Speyer 1526, daß jeder Reichsstand bis zur Klärung der anstehenden Glaubensfragen durch ein allgemeines Konzil gegenüber seinen Untertanen sich so verhalten solle, wie er es Gott und dem Kaiser gegenüber glaube verantworten zu können – die Glaubenssache wurde der Entscheidung der Territorialherren überlassen. Da ein Konzil in den kommenden Jahren nicht zusammentrat, forderten die Altgläubigen auf dem 2. Reichstag zu Speyer 1529 den Vollzug des Wormser Ediktes. Das führte zum Protest der Reichsstände, die sich inzwischen der Reformation angeschlossen hatten (daher: »Protestanten«). Versuche einer inhaltlichen Vergleichung der Konfession (zu diesem Zweck von evangelischer Seite vorgelegt die Confessio Augustana 1530) scheiterten. Dennoch erreichten die Protestanten einen weiteren Aufschub in der Glaubensfrage, weil der Kampf gegen die vor Wien erschienenen Türken ihre Hilfe willkommen machte. Als sie sich jedoch am 1545 eröffneten allgemeinen Konzil in Trient nicht beteiligten und weitere Religionsgespräche ergebnislos blieben, ging der Kaiser mit militärischer Macht gegen die im Bund von Schmalkalden vereinigten protestantischen Reichsstände vor (sog. Schmalkaldischer Krieg 1546/47). Dieser Waffengang führte zwar zu einer Niederlage der Protestanten, in der Glaubensfrage aber nur zu einer weiteren Vertagung mit der Hoffnung auf eine endgültige inhaltliche Lösung (Augsburger Interim 1548). Anfang der fünfziger Jahre wuchs die Einsicht, daß eine derartige Lösung nicht zu haben und die Religionsfrage mit militärischer Gewalt nicht zu erledigen war (Passauer Vertrag 1552). So kam es auf dem Reichstag zu Augsburg 1555 schließlich zu einer endgültigen Regelung, die den Religionsfrieden im Reich wiederherstellte – unter Verzicht auf weder friedlich noch kriegerisch zu erreichende inhaltliche Festlegungen.

Der Augsburger Religionsfriede beruhte darauf, daß er die Konfessionsfrage im Stile der Übergangsregelungen der zwanziger Jahre von der Reichsebene auf die Territorialebene abschob, nicht etwa jedem Untertan freie Religionsausübung gestattete. Beteiligt waren auf protestantischer Seite ohnehin nur die Anhänger der Confessio Augustana, nicht die Calvinisten. Entscheidend für die Konfessionszugehörigkeit sollte das Votum der Landesherren sein, denen man das *ius reformandi* zuerkannte (daher: *cuius regio, eius religio*). Allerdings erhielten dissentierende Untertanen das Abzugsrecht *(ius emigrandi)* was im 20. Jahrhundert auf eine offizielle Ideologie, d.h. eine säkularisierte Form von Religion, festgelegte Staaten ihren Untertanen häufig nicht mehr konzedierten. Nur in Reichsstädten, in denen schon religiöse Parität herrschte, sollten die Konfessionen auch weiterhin nebeneinander bestehen können. Zwei wichtige Vorbehalte schränkten das landesherrliche *ius reformandi* jedoch wieder ein: Erstens wurde im sog. Geistlichen Vorbehalt *(Reservatio ecclesiastica)* verfügt, daß zum Protestantismus übertretende geistliche Reichsfürsten ihr Land nicht nachziehen dürften, sondern durch Neuwahl eines katholischen Kandidaten zu ersetzen seien. Auf diese Weise sollte die Säkularisation geistlicher Fürstentümer verhindert werden; das erkannten jedoch die protestantischen Reichsstände nicht an. Zweitens wurde in der vom König Ferdinand dem Religionsfrieden hinzugefügten Declaratio Ferdinandea dem protestantischen Adel sowie Rittern und Städten in den geistlichen Fürstentümern die Freiheit ihrer Religionsausübung zugesprochen; dies wiederum fand Widerstand auf katholischer Seite. – Auf dem Augsburger Reichstag kam im übrigen nicht nur die Konfessionsfrage zu einer Regelung, sondern konnte auch die Sicherung des äußeren Friedens durch die Verabschiedung einer Exekutionsordnung erreicht werden. Religionsfrieden und Sicherung des Landfriedens ergänzten einander.

3. Die Organisation des Reiches in der frühen Neuzeit

Nach den Reichsreformbemühungen und einigen wichtigen Veränderungen im 17. Jahrhundert stellte sich die politische Struktur des Reiches wie folgt dar:

1. Das deutsche Reich war eine Wahlmonarchie. Allerdings wurden die Kaiser seit 1438 nur noch aus dem Hause Habsburg genommen. Der Übergang zur weiblichen Erbfolge dort führte zwar 1742 zur Wahl eines Wittelsbachers (Karl VII. 1742–1745), nach seinem Tode wurde jedoch die Thronfolge im Haus Habsburg-Lothringen fortgesetzt. Zuweilen wurden, wie im Mittelalter, »römische Könige« als Nachfolger schon zu Lebzeiten des Kaisers gewählt. Trotz der weitgehenden Angleichung von Thronfolge und Erbfolge verhinderte das Prinzip der Wahl – zusammen mit ständischen und ressourcenmäßigen Beschränkungen der kaiserlichen Macht – den Übergang zum Absolutismus im Reich.

Gewählt wurde der Kaiser gemäß der in der Goldenen Bulle von 1356 getroffenen Regelung von den Kurfürsten nach dem Mehrheitsprinzip. Es gab zunächst sieben, nach der Übertragung der Pfälzer Kurwürde auf Bayern im Dreißigjährigen Krieg und der Zulassung einer zusätzlichen Pfälzer Kur im Westfälischen Frieden acht, seit 1692 durch Errichtung einer Kurwürde für Braunschweig-Lüneburg (Hannover) neun, nach dem Zusammenfall der Pfälzer und der Bayerischen Kur 1778 wieder acht und am Ende des Reichs aufgrund der territorialen Neugliederung zehn Kurfürsten. 1803 fielen die Kurstimmen von Köln und Trier fort; die Mainzer Kurstimme wurde auf Regensburg-Aschaffenburg übertragen; erhalten blieben die Kurstimmen von Böhmen, Brandenburg, Sachsen, Bayern (Pfalz) und Hannover; neu hinzu kamen die Kurfürstentümer Württemberg, Baden, Hessen-Kassel und Salzburg (ab 1805

Würzburg). Gewählt wurde der Kaiser in Frankfurt am Main, seit 1526 wurde er dort auch gekrönt. Das Reichsvikariat bei Thronerledigung stand dem pfälzischen und dem sächsischen Kurfürsten zu. Abdankung und Absetzung des Kaisers sind nicht ausdrücklich geregelt worden. Zu einem Thronverzicht kam es 1556 (Karl V.).

2. Die offizielle Bezeichnung des Reichs war »Römisches Reich« *(Imperium Romanum).* Das Reich stand damit in der durch Otto I. in Wiederaufnahme der Imperiumsideen Karls des Großen 962 gestifteten Tradition einer westeuropäischen Herrschaft über drei *regna:* Deutschland, Italien und (seit dem 11. Jahrhundert) Burgund, doch wurde die Unterscheidung von *Imperium* und *regnum Teutonicum* um so bedeutungsloser, je stärker man die deutsche Königswürde mit der Kaiserwürde identifizierte. Seitdem eine besondere Kaiserkrönung durch den Papst nicht mehr stattfand (zuletzt 1530 in Bologna), ist der deutsche König zugleich (erwählter) Römischer Kaiser gewesen. Sein Titel lautete: *electus Romanorum imperator semper augustus, Germaniae rex.* In der seit dem 15. Jahrhundert auftauchenden Formulierung »Heiliges Römisches Reich deutscher Nation« kam zwar eine nationalstaatliche Beschränkung des Reiches zum Ausdruck, doch wurde die Formel auch im Sinne eines Herrschaftsanspruchs interpretiert, der insbesondere auf die Behauptung kaiserlicher Rechte in Italien zielte. Teile Burgunds und die von den Habsburgern ererbte neuburgundische Staatsgründung wurden in der Neuzeit als unmittelbar zum (deutschen) Reich gehörend betrachtet (z. B. Savoyen, das Erzbistum Besançon, die Franche Comté, das Artois) – soweit sie nicht an Frankreich bzw. die selbständig werdende Schweizer Eidgenossenschaft gefallen waren.

3. Das Reich war eine beschränkte Monarchie *(monarchia limitata).* Der Kaiser war in rechtlicher Hinsicht vielfältig gebunden, vor allem an die sog. Grundgesetze des Reiches und an das Reichsherkommen (Gewohnheitsrecht). Zu den Grundgesetzen zählte man die Goldene Bulle von 1356, den Ewigen Landfrieden von 1495, den Augsburger Religionsfrieden von 1555 (samt der Reichsexekutionsordnung), die später hinzugekommenen Westfälischen Friedensverträge von 1648 und die Wahlkapitulation. In den beiden letztgenannten Bestimmungen waren die besonderen Rechte der Reichsstände fixiert worden. Man unterschied kaiserliche Rechte, die einer Mitbestimmung durch den Reichstag unterlagen, und sog. Reservatrechte, die

zum Teil der Zustimmung der Kurfürsten bedurften. Zur freien Verfügungssphäre des Kaisers gehörte z. B. die Standeserhöhung (Adelsverleihung), die Vergabe von Titeln, die Volljährigkeitserklärung von Minderjährigen. Das Recht zur Standeserhöhung schloß die Erhebung in den Reichsfürstenstand ein, doch ist der Erwerb der Reichsstandschaft, d.h. der Berechtigung, im Reichstag mitbestimmen zu dürfen, seit 1641 an die Einwilligung des Reichstags gebunden gewesen; einen Pairsschub gegen den Willen des Parlaments konnte der Kaiser nicht vornehmen.

4. Die Beschränkung der kaiserlichen Machtvollkommenheit erfolgte vor allem durch ständische Mitspracherechte; das Reich war eine ständische Monarchie. Forum der Reichsstände war der Reichstag. Sitz und Stimme auf dem Reichstag, d.h. Reichsstandschaft hatten die Kurfürsten und andere Fürsten sowie Reichsgrafen, Herren, Prälaten und Städte, soweit sie reichsunmittelbar waren – also, kurz gesagt, der (hohe) Reichsadel und die Reichsstädte. Zu den Reichsstädten zählten die aus königlichem Besitz stammenden Reichsstädte im engeren Sinne und die Städte, die sich im Mittelalter aus der bischöflichen Stadtherrschaft befreit hatten (sog. »freie« Städte, daher auch: »freie Reichsstädte«).

Obwohl reichsunmittelbar, besaß die Reichsritterschaft keine Reichsstandschaft. Sie gehörte wie die landsässige Nobilität dem sog. »niederen Adel« an und rekrutierte sich aus Edelfreien sowie ehemaligen ritterlichen Dienstleuten (Ministerialen), die im Laufe der Zeit ihre Funktion im Militär- und Verwaltungsdienst des Reiches verloren, sich gegen die ausgreifende Territorialherrschaft aber behauptet und zur Verteidigung ihrer unabhängigen Existenz Ritterbünde gebildet hatten. Die Reichsritterschaft war 1577 zu einer eigenständigen Körperschaft zusammengeschlossen worden. Sie gliederte sich in den schwäbischen, fränkischen und rheinischen Ritterkreis, die wiederum in Kantone unterteilt wurden. Jeder Ritterkreis hatte eine eigene Kreisversammlung und ein Direktorium mit einem Ritterhauptmann an der Spitze. Zur Ritterschaft gehörten Adelsfamilien, die ein in einer Matrikel aufgenommenes Gut besaßen. Die Reichsritterschaft bildete eine Art Selbstverwaltungsgemeinschaft im Reiche. Jeder Ritter war ein kleiner Landesherr auf seinen Gütern. Viele Ritter waren im Reichsdienst tätig, doch hatte die Ritterschaft dem Kaiser keine militärischen Leistungen mehr zu erbringen, sie zahlte lediglich vereinbarte freiwillige Beträge an das Reich, sog. *subsidia charitativa*.

Wie die Reichsritterschaft waren auch die Reichsdörfer (z. B. das Reichstal Harmersbach im Schwarzwald oder die freien Leute auf der Leutkircher Heide) von der Reichsstandschaft ausgeschlossen. Reichsritter, Reichsstädte und Reichsdörfer stellten den Rest der dem Kaiser direkt untergebenen Untertanschaft dar. Zusammen mit den kleineren Territorien waren sie im besonderen Maße auf den Schutz durch Kaiser und Reich angewiesen. Die Reichsdörfer wurden 1803, die Reichsritter 1806 mediatisiert.

5. Obwohl ein ständisches Gremium wie die Landtage, ist der Reichstag ebensowenig wie die Parlamente in den Territorien eine Repräsentation der gesamten sozialständischen Schichtung des Reiches gewesen. Nicht einmal alle reichsunmittelbaren Herrschaften waren auf ihm vertreten. Letztendlich handelte es sich beim Reichstag in seiner im 15. und 16. Jahrhundert herausgebildeten Gestalt um ein Gremium der Territorialherren und der Reichsstädte. Die Zusammensetzung des Reichstags aus Herrschern über Territorien, die selbst staatlich organisiert waren, verlieh dem Reich eine föderale Note. Der Territorialisierungsaspekt wurde dadurch betont, daß man im Laufe der Zeit die Reichsstandschaft nicht mehr einem landesherrlichen Geschlecht, sondern bestimmten Territorien zuordnete. Auf diese Weise blieb die Stimmenzahl auf dem Reichstag konstant, sie ließ sich nicht mehr durch Erbteilungen vermehren oder bei Aussterben eines Geschlechtes reduzieren. Der Besitz mehrerer Reichsstandschaft vermittelnder Territorien hatte dementsprechend die Verfügung über mehrere Stimmen im Reichstag zur Folge.

Die Reichsstände gliederten sich im Reichstag in drei Kollegien, denen nicht die landläufige Einteilung in Adel, Geistlichkeit und Städte, sondern die in Kurfürsten, Fürsten und Städte zugrundelag. Geistliche und weltliche Fürsten tagten im Fürsten- oder Kurfürstenkolleg zusammen. Die Kurfürsten unter der Führung des Erzbischofs von Mainz besaßen seit der Goldenen Bulle von 1356 Selbstversammlungsrecht. Sie nahmen in besonderen Kurvereinen und auf Kurfürstentagen vielfältige, ihnen vorbehaltene Mitregierungsrechte wahr, doch verloren diese Sondersitzungen allmählich an Bedeutung.

Das Fürstenkolleg hatte sich gegen Ende des 15. Jahrhunderts zur Wahrung der Interessen der Fürsten und Reichsgrafen gebildet. Ihm gehörten die weiteren Fürsten des Reichs, die Grafen und Herren sowie die nicht gefürsteten Prälaten an. Nach der Reichsmatrikel von 1521 hatte die Fürstenkurie etwa 300 vorwiegend geistliche Mitglieder, nach einer Aufstellung von 1792 zählte sie 100 Stimmen, und zwar 63 auf der weltlichen und 37 auf der geistlichen Bank. Die fürstlichen Häuser verfügten für ihr Territorium über jeweils eine Stimme (Virilstimme, 1792 für 59 weltliche und 35 geistliche Fürstentümer). Die Grafen und Herren sowie die Prälaten waren dagegen in Kurien zusammengefaßt und hatten für jede Kurie nur eine gemeinschaftliche Stimme, was eine Zurückdrängung des Stimmengewichts der vielen kleineren Territorialstaaten zugunsten der großen Territorialstaaten bedeutete, die sich im 16. Jahrhundert durchsetzten. Es gab vier Grafenkurien, die wetterauische, schwäbische, fränkische und westfälische, sowie zwei Prälatenkurien, eine schwäbische und eine rheinische. (Die Grafenkurien zählten 1792 etwa 100, die Prälatenkurien etwa 40 Mitglieder.) Die erheblichen Veränderungen durch die Neugliederung des Reiches 1803 und 1806 kamen im alten Reich nicht mehr zum Tragen.

Ebenfalls seit Ende des 15. Jahrhunderts traten die Reichsstädte als geschlossenes Kollegium hervor. Sie mußten um ihre Gleichberechtigung lange kämpfen. Erst 1582 und endgültig 1648 wurde ihnen ein über die Mitberatung hinausgehendes Mitentscheidungsrecht, das *votum decisivum*, zugestanden. 1521 waren 85 Reichsstädte Mitglied des Reichstags, 1792 noch 51; ihre Zahl wurde 1803 auf sechs reduziert. Auch die Reichsstädte tagten auf zwei Bänken, der rheinischen (1792 mit 14 Städten) und der schwäbischen (1792 mit 37 Städten). Die städtischen Gesandten wurden vom Rat der Stadt instruiert.

6. Einberufen wurde der Reichstag vom Kaiser, seit 1519 mit Zustimmung der Kurfürsten. Auch die Verhandlungsgegenstände wurden vom Kaiser bestimmt (Proposition). Zunächst war eine jährliche Einberufung vorgesehen, später wählte man größere Zeiträume, seit 1663 tagte der Reichstag ständig (sog. Immerwährender Reichstag). Die Zuständigkeit des Reichstags legten die Kurfürsten in der Wahlkapitulation fest. Seit 1648 galt eine Generalklausel, derzufolge der Reichstag bei allen Fragen der Gesetzgebung und Gesetzesinterpretation, bei Steuererhebungen, beim Eingehen von Bündnissen und bei Entscheidungen über Krieg und Frieden konsultiert werden mußte (vgl. Art. VIII, 2 des Instrumentum Pacis Osnabrugense). Die Leitung der Verhandlungen lag bei einem Reichsdirektorium, dem der Erzbischof von Mainz als Reichserzkanzler vorstand. Der

Kaiser wurde bei Abwesenheit durch einen Prinzipal-Kommissar vertreten.

Die Kollegien berieten getrennt; die Beratungsergebnisse des Kurfürsten- und des Fürstenkollegs wurden zunächst miteinander verglichen; erst danach wurden sie der Städtekurie zur Stellungnahme vorgelegt. Bei einer Einigung kam das so gefaßte Reichsgutachten *(consultum Imperii)* vor den Kaiser. Wenn der seine Zustimmung (Sanktion) gab, wurde das Gutachten zum Reichsschluß *(conclusum Imperii)* erhoben. Die auf einer Tagung zustandegekommenen Reichsbeschlüsse wurden bis 1654 im Reichsabschied bei der Entlassung der Reichsstände zusammengefaßt und publiziert, später durch kaiserliche Verlautbarung bekanntgegeben. Sie galten auch für abwesende Reichsstände als verbindlich.

Das auf dem ständischen Einigungsprinzip beruhende Beschlußverfahren, in dem jede ständische Gruppierung für sich beriet und beschloß, brachte gewisse Schwierigkeiten mit sich. Nicht nur mußten die Vota der drei Kollegien übereinstimmen, sondern es mußte erst einmal in den zum Teil recht großen und wiederum unterteilten Kollegien überhaupt ein Votum erstellt werden. Hierfür galt zwar seit Ende des Dreißigjährigen Krieges die Mehrheitsregel, doch war in Religionsfragen das Auseinandertreten des Reichstags in ein Corpus Catholicorum und ein Corpus Evangelicorum vorgesehen (sog. *itio in partes*) mit anschließender freundschaftlicher Einigung *(amicabilis compositio)* anstelle der Überstimmung einer Partei. Auch sonst, wenn die Reichsstände nicht als einheitlicher Körper angesehen werden konnten oder die beiden konfessionellen *corpora* auseinandertraten, sollte das Mehrheitsprinzip keine Anwendung finden. Das gab den Reichstagsmitgliedern Schutz, wenn ihre speziellen Interessen *(iura singulorum)* tangiert wurden, galt freilich auch in Steuersachen und drohte den Reichstag verschiedentlich völlig lahmzulegen. Im übrigen wurde nicht nur in den Plena der Kurien verhandelt, sondern auch in Ausschüssen, wobei man ordentliche und außerordentliche Deputationen unterschied (vgl. die zur Entschädigung der linksrheinischen Fürsten 1802 zusammengetretene Reichstagsdeputation mit dem berühmten, von Reichstag und Kaiser 1803 ratifizierten Reichsdeputationshauptschluß).

7. Die ständische Komponente war im Reich stärker ausgebaut als in den Ländern, der Reichstag ein politisch bedeutsameres Gremium als die Landtage. Das kam im dualistischen

Verständnis der Formel »Kaiser und Reich« (= Reichsstände) zum Ausdruck. Der Grund für die Überlegenheit der ständischen Seite lag darin, daß die tonangebenden Reichsstände selbst eigenständige Staaten mit einem erheblichen politischen Gewicht waren, das Reich insofern mehr eine Staatenföderation als eine Ständemonarchie im klassischen Sinne darstellte. Zwar waren die Territorien als Reichslehen von Kaiser und Reich abhängig, doch handelte es sich in praxi bei ihnen um Erbmonarchien, deren Gestalt und Herrschaft in der Regel nicht mehr willkürlich verändert werden konnte. Eine klare Zuständigkeitsteilung zwischen Reich und Territorien fehlte. Auch kaiserliche Reservatrechte konnten zum Teil von Landesherren ausgeübt werden. Deutlich herrschte die Tendenz, in der obwaltenden Konkurrenzlage sich möglichst vor Eingriffen des Reiches, z. B. durch Eximierung von seiner Gerichtsbarkeit, abzuschirmen.

8. Eine weitere Besonderheit bestand darin, daß das Reich über keinen eigenständigen Staatsapparat verfügte und sein Oberhaupt, der Kaiser, selbst nur einer der reichsständischen Territorialherren war. Auf das damit verknüpfte politische Problem einer Vermischung von Reichs- und Territorialinteressen haben wir schon hingewiesen; organisatorisch bedeutete diese Lösung eine Verquickung von Reichs- und Territorialbehörden. Der Kaiser mußte das Reich weitgehend von seinen Landen aus regieren. Die damit schon organisatorisch vorgegebene Vermischung von Reichs- und österreichischem Interesse ist ebenso wie der Kampf zwischen Kaiser und Reichsständen um die Reichsregierung und Reichsverwaltung ein Charakteristikum des älteren deutschen Reiches in der frühen Neuzeit gewesen. Nachdem die Ansätze zu einer ständischen Mitregierung im 1. und 2. Reichsregiment 1500 und 1521 gescheitert waren, sahen Reichsregierung und Reichszentralbehörden folgendermaßen aus:

Erhalten geblieben waren die mittelalterlichen Hofämter, die von den Kurfürsten ehrenamtlich wahrgenommen und in der Regel von erblich damit betrauten Familien versehen wurden (wie z. B. das Reichserbmarschallamt durch die Grafen von Pappenheim). Das bedeutendste Erzamt war das des Reichskanzlers, das dem Erzbischof von Mainz zustand, dem es auch gelang, das Recht zur Einsetzung der Kanzleibeamten, insbesondere des geschäftsführenden Reichsvizekanzlers, gegenüber dem Kaiser zu verteidigen (vgl. die Reichshofkanzleiordnung von 1559). Die Reichskanzlei fertigte alle Schriftstücke in Reichsangelegenheiten aus und führte seit dem 14. Jahrhundert auch das Reichsregister. In Konkurrenz zu ihr richteten die Habsburger im 17. Jahrhundert eine gesonderte Hofkanzlei für ihre österreichischen Erblande ein.

Als eigentliche zentrale Regierungsbehörde fungierte seit dem Ende des 15. Jahrhunderts auch im Reich ein Ratsgremium, der Reichshofrat (vgl. die Reichshofratsordnungen von 1559 und 1654). Der Hofrat war das den Kaiser beratende Kollegium und die oberste Regierungs-, Verwaltungs- und Justizbehörde für das Reich und die österreichischen Erblande zugleich. Zu seinen Aufgaben gehörte unter anderem die Wahrnehmung der kaiserlichen Reservatrechte. Seine Mitglieder wurden vom Kaiser ernannt. Auf die Besetzung des Rates versuchten die Stände Einfluß zu nehmen, vor allem um die Aufnahme von rechtsgelehrten Deutschen zu sichern. Im 17. Jahrhundert wurden die erbländischen Angelegenheiten an die österreichische Hofkanzlei abgegeben. Schon vorher waren die hochpolitischen Sachen, insbesondere solche der auswärtigen Politik, einem kleineren Gremium, dem Geheimen Rat, übertragen worden (1527). Als auch dieser zu umfangreich wurde und zu viele Routinegeschäfte zu erledigen hatte, übernahm ein Ausschuß des Rates, die Geheime Konferenz, die Beratung des Kaisers (1669).

Entsprechend der damaligen Auffassung, die zwischen Verwaltungsbehörden und Rechtsprechungskörpern nicht streng schied, war der Reichshofrat auch als Gericht tätig. Er galt sogar als das eigentliche kaiserliche Gericht, seitdem die Reichsstände auf die Besetzung des Kammergerichts im Zuge der allgemeinen Landfriedensregelung 1495 Einfluß erworben hatten. Die Zuständigkeit des Reichshofrats erstreckte sich in erster Linie auf Streitigkeiten über Reichslehen, kaiserliche Privilegien und Reservatrechte. Er wurde aber auch in Konkurrenz zum Reichskammergericht tätig, das vor allem bei Landfriedensbrüchen, Klagen gegen Reichsunmittelbare und bei Rechtsverweigerung angerufen werden konnte sowie als Appellationsinstanz gegen Urteile der Land- und Stadtgerichte fungierte. Der Reichshofrat arbeitete schneller als das schwerfällige Reichskammergericht. Seine Rechtsprechung hatte, indem sie die Rechte der Reichsritter und kleineren Reichsstände gegen die größeren Territorien und die Landstände vor dem Mißbrauch landesherrlicher Gewalt schützte, verfassungsrechtlichen Charakter.

9. Mit dem Reichshofrat, dem Geheimen Rat, der Reichskanzlei und einer Ständeversammlung, dem Reichstag, besaß das Reich eine den Ständemonarchien seiner Zeit vergleichbare zentrale Organisation, mit dem Reichskammergericht verfügte es sogar über ein zweites oberstes Gericht. Dagegen fehlte ihm ein eigener Verwaltungsunterbau. Die Exekution der Reichsbeschlüsse wurde nicht von den Territorien wahrgenommen – bei ihrer Vielzahl, unterschiedlichen Größe und Verwaltungskraft wäre das wohl auch unmöglich gewesen –, sondern durch eigens dafür eingerichtete Reichskreise. Seit 1512 war das Reich in zehn Kreise gegliedert, den österreichischen, bayerischen, fränkischen, schwäbischen, oberrheinischen, burgundischen, kurrheinischen, westfälischen, niedersächsischen und obersächsischen Kreis. Böhmen, das Gebiet der Schweizer Eidgenossenschaft und die Reichsritterschaft blieben kreisfrei, dagegen wurden burgundische Gebiete wie die seit 1555 der spanischen Krone zugeordneten Niederlande, die Franche Comté und Savoyen in die Kreisverfassung miteinbezogen. Die Einteilung stieß auf einige in der Großterritorialbildung liegende Schwierigkeiten. Zum Teil wurden daher geographisch zusammengehörige Bereiche verschiedenen Kreisen zugeordnet (so z. B. die habsburgischen Besitzungen am Oberrhein dem österreichischen Kreis), zum Teil waren größere Territorialstaaten in mehreren Kreisen vertreten (so z. B. Brandenburg-Preußen mit seinen rheinischen Ländern).

Ursprünglich, im Jahre 1500, waren sechs Kreise gebildet worden, um sechs Regierungsmitglieder für das geplante ständische Reichsregiment zu wählen. Seit 1507 wurden die Kreise an der Präsentation der Beisitzer für das Reichskammergericht beteiligt. Seit 1521 war ihnen die Wahrung und Sicherung des Landfriedens sowie die Vollstreckung der Kammergerichtsurteile übertragen. Die endgültige Regelung ihrer Zuständigkeit traf die Reichsexekutionsordnung von 1555. Die Reichskreise übernahmen mit der Zeit außer der Sorge für Ruhe und Sicherheit auch vielfältige Ordnungsaufgaben wie die Aufsicht über die Wirtschaft, den Verkehr und das Münzwesen in ihrer Region. Sie waren, ähnlich den Ritterkreisen, Selbstverwaltungseinheiten des Reiches; die kreisangehörigen Territorien kamen auf dem vom kreisausschreibenden Fürsten einberufenen Kreistag zur gemeinschaftlichen Beratung und Beschlußfassung zusammen. Die Geschäftsführung in den Kreisangelegenheiten lag bei einem Kreisdirektorium unter einem von den Kreisständen gewählten Kreisobersten. Die Bedeutung der Kreise nahm im 17. Jahrhundert zu. Jetzt wurde ihr der Friedenssicherung dienender Apparat auch zur äußeren Verteidigung eingesetzt, um sich der Übergriffe Frankreichs zu erwehren (z. B. durch die Assoziation der Vorderen Reichskreise Franken, Schwaben, Oberrhein). Insbesondere im territorial zersplitterten Südwesten des Reichs hat die Kreisorganisation bedeutsame Schutz- und Ordnungsfunktionen gehabt.

10. Dem fehlenden Verwaltungsunterbau entsprach ein Mangel an personellen und finanziellen Ressourcen. Das Reichsgut war erschöpft, woran auch Mahnungen an den Kaiser in der Wahlkapitulation und im Westfälischen Frieden, für seine Rückgewinnung Sorge zu tragen und es nicht wieder einfach auszugeben, wenig ändern konnten. Die Nutzung der Regalien war längst an die Landesherren übergegangen; in der Staatslehre des 18. Jahrhunderts wurden die Regalien als Ausfluß der Landeshoheit betrachtet. Die Erhebung einer allgemeinen Steuer, des Gemeinen Pfennigs, zum Unterhalt eines Reichsheeres und des Reichskammergerichts, erwies sich als undurchführbar. Seit 1507 diente der sog. Kammerzieler, eine Umlage bei den Reichsständen, zum Unterhalt des Kammergerichtes. Gemäß dem auf dem Reichstag zu Worms 1521 aufgestellten Schema, der Wormser Matrikel, leisteten die Reichsstände den sog. Römermonat, d. h. Beiträge zur Besoldung von Truppen, die im Kriegsfall von ihnen gestellt wurden (berechnet nach dem Sold für einen Monat auf dem Romzug Karls V., daher Römermonat genannt). Freiwillige Beiträge *(subsidia charitativa)* zahlten auch die nicht mehr zum Kriegsdienst aufgebotenen Reichsritter. Im wesentlichen beruhten die Finanzen des Reiches also auf Umlagen der Reichsstände, deren Höhe in einer Matrikel verzeichnet war (daher: Matrikularbeiträge).

Eine Reichsbeamtenschaft gab es praktisch nicht. Die Aufstellung eines kaiserlichen Söldnerheeres scheiterte an der Finanzlage des Reiches. So blieb auch hier das Reich auf die Unterstützung durch die Reichsstände angewiesen. Diese hatten nach der Wormser Matrikel von 1521 im Kriegsfall bestimmte Kontingente zu stellen, eine schwerfällige Lösung, die in der Reichsdefensionalordnung von 1681 dahingehend modifiziert wurde, daß man die Aufstellung der Heereskontingente den Reichskreisen überantwortete. In vielen Fällen führte der Kaiser mit eigenen, in Österreich aufgestellten oder in der Fremde angeworbenen Truppen Krieg und bestand der Beitrag, den die

Reichsstände leisteten, lediglich in einer Geldzahlung (z. B. in der sog. »Türkenhilfe« gegen die Türken).

11. Die Staatslehre hat sich recht schwer getan, die Organisation des Reichs auf den Begriff zu bringen. Die kaiserliche Richtung, angeführt von Dietrich Reinkingk, hielt am monarchischen Charakter des Reiches fest; die reichsständische, der Bogislav von Chemnitz unter dem Pseudonym Hippolithus a Lapide den schärfsten Ausdruck gab, glaubte, im Reich eine Aristokratie der im Reichstag versammelten Stände erblicken zu dürfen; andere, wie Johannes Limnäus, sahen im Reich eine Mischverfassung aus Monarchie und Aristokratie; der berühmte Naturrechtslehrer Samuel von Pufendorf charakterisierte schließlich unter dem Pseudonym Severino de Monzambano das Reich kurz und bündig als *irregulare aliquod corpus et monstro simile* (›*De statu imperii Germanici*‹, 1667), was stimmte, wenn man wie Pufendorf die Souveränitätslehre Jean Bodins der Interpretation zugrundelegte, nach der jeder Staat über einen Träger der höchsten und unumschränkten Gewalt zu verfügen hatte – ein Erfordernis, dem das Reich offensichtlich in keiner Weise entsprach. Seine vielen, hier im einzelnen gar nicht wiedergegebenen Eigentümlichkeiten und Besonderheiten ließen es weder sinnvoll in das klassische Begriffsschema von Monarchie, Aristokratie, Demokratie einordnen, noch nach der ebenfalls aus der Antike stammenden Mischverfassungstheorie behandeln. Daher hat sich gerade in Deutschland die Staatsrechtswissenschaft bald der historischen Methode zugewandt und das Reich einfach als historisches Gebilde, zusammengesetzt aus einer Vielzahl spezieller positivrechtlicher, gesetzlicher oder gewohnheitsrechtlicher Regelungen begriffen. Zukunftsweisend wurden dabei die Versuche, die es als eine Art Föderation, als einen aus mehreren Staaten zusammengesetzten Staat zu deuten versuchten (Besold, Hugo, Pütter). Zwar hat dieser Interpretation die Reichsrealität des 17. und 18. Jahrhunderts noch kaum entsprochen und hatten Modernisierungspläne, die in diese Richtung gingen, wie der des Philosophen Leibniz (1670), damals noch keine Realisierungschance, aber am Ende ist dann doch aus dem Reich, wenn auch im Wege eines revolutionären Umbruchs, ein Bund von Staaten, der Deutsche Bund von 1815, geworden.

I.

Trotz organisatorischer Unzulänglichkeiten und trotz seiner Abhängigkeit von den Ressourcen der Territorien, der kaiserlichen Hausmacht allzumal, entfaltete das Reich in der Reformzeit und auch später noch eine beachtliche Tätigkeit. Nicht nur, daß es seiner Schutzaufgabe gegen französische und türkische Übergriffe zunächst durchaus nachkam – zeitweise war es hier in einen Zweifrontenkrieg verwickelt –, es gingen von ihm auch bedeutsame gestaltende Impulse aus. Das Reichskammergericht, mit rechtsgelehrten Richtern besetzt und angewiesen »nach des Reichs gemeinen Rechten«, d. h. nach dem römischen Recht, zu richten, hat die Rechtseinheit in Deutschland im Prozeßrecht und Zivilrecht stark gefördert. Für das Strafrecht wurde 1532 ein Reichsstrafgesetz erlassen, die ›Peinliche Gerichtsordnung‹ Karls V. *(›Constitutio Criminalis Carolina‹)*, die bis ins 19. Jahrhundert vorbildhaft wirkte. Auch im Bereich der öffentlichen Ordnung wurde das Reich maßgebend tätig mit den Reichspolizeiordnungen von 1530, 1548 und 1577, die der Territorialgesetzgebung auf diesem Gebiet einen Rahmen vorgaben. Speziellen wirtschaftspolitischen Charakter hatten das Antimonopolgesetz von 1512 und das Wollausfuhrverbot von 1535. Des weiteren sind zu nennen die Notariatsordnung von 1512 und die Münzordnung von 1559. Die Aufsicht über das Münzwesen wurde wie wirtschaftspolitische Maßnahmen mit der Zeit mehr und mehr zur Sache der Reichskreise. Noch im 18. Jahrhundert ist das Reich gesetzgeberisch tätig geworden, z. B. mit der das Zunftwesen regulierenden Reichshandwerksordnung von 1731 sowie mit Regelungen des Lehrlings- und Gesellenwesens.

Nicht immer war die Reichsgesetzgebung erfolgreich. Zuweilen wurden gesetzgeberische Bestrebungen vom Kaiser konterkariert wie z. B. die Maßnahmen gegen Monopole und Handelsgesellschaften, aus denen der Kaiser selbst seinen Nutzen zog. Überhaupt kann man sagen, daß die gestalterische Intensität des Reichs nach der Reformzeit allmählich abnahm. In den Vordergrund traten wieder die konfessionellen Streitigkeiten, die auch im Augsburger Religionsfrieden keine endgültige Beilegung gefunden hatten. Wir erinnern uns: Der Religionsfrieden hatte den Konfessionsstreit dadurch beendet, daß er die Bestimmung in Glaubenssachen weder dem Kaiser oder einer zentralen Reichsgewalt noch den einzelnen Gläubigen selbst überließ, sondern regionalen und lokalen Machthabern. Auf diese Weise ist die Glaubensfrage gleichsam territorialisiert worden. Bedeutsam wurden für das Vordringen der Reformation nun die Glaubensübertritte der Potentaten. Dem hatte für die geistlichen Fürstentümer des Reiches zwar der sog. Geistliche Vorbehalt entgegenwirken sollen, dennoch wurde die Mehrzahl der nord- und mitteldeutschen Bistümer in den folgenden Jahrzehnten evangelisch und zu einem guten Teil von protestantischen Landesherren säkularisiert. Die Situation verschärfte sich, als die katholische Seite zur Gegenreformation überging, den konfessionellen Besitzstand zu verteidigen begann (z. B. durch die Besetzung des Kölner Erzbischofsstuhls mit bayerischen Wittelsbachern seit 1583) und das *ius reformandi* ebenfalls rigoros im gegenreformatorischen Sinne ausübte. 1608 schlossen sich die protestantischen Reichsstände zur Union zusammen, 1609 die katholischen zur sog. Liga. Eine kriegerische Auseinandersetzung drohte mehrmals; sie wurde schließlich ausgelöst durch den Prager Fenstersturz, die Empörung böhmischer Protestanten gegen den Kaiser (1618) und die Wahl des Führers der Union, des Pfälzer Kurfürsten Friedrich V., zum König von Böhmen durch die dortigen Stände.

Das nun folgende dreißigjährige Kampfgeschehen bestand eigentlich aus einer Reihe einzelner Kriege, die durch das Auftreten ausländischer Mächte in weitere Kampfphasen überführt wurden. Zunächst (1619–1622) ging es um die Vertreibung des Pfälzer Kurfürsten aus Böhmen; sie endete mit der Übertragung der Pfälzer Kurwürde auf Bayern, dessen Herzog als Führer der Liga dem Kaiser Beistand geleistet hatte. Eine zweite Phase begann, als die pfälzischen Heerführer sich nach Norddeutschland zurückzogen und dort Unterstützung durch den dänischen König, der als Herzog von Holstein zugleich protestantischer Reichsfürst war, fanden. Auch diese Phase endete mit einem Sieg des Kaisers, der von den Protestanten 1629 die Restitution aller seit 1552 säkularisierten kirchlichen Güter und der evangelisch gewordenen reichsunmittelbaren Bistümer und Abteien verlangte. Die Niederlage der Protestanten und das Auftauchen kaiserlicher Truppen an der Ostsee riefen den schwedischen König auf den Plan, der das Reich in eine dritte Kriegsphase verwickelte, die wiederum den Kaiser als Sieger sah und 1635 im Prager Frieden zwischen ihm und dem Kurfürsten von Sachsen als dem Haupt der evangelischen Reichsstände endete. Diesem Frieden wurde der konfessionelle Besitzstand von 1627 zugrundegelegt. Zu seiner Sicherung sollte ein kaiserliches Heer dienen, wie es während der Kämpfe Wallenstein aufgestellt hatte. Es sollte von den Reichsständen finanziert werden, denen das *ius armorum*, d. h. das Recht, selbst eine bewaffnete Macht zu unterhalten, wie auch das *ius foederis*, die Befugnis Bündnisse einzugehen, ausdrücklich aberkannt wurde. Das war ein erster, aber bedeutsamer Ansatz zur Unterordnung der Territorialstaaten unter die kaiserliche Reichsgewalt. Begründen ließ sich diese Maßnahme damit, daß nur durch eine solche Konzentration der militärischen Stärke ausländische Truppen, wie sie damals zuhauf ins Reich eingefallen waren, vom Reichsgebiet ferngehalten werden konnten. Das offene Eintreten Frankreichs in den Krieg gegen die ihm zu mächtig werdenden Habsburger ließ den Kampf jedoch noch einige Jahre weitergehen und sein Ende erst 1648 im Westfälischen Frieden finden.

II.

Bei dem sog. Westfälischen Frieden handelt es sich einerseits um einen internationalen Friedensschluß zwischen dem Kaiser, den Reichsständen und Frankreich in Münster und zwischen Kaiser, Reichsständen und Schweden in Osnabrück. (*Instrumentum Pacis Monasteriense* = IPM, und *Instrumentum Pacis Osnabrugense* = IPO). Beide Friedensschlüsse enthielten jedoch auch die internen Verhältnisse des deutschen Reichs betreffende Bestimmungen, eine endgültige Regelung der Konfessionsfrage und der Beziehungen zwischen Kaiser und Ständen. Nicht zu Unrecht bezeichnete sich der Westfälische Frieden daher als »Gesetz«. Er wurde als »Fundamental-Gesetz« des Reiches in den (jüngsten) Reichsabschied des Reichstages von 1654 aufgenommen.

Im Friedensschluß sind die verschiedensten Fragen geregelt und unter die Garantie der ausländischen Signatarmächte Schweden und Frankreich gestellt worden. Zunächst ging es um Gebietsabtretungen: So wurde 1648 die Selbständigkeit der (nördlichen) Niederlande und der Schweizer Eidgenossenschaft anerkannt. Frankreich bekam unter anderem den Besitz der oberlothringischen Bistümer Metz, Toul und Verdun bestätigt sowie die habsburgischen Herrschaften im Elsaß ausgefolgert. Schweden erhielt mit dem Bistum Bremen und Vorpommern unter anderem die Kontrolle über die Weser- und Odermündungen und wurde in Bezug auf seine deutschen Besitzungen

Reichsstand. Für dadurch eingetretene Gebietsverluste wurden Mecklenburg und Brandenburg intern entschädigt (Brandenburg z. B. mit Hinterpommern und der Anwartschaft auf das reformierte Erzstift Magdeburg). Die Kurpfalz wurde zwar wiederhergestellt, doch blieb Bayern weiterhin im Besitz einer Kurwürde und der ihm zu Beginn des Krieges zugesprochenen Oberpfalz.

Verfassungsgeschichtlich bedeutsamer war die Regelung der konfessionellen Frage. Als Normaljahr für die Besitzstandsregelung zwischen Katholiken und Protestanten wurde nunmehr das Jahr 1624 zugrundegelegt. Damit ist zugleich das *ius reformandi* der Territorialherren eingeschränkt worden; denn ihr Glaubenswechsel mußte nun nicht mehr von den Untertanen nachvollzogen werden; die Rechte Andersgläubiger, insbesondere das Auswanderungsrecht, wurden bestätigt bzw. neu fixiert. Über den im Prinzip aufrechterhaltenen Augsburger Religionsfrieden von 1555 hinaus wurde nun auch der Calvinismus in den Konfessionsfrieden aufgenommen. Mit der Vorschrift, daß in Religionsangelegenheiten im Reichstag das Mehrheitsprinzip nicht angewandt werden dürfe, sondern das Parlament in eine katholische und eine evangelische Partei auseinanderzutreten und eine gütliche Einigung anzustreben habe, wurde die verfassungsrechtliche Parität der Konfessionsgruppen festgelegt (Grundsatz im IPO Art. V, 1). Paritätisch sollten künftig auch die obersten Reichsgerichte und die Reichstagsdeputationen besetzt werden.

Der Westfälische Frieden bedeutete aber nicht nur eine endgültige Anerkennung und Absicherung des Protestantismus in Deutschland, sondern zugleich auch die Durchsetzung der territorialstaatlichen Eigenständigkeit, der »ständischen Libertät« gegenüber Kaiser und Reich. Die Reichsstände erhielten in ihm das *ius territorii et superioritatis,* eine Art Souveränität, wie es im französischen Entwurf des Friedensvertrages hieß, zuerkannt. Sie behielten ihr *ius armorum* und bekamen ausdrücklich ein internationales Bündnisrecht, soweit es sich nicht gegen Kaiser, Reich und Landfrieden richtete, eingeräumt. Der Kaiser wurde in allen wichtigen politischen Angelegenheiten an ihre Zustimmung im Reichstag gebunden; den Reichsstädten wurde das Mitentscheidungsrecht im Reichstag bestätigt (IPO Art. VIII, 2). Obwohl wichtige Fragen wie die endgültige Fixierung der Wahlkapitulation, der Reformierung der Kreisverfassung, des Gerichts- und des Steuerwesens auf den nächsten

Reichstag vertagt wurden, kann man sagen, daß das Reich jetzt, für die kommenden letzten anderthalb Jahrhunderte, seine endgültige Gestalt gefunden hatte.

Die 1648 vertagten Angelegenheiten wurden auf dem 1653 nach Regensburg einberufenen Reichstag verhandelt. Hier verpflichtete man die Untertanen und Landstände der reichsständischen Territorien zur finanziellen Unterstützung der militärischen Organisation des Reiches und zur Unterhaltung von Garnisonen und Festungen der Reichsstände (Art. 180 des Jüngsten Reichsabschiedes). Da das Reich weiterhin auf die Kontingente der Territorien angewiesen blieb und es zur Einrichtung eines stehenden Reichsheeres, obwohl gelegentlich diskutiert, nicht kam, schlug die Bestimmung ganz zugunsten der ein eigenes, stehendes Heer unterhaltenden Reichsstände (den sog. armierten Ständen) aus – ein Grund mit, warum sich in diesen Territorien der Absolutismus entwickeln konnte, nicht aber im Reich. Andere Reformnotwendigkeiten wie eine Neufestsetzung der Wormser Matrikel oder die Allgemeinverbindlichkeitserklärung von Mehrheitsbeschlüssen in Steuerfragen scheiterten. Die Gerichtsreform wurde vom Kaiser auf eigene Faust betrieben (Reichshofratsordnung von 1654). Soweit Neuregelungen getroffen wurden, hat man sie bei Beendigung der Reichstagssitzung im »Reichsabschied« von 1654 zusammengefaßt, der deshalb der »jüngste« heißt, weil es danach nicht mehr zur Auflösung eines Reichstages gekommen ist; der nächste, 1663 nach Regensburg einberufene Reichstag tagte ständig als Gesandtenkongreß und ließ damit die zu einer Föderation tendierende Entwicklung des Reiches deutlich werden.

III.

Die Verfassungsentwicklung des Reiches in den anderthalb Jahrhunderten, die auf den Westfälischen Frieden folgten, ist vor allem in zweierlei Hinsicht bemerkenswert gewesen: durch die starke, mit Gebietsveränderungen verbundene Einflußnahme ausländischer Mächte auf das Reich, insbesondere Frankreichs, und durch die im Dualismus Preußen-Österreich gipfelnde Formierung der Territorialstaaten gegen das habsburgische Kaisertum. Beides hat zur Auflösung des Reiches geführt.

Fremde Einflußnahmen auf das Reich erfolgten vornehmlich durch Frankreich. Sie betrafen nicht nur Gebietsfragen, sondern auch die Königswahl und andere Interna, doch waren die Gebietsveränderungen, die sich in diesem Zusammenhang ergaben, am spektakulärsten. Der Gegensatz des Reiches zu Frankreich war uralt; er resultierte historisch aus der die französische Seite nicht befriedigenden Aufteilung des Fränkischen Reichs, der Zuordnung des lothringisch-burgundisch-italienischen Mittelstreifens zum ostfränkischen Reichsteil, dem späteren »Römischen Reich«. Schon im Mittelalter war es zu französischen Vorstößen auf die Maas-Saone-Rhone-Linie gekommen, wobei französische Erwerbungen im Königtum Burgund früher erfolgten als im nördlichen, zum *regnum Teutonicum* gehörenden Bereich. Hier ist im Gegenteil zunächst eine Ausweitung des habsburgischen Besitzes zu verzeichnen, da das deutsche Kaisergeschlecht 1477 Neuburgund erbte und damit auch dessen ehemals französische Gebiete wie das Herzogtum Bourgogne, das französische Flandern, das Artois und die Picardie. Bourgogne und Picardie wurden zwar bald wieder an Frankreich abgetreten, im übrigen schlugen die Habsburger ihren neuburgundischen Besitz jedoch dem Reich zu. In der Kreiseinteilung des Reiches zu Beginn des 16. Jahrhunderts wurde keine Rücksicht darauf genommen, daß verschiedene Gebiete, wie die Franche Comté oder Savoyen, ehedem zum Königreich Burgund und nicht zum deutschen Königtum gehört hatten. Der Kampf mit Frankreich um die burgundischen und lothringischen Herrschaften ging indessen weiter.

Eine zusätzliche Problematik entstand dadurch, daß die Habsburger nach dem Erwerb Spaniens ihre Besitztümer unter eine spanische und österreichische Linie aufteilten, dabei aber der spanischen Linie die Verfügung über die Niederlande überließen, was dort zu internen Auseinandersetzungen führte. Gleichzeitig gelang es den Habsburgern nicht, ihre Herrschaftsansprüche in der Schweiz gegen den sich dort herausbildenden Bund mehrerer Talschaften und Städte, die sog. Schweizer Eidgenossenschaft, durchzusetzen. Die Schweiz und die Niederlande bildeten zunächst eigenständige Föderationen zum Schutz gegen fremde territorialherrliche Ansprüche innerhalb des Reiches. Der niederländische Freiheitskampf zur Verteidigung der altständischen Rechte gegen den spanischen Absolutismus endete jedoch 1581 mit der Unabhängigkeitserklärung der nördlichen, zur Union von Utrecht zusammengeschlossenen Provinzen (sog. »Generalstaaten«, d. i. »Generalstände«). Die Schweizer Eidgenossenschaft weigerte sich ihrerseits, dem Wormser Reformwerk von 1495 beizutreten – nicht zuletzt wegen der ungeklärten Frage der Mitbestimmung republikanischer

Bauernkantone und Städte in einem von Fürsten beherrschten Reich, dem in Gestalt des Gemeinen Pfennigs eine kaum kontrollierbare finanzielle Unterstützung gewährt werden sollte. Der sich unter anderem daraus ergebende sog. Schwaben- oder Schweizerkrieg des Schwäbischen Bundes und der Habsburger gegen die Eidgenossenschaft führte 1499 im Frieden zu Basel zum faktischen Ausscheiden der Schweiz aus dem Reichsverband. Die Unabhängigkeit der Eidgenossen und der niederländischen Generalstaaten wurde im Westfälischen Frieden vom Reich anerkannt.

Gegenüber Frankreich begann eine neue Entwicklung, als sich protestantische Reichsfürsten den auf Neuburgund, Spanien und Italien bezogenen Gegensatz zwischen Habsburgern und Bourbonen zunutze machten und sich französischer Hilfe gegen den Kaiser versicherten. Im Vertrag von Chambord übertrug 1552 der Führer des Fürstenbundes, Kurfürst Moritz von Sachsen, ein sog. »Reichsvikariat« über die Städte Toul, Metz, Verdun und Cambrai auf den König von Frankreich – eine Maßnahme, die der Kaiser nicht mehr rückgängig machen konnte und die ein erneutes Vordringen Frankreichs im Westen des Reiches einleitete. Im Kampf gegen Habsburg begann Frankreich sich nun in verstärktem Maße für die internen Verhältnisse des Reiches zu interessieren und die Selbständigkeit der Reichsstände, ohne Rücksicht auf ihre Konfessionszugehörigkeit, gegenüber dem Kaiserhaus zu fördern, so vor allem im Dreißigjährigen Krieg, der ihm die elsässischen Besitzungen Habsburgs einbrachte. Mehr und mehr geriet das Reich in die Abhängigkeit von ausländischen Mächten, die bei internen Streitigkeiten die eine oder die andere Seite unterstützten, gelegentlich selbst eingriffen und den ihnen günstigen Verfassungszustand Deutschlands garantierten (so z. B. Rußland 1779 den im Frieden von Teschen zur Beendigung des Bayerischen Erbfolgekriegs zwischen der Pfalz und Österreich ausgehandelten Vergleich).

Die elsässischen Erwerbungen benutzte Ludwig XIV. zwischen 1679 und 1684 zur sog. Reunionspolitik, in der Gebiete, die früher einmal mit den von Frankreich erworbenen Besitzungen, z. B. lehnsrechtlich, verbunden waren, als rechtlich zusammengehörig mit diesen »wiedervereinigt« wurden. 1681 sah sich Straßburg genötigt, die französische Herrschaft anzuerkennen. 1697 wurden im Frieden von Rijswijk die französischen Reunionen, soweit sie das Elsaß betrafen, vom Reich bestätigt. Damit war das Elsaß französisch geworden. Das weiter nach

Westen vorgelagerte Herzogtum Lothringen kam 1766 endgültig an Frankreich. Zahlreiche Reichskriege gegen Ende des 17. und zu Beginn des 18. Jahrhunderts konnten ein weiteres Ausgreifen Frankreichs, das zeitweise über den Rhein hinaus vorgestoßen war, nur mühsam verhindern.

IV.

Zu derselben Zeit trat die interne Organisierung und gebietsmäßige Arrondierung der Territorialstaaten des Reiches in eine entscheidende Phase. Insbesondere die größeren Länder des Reiches, die nun über ein eigenes, stehendes Heer verfügten und absolutistisch regiert wurden, gewannen an Selbständigkeit und betrieben, nicht zuletzt aufgrund des ihnen im Westfälischen Frieden zugestandenen Bündnisrechtes, eine über die Reichsgrenzen hinausreichende, zuweilen sogar gegen den Kaiser und dessen habsburgische Bindungen an Spanien gerichtete Politik, so z. B. im von Frankreich gestützten ersten Rheinbund 1658–1668.

Bemerkenswert ist in jener Zeit vor allem das Ausgreifen Brandenburgs, das 1619 Ostpreußen zunächst als polnisches Lehen gewann und 1660 die polnische Lehnsherrschaft abschüttelte, sowie Sachsens, das vorübergehend mit Polen in Personalunion verbunden war. Insbesondere sollte die Entwicklung des Territorialstaats Brandenburg, dessen Kurfürst sich seit 1701 »König in Preußen« nannte, für das Reich bedeutsam werden. Zwei Ereignisse sind in diesem Zusammenhang zu erwähnen.

1. Als 1740 die Habsburger in männlicher Linie ausstarben, mißachtete der junge preußische König Friedrich II. die in der sog. Pragmatischen Sanktion, der revidierten habsburgischen Erbfolgeordnung von 1713, festgelegte weibliche Erbfolge und meldete eigene, freilich recht dubiose Erbansprüche auf die in österreichischem Besitz befindliche Provinz Schlesien an, die er in drei Kriegen zwischen 1740 und 1763 zu erobern und zu verteidigen wußte. Der Vorgang war nicht nur bezeichnend dafür, wie ein junger, ruhmbegieriger Territorialfürst sich damals innerhalb des Reiches aufführen konnte und wie wenig das Reich in der Lage war, mit einer gegen ihn ausgesandten Reichsarmee die Ordnung wiederherzustellen, sondern auch, wie abhängig die Rivalen im Reich vom Ausland (England, Frankreich, Rußland) gewesen sind, das auch jetzt wieder in die internen Streitigkeiten eingriff. Brandenburg-Preußen aber

wurde zur zweiten Macht im Reich, die zwar dessen Entwicklung nicht steuern, wohl aber mit ihrem Veto inhibieren konnte, zu einer Art Juniorpartner des Kaiserhauses Österreich. Das zeigte sich deutlich, als nach der Vereinigung Bayerns mit der Kurpfalz in den achtziger Jahren des 18. Jahrhunderts sich noch einmal ein größeres Revirement im territorialstaatlichen Gefüge des Reiches abzuzeichnen begann.

2. Nach dem Aussterben der bayerischen Linie der Wittelsbacher hatte 1777 der Pfälzer Kurfürst Karl Theodor Bayern geerbt. Kaiser Joseph II. offerierte ihm daraufhin im Austausch gegen Bayern die 1713 österreichisch gewordenen Niederlande (das heutige Belgien). Die Durchführung dieses Planes hätte die Etablierung eines starken westlichen Territoriums am Rhein (mit den pfälzisch-wittelsbachischen Besitzungen Jülich und Berg sowie dem von den Wittelsbachern abhängigen Kurköln) und in Belgien zur Folge gehabt. Österreich aber wäre durch den Besitz Bayerns stärker in das Reich hineingezogen worden und hätte seine Machtstellung bedeutend vergrößert. Diese Pläne wurden durch die Bildung eines antihabsburgischen Fürstenbundes durch Friedrich II. 1785 durchkreuzt. Offensichtlich waren gegen Preußen nun keine größeren Veränderungen im Reich mehr durchzusetzen.

Zur selben Zeit trafen sich Österreich und Preußen mit Rußland zur Aufteilung des Königreichs Polen (polnische Teilungen 1772, 1793, 1795), und die beiden deutschen Führungsmächte überließen das linksrheinische Deutschland dem französischen Nachbarn (1795/97 bzw. 1801). Auch diese Vorgänge waren ein Zeichen für die Konkurrenzsituation zwischen ihnen, für eine gegenseitige Abhängigkeit, die sie streckenweise zu einem gemeinsamen Vorgehen (in Polen) nötigte, aber auch dafür, wie rücksichtslos sie eine über die Reichsgrenzen hinausgehende Machtpolitik im eigenen Interesse betrieben und die Belange des Reiches als zweitrangig behandelten. Es hat offenbar nicht nur der Dualismus zweier übermächtig gewordener Territorialstaaten das Reich in jener Zeit gelähmt, sondern es begannen auch beide Staaten mehr und mehr aus dem Gefüge des Reichs herauszutreten und eigene Wege zu gehen.

V.

Die Entwicklung des Reiches mit seinen Gebietsverlusten im Westen, den immer souveräner agierenden größeren Territorialstaaten im Innern und den beiden sich über seine Grenzen im buchstäblichen wie im übertragenen Sinne hinwegsetzenden europäischen Großmächten Österreich und Preußen trug alle Zeichen einer beginnenden Auflösung in sich. Dennoch ist das Reich auch in der zweiten Hälfte des 18. Jahrhunderts noch fähig gewesen, Aufgaben zu erfüllen, wie z. B. sein Eingreifen zugunsten der Landstände in Württemberg bzw. Mecklenburg zeigt. Möglichkeiten für eine Reichspolitik gab es immer noch, insbesondere wenn sie durch den Dualismus Preußen-Österreich nicht gehemmt wurde. Dieser Dualismus hat die politischen Verhältnisse in Deutschland ein Jahrhundert lang überschattet, auch nach der Auflösung des Reiches lange Zeit weitergewirkt und die künftige Gestalt Deutschlands bestimmt. Ihm lag nicht, wie man früher glaubte, eine innere Notwendigkeit in der Entwicklung Deutschlands zugrunde. Weder drückte sich in ihm die konfessionelle Spaltung Deutschlands aus – so sehr sie kulturelle Spuren hinterlassen hat, aber Preußen ist nicht der Hüter des deutschen Protestantismus gegenüber dem katholischen Österreich gewesen –, noch gab es eine entscheidende, zur politischen Polarisierung drängende Differenz zwischen Nord- und Süddeutschland (und, bei allen kulturellen Unterschieden auch nicht zwischen West- und Ostdeutschland). Der Dualismus ist vielmehr die zufällige Frucht dynastischer, erbpolitischer und anderer Entwicklungen gewesen, darunter natürlich auch der preußischen Territorialpolitik und Organisationskunst im 17. und 18. Jahrhundert. Ein solcher Dualismus hatte sich aus der Zersplitterung des Reiches und der partikularen Staatsbildung ergeben können, er mußte aber nicht daraus folgen. Es hätte auch zu einem anderen Mächtedualismus kommen können, oder zu einem Trialismus, oder zur Bildung mehrerer Machtschwerpunkte. Und schließlich: sosehr der Dualismus Preußen – Österreich ein Problem für das Reich darstellte, an ihm ist es nicht allein zugrunde gegangen; der entscheidende Anstoß erfolgte vielmehr von außen, durch die Französische Revolution.

Der Hinweis auf diese Revolution darf nicht mißverstanden werden. Das Reich ist nicht etwa dem Siegeszug der revolutionären Ideen aus Frankreich zum Opfer gefallen – jener Ideen, die dort zu einer Abschaffung letzter ständestaatlicher Reminiszenzen (Umwandlung der 1789 einberufenen Generalstände in eine Nationalversammlung), zur Aufhebung des Feudalwesens im Namen von Freiheit und Gleichheit und schließlich zur Republik geführt hatten. Wohl gab es auch in Deutschland solche

Reformwünsche und Republikaner (Jakobiner), die manche Unruhe erzeugten, jedoch kein ernstzunehmendes politisches Machtpotential darstellten. Viele ursprüngliche Sympathisanten der Revolution wandten sich angesichts des *terreur* wieder von ihr ab. Es gab kein revolutionäres Bürgertum in Deutschland, die Gegensätze zwischen Adel und Bauerntum waren weniger scharf, die Reformbereitschaft von Staat und Bürokratie größer, auch fehlte es an einer Hauptstadt wie Paris, in der die revolutionäre Leidenschaft konzentriert und erfolgreich hätte zum Ausbruch kommen können. Von den revolutionären Ideen kam die Bedrohung mithin nicht; sie rührte vielmehr aus der Wiederaufnahme der traditionellen territorialpolitischen Zielsetzungen des Ancien régime durch die Führer der neuen französischen Republik, die Frankreich und Deutschland ab 1792 in erneute Kämpfe verwickelte.

Spannungen hatten sich seit 1789 durch die Aufhebung der Feudalrechte in ganz Frankreich ergeben. Dadurch waren Rechte deutscher Reichsstände, die im Elsaß Güter besaßen, tangiert worden. Auch das Schicksal des französischen Königtums war ein Punkt, in dem die deutschen und europäischen Monarchien Interventionsbereitschaft bekundeten. Auf der anderen Seite gewannen in Frankreich Vorstellungen von einem Export der Revolution, der Sicherung der »natürlichen« Grenze am Rhein und einer Stabilisierung im Innern durch eine kriegerische Wendung nach außen die Oberhand. 1792 erklärte Frankreich Österreich den Krieg. Der folgende (1.) Koalitionskrieg (1792–1797) konnte von ihm gewonnen werden. Die *levée en masse*, sowie neue und flexiblere militärische Strategien zeigten die französischen Revolutionsheere – auch in der folgenden Zeit – den Koalitionen der Traditionsstaaten überlegen. Wieder erwiesen sich kriegstechnische Neuerungen als bedeutsam für die weitere Entwicklung. Die Niederlage in diesem und im 2. Koalitionskrieg (1799–1801) hatte für das Reich den Verlust des von Frankreich beanspruchten gesamten linksrheinischen Gebietes zur Folge.

Einer Abtretung des linken Rheinufers hatte schon 1795 Preußen, an einer Fortführung des Krieges nicht interessiert, in dem von ihm mit Frankreich abgeschlossenen Sonderfrieden von Basel zugestimmt. Auch Österreich und das Reich willigten am Ende des 1. Koalitionskrieges darin ein, doch kam es zu einer endgültigen Abmachung erst im Frieden von Lunéville 1801. Wesentlich dabei war, daß es sich nicht nur um eine erneute Gebietsabtretung an Frankreich handelte, sondern dort Verluste erleidende Fürsten mit rechtsrheinischen Gebieten entschädigt werden sollten, auf Kosten der geistlichen Fürstentümer, kleinerer Territorien und der Reichsstädte. Mit der damit notwendig gewordenen Neugliederung des Reiches wurde ein Ausschuß des Reichstags beauftragt, dessen Vorschlag (der sog. Reichsdeputationshauptschluß) von Reich und Kaiser 1803 angenommen wurde. Ihm zufolge wurden alle geistlichen Fürstentümer (ausgenommen Mainz und die Besitzungen des Deutschen Ritter- und des Malteserordens) sowie viele kleinere Territorien und die Reichsstädte bis auf sechs (Lübeck, Hamburg, Bremen, Frankfurt, Nürnberg und Augsburg) aufgehoben und ihre Gebiete den größeren Fürstentümern zugeschlagen. Auf diese Weise sind auch die katholischen Bistümer im Reich säkularisiert worden, kam der reiche Kirchenbesitz nun auch katholischen Fürsten zugute.

Die Bildung größerer, zusammenhängender und leistungsfähigerer Territorialstaaten ist sicherlich ein notwendiger Schritt gewesen, den das Reich in absehbarer Zeit ohnehin hätte vollziehen müssen; die Auflösung der geistlichen Fürstentümer war schon länger im Gespräch gewesen, die rigorose Art des Vorgehens aber kam einer Revolution gleich. Mit den geistlichen Fürstentümern, den Reichsstädten, den kleinen Territorien und bald darauf auch der Reichsritterschaft gingen das alte Reich und seine mittelalterlichen Eigentümlichkeiten dahin, schwand die Machtbasis, die der Kaiser im Reich noch besessen hatte. Zu einer durchgreifenden Neuorganisation kam es trotz der Vergabe mehrerer neuer Kurwürden nicht mehr.

1804 nahm Kaiser Franz II. den Titel eines Kaisers von Österreich an und begründete damit im Gegenzug zur Erhebung Napoleons zum Kaiser der Franzosen ein neues territoriales Kaisertum, das sich mit der beibehaltenen römischen Kaiserwürde kaum vereinbaren ließ – ein weiterer Schritt zur Auflösung des Reiches. 1805, im 3. Koalitionskrieg gegen Frankreich, fochten Baden, Bayern und Württemberg auf französischer Seite. Im Frieden zu Preßburg erhielten sie die *plénitude de la souveraineté* zuerkannt, sowie eine Anzahl österreichischer Besitzungen. Bayern und Württemberg wurden Königreiche. Am 12. Juli 1806 schlossen sich schließlich sechzehn deutsche Reichsstände unter französischer Schutzherrschaft zum Rheinbund zusammen. Weitere Annexionen von Reichsstädten, Territorien und der Reichsritterschaft folgten. Es war daher nur noch ein letzter formaler Schritt, als Kaiser Franz II. am 6. August 1806 – auf ein Ultimatum Napoleons hin – die Kaiserkrone niederlegte und das römische Kaisertum für erloschen erklärte.

Die territorialstaatliche Entwicklung hatte – unter französischem Druck – das tausendjährige Reich gesprengt, nicht aber Deutschland als politischen Körper aufgehoben. So bedeutsam und dramatisch die sich überstürzenden Ereignisse zu Beginn des 19. Jahrhunderts auch gewesen sind, man muß sich hüten, sie politisch überzubewerten. Gewiß, es gab nun kein Römisches Reich mehr, keinen Kaiser und keine Kaiserkrönung, keine Reichsstände, keine geistlichen Fürstentümer, keine Reichsritter und nicht mehr die vielen Zwergterritorien. Die buntscheckige Vielfalt des alten Reiches war dahin. Aber es gab größere, existenzfähigere Territorialstaaten, die zum Teil recht energisch zu notwendigen Reformen in Staat und Gesellschaft schritten. Und es gab, nachdem der französische Druck aufgehört und der Rheinbund sich in den Befreiungskriegen aufgelöst hatte, auch die Fortsetzung Deutschlands als eines politischen Verbandes – in der zeitangemesseneren Form des Staatenbundes. Zwischen dem alten Reich und dem Deutschen Bund von 1815 hat es eine rechtliche Kontinuität nicht gegeben, zwischen beiden lag ein revolutionärer Bruch, dennoch wird man von einer politischen Kontinuität, die Deutschlands politische Einheit wahrte, indem sie zu neuen organisatorischen Formen führte, reden dürfen. Das ältere deutsche Reich war dahingegangen, das verfassungsstaatliche Deutschland begann.

Literaturhinweise

Allgemein zur Verfassungsgeschichte jener Zeit Gerhard Oestreich, Verfassungsgeschichte vom Ende des Mittelalters bis zum Ende des alten Reiches. Gebhardt, Handbuch der deutschen Geschichte, Band 2 (Band 11 der Taschenbuchausgabe); vgl. auch die Literatur zum 4. und 5. Kapitel, die zum Teil Ausführungen über das Reich enthält.

Das Reich im Spätmittelalter

Allgemein zur Zeit s. Joachim Leuschner, Deutschland im späten Mittelalter 2. Aufl. Göttingen 1983. Grundlegend für die Verfassungsfragen ist Ernst Schubert, König und Reich. Studien zur spätmittelalterlichen deutschen Verfassungsgeschichte. Göttingen 1979. Zur Frage der Kontinuität und der Tätigkeit des Reichs im Bereich des Landfriedens, der Gerichtsbarkeit und des Lehnwesens vgl. Heinz Angermeier, Königtum und Landfriede im deutschen Spätmittelalter. München 1966; Bernhard Diestelkamp und Ulrich Eisenhardt (Hrsg.),

Quellen und Forschungen zur höchsten Gerichtsbarkeit im alten Reich. Band 1ff. Köln, Wien 1973ff.; Karl Friedrich Krieger, Die Lehnshoheit der deutschen Könige im Spätmittelalter (ca. 1200–1437). Aalen 1979. Zur Entstehung des Reichstags s. Peter Moraw, Versuch über die Entstehung des Reichstags. In: Hermann Weber (Hrsg.), Politische Ordnungen und soziale Kräfte im alten Reich. Wiesbaden 1980. Zur Entstehung des Kurfürstenkollegs vgl. u. Winfried Becker (mit Literaturangaben), zur Regelung der Königswahl s. Karl Zeumer, Die Goldene Bulle Kaiser Karls IV. Entstehung und Bedeutung. Weimar 1908, ND 1972.

Reichsreform und Reichsorganisation
Zur *Reichsreform* s. Heinz Angermeier, Die Reichsreform 1410–1550. Die Staatsproblematik in Deutschland zwischen Mittelalter und Gegenwart. München 1984, sowie Martin Cremer, Staatstheoretische Grundlagen der Verfassungsreformen im 14. und 15. Jahrhundert. Kiel 1939.

Die grundlegende Darstellung der *Organisation* des älteren deutschen Reiches stammt von Johann Jacob Moser, Neues Teutsches Staatsrecht. 20 Bände, 1766–83, ND 1967/68. Zu den einzelnen Institutionen s. Gerd Kleinheyer, Die kaiserlichen Wahlkapitulationen. Geschichte, Wesen und Funktion. Karlsruhe 1968; Helmut Neuhaus, Reichsständische Repräsentationsformen im 16. Jahrhundert. Reichstag, Reichskreistag, Reichsdeputationstag. Berlin 1982; Winfried Bekker, Der Kurfürstenrat. Grundzüge seiner Entwicklung in der Reichsverfassung und seine Stellung auf dem westfälischen Friedenskongreß. Münster 1973; Friedrich Hermann Schubert, Die deutschen Reichstage in der Staatslehre der frühen Neuzeit. Göttingen 1966. Seit 1868 werden die Deutschen Reichstagsakten von der Historischen Kommission bei der Bayerischen Akademie der Wissenschaften ediert; zur Zusammensetzung des Reichstags nach der Reichsmatrikel von 1521 sowie zu späterer Zeit s. die Angaben bei Oestreich a. a. O. (im Anhang).

Reichsgerichte: Oswald von Gschliesser, Der Reichshofrat. Bedeutung und Verfassung, Schicksal und Besetzung einer obersten Reichsbehörde von 1559–1806. Wien 1942, ND 1970; Rudolf Smend, Das Reichskammergericht. Band 1: Geschichte und Verfassung. Weimar 1911, ND 1965; Adolf Laufs (Hrsg.), Die Reichskammergerichtsordnung von 1555. Köln, Wien 1976; Bernd Diestelkamp, Das Reichskammergericht im Rechtsleben des Heiligen Römischen Reiches deutscher Nation. Wetzlar 1985; Friedrich Hertz, Die Rechtsprechung der höchsten Reichsgerichte im römisch-deutschen Reich und ihre politische Bedeutung. In: MIÖG 69 (1961).

Reichskreise: Heinz Mohnhaupt, Die verfassungsrechtliche Einordnung der Reichskreise in die Reichsorganisation. In: Karl Otmar Freiherr von Aretin (Hrsg.), Der Kurfürst von Mainz und die Kreisassoziationen 1648–1746. Zur verfassungsmäßigen Stellung der Reichskreise nach dem Westfälischen Frieden. Wiesbaden 1975; WINFRIED DOTZAUER, Die deutschen Reichskreise in der Verfassung des alten Reiches und ihr Eigenleben (1550–1806). Darmstadt 1989.

Finanzen: EBERHARD ISEMANN, Reichsfinanzen und Reichssteuern im 15. Jahrhundert. In: ZHF 7 (1980); WINFRIED SCHULZE, Reichstage und Reichssteuern im späten 16. Jahrhundert. In: ZHF 2 (1975); GÖTZ LANDWEHR, Die Verpfändung der deutschen Reichsstädte im Mittelalter. Köln, Graz 1967.

Zur *Wirtschaftspolitik* s. INGOMAR BOG, Der Reichsmerkantilismus, Studien zur Wirtschaftspolitik des Römischen Reichs im 17. und 18. Jahrhundert. Stuttgart 1959, und FRITZ BLAICH, Die Wirtschaftspolitik des Reichstags im Heiligen Römischen Reich. Stuttgart 1971.

Zur *Staatslehre* s. MICHAEL STOLLEIS (Hrsg.), Staatsdenker im 17. und 18. Jahrhundert. Reichspublizistik, Politik, Naturrecht 2. Aufl. Frankfurt a. M. 1987; BERND ROECK, Reichssystem und Reichsherkommen, Die Diskussion über die Staatlichkeit des Reiches in der politischen Publizistik des 17. und 18. Jahrhunderts. Wiesbaden, Stuttgart 1984.

Von der Reformation bis zum Dreißigjährigen Krieg

Allgemein s. HEINRICH LUTZ, Reformation und Gegenreformation 2. Aufl. München 1982; für Deutschland vgl. die Überblicke von BERND MOELLER, Deutschland im Zeitalter der Reformation. 3. Aufl. Göttingen 1988; MARTIN HECKEL, Deutschland im konfessionellen Zeitalter. Göttingen 1983; HORST RABE, Reich und Glaubensspaltung. Deutschland 1500–1600. München 1989; RAINER WOHLFEIL, Einführung in die Geschichte der Reformation. München 1982. Wichtige Quellen (Luthers Thesen, Wahlkapitulation, Wormser Edikt und die 12 Artikel der aufständischen Bauern) bietet: Kaiser, Reich und Reformation 1517–1525. Bearb. v. ERNST WALDER. 2. Aufl. Bern 1952.

Einen grundsätzlichen Überblick über die *Reformationsfrage* gibt ERWIN ISERLOH, JOSEF GLAZIK und HUBERT JEDIN, Reformation, katholische Reform und Gegenreformation. Band 4 des Handbuchs der Kirchengeschichte, hrsg. von HUBERT JEDIN, 3. Aufl. Freiburg, Basel, Wien 1979; vgl. auch MARTIN HECKEL, Staat und Kirche nach den Lehren der evangelischen Juristen Deutschlands in der 1. Hälfte des 17. Jahrhunderts. München 1968, mit wichtigem Anhang zum Augsburger Religionsfrieden u. a.; HEINRICH LUTZ (Hrsg.), Zur Geschichte der Toleranz und Religionsfreiheit. Darmstadt 1977; darin FRITZ DICKMANN, Das Problem der Gleichberechtigung der Konfession im Reich im 16. und 17. Jahrhundert.

Zum *Westfälischen Frieden* s. FRITZ DICKMANN, Der Westfälische Frieden. 5. Aufl. Münster 1985, sowie BERND MATTHIAS KREMER, Der Westfälische Frieden in der Deutung der Aufklärung. Zur Entwicklung des Verfassungsverständnisses im Heiligen Römischen Reich Deutscher Nation vom konfessionellen Zeitalter bis ins späte 18. Jahrhundert. Tübingen 1989.

Das Reich im 18. Jahrhundert und sein Ende
Allgemein zur Epoche RUDOLF VIERHAUS, Deutschland im Zeitalter des Absolutismus. 2. Aufl. Göttingen 1985. Grundlegend zur Verfassungsentwicklung ist HANS ERICH FEINE, Zur Verfassungsentwicklung des Heiligen Römischen Reichs seit dem Westfälischen Frieden. In: ZRG GA 52 (1932). Eine ausführliche Analyse der Endzeit bietet KARL OTMAR FREIHERR VON ARETIN, Heiliges Römisches Reich 1776 bis 1806. Reichsverfassung und Staatssouveränität. 2 Bände, Wiesbaden 1967. Von den Reformvorstellungen der achtziger Jahre berichtet ALFRED KOHLER, Deutschland im Spannungsfeld des preußisch-österreichischen Gegensatzes. Die Fürstenbundbestrebungen 1783–1785, in: FRIEDRICH ENGEL-JANOSI u. a. (Hrsg.), Fürst, Bürger, Mensch. Untersuchungen zu politischen und soziokulturellen Wandlungsprozessen im vorrevolutionären Europa. München 1975. Die Situation des Reichs im internationalen System erörtert GERHARD OESTREICH, Reichsverfassung und europäisches Staatensystem 1648–1789. In: ders., Geist und Gestalt des frühmodernen Staates. Berlin 1969.

Speziell zum *Ende des Reichs* s. KARL OTMAR FREIHERR VON ARETIN, Vom Deutschen Reich zum Deutschen Bund. Göttingen 1980. Das Verhältnis zur Französischen Revolution wird grundsätzlich diskutiert bei JÜRGEN VOSS (Hrsg.), Deutschland und die Französische Revolution. München, Zürich 1983; s. jetzt auch WALTER GRAB, JÜRGEN VOSS, FRANZ DUMONT u. a. (Hrsg.), Deutschland und die Französische Revolution 1789–1989. Stuttgart 1989. Zum Reichsdeputationshauptschluß s. KLAUS DIETER HÖMIG, Der Reichsdeputationshauptschluß vom 25. Februar 1803 und seine Bedeutung für Staat und Kirche unter besonderer Berücksichtigung württembergischer Verhältnisse. Tübingen 1969, und RUDOLF MORSEY, Wirtschaftliche und soziale Auswirkungen der Säkularisation in Deutschland. In: Dauer und Wandel in der Geschichte. Festschrift für Kurt von Raumer, hrsg. v. Manfred Botzenhart und Rudolf Vierhaus, Münster 1966. Fragen der Säkularisation werden außerdem behandelt von CHRISTOF DIPPER, Probleme einer Wirtschafts- und Sozialgeschichte der Säkularisation in Deutschland (1803–1813), in: ARMGARD VON REDEN-DOHNA (Hrsg.), Deutschland und Italien im Zeitalter Napoleons. Wiesbaden 1979, und HERMANN KLUETING, Die Folgen der Säkularisationen. Zur Diskussion der wirtschaftlichen und sozialen Auswirkungen der Vermögenssäkularisation in Deutschland, in: HELMUT BERDING. u. HANS-PETER ULLMANN (Hrsg.), Deutschland zwischen Revolution und Restauration. Königstein/Ts. 1981. Die juristischen Fragen des Endes des Römischen Reichs erörtert GERO WALTER, Der Zusammenbruch des Heiligen Römischen Reichs deutscher Nation und die Problematik seiner Restauration in den Jahren 1814/15. Heidelberg, Karlsruhe 1980.

Die deutschen Territorien im Überblick

Die Vielgestaltigkeit der deutschen Länder im Mittelalter und in der frühen Neuzeit, ihre Unterschiede in Struktur und Entwicklung, machen es unmöglich, von ihnen anders als in idealtypischer Weise von »Ständestaaten« oder von »absolutistischen Tendenzen« zu reden – in welcher Weise, konnte im 4. und 5. Kapitel gezeigt werden. Wie in qualitativer, so läßt sich auch in quantitativer Hinsicht über die territorialen Herrschaftsbildungen keine erschöpfende Auskunft geben; es waren ihrer einfach zu viele. Man zählte zur Zeit des Dreißigjährigen Krieges über 2000 Herrschaften im Reich, davon allein ca. 1500 der Reichsritter, etwa 100 Reichsstädte und an die 400 kleinere und größere Territorien. Zur Zeit des Reichsdeputationshauptschlusses hatte sich ihre Zahl zwar auf sechs Reichsstädte und weniger als 100 Territorien verringert, aber auch das ist noch eine kaum überschaubare Größe gewesen. Dennoch kommt die deutsche Verfassungsgeschichte nicht darum herum, auch auf die äußere Entwicklung der Territorienwelt, wenigstens in groben Zügen, einzugehen.

Verfassungsgeschichte als Geschichte der politischen Strukturen eines Staates ist zwar etwas anderes als Staatengeschichte, die Lage, Größe und Wandel der äußeren Gestalt von Ländern behandelt, aber eine solche Staatengeschichte kann Teil der Verfassungsgeschichte werden, nämlich dann, wenn es sich um zusammengesetzte Staaten handelt, für deren Verfassung es keineswegs gleichgültig ist, aus wieviel Ländern sie gebildet sind, ob diese etwa die gleiche Größe haben, ob der Dualismus zweier dominierender Einheiten sie bestimmt oder gar die Hegemonie eines einzigen Teilstaates. Das sind wichtige Fragen, auch für die deutsche politische Entwicklung. So wird man die Verfassungssituation des alten Reichs z. B. um 1550 schon aus diesem Grunde anders zu beurteilen haben als die um 1770, in der der Dualismus zwischen Preußen und Österreich das Reich zu überschatten begann. Nicht nur der Wandel der zentralen Regierungsinstitutionen ist für die deutsche Verfassungsgeschichte bedeutsam gewesen, sondern auch die Veränderung der territorialen Binnenstruktur. Dem trägt die folgende Skizze Rechnung. Sie beginnt mit einer Beschreibung der allgemeinen geographischen und verkehrsmäßigen Gegebenheiten des alten Reichs.

I.

Schon im Mittelalter wird Deutschland, oder wie es damals lateinisch hieß: *Teutonia, Allemania* oder *Germania,* als eine geographische Einheit zwischen Nordsee und Alpen begriffen, die – volksmäßig nicht auf die Deutschen beschränkt – in etwa mit dem *regnum Teutonicum,* dem Herzstück des aus den drei *regna* Deutschland, Burgund und Italien zusammengesetzten Heiligen Römischen Reiches identisch war. Aus Italien gelangte man in dieses *regnum* über die Alpen, im Westen über die burgundischen Pässe, für die der Besitz von Burgund als Zugang nach Italien und als Sperriegel gegenüber Frankreich wichtig war. Der westlichste Zugang führte über den Mont Cenis ins Rhonetal, von dort aus nördlich an die Maas nach Flandern und in die Niederlande – Gegenden, die im späten Mittelalter und in der frühen Neuzeit noch zum deutschen Reich gehörten und für die die burgundische Verbindung nach Italien eine große Rolle spielte. Waren doch die Lombardei und Flandern schon im Mittelalter hochentwickelte Wirtschaftsgebiete und durch einen regen Austausch miteinander verbunden. Der Handelsverkehr ging hier teils durch Gebiete des Römischen Reiches, teils durch Frankreich. Berühmt waren die Messen in der Champagne, auf denen man sich lange Zeit zum Warenaustausch traf.

Unter den burgundischen Pässen ist vor allem der große St. Bernhard zu nennen, über den man an den Genfer See, den Lac Leman (den allemannischen See) kommt. Von dort ging der Weg weiter nach Basel und dann vor allem linksrheinisch durch eines der blühendsten Gebiete des Reiches, das Elsaß. Hier mündete auch der Verkehr aus dem Südwesten durch die Burgundische Pforte ein. Eine bedeutende Stadt reihte sich an die andere: Colmar, Schlettstadt und Straßburg, die wie Basel besonders in der Zeit des Humanismus kulturell hervortraten, dann die Stauferpfalz Hagenau, das alte Benediktinerkloster Weißenburg, Landau und die großen Domstädte der Salier: Speyer, Worms und Mainz. Der Rhein ist im Mittelalter und in der beginnenden Neuzeit tatsächlich so etwas wie die wirtschaftliche und kulturelle Achse des deutschen Reiches gewesen. Mainz, der Sitz des Erzkanzlers, und das Maingebiet waren sein Mittelpunkt. Weiter unterhalb schlossen sich Köln und andere ehemalige Römerstädte sowie die großen niederländischen Städte und Häfen an. Aus dem Mainzer Zentralgebiet des Reiches gelangte man auch über Frankfurt nach Norden durch die Wetterau, die Hessen erschließt. Hier gingen alte Reisewege über Friedberg und Marburg durch das Sauerland nach Paderborn, von dort bei Minden an die Weser und nach Bremen.

Neben den burgundischen Pässen spielten die Bündner Pässe für die Alpenüberquerung eine wichtige Rolle. (Der St. Gotthard wurde erst Ende des 13. Jahrhunderts eröffnet, dann aber rasch ein wichtiger Verkehrsweg zum Vierwaldstätter See nach Luzern, Zürich und Basel.) Über die Bündner Pässe, den San Bernadino, Splügen und Julier kam man aus dem Mailänder Gebiet zunächst in die Bischofsstadt Chur, dann rheinabwärts zum Bodensee und nach Oberschwaben, nach Ravensburg und Ulm – auch dies wirtschaftlich und kulturell eine der bedeutendsten Regionen des alten Deutschlands mit großen alten Klöstern wie St. Gallen und die Reichenau.

Die wichtigste Verbindung von und nach Italien ist freilich schon im Mittelalter der Brenner gewesen. Über ihn bzw. den an der Via Claudia Augusta, einer alten Römerstraße, gelegenen Reschenpaß gelangte man ins Inntal und von dort über den Fernpaß illerabwärts nach Ulm und weiter ins Württembergische oder lechabwärts nach Augsburg, das auch über das Seefeld und das den Alpen vorgelagerte Kloster Ettal erreicht werden konnte. Ein anderer Weg führte über Benediktbeuren nach München. Für den Handel ist lange Zeit die Verbindung nach Augsburg die bedeutendere gewesen. Von Augsburg ging es weiter über die noch heute von ihrem mittelalterlichen Wohlstand zeugenden Städte Nördlingen, Dinkelsbühl und Rothenburg nach Würzburg und von dort über Fulda und Kassel an die Weser und in den sächsischen Norden. Eine andere wichtige Straße verband Augsburg mit Nürnberg, zwei der bedeutendsten deutschen Handels- und Gewerbestädte. Von Nürnberg lief der Verkehr nordwärts über Bamberg, Coburg, Erfurt nach Braunschweig und die Salzstraße über Lüneburg nach Lübeck bzw. Hamburg, oder aber weiter östlich, ins Obersächsische – ein weiteres bedeutendes Gewerbegebiet und Bergbauzentrum in Deutschland mit den Bergstädten Freiberg und Annaberg und dem Mansfelder Kupfererzbergbau. Zentraler Ort war hier Leipzig, von dem aus man über Halle nach Magdeburg und über Dessau oder Wittenberg in den Nordosten des Reiches weiterreiste.

Die weiter östlich liegenden Pässe über die Tauern und der Semmering erschlossen Österreich und Böhmen. Von hier ging es durch die Mährische Pforte an die Oder und die Weichsel und über die schon im Altertum bekannten Bernsteinstraßen nach Polen und in das Ostseegebiet.

II.

Nicht minder wichtig als die von Italien kommenden Süd-Nord-Verbindungen sind die vom Westen nach Osten gewesen; denn Deutschland war immer auch ein Durchgangsland von Westeuropa in die weite östliche Ebene und ein Vermittler des Handels, der in dieser Richtung floß. Hier hat zunächst eine zentrale Rolle die berühmte norddeutsche Hanse gespielt, jener Zusammenschluß von Häfen und Binnenstädten, der lange Zeit den Handel in der Nord- und Ostseeregion kontrollierte. An der Nord- und Ostseeküste lagen die Häfen der Hanse wie Perlen an einer Schnur, die Vororte Bremen, Hamburg und Lübeck und weitere Städte wie Wismar, Rostock, Stettin, Danzig, Elbing, Riga und Reval.

Eine zweite wichtige West-Ostverbindung, der sog. Hellweg, führte im Verlauf der heutigen Bundesstraße 1 noch vor dem Mittelgebirge zwischen Lippe und Ruhr von Duisburg über Dortmund, Soest nach Paderborn und erschloß Sachsen vom Rhein her. Von dem schon von Karl dem Großen gegründeten Bistum Paderborn ging eine Route weiter bei Hameln über die Weser zur Bischofsstadt Hildesheim, zur Welfenresidenz Braunschweig und zur alten Universitätsstadt Helmstedt sowie zum großen Ostmissionszentrum Magdeburg, von dort nach Brandenburg, Berlin, Frankfurt an der Oder und weiter nach Polen bzw. nach Ostpreußen, nach Königsberg und ins nördliche Rußland. Ein anderer Weg führte von Paderborn über Höxter am bedeutenden sächsischen Kloster Corvey vorbei nach Gandersheim und zur Kaiserpfalz Goslar im Harzer Bergbaugebiet und von dort über den Bischofssitz Halberstadt nach Leipzig.

Das obersächsische Gebiet mit der Handelsmetropole Leipzig ist mit den Niederlanden auch über Köln durch das Siegener Land und Thüringen verbunden gewesen. Aus dem Süden wurde es erreicht über die Hohe Straße von Frankfurt über die Kaiserpfalz Gelnhausen, Eisenach mit der Wartburg des Thüringer Landgrafen, Erfurt, Weimar und Naumburg. Von Leipzig gingen wichtige Handelswege nach Osten bei Meißen über die Elbe und durch die Lausitz nach Schlesien, wo Breslau an der Oder lange Zeit, bevor ihm Leipzig mit seiner berühmten Messe den Rang ablief, der bedeutendste Handelsplatz mit dem südlichen Polen und Rußland war.

Eine weitere wichtige Verkehrslinie kam aus Frankreich über Saarbrücken nach Deutschland. Sie führte über die Kaiserpfalz in Kaiserslautern nach Speyer, Worms und Mainz. Für viele westliche Zugänge von der Mosel, über die Zaberner Steige oder durch die Burgundische Pforte bildeten die sich am Rhein querlegenden Mittelgebirge eine Schwierigkeit. Am einfachsten war ihre Weiterführung über Frankfurt durch die Wetterau und durch das Maintal, von dem aus man bei Regensburg die Donau erreichte und den Anschluß nach Wien und nach Ungarn gewann. Eine zweite Durchgangsmöglichkeit bot der Kraichgau mit seinem fränkischen Hinterland. Durch das Württembergische, über Eßlingen und die Geislinger Steige führten alte Handelswege von Speyer nach Ulm. Dagegen wurde der Schwarzwald erst spät erschlossen: Verbindungen durch das Kinzigtal und das Höllental bei Freiburg in das Bodenseegebiet gab es erst im Hochmittelalter.

III.

Betrachtet man die verkehrsmäßigen Gegebenheiten, so wird allein schon dadurch die zentrale Bedeutung von Städten wie Augsburg und Nürnberg, Frankfurt und Köln, aber auch Erfurt, Leipzig, Basel, Straßburg oder Ulm deutlich – neben den großen Häfen Bremen, Hamburg, Lübeck oder Danzig. Gegenüber dem im Mittelalter aufblühenden Handel und Gewerbe trat die ursprüngliche Bedeutung der Städte als Bischofszentren bald zurück. Aus alten Bischofsstädten konnten aber wichtige Verkehrszentren werden (z. B. Köln, Mainz, Worms, Magdeburg). Für manche Städte spielte neben Handel und Gewerbe auch der Umstand eine Rolle, daß sie schon früh zum Regierungszentrum avancierten (so für Wien, Prag oder Braunschweig). Deutlich sind auch verschiedene, durch die Verkehrswege miteinander verbundene Wirtschaftsräume unterscheidbar, allen voran Flandern und die Niederlande mit Brügge, Gent, Antwerpen, Amsterdam und Utrecht, daran anschließend der Niederrhein um Köln, weiter im Osten Obersachsen und Thüringen, im Süden Oberschwaben und das Elsaß, und im Norden die Küstengebiete an der Nordsee. Diese Wirtschaftsräume lassen sich nicht nur geographisch umreißen, sondern sie stellen oft auch eine kulturelle Einheit und einen politischen Zusammenhang dar, wenngleich selten ein einheitliches politisches Gebilde. Wirtschafts- und Kulturraum und Territorienbildung decken sich in der Regel nicht.

Die konstatierbaren geographischen, kulturellen und wirtschaftlichen Zusammenhänge haben die Landesgeschichte veranlaßt, ihnen entsprechende »historische Räume« zu konzipieren und der Betrachtung zugrunde zu legen, um sich so von der reinen Staatengeschichte, die in früherer Zeit oft genug nur Dynastiengeschichte war, zu lösen. Geht man von einem bestimmten Staat in der frühen Neuzeit bei seinen Untersuchungen aus, so hängt das, was man zu behandeln hat, von unter Umständen rasch wechselnden Besitzverhältnissen, zufälligen Erwerbungen, Einheiraten und Erbteilungen ab, und nötigt zu einem dauernden Wechsel des Bezugsfeldes. Das war eine Situation, die von der Landesgeschichte als mißlich empfunden wurde. Demgegenüber schien das Konzept des »historischen Raumes« eine feste Bezugsgröße zu bieten und sie aus der unbequemen Lage zu erlösen, Geschichte am Leitseil dynastischer Politik und ihrer zufälligen Resultate betreiben zu müssen.

Indessen bilden die historischen Räume der Landesgeschichte nur bis zu einem gewissen Grade eine sichere Betrachtungsgrundlage: weder sind ihre Grenzen in der Regel scharf bestimmbar, noch liegen sie über alle Zeiten hin fest. Das mag bei geographischen Grenzziehungen so erscheinen, doch auch hier gilt: Was über lange Zeit hinweg Barriere, kulturelle oder volksmäßige Grenzscheide war, muß dies nicht ewig sein. Auch geographische Grenzen wie z. B. der Schwarzwald sind überschreitbar und in neue Einheiten integrierbar, oder sie werden mit der Zeit erst zu solchen wie der Oberrhein. Darüber hinaus bringt die Veränderung der Produktionsverhältnisse neue Wirtschaftsräume hervor, wie in Deutschland z. B. im 19. Jahrhundert das Ruhrgebiet, und neue kulturelle Einheiten, wie die Schweiz, können entstehen. In noch geringerem Maße als für Wirtschaft und Kultur gilt die Vorgegebenheit des Raumes für politische Bildungen. Gerade sie greifen häufig über stammesmäßige und kulturelle Besonderungen hinaus, vor allem dann, wenn nicht das Gemeinschaftsgefühl von Völkern, sondern Interesse und Schicksal, Kriegsglück oder Heiratspolitik ihrer Herrscher über die Zukunft von Staaten entscheiden.

Für die Sozialgeschichte ist eine Betrachtungsweise, in der es um Staatenverbindungen und Staatenteilungen, um Zufälligkeiten wie die rechtzeitige Geburt eines Thronfolgers oder das überraschende Aussterben einer Sippe geht, verständlicherweise »oberflächlich«. Diese Ereignisse haben in der Regel wenig mit den sozialen Beziehungen in traditionalen Gesellschaften zu tun, denen es relativ gleichgültig war, in welchem Staat und unter welchem Herrscher sie lebten. Die sozialen Gepflogenheiten der Bevölkerung wurden von einem Dynastienwechsel kaum berührt.

In gewissem Maße gilt diese Indolenz gegenüber dem äußeren politischen Geschehen auch für die Verfassungsgeschichte. Auch für sie ist bis zu einem gewissen Grade der konkrete Staat, die einzelne Dynastie uninteressant, soweit sich nämlich die Strukturen der politischen Organisation in den Ländern und ihre Entwicklung ähneln. Um die hier vorhandene Varianz zu zeigen, genügt es, neben einer idealtypischen Skizze einige Territorien exemplarisch zu erörtern. Anders aber ist es, wenn man als Bezugsgröße die Verfassung des Reiches wählt: denn für sie war es eben von erheblicher Bedeutung, in welcher Weise sich die Dynastien innerhalb seiner Grenzen – und zum Teil darüber hinausgreifend – geriert haben, wer, wo, welchen Erfolg hatte, da dies alles zur Veränderung seiner inneren Struktur beitragen konnte und beigetragen hat. Insofern ist die Dynastiengeschichte doch nicht ganz so antiquiert, wie sie in der modernen Geschichtswissenschaft manchmal hingestellt wird. Das wird sich in den folgenden Ausführungen zeigen.

Wir machen uns in ihnen das Konzept der historischen Räume insofern zunutze, als wir von geographischen und kulturellhistorisch bestimmten Raumeinheiten, die auch für die Territorialstaatsbildung wichtig waren, ausgehen, aber dort, wo die Politik der Dynastien die Grenzen eines solchen Raumes sprengte, in unserer Betrachtung über ihn hinausgreifen, um größere Staatsbildungen oder Ansätze dazu zu schildern. Wir zerlegen dabei das gesamte Gebiet des deutschen Reichs in sechs Streifen von Nord nach Süd und lassen innerhalb dieser Streifen unseren Blick von West nach Ost wandern. Die Nord-Süd-Gliederung folgt der geographischen, stammesmäßigen und sprachlichen Unterscheidung zwischen Niederdeutschem, Mitteldeutschem und Oberdeutschem in jeweils zwei Unterteilungen: Küstengebiete und dem Mittelgebirge vorgelagerte Gebiete der norddeutschen Tiefebene, nördliches Mittelgebirge und Mitteldeutschland in Höhe des Mains, den Alpen vorgelagertes Süddeutschland und Alpenländer. Die Wanderung von West nach Ost entspricht dem allmählichen Ausgreifen des *regnum Teutonicum* von seinem ostfränkischen Kerngebiet über das rechtsrheinische Altdeutschland hinaus in die erst im hohen Mittelalter hinzugekommenen Ostgebiete. Bei unserer Betrachtung greifen wir zum besseren Verständnis der territorialen Entwicklung über das alte Reich hinaus und gehen bis in die Gegenwart.

1. Die Territorien der deutschen Küstengebiete

1. Wir beginnen unsere Betrachtung im Nordwesten Deutschlands mit den *Friesen*, einem der sechs Stämme, aus denen das ältere deutsche Reich gebildet worden ist. Die Friesen waren ursprünglich am Ijsselmeer beheimatet, breiteten sich von dort nach Süden und Osten aus und gelangten schon im Mittelalter über die Nordsee an die Westküste Schleswig-Holsteins. Zu unterscheiden ist das niederländische Westfriesland von Ostfriesland zwischen Ems und Jadebusen und von Nordfriesland, nördlich von Dithmarschen und der Eider.

Schon von Karl dem Großen unterworfen, wurden die Friesen später dem lothringischen Reichsteil zugerechnet. Ungeachtet ihrer frühen Reichszugehörigkeit haben sie sich ihre politische und kulturelle Eigenart bewahrt. Die seit der Jahrtausendwende gemeinschaftlich unternommenen Deichbauten zur Sicherung des Landes führten zu einer starken Betonung genossenschaftlicher Züge in der friesischen Gesellschaft. Sie gliederte sich seit dem 13. Jahrhundert in eine Reihe von Bauerngemeinden, zusammengeschlossen im Upstaalsboom-Bund (so genannt nach dem Versammlungsort, einem bronzezeitlichen Grabhügel bei Aurich). Bedroht wurde die »friesische Freiheit« immer wieder von benachbarten Potentaten wie dem Grafen von Holland und von einheimischen »Häuptlingen«, bis schließlich auch hier die politische Entwicklung in der Aufhebung der bündisch-genossenschaftlichen Organisationsformen mündete. 1464 wurde Ostfriesland unter der Dynastie der Cirksenas vereinigt und zur Reichsgrafschaft erhoben. Westfriesland, vielfach umkämpft, geriet unter Kaiser Karl V. in das neuburgundische Erbe der Habsburger und teilte seitdem das Schicksal der Niederlande. Ostfriesland entwickelte im 16. Jahrhundert ein typisches ständisches System; in seinem Hauptort Emden schrieb 1604 der dortige Stadtsyndicus Althusius seine ›Politica‹, die bedeutendste politische Theorie des Ständestaats. 1561 wurde die Regierung nach Aurich verlegt, 1744 folgten nach dem Aussterben des Herrscherhauses aufgrund einer länger bestehenden Anwartschaft die Hohenzollern; die territoriale Neugliederung Deutschlands nach den napoleonischen Kriegen brachte Ostfriesland 1815 an Hannover.

2. Östlich an Friesland schließt als nächster größerer Herrschaftskomplex *Oldenburg* an, eine alte Grafschaft, die sich durch Inkorporierung benachbarter Gebiete mit der Zeit beträchtlich zu vergrößern wußte. Zur Behauptung ihrer Eigenständigkeit mag nicht zuletzt der Umstand beigetragen haben, daß von 1448 bis 1773 Oldenburg und Dänemark in Personalunion verbunden waren. 1774 wurde Oldenburg zum Herzogtum, 1829 zum Großherzogtum erhoben. Im Zuge der Länderneubildung nach dem Zweiten Weltkrieg ist es 1947 ein Teil Niedersachsens geworden.

3. An Oldenburg reiht sich im Osten zwischen Weser und Elbe das Bistum *Bremen-Hamburg* an. Bremen, ein bedeutender Weserübergang und Hafen, wurde schon 787, in fränkischer Zeit, Bischofssitz, Hamburg 834 als Erzbistum gegründet, jedoch wenig später (848) mit Bremen verbunden. Dem Erzbistum Bremen war die nordische Mission übertragen. Zu seinen Suffraganen zählten Schleswig, Ripen, Aarhus, Oldenburg in Holstein (1160 nach Lübeck verlegt), Ratzeburg und Mecklenburg (Schwerin). Der in der Salierzeit angestrebte Ausbau des Erzbistums zu einem nordischen Patriarchat scheiterte. Die dänischen Suffraganbistümer kamen 1104 an das Erzbistum Lund. Bremen selbst erlebte das typische Schicksal einer deutschen Bischofs- und Handelsstadt: Die Bremer Bürger schüttelten die bischöfliche Stadtherrschaft schon anfangs des 13. Jahrhunderts ab; der Bischof wich nach Bremervörde aus. Wie Hamburg wurde auch Bremen zu einem Vorort der deutschen Hanse. Beiden Städten gelang es, als Reichsstadt bzw. freie Hansestadt und heute als Stadtstaaten der Bundesrepublik, unabhängig zu bleiben. Sie sind die beiden letzten der einstmals über hundert freien deutschen Reichsstädte.

Außer bischöflichem Besitz wies das Küstengebiet zwischen Hamburg und Bremen eine Reihe kleinerer Bauernrepubliken auf (Land der Stedinger, Land Hadeln) sowie die zeitweise bedeutende Grafschaft Stade. Das Bistum Bremen fiel wie das südlich anschließende Bistum Verden im 16. Jahrhundert der Reformation anheim. Es wurde 1648 säkularisiert und geriet nach dem Dreißigjährigen Krieg unter schwedische Herrschaft, nach kurzem dänischen Zwischenspiel 1720 endgültig an das Kurfürstentum Hannover. So erging es im Laufe des 18. Jahrhunderts auch den anderen Herrschaften in jener Gegend.

4. Wenn wir die Elbe überschreiten, kommen wir im südlichen Teil der die Nord- und Ostsee teilenden Halbinsel nach *Schleswig-Holstein*. Holstein, ursprünglich von Angeln und Sachsen bewohnt, wurde in seinem Osten in der Völkerwanderungszeit von slavischen Stämmen besiedelt (Wagrier, Obodriten). In das nördlicher gelegene Schleswig stießen dänische Wikinger vor, die an der Schlei den im Frühmittelalter bedeutenden Handelsort Haithabu gründeten. Die zunächst umkämpfte Grenze zwischen dem Reich und Dänemark wurde im 11. Jahrhundert durch die Eider gebildet. Der südlich des Flusses gelegene Teil mit den Grafschaften Holstein und Stormarn kam 1110 als Reichslehen an Adolf von Schauenburg. Aus dieser Zeit datieren die Kolonisation Ostholsteins (Gründung des Bistums Oldenburg) und die Gründung Lübecks (1143), das – seit 1326 reichsfrei – sich bald zum Hauptort der norddeutschen Hanse entwickelte und seine Selbständigkeit erst 1937 verlor.

1214 wurde das Land nördlich der Elbe von Kaiser Friedrich II. an Dänemark abgetreten; es konnte sich von der dänischen, damals über die gesamte Ostsee ausgreifenden Herrschaft 1227 in der Schlacht von Bornhöved befreien. Die Schauenburger griffen nun ihrerseits nach Schleswig über, das ebenfalls von Deutschen besiedelt wurde. 1440 erhielten die Schauenburger Schleswig als dänisches Lehen. Die allmähliche Herrschaftsarrondierung führte zur Unterwerfung der Dithmarscher und Nordfriesen. 1460 wählten die Stände Schleswig-Holsteins nach dem Aussterben der Schauenburger König Christian I. von Dänemark zum Landesherrn, ließen sich aber im Vertrag von Ripen versichern, daß beide Länder »up ewig ungedeelt« bleiben sollten. Seit dieser Zeit war Schleswig-Holstein, ungeachtet der Reichszugehörigkeit Holsteins, in Personalunion mit der dänischen Krone verbunden. Danisierungsbestrebungen im 19. Jahrhundert führten zu Loslösungsversuchen, die 1848 fehlschlugen, im Krieg Preußens und Österreichs gegen Dänemark 1864 jedoch Erfolg hatten. 1866 kam Schleswig-Holstein an Preußen, Nordschleswig nach dem Ersten Weltkrieg an Dänemark. Nach der Auflösung Preußens wurde Schleswig-Holstein 1949 ein Bundesland der Bundesrepublik Deutschland.

5. Zu den durch die Ostsiedlung eingedeutschten Gebieten jenseits der Elbe gehört auch die folgende Küstenlandschaft: *Mecklenburg*. Zwischen Elbe und Oder gelegen ist Mecklenburg in der Völkerwanderungszeit von Slaven, vor allem den

Obodriten, besiedelt worden. Im Hochmittelalter war es Ziel der sächsischen Mission (Gründung der Bistümer Ratzeburg und Mecklenburg im 12. Jahrhundert). Für kurze Zeit unter dänischer Herrschaft (bis 1227), entwickelte es sich allmählich zu einem deutschen Territorialstaat, nachdem im 13. Jahrhundert die einheimischen Obodritenfürsten deutsche Siedler ins Land gerufen und die Oberhoheit des Reichs anerkannt hatten. Das einheimische, durch Einheiraten eingedeutschte Herzoghaus hat Mecklenburg bis 1918 regiert.

Auch Mecklenburg erlitt das typische Schicksal älterer Territorien, mehrfach geteilt zu werden (zuletzt Mecklenburg-Schwerin und Mecklenburg-Strelitz). Über die Erbteilungen hinweg haben die Stände jedoch den Gedanken der Einheit des Territoriums gewahrt (ständische Union von 1523) und ihr Mitspracherecht gegenüber dem Herzog zu wahren gewußt (Erbvergleich von 1755, dem Herzog mit Hilfe des Reiches abgerungen). Bis 1918 ist Mecklenburg ein Ständestaat geblieben, trotz der nicht unbedeutenden Hafen- und Universitätsstadt Rostock ein von Rittergütern und Rittergutsbesitzern geprägtes Agrarland.

6. Wie Mecklenburg ist auch das östlich anschließende *Pommern* zwischen Oder und Weichsel, Ostsee und Netze durch die Ostsiedlung im Hochmittelalter ans Reich gekommen. Der Name des Landes rührt von dem dort siedelnden slavischen Stamm der Pomeranen her. Die Pomeranen hatten lange Zeit ihre Unabhängigkeit gegen die Polen zu verteidigen. Sie sind von Polen aus christianisiert worden (1140 Gründung des Bistums Wollin, 1176 nach Kammin verlegt). Bedroht durch das dänische Ausgreifen im 12. Jahrhundert schlossen sich die pommerschen Herzöge an das Reich an (1181). Seit 1231 ist Pommern endgültig ein Teil des Reiches geworden. Auch hier haben die einheimischen Herzöge deutsche Siedler ins Land gerufen. Nach dem Aussterben des Herzogshauses wurde im Westfälischen Frieden Hinterpommern Brandenburg-Preußen überlassen; Vorpommern westlich der Oder mit der Hafenstadt Stettin kam unter schwedische Herrschaft, ohne seine Reichszugehörigkeit zu verlieren. Die Schweden kontrollierten damit die Odermündung wie weiter im Westen die Weserhäfen. 1720 fiel auch Vorpommern an Brandenburg-Preußen. 1945 wurde Stettin und das östliche Pommern von Polen besetzt.

7. Mit Pommern findet das ältere deutsche Reich im Osten sein Ende; der »Pommerellen« genannte, von Kaschuben be-

wohnte Landstrich westlich der Weichsel gehörte nicht mehr zum Herzogtum. Jenseits der Weichsel allerdings dehnte sich das Land des deutschen *Ritterordens* aus, das, nicht zum *regnum Teutonicum* rechnend, dennoch in der deutschen Geschichte eine wichtige Rolle gespielt hat. Beim deutschen Ritterorden handelt es sich um eine jener Rittergesellschaften, die wie die Templer und Johanniter in der Zeit der Kreuzzüge zum Schutz des Heiligen Landes und der Pilger entstanden sind. Er wurde 1226 vom polnischen Herzog von Masowien ins Kulmer Land gerufen, um von dort aus die heidnischen Pruzzen, einen baltischen Volksstamm im heutigen Ostpreußen, zu missionieren. Mit Privilegien von Kaiser und Papst versehen, denen zufolge das eroberte Land ein selbständiger Herrschaftsbereich des Ordens werden sollte, schritt er zur Unterwerfung der Pruzzen (sog. Schwertmission). Etwa gleichzeitig hatte ein zu demselben Zweck gegründeter Schwertbrüderorden die Missionierung und Eroberung Livlands, nördlich der Düna, zwischen dem Rigaschen Meerbusen und dem Peipussee, begonnen. Als dieses Unternehmen zu scheitern drohte, wurden Schwertbrüderorden und Deutscher Orden vereinigt (1237). Trotz der damit entstandenen zusätzlichen Belastung ist es dem Deutschen Orden gelungen, im Laufe des 13. Jahrhunderts Preußen zu missionieren und zu kolonisieren. Schon in der Mitte des 13. Jahrhunderts wurde eine Reihe von Bistümern gegründet und dem seit 1255 bestehendem Erzbistum Riga zugeordnet; deutsche Siedler kamen scharenweise in das Land. Im Gegensatz zu Preußen, das auch von deutschen Bauern in Besitz genommen wurde, beschränkte sich die Besiedlung Livlands sowie des ebenfalls unterworfenen Kurlands (westlich der Düna bis zur Ostsee) und Estlands (nördlich von Livland bis zum Finnischen Meerbusen) auf die Städte und auf eine Landübernahme in Großgrundbesitz durch den deutsch-baltischen Adel. Zu Beginn des 14. Jahrhunderts wurde vom Deutschen Orden das westlich anschließende Pommerellen erworben, und die Marienburg an der Weichsel wurde die Residenz des Hochmeisters.

Verwaltet wurde Preußen von den Ordensleuten selbst, die – an Vorstellungen des Dienens und der Amtsausübung für einen Höheren gewohnt – eine moderne Administration im Lande aufzogen (sog. Ordensstaat), allerdings dabei in einen Gegensatz zu den Städten und zum Landadel gerieten. Ein unglücklich verlaufener Krieg mit Polen (Schlacht bei Tannenberg 1410) zwang den Orden, angesichts der aus den Kriegslasten resultierenden Finanznot, den Ständen im Lande Mitspracherechte einzuräumen. Der Gegensatz zwischen Landesherrn (Ordensrittern) und Ständen führte zu deren bündischen Zusammenschluß (1440) und zu Auseinandersetzungen, in die schließlich Polen, von den Ständen um Hilfe gerufen, eingriff. Im zweiten Thorner Frieden 1466 verlor der Orden das westliche Preußen an Polen und mußte dessen Oberhoheit anerkennen. Nach der Reformation in ein weltliches Herzogtum verwandelt, wurde das Ordensland ein polnisches Lehen (1525). Wenig später geriet das ebenfalls reformierte Herzogtum Livland unter litauische Oberhoheit (1561), der im 18. Jahrhundert die Unterwerfung des Baltikums unter Rußland folgte.

Im 17. Jahrhundert wurden die Hohenzollern, die Kurfürsten von Brandenburg, Nachfolger der preußischen Herzöge. Es gelang ihnen bald, durch geschicktes Verhalten im polnisch-schwedischen Krieg die polnische Lehnsherrschaft über das Herzogtum abzuschütteln (Friede zu Oliva 1660). 1701 wurde Preußen zum Königtum erhoben. Die Kurfürsten von Brandenburg waren dadurch, aber nur außerhalb des Reichs, Könige geworden – »in Preußen«, wie man mit Rücksicht auf die weiterhin zu Polen gehörenden westpreußischen Gebiete formulierte. Diese Gebiete sind durch die polnischen Teilungen seit 1772 ebenfalls an die Hohenzollern geraten, die nun alle von ihnen beherrschten Länder, auch die im Reich, »Preußen« zu nennen begannen. Das eigentliche Preußen wurde allerdings erst 1871 anläßlich der kleindeutschen Staatsbildung ein Teil des Deutschen Reiches. Nach dem Ersten Weltkrieg mußten Teile Westpreußens wieder an Polen abgetreten werden, Danzig wurde Freistadt, ein nördlicher Streifen, das Memelland, kam an Litauen. Nach dem Zweiten Weltkrieg ist das nördliche Ostpreußen mit Königsberg von der Sowjetunion annektiert worden, der Rest ging an Polen.

2. Die Länder der norddeutschen Tiefebene

1. Von den Küstengebieten und den Ländern der Mittelgebirge hebt sich deutlich ein Landstreifen mit Territorien niederlothringischer und sächsischer Provenienz ab. Wir erinnern uns, daß *Lothringen* eines der großen Herzogtümer war, aus denen das ältere deutsche Reich gebildet wurde. Das große, sich von

der Nordsee bis zu den Vogesen und Maasquellen erstreckende Gebiet ist schon zur Zeit Ottos des Großen in zwei Herzogtümer, nördlich und südlich der Ardennen, aufgeteilt worden. Die Herzogswürde im nördlichen Lothringen fiel an Limburg, später an Brabant. Zentrales Erzbistum war Köln mit den Suffraganen Utrecht, Lüttich, Cambrai und, die Reichsgrenzen überschreitend, Tournai. Zum Kölner Erzbistum gehörten allerdings auch die im sächsischen Gebiet eingerichteten westfälischen Bistümer Münster, Osnabrück und Minden. Überhaupt bildete der niederlothringische Raum keine Einheit. Während Köln stets dem Reich zugewandt blieb und in ihm eine bedeutende Rolle spielte, lagen die Küstengebiete an Rhein und Schelde, die Niederlande, trotz ihrer großen Wirtschaftskraft deutlich an der Peripherie des Reiches. Politische Zufälligkeiten festigten ihre Sonderexistenz und führten schließlich zu ihrem Ausscheiden aus dem Reich.

Zu den Niederlanden zählen wir die Grafschaft *Flandern*, die östlich der Schelde zum Reich gehörte (sog. Reichsflandern), während das Flandern westlich der Schelde französisches Kronlehen war, den Hennegau mit dem Bistum Cambrai, Namur, Brabant mit Brüssel, das Bistum Lüttich, Limburg und die nördlichen Territorien Seeland, Holland, Utrecht, Geldern, Overijssel, Drente, Friesland und Groningen. Sie wurden außer dem Bistum Lüttich, aber mit dem oberlothringischen Luxemburg und dem französischen Artois, Ende des 14. Jahrhunderts in jene eigenartige, neuburgundische Staatsgründung einbezogen, die aus einer Zusammenraffung von französischen Lehen und Reichslehen in der Hand burgundischer Herzöge bestand und Ende des 15. Jahrhunderts an die Habsburger fiel, die ihrerseits den burgundischen Reichsteil weiter in die nördlichen Niederlande hinein erstreckten.

Von größter Bedeutung für das weitere Schicksal dieser Territorien sollte der Umstand werden, daß Kaiser Karl V. die Habsburger Erblande unter Bruder und Sohn aufteilte und dabei die Niederlande – obwohl Bestandteil des deutschen Reiches – an die spanische Linie gab. Konfessionelle Streitigkeiten und absolutistische Maßnahmen gegen die Stände führten ab 1568 zum niederländischen Freiheitskampf gegen die Spanier. Die in der Union von Arras zusammengeschlossenen (katholischen) Provinzen des Südens blieben bei Spanien, die sieben nördlichen Provinzen, zusammengeschlossen in der Union von Utrecht, erklärten sich dagegen 1581 unabhängig und bildeten eine republikanische Föderation mit einem ständischen Gesandtenkongreß im Haag (sog. »Generalstaaten«, d. i. urspr.: Generalstände). Drente und andere Landesteile waren zunächst nicht mitbestimmungsberechtigte Generalitätslande. Zu Beginn des 19. Jahrhunderts wurde aus der niederländischen Republik ein Königreich.

Im Westfälischen Frieden ist 1648 die Unabhängigkeit der (nördlichen) Niederlande anerkannt worden. Die südlichen Provinzen blieben weiterhin zwischen Spanien, Frankreich und dem Reich umkämpft. Einzelne Teile wie das Artois kamen an Frankreich, das Hauptgebiet geriet jedoch nach dem Spanischen Erbfolgekrieg 1713 an die österreichischen Habsburger (daher: österreichische Niederlande). Es wurde nach den napoleonischen Wirren 1815 mit den nördlichen Niederlanden wieder vereint, errang aber durch eine Revolution im Jahre 1830 seine Unabhängigkeit als Königreich Belgien. Aus Luxemburg war 1815 ein zunächst mit der niederländischen Krone in Personalunion verbundenes Großherzogtum geworden. Es blieb Teil des Deutschen Bundes als Bundesfestung bis zu dessen Auflösung 1867.

2. Den Burgunderherzögen war es nicht gelungen, auch die niederlothringischen Territorien weiter oberhalb am Rhein in ihren Herrschaftsbereich einzubeziehen; 1475 scheiterte Karl der Kühne bei der Belagerung von Neuss. So hat dieser Teil des Reichs, das *Rheinland* im engeren Sinne, eine ganz andere Entwicklung als die Niederlande genommen. Die Grenzen zwischen den beiden Regionen sind erst allmählich fixiert worden (Teilung der Grafschaft Geldern). Zentrum des rheinischen Raumes war das Erzbistum Köln. Auch hier hat sich die Stadt bald von ihrem bischöflichen Stadtherrn gelöst (1271 Übersiedlung des Bischofs nach Bonn). Sie konnte sich zusammen mit den rheinischen Territorien und mit der Hilfe Brabants in der Schlacht von Worringen 1288 endgültig gegen den Erzbischof durchsetzen. Befreit vom Kölner Druck gewannen die Grafschaften Cleve und Jülich auf der linken Rheinseite und das rechtsrheinische Berg an Bedeutung. Der Zusammenschluß dieser Grafschaften mit dem westfälischen Mark und Ravensberg im 15. und beginnenden 16. Jahrhundert schien zu einer Großterritoriumsbildung in diesem Raum zu führen. Die Entwicklung wurde jedoch durch den Ausgang des Jülich-Cleveschen Erbfolgestreits unterbunden. In seinem Verlauf kamen Jülich und Berg 1614 an die Wittelsbacher der Pfalz-Neuburger Linie,

Cleve, Mark und Ravensberg an die brandenburgischen Hohenzollern. 1815 ist das gesamte Rheinland preußische Provinz geworden. 1946 wurde es mit Westfalen zum Lande Nordrhein-Westfalen vereinigt.

3. Mit der Vereinigung von Rheinland und *Westfalen* kam eine längere historische Entwicklung zum Abschluß; denn obwohl mit Engern (dem Land der alten Angrivarier an der Weser) und Ostfalen (östlich der Weser) zum sächsischen Staatsgebiet rechnend, war Westfalen immer zum Rhein hin geöffnet. Es gehörten nicht nur die westfälischen Bistümer zur Erzdiözese Köln, sondern das Erzstift selber griff weit in das westfälische Gebiet über. 1180 bei der Zerschlagung des sächsischen Stammesherzogtums war Köln das »Herzogtum Westfalen« zugeordnet worden. In der späteren Zeit machte es weitere Erwerbungen im südlichen Westfalen bis zur Weser, konnte sich aber gegen die Grafschaft Berg am Rhein und die Grafschaft Mark (weiter östlich um Arnsberg und Altena) nicht durchsetzen. Westfalen blieb ein territorial stark aufgegliedertes Land, im dem neben dem Hochstift Münster im Norden auch Städte wie Dortmund und Soest zeitweise eine bedeutende Rolle spielten. Nach einem kurzen napoleonischen Zwischenspiel (Gründung des Großherzogtums Berg und eines Königreiches Westfalen), geriet ganz Westfalen 1815 an Brandenburg-Preußen, das in diesem Gebiet schon seit dem Jülich-Cleveschen Erbfolgestreit Besitzungen hatte (Grafschaft Mark sowie Ravensberg in Ostwestfalen zwischen Teutoburger Wald und Weser). Rheinland und Westfalen sind im 19. Jahrhundert durch die Entwicklung des rheinisch-westfälischen Industriegebietes, des sog. Ruhrgebiets, stark miteinander verzahnt worden.

4. Eine gewisse Sonderstellung im sächsischen Stammesgebiet nahm von jeher das *Weserland* ein. Die Gebirgslandschaft an der Weser, nach Norden hin auslaufend im Teutoburger Wald, stellte eine deutliche Barriere zwischen dem westlichen und dem östlichen Sachsen dar und bot vielen kleineren Herrschaften die Möglichkeit zur Entfaltung. Wir finden hier eine Reihe von geistlichen Fürstentümern wie Paderborn, Minden, Osnabrück und die Fürstabtei Corvey, unter denen Osnabrück mit einer staatsrechtlichen Besonderheit zu erwähnen ist: es wurde nach dem Westfälischen Frieden abwechselnd von einem katholischen und einem evangelischen Bischof regiert. Von den vielen weltlichen Herrschern sind die Freiherrn zur Lippe zu nennen, deren kleine Territorien Lippe-Detmold und Schaumburg-Lip-

pe bis in die Zeit nach dem Zweiten Weltkrieg Bestand hatten. Ähnliches gilt von dem weiter oberhalb im Hessischen an der Eder gelegenen, seit 1867 von Preußen administrierten Fürstentum Waldeck, das bis 1929 überlebte.

5. Kerngebiet des sächsischen Stammesherzogtums war in der frühen Reichszeit das *östliche Sachsen*. Hier hatten die Liudolfinger, die von Heinrich I. bis Otto III. die deutschen Könige und Römischen Kaiser stellten, ihren Allodialbesitz. Von hier aus unternahmen sie ihre Züge in den slavischen Osten. Hier ist der Kaiser Lothar III., aus dem Geschlecht der Supplinburger, beheimatet gewesen, und hier residierten seit der Verheiratung der Tochter Lothars mit Heinrich dem Stolzen, dem Herzog von Bayern, die Welfen – eines der hervorragendsten deutschen Herrschergeschlechter.

Bei den *Welfen* handelt es sich um ein uraltes, mit den Karolingern verschwägertes Adelsgeschlecht, dessen Vorfahren schon in fränkischer Zeit im Moselraum eine bedeutende Rolle spielten. Die schwäbische Linie der Welfen ist in Oberschwaben um Weingarten und Ravensburg ansässig gewesen. Von ihr stammen die aus einer Verbindung mit den oberitalienischen Este hervorgegangenen Welfenherzöge in Bayern ab, die 1137 auch das Herzogtum Sachsen hinzuerwarben. Unter Heinrich dem Löwen wurde das ostsächsische Gebiet in eine moderne Territorialherrschaft verwandelt mit dem 1166 gegründeten Braunschweig als Mittelpunkt. Die Verbindung von Sachsen mit Bayern und – im Falle einer Königserhebung der Welfen – mit dem Reichsland Franken, ließ eine Wiederaufnahme der ottonischen Machtstellung denkbar werden, mit einem großen, nach Osten und Westen erweiterbaren Territorialbesitz inmitten des Reiches. Doch wurde diese Entwicklung von den deutschen Fürsten gestoppt, die nach dem Tode Lothars die Thronansprüche der Welfen übergingen und die Staufer zu Königen wählten. Der sich daraus ergebende staufisch-welfische Gegensatz resultierte in der Zerschlagung der welfischen Machtakkumulation 1180 und führte unter anderem zur Aufspaltung des sächsischen Herzogtums; Westfalen kam an Köln, die ostsächsische Herzogswürde an die Askanier, die jedoch im alten Stammesgebiet keine Herrschaft auszuüben vermochten. So blieb auch weiterhin das Schicksal des östlichen Sachsens mit den Welfen verbunden.

1235 trugen die Welfen die ihnen verbliebenen Eigengüter um Braunschweig und Lüneburg dem Reich zu Lehen auf und begründeten auf diese Weise das Herzogtum *Braunschweig-Lüneburg*. Es gelang bald, das neue Herrschaftsgebiet zu arrondieren, allerdings kam es auch hier zu mehrfachen Erbteilungen. Aus ihnen gingen das Herzogtum Braunschweig und das Kurfürstentum Hannover hervor. Hannover, 1713–1837 mit England in Personalunion verbunden, saugte allmählich die umliegenden Territorien im Süden und im Norden bis zur Nordseeküste auf. Kurze Zeit zum napoleonischen Königreich Westfalen gehörend, wurde es 1866 von Preußen annektiert, das damit eine Landverbindung zwischen seinen östlichen und westlichen Landesteilen gewann. Nach der Auflösung Preußens im Jahre 1946 wurde aus der preußischen Provinz Hannover und den Territorien Braunschweig, Schaumburg-Lippe und Oldenburg das Land Niedersachsen gebildet.

6. Die sächsischen Herzöge haben schon früh eine aktive Ostpolitik betrieben. Wie schon in karolingischer Zeit wurden unter den Ottonen Marken, Verteidigungs- und Aufmarschräume gegen die zwischen Elbe, Saale und Oder ansässigen Slaven, die Obodriten, Liutizen und Sorben, angelegt. Wir finden im 10. Jahrhundert eine Nordmark der Billunger an der unteren Elbe, südlich davon die Mark des Markgrafen Gero zwischen Elbe und Oder und von der Saale ausgehend weitere Marken, vor allem um Meißen. Die Ostpolitik diente der Unterwerfung und Christianisierung der östlich der Elbe und Saale wohnenden Bevölkerung. Zu diesem Zweck wurde 968 von Otto dem Großen das Erzbistum Magdeburg als Missionszentrum (anstelle des bisher damit beauftragten Bistums Halberstadt) gegründet. Ihm wurden die ebenfalls neu gegründeten Bistümer Brandenburg, Havelberg, Merseburg, Zeitz (seit 1030 Naumburg) und Meißen unterstellt.

Die ottonische Ostpolitik erfuhr durch den großen Slavenaufstand im Jahre 983 einen Rückschlag. Sie ist eigentlich erst im 12. Jahrhundert durch Kaiser Lothar III. wieder aufgenommen worden. Jetzt wurden Adolf von Schaumburg mit Holstein belehnt (1110), der Askanier Albrecht der Bär mit einer Nordmark an der Elbe (1134) und die Wettiner mit den Marken Meißen und Lausitz (1123 bzw. 1136). Anders als in früheren Zeiten führte die neue Ostpolitik durch die im Verein mit den slavischen Fürsten in Mecklenburg, Pommern und Schlesien vorgenommene Besiedlung des Raumes mit Sachsen, Thüringern und Niederländern zu einem dauerhaften Erfolg. Neue Gebiete wurden dem Reich hinzugewonnen und eingedeutscht.

Im *Osten Sachsens* ist die Entwicklung besonders durch die Askanier vorangetrieben worden. Die Askanier hatten ihre Schwerpunkte im Gebiet von Stendal, der späteren »Altmark«, und östlich des Harzes um Aschersleben und die Burg Anhalt. Von der Altmark aus kolonisierten sie ein zunächst »Neumark« genanntes Gebiet an der Havel, die spätere Mark Brandenburg. (Die Bezeichnung eines Markgrafen von Brandenburg taucht erstmals 1157 auf. Die Bezeichnung »Neumark« wurde später auf Gebiete östlich der Oder übertragen. Als Kurfürstentum hieß die Mark auch »Kurmark«). Mit dem Ausgreifen der Askanier schien eine größere Territoriumsbildung jenseits der Elbe möglich zu werden, doch kam es vorerst nicht dazu, da auch die Askanier ihr Erbe teilten. Zuerst wurden die Altmark und Brandenburg von dem anhaltinischen Besitz um Dessau und Wittenberg sowie dem an der unteren Elbe gelegenen Lauenburg getrennt. Nach dem Sturz Heinrichs des Löwen gelangte die sächsische Herzogswürde an die anhaltinische Linie der Askanier, und seitdem finden wir den Namen »Sachsen« in Verbindung mit deren Besitzungen. (Er sollte wenig später auf ähnliche Weise noch weiter, in das heutige Obersachsen, wandern). Auch die anhaltinischen Lande sind geteilt worden. Neben dem Fürstentum Anhalt entstanden so schon im Mittelalter die Herzogtümer Sachsen-Lauenburg und Sachsen-Wittenberg, das schließlich die den Anhaltinern übertragene sächsische Kurwürde erhielt.

Das weitere Schicksal der im Osten Sachsens gelegenen Territorien ist – bis auf Brandenburg – kurz umrissen: Sachsen-Lauenburg im Norden blieb bis 1689 ein selbständiges Herzogtum und fiel nach dem Aussterben der dortigen Askanier an die Welfen. Lauenburg ist heute ein Teil von Schleswig-Holstein. Die Altmark blieb mit der Mark Brandenburg verbunden. Das Erzbistum Magdeburg und das weiter südlich gelegene Bistum Halberstadt fielen nach dem Dreißigjährigen Krieg ebenfalls an Brandenburg. Sachsen-Anhalt, in viele Duodezfürstentümer geteilt und wieder vereint, konnte sich mit seiner Residenz Dessau bis 1918 selbständig halten; Sachsen-Wittenberg kam 1423 an die Wettiner.

7. Anders als die übrigen askanischen Herrschaftsbildungen an der Elbe hat die *Mark Brandenburg* eine große Bedeutung erlangt. Die nach der Bischofsstadt Brandenburg, dem slavischen Hauptort Brennabor, benannte Mark zwischen Havel und Oder ist im 13. Jahrhundert eingedeutscht worden. Wendi-

sche Slaven haben hier ihre Sprache und Kultur in den unwegsamen Gebieten des Spreewaldes erhalten können. Nach dem Aussterben der Askanier wurde die Mark, ein nicht sehr fruchtbares Heidegebiet (des »Heiligen Römischen Reiches Streusandbüchse«) mehrmals Söhnen gerade herrschender Kaiser als Lehen zugewiesen. Eine neue Ära begann, als 1417 der Burggraf Friedrich von Nürnberg, ein Zoller, durch Kaiser Sigismund mit der Mark belehnt wurde. Seit dieser Zeit herrschten die Hohenzollern, ein aus dem Schwäbischen stammendes Geschlecht (Burg Hohenzollern bei Hechingen) in Brandenburg. Ihnen gelang es, den Widerstand der Stände, der Städte und des Adels, gegen die fremden Landesherren bald zu brechen. Sie haben durch eine geschickte Politik ihren Herrschaftsbereich allmählich weit über die Mark hinaus vergrößern können.

Die hohenzollernsche Territorialpolitik, die *Brandenburg-Preußen* schließlich zur Führungsmacht in Deutschland werden ließ, hat sich der üblichen Methoden jener Zeit bedient, d. h. Gebietserwerbungen sind weniger durch Krieg als durch Erbschaft, Einheirat und eingelöste Anwartschaften auf Reichslehen gemacht worden. Sie können hier nur im groben Überblick wiedergegeben werden. 1614 kamen an Brandenburg als Gewinn aus dem Cleve-Jülichschen Erbstreit Cleve, Mark und Ravensberg. 1619 erwarben die Hohenzollern das Herzogtum Preußen als polnisches Lehen. Nach dem Dreißigjährigen Krieg fielen an Brandenburg Hinterpommern, das Erzstift Magdeburg und die Bistümer Halberstadt und Minden. 1660 befreite sich der Große Kurfürst von der polnischen Lehnsoberhoheit. Fortan nannten sich die brandenburgischen Markgrafen und Kurfürsten nach ihrem, nicht zum Reich gehörenden preußischen Besitz »Könige in Preußen« (ab 1772, nach dem Erwerb von Westpreußen, »Könige von Preußen«; die erste Krönung fand in Königsberg 1701 statt). 1720 wurde Vorderpommern erworben. In drei Kriegen zwischen 1740 und 1763 entriß König Friedrich II. (»der Große«) Schlesien den Habsburgern. Preußen wurde zur zweiten Macht im Reich. Von nun an ging die weitere Entwicklung, von vorübergehenden Rückschlägen in der napoleonischen Zeit abgesehen, rasch.

Bedeutende Gebietsteile Polens wurden in den drei polnischen Teilungen 1772, 1793 und 1795 erworben. Der Reichsdeputationshauptschluß von 1803 brachte Preußen neue Gebiete aus geistlichem Besitz (Münster und Paderborn). Nach dem Untergang des alten Reiches bescherte die Länderneugliederung auf dem Wiener Kongreß 1815 Preußen reichen Besitz im Westen, von der Saar bis an den Niederrhein, und in der Lausitz. Es wurden nun die Rheinprovinz, die Provinz Westfalen und die Provinz Sachsen (aus den alten sächsischen Ländern an der Elbe und aus Nordthüringen) gebildet. Der Sieg über Österreich im Kampf um die politische Vormachtstellung gab Preußen 1866 die Gelegenheit, Hannover, Hessen-Kassel und Hessen-Nassau mitsamt der freien Reichsstadt Frankfurt am Main zu annektieren und so eine Landverbindung zu den westlichen Provinzen zu schaffen. In dem von ihm aus gegründeten neuen Deutschen Reich von 1871 besaß Preußen mit etwa zwei Dritteln des gesamten Reichsgebietes und der Bevölkerung sowie den großen, auf der Förderung von Steinkohle basierenden Industriezentren an der Ruhr und in Oberschlesien eine hegemoniale Stellung. Trotz erheblicher Gebietsabtretungen an Polen nach dem Ersten Weltkrieg (Westpreußen, Ostoberschlesien) behielt es diese beherrschende Stellung auch in der Weimarer Republik. Überlegungen, es aufzuteilen und dadurch den Größenverhältnissen der deutschen Mittelstaaten anzupassen, blieben unrealisiert. In der Weimarer Republik galt das sozialdemokratisch geführte Preußen als ein Bollwerk gegen den Nationalsozialismus – bis zur Entfernung der preußischen Regierung durch die Reichsregierung von Papen und zur Unterstellung der preußischen Administration und Polizeikräfte unter einen Reichskommissar (sog. »Preußenschlag« vom 20. Juli 1932). Nach dem Zweiten Weltkrieg wurde Preußen am 25. 2. 1947 durch Gesetz Nr. 46 des Alliierten Kontrollrats als vermuteter Hort des deutschen Nationalismus und Militarismus aufgelöst.

3. Die mitteldeutschen Territorien (I.)

1. An die norddeutsche Tiefebene schließt nach Süden hin das mitteldeutsche Gebirgsland an, ein bevölkerungs- und staatenmäßig von Norddeutschland zu unterscheidender Raum. In seinem äußersten Westen liegen die *Mosellande*. Wir verstehen heute darunter die Gegend an der unteren Mosel, etwa ab Trier bis zur Mündung des Flusses. Im älteren deutschen Reich gehörten aber auch die weiter oberhalb gelegenen oberlothringischen Gebiete dazu. (Ober-) Lothringen bildete schon seit dem 10. Jahrhundert ein eigenes Herzogtum, regiert von Herzögen aus gleichnamigem Hause, was dazu beitrug, den Namen des

ursprünglich viel größeren Gebietes gerade an diesem Teil haften zu lassen. Residenz der lothringischen Herzöge war Nancy. Neben ihnen bildeten Städte wie Metz, das über das größte Territorium aller deutschen Reichsstädte verfügte, Landesherren wie die Grafen von Luxemburg und das Erzbistum Trier große, selbständige Herrschaftsbereiche aus. Trier, zentraler Ort dieser Gegend und Bischofsstadt schon in der Römerzeit, war das Erzbistum Oberlothringens. Zu ihm gehörten die Bistümer Metz, Toul und Verdun. Von den Luxemburgern an einer Ausweitung nach Westen gehindert, erwarb das Trierer Erzstift reiche Besitzungen vor allem moselabwärts bis nach Koblenz und über den Rhein hinweg. Die Luxemburger gewannen an Bedeutung, als sie im 14. Jahrhundert eine Reihe deutscher Könige und Kaiser stellten. Von Neuburgund im 15. Jahrhundert erworben, wurde Luxemburg aus dem oberlothringischen Raum herausgerissen und nahm fortan am Schicksal der Niederlande teil.

Durch die Ardennen und die Vogesen vom Innern des Reichs getrennt, ist *Lothringen* schon rein geographisch ein nach Frankreich hin geöffnetes Randgebiet gewesen. Ein großer Teil seiner Bevölkerung sprach romanisch. Die Berührung mit Frankreich war stets eng. Schon im Mittelalter versuchte Frankreich, die Maas als Grenze zu erreichen; der Herzog von Lothringen mußte die französische Oberhoheit über die westlich des Flusses gelegene Grafschaft Bar anerkennen. 1552 wurde dem König von Frankreich von protestantischen deutschen Fürsten im Vertrag von Chambord für seine Hilfe gegen den Kaiser ein »Reichsvikariat« über die Städte Metz, Toul, Verdun und Cambrai zuerkannt. Die oberlothringischen Bistümer Metz, Toul und Verdun gerieten im Westfälischen Frieden endgültig an Frankreich, Lothringen selbst ein Jahrhundert später, als Herzog Franz I. Stephan die Kaisertochter Maria Theresia heiratete.

Der Vorgang war für die damalige Kabinettspolitik bezeichnend: Da der gewählte polnische König Stanislaus Leszczyński, Schwiegervater des französischen Königs Ludwig XV., sich gegen Rußland und Österreich, die eine sächsische Thronfolge in Polen befürworteten, nicht durchzusetzen vermochte, wurde von den Franzosen und Habsburgern als Entschädigung für ihn das Herzogtum Lothringen vorgesehen (bestätigt durch Reichsgutachten von 1736); Franz I. Stephan erhielt dafür das Großherzogtum Toscana. Auf diese Weise verhinderte Frankreich die Vereinigung des lothringischen Grenzlandes mit der österreichischen Hausmacht des deutschen Kaisers und erbte selbst nach dem Tod des Stanislaus 1766 das Land. Sein nördlicher Teil um Metz hat nach der Gründung des kleindeutschen Reiches von 1871 eine Zeitlang, bis zum Ende des Ersten Weltkriegs, wieder zu Deutschland gehört, als Teil des sog. Reichslandes Elsaß-Lothringen. Die unteren Mosellande mit Trier blieben dagegen beim Reich. 1815 Preußen zugeschlagen, wurden sie zum Teil der preußischen Rheinprovinz. Nach 1945 kamen sie an Rheinland-Pfalz.

2. Der sich an das Moselland anschließende *Mittelrhein* mit den ihn umgebenden Gebirgen Eifel, Hunsrück, Westerwald und Taunus ist einer der für Deutschland typischen Räume kleiner Herrschaften gewesen. Unter ihnen, den Sayn-Wittgenstein, Wied, Solms, Katzenelnbogen und der kleinen Reichsstadt Wetzlar an der Lahn, seit 1693 Sitz des Reichskammergerichts, ragten die Nassauer hervor, die außer im rechtsrheinischen Gebiet Besitzungen in den Niederlanden sowie das Fürstentum Orange an der unteren Rhone erwarben. Die seitdem als Nassau-Oranier apostrophierten Territorialherren wurden im niederländischen Freiheitskrieg Statthalter der Niederlande, 1689 stellten sie den König von England, und 1815 bestieg das Geschlecht den neuen niederländischen Königsthron. 1866 kamen seine rheinischen Besitzungen an Preußen (Provinz Hessen-Nassau); die Oranier wurden dafür mit dem Großherzogtum Luxemburg entschädigt.

3. Größere territoriale Bildungen treffen wir wieder in *Hessen* an. Hessen, durch die Wetterau ein wichtiges Bindeglied zwischen Süddeutschland, der Maingegend und dem nördlichen Deutschland an Weser und Leine, gehörte nach dem Aufgehen der germanischen Völkerschaft der Chatten (Hessen) im größeren fränkischen Stammesverband zum ostfränkischen Kerngebiet. Aus ihm stammte der erste nicht-karolingische König Konrad. In seinem südlichen Teil um Friedberg in die staufische Kronlandbildung einbezogen, bot es nach dem Scheitern der staufischen Territorialpolitik zunächst ein Bild äußerster Zerrissenheit. Städte- und Ritterbünde versuchten diese Zersplitterung zu überwinden. Die territoriale Einigung bewerkstelligten die hessischen Landgrafen von Norden aus, zum Teil in Auseinandersetzung mit dem sich von altersher in das hessische Gebiet erstreckenden Erzstift Mainz.

Die hessische Landgrafschaft, ursprünglich zu Thüringen gehörend, seit 1247 selbständig und mit dem Hause Brabant verbunden, hatte anfangs zwei Schwerpunkte, um Kassel und um Marburg. In der Mitte des 15. Jahrhunderts gelang es, eine Landbrücke zwischen beiden Landesteilen zu schlagen und das Territorium nach Süden bis an den Rhein und über den Main hinaus zu erweitern (Erwerb der Grafschaft Katzenelnbogen). 1527 wurde in der Landgrafschaft die Reformation eingeführt; Landgraf Philipp war einer der führenden protestantischen Fürsten. Unter den Nachkommen wurde die Landgrafschaft mehrfach aufgeteilt; daraus entstand der spannungsreiche Dualismus zwischen den beiden Territorialstaaten Hessen-Kassel, seit 1806 Kurfürstentum und vorübergehend zum napoleonischen Königreich Westfalen gehörend, und Hessen-Darmstadt, seit 1806 Großherzogtum (mit der Universität Gießen seit 1607 als Gegengründung zu Marburg). Das Kurfürstentum Hessen wurde 1866 von Preußen annektiert und mit Nassau zur Provinz Hessen-Nassau verbunden. Nach dem Zweiten Weltkrieg wurde unter Einbeziehung des Großherzogtums Hessen ein großhessischer Staat gebildet, wobei das linksrheinische Rheinhessen sowie Gebiete im Westerwald (um Montabaur) an Rheinland-Pfalz kamen.

4. Wesentlich zersplitterter ist bis ins 20. Jahrhundert hinein der *Thüringer Raum* geblieben. Die Thüringer Kleinstaaterei galt als typisch für die zerrissene deutsche Territorienwelt. Ursprünglich war das reiche Thüringer Becken zwischen Harz und Thüringer Wald zusammen mit dem Obermaingebiet von der germanischen Völkerschaft der Thüringer zu einem Großreich zusammengefaßt worden. Nach seiner Eingliederung in das Frankenreich ist es im 9. Jahrhundert noch zu Ansätzen eines thüringischen Herzogtums gekommen, doch konnten sich die Thüringer gegen die von Norden her andrängenden Sachsen und die den Main heraufstoßenden Franken nicht behaupten. Unter den mittelalterlichen Herrschaften in Thüringen ragen die Besitzungen des Erzstifts Mainz mit der bedeutenden Stadt Erfurt und die der Grafen von Schwarzburg hervor, deren Territorien Schwarzburg-Sondershausen und Schwarzburg-Rudolstadt bis in unser Jahrhundert bestanden. Eine größere territoriale Zusammenfassung ist offenbar mit der Einsetzung sog. »Landgrafen« von Thüringen 1130 angestrebt worden. Sitz dieser Landgrafen war die Wartburg bei Eisenach. Auch die spätere hessische Landgrafschaft mit Marburg, der Wirkungsstätte der heiligen Elisabeth, gehörte ihnen.

Als das Geschlecht der Landgrafen 1247 ausstarb, kam ihr

thüringischer Besitz an die in Obersachsen residierenden Wettiner. Die Möglichkeit einer größeren Territorialstaatsbildung über die beiden Räume hinweg wurde von den Wettinern allerdings durch Erbteilungen vergeben. Ihre in Thüringen herrschende ernestinische Linie verzweigte sich in viele kleine Dynastien, unter denen die von Sachsen-Weimar, in dem Goethe längere Zeit Minister war, am bekanntesten wurde (Weimar und die Universität Jena waren Zentren der deutschen Klassik). Neben Weimar, das schon 1816 eine moderne Verfassung erhielt, ist Gotha trotz seiner geringen Ausdehnung ein durch Administration und liberale Tradition hervorragender Kleinstaat gewesen (1663 Kanzler Veit von Seckendorff, Verfasser des berühmten Verwaltungslehrbuchs über den ›Teutschen Fürstenstaat‹, nach 1848 Zufluchtsstätte des zur Fortsetzung des Verfassungswerks entschlossenen Teils der Frankfurter Nationalversammlung, der sog. »Gothaer«, 1875 erster Versammlungsort der sozialdemokratischen Partei, Verabschiedung des »Gothaer Programms«). Aus dem Gothaer Fürstenhaus wurden Prinzen zur Fortsetzung älterer und zur Gründung neuer europäischer Dynastien nach England, Belgien, Portugal und Bulgarien geholt.

Der nördliche Teil Thüringens mit Erfurt und dem Eichsfeld kam zu Beginn des 19. Jahrhunderts an Preußen, der südliche wurde 1826 neu geordnet. Aus den Fürstentümern Sachsen-Weimar-Eisenach, Sachsen-Meiningen, Sachsen-Altenburg und Sachsen-Coburg-und-Gotha wurde 1920 zusammen mit den beiden Schwarzburger Territorien und den weiter südöstlich liegenden Reußer Besitzungen das Land Thüringen gebildet. Coburg schloß sich damals Bayern an.

5. Durch die Wettiner ist die Verbindung Thüringens mit *Obersachsen* seit dem Hochmittelalter recht eng gewesen. Dennoch sind beide Räume voneinander zu unterscheiden. Das später »Sachsen« genannte Gebiet östlich der Saale war im Gegensatz zu Thüringen Kolonisationsgebiet. Nördlich des Mittelgebirgsstreifens gelegen und nicht von alten Adelsherrschaften durchsetzt, bot es Möglichkeiten zu einer großräumigen Territorialbildung. Sie wurde von den Wettinern genutzt, einem bedeutenden Herrschergeschlecht aus dem thüringisch-sächsischen Grenzraum, das zu Beginn des 12. Jahrhunderts die Marken Meißen und Lausitz zu Lehen erhielt. In dieser Zeit begann auch die deutsche Besiedlung des Landes.

Die Wettiner sind in ihrer Territorialpolitik lange Zeit behindert worden durch die Versuche der Stauferkaiser, einen Kronlandgürtel quer durch das Reich zu legen. Dazu gehörten im Osten das Vogtland und das Pleißener Land; auch die Einbeziehung von Meißen und der Lausitz ist offenbar erwogen worden. Aus staufischer Zeit stammt die Territorialherrschaft der Reichsministerialen und späteren Fürsten Reuß. Sie konnten ihren Besitz im Vogtland um Plauen aus dem Zusammenbruch der Stauferherrschaft retten und über das Ende des älteren deutschen Reichs hinaus bewahren. Erst 1920 wurden die Reußer Zwergterritorien um Schleiz, Greiz und Gera dem neu gebildeten Land Thüringen zugeschlagen.

Die Wettiner gewannen 1247 Thüringen und 1423 nach dem Aussterben der dortigen Askanier Sachsen-Wittenberg. Damit ging auf sie die sächsische Kurwürde über. Der Name »Sachsen« wanderte jetzt weiter nach Süden, wurde zur Bezeichnung der wettinischen Länder, die man später als »Obersachsen« vom älteren »Niedersachsen« unterschied. Das neue Kurfürstentum ist auch in seiner durch spätere Teilungen reduzierten Gestalt bis weit in die Neuzeit hinein eines der bedeutendsten Territorien des Deutschen Reiches gewesen. Begünstigt durch Silberfunde im Erzgebirge und die Mansfelder Kupfererze, die zu einem regen Bergbau und zur Gründung von Bergbaustädten wie Freiberg und Annaberg führten, sowie durch den über Leipzig gehenden Ost-West-Handel (mit der noch heute existierenden »Leipziger Messe«), konnte die Politik der Wettiner auf einer reichen wirtschaftlichen und städtischen Grundlage aufbauen. Refeudalisierungen, wie sie durch die Etablierung der Gutsherrschaft in den anderen ostelbischen Territorien an der Tagesordnung waren, kamen nicht zum Durchbruch. Auch kulturell gehörte Sachsen zu Beginn der Neuzeit zu den führenden Mächten in Deutschland. Von der 1502 gegründeten Universität in Wittenberg, nach Leipzig der zweiten im Lande, ging die Reformation aus. Sie wurde von den sächsischen Kurfürsten geschützt und gefördert. Die Säkularisation des Kirchenbesitzes stärkte den Reichtum der fürstlichen Kammer und ließ das weltliche Schulwesen aufblühen (Gründung der sog. Fürstenschulen wie Schulpforta bei Naumburg).

Diese Entwicklung wurde durch die schon 1485 vorgenommene Teilung der wettinischen Territorien unter eine albertinische und eine ernestinische Linie beeinträchtigt. Die Kurwürde blieb zunächst bei den Ernestinern, die – wie Kurfürst Friedrich der Weise – die Reformation förderten, aber im Schmalkaldischen Krieg gegen Kaiser Karl V. Kurwürde und Wittenbergische Erblande an die Albertiner verloren. Seit dieser Zeit blieben die Ernestiner auf die seit 1572 wiederum mehrfach geteilten südthüringischen Territorien beschränkt. Dagegen setzten die Albertiner den Aufbau eines großen Territorialstaates in Nordthüringen und Obersachsen fort. Seine Residenz wurde Dresden. Obwohl 1697 bis 1763 mit Polen in Personalunion verbunden (Erwerb der polnischen Krone durch August den Starken), begann die Bedeutung Sachsens jedoch seit dem 18. Jahrhundert zurückzugehen. Es drohte zu einem Pufferstaat zwischen der kaiserlichen Macht Österreich und dem aufstrebenden Brandenburg-Preußen herabzusinken. Sein endgültiger Niedergang wurde besiegelt durch einen politischen Fehler in der napoleonischen Zeit. Sachsen, 1806 zum Königreich avanciert, sagte sich als einziger deutscher Staat nicht rechtzeitig von seinem Bündnis mit dem Korsen los und gehörte daher nach dem Sturz Napoleons zur Verliererseite. Die Folge war, daß über die Hälfte des Staatsgebiets, das nördliche Thüringen, Wittenberg und die Lausitz, 1815 auf dem Wiener Kongreß an Preußen abgetreten werden mußten. Wirtschaftlich blieb Sachsen desungeachtet weiterhin bedeutsam, ein Zentrum früher Industrialisierung und der Arbeiterbewegung.

6. Ein besonderes Schicksal hatte die östlich an Sachsen anschließende, an der oberen Spree und der Neiße gelegene *Lausitz*. Sie spielte in der deutschen Geschichte lange Zeit die Rolle eines wichtigen Verbindungsstücks zwischen den südöstlichen Machtzentren (Wien und Prag) und dem Nordosten (Brandenburg). Ihr nördlicher Teil um Cottbus war nach der Völkerwanderung von den Lusizen bewohnt, die dem Land den Namen gaben (Niederlausitz). Im südlichen Teil um Bautzen und Görlitz, der späteren Oberlausitz, siedelten die Milzener, wie die Lusizen ein Stamm der Sorben. 1136 kam die Niederlausitz an die Wettiner, die sie bis 1302 in Besitz hielten. Auf den südlichen Teil griff Böhmen aus. Das Land wurde von Deutschen besiedelt, ohne daß die Sorben völlig im Deutschtum aufgingen. 1367 vereinigte Kaiser Karl IV. im Zuge seiner bis nach Brandenburg reichenden Territorialpolitik erstmals das ganze Gebiet für eine Zeit. Es blieb jedoch weiterhin zwischen Brandenburg, Kursachsen und den zur Herrschaft in Böhmen gelangenden Habsburgern umstritten. Aus österreichischer Herrschaft kam der größte Teil der Lausitz im Dreißigjährigen Krieg an Sachsen, mußte aber bis auf das Gebiet um Bautzen 1815 an Preußen abgetreten werden. Seit 1945 bildet die Lausitzer Neiße die

Grenze zwischen der späteren DDR und Polen (sog. Oder-Neiße-Linie).

4. Die mitteldeutschen Territorien (II.)

Vom rheinfränkisch und thüringisch-sächsisch bestimmten Mitteldeutschland läßt sich ein südlich gelegener pfälzisch-ostfränkischer Streifen unterscheiden, der – obwohl noch zum mittleren Deutschland gehörend – stärker Süddeutschland zugewandt ist. Die als Grenze zwischen Nord- und Süddeutschland oft zitierte Mainlinie geht hier hindurch. Im Zusammenhang mit diesem Streifen behandeln wir auch Böhmen und Schlesien.

1. Wir beginnen mit dem *Saarland,* dem westlichsten der heutigen Bundesländer, das aus der alten Grafschaft Saarbrücken erwachsen ist. Saarbrücken war stets ein wichtiger Übergang über die Saar für den aus Frankreich und Lothringen, von Metz her kommenden Verkehr, der in das Kerngebiet des Reiches, an den Rhein nach Mainz und Frankfurt, Worms und Speyer rollte. Obwohl von zahlreichen größeren Territorien umgeben und im 17. und 18. Jahrhundert zeitweise unter französischer Botmäßigkeit, hat die Grafschaft Saarbrücken bis in die neuere Zeit ihre Selbständigkeit zu wahren gewußt. 1815 kam sie an Preußen als Teil der preußischen Rheinprovinz. 1920 wurde das Saarland, durch Kohleförderung wirtschaftlich bedeutsam geworden, der Verwaltung durch den Völkerbund unterstellt, 1935 jedoch dem Deutschen Reich wieder angegliedert. Nach dem Zweiten Weltkrieg noch einmal für autonom erklärt und wirtschaftlich mit Frankreich verbunden, kam es 1957 nach einer Volksabstimmung als elftes Bundesland an die Bundesrepublik.

2. Östlich an das Saarland schließt der *Pfalz* genannte Raum an. Sein Name rührt von den lange Zeit hier Herrschaft ausübenden Pfalzgrafen bei Rhein her. Wir erinnern uns, daß in ottonischer Zeit jedem der alten Herzogtümer ein Pfalzgraf zur Wahrung der königlichen Interessen beigegeben worden war. Bei dem hier auftauchenden Pfalzgrafen handelt es sich um den lothringischen, der ursprünglich auf der Aachener Pfalz saß, vor dem Druck des Kölner Erzbischofs aber schon im Hochmittelalter auf Besitzungen an der Nahe und im Hunsrück, nach Alzey und Heidelberg auswich. Obwohl der Pfalzgraf

einer der vornehmsten Fürsten des Reiches und Kurfürst war, hat er sich gegen die vielen kleinen linksrheinischen Herrschaften und Bistümer nicht durchzusetzen vermocht. Die Pfälzer Besitzungen blieben unzusammenhängend und bis ins 18. Jahrhundert hinein auf verschiedene Linien der Wittelsbacher, die seit dem 13. Jahrhundert die Pfalzgrafenwürde innehatten, verteilt.

Die Reformation führte die Pfälzer Kurfürsten in das Lager der Protestanten. 1619 ließ sich Kurfürst Friedrich V. überreden, die ihm angebotene böhmische Königskrone, auf die die Habsburger Anspruch erhoben, anzunehmen. Friedrich V. residierte in Prag nur kurz (»Winterkönig«) und löste mit seinem kühnen Griff nach Böhmen den Dreißigjährigen Krieg aus, in dem er Land und Kurwürde verlor. (Nach dem Krieg wurde die Kurpfalz bis auf die Oberpfalz restituiert.) Noch im selben Jahrhundert wurde die Pfalz ein zweites Mal von Kriegsscharen überzogen und verwüstet, als der französische König Ludwig XIV. angebliche Erbansprüche seiner mit dem Herzog von Orléans verheirateten Schwägerin Liselotte von der Pfalz durchzusetzen versuchte (Pfälzischer Erbfolgekrieg 1688 bis 1697). Einer kurzen Zeit erneuter kultureller Blüte im Zusammenhang mit der Verlegung der Residenz aus dem 1689 völlig zerstörten Heidelberg nach Mannheim 1720 folgte der Antritt des bayerischen Erbes durch die Pfälzer Wittelsbacher 1777. Die Pfalz wurde zum Nebenland Bayerns, nach der französischen Annexion zu Beginn des 19. Jahrhunderts und dem Verlust der rechtsrheinischen Gebiete an Baden 1815 zu einer bayerischen Provinz (Rheinpfalz). Nach dem Zweiten Weltkrieg bildete sie das Kernstück des neuen Landes Rheinland-Pfalz.

3. Obwohl von hessischen, pfälzischen, später auch badischen Territorialbildungen überlappt, stellt der *Raum zwischen Rhein, Main und Neckar* eine Einheit dar, die einer gesonderten Darstellung bedarf. Bei dieser Region handelt es sich um die Zentrallandschaft des älteren deutschen Reiches. Von hier aus gingen die Wege nach Lothringen und Frankreich, den Oberrhein aufwärts nach Burgund und Italien, rheinabwärts in den Nordwesten des Reichs, durch die Wetterau nach Niedersachsen, nach Thüringen und in das nordöstliche Deutschland, mainaufwärts nach Franken, durch den Kraichgau nach Württemberg und Bayern. Aber nicht nur verkehrsmäßig ist dieser Raum das Zentrum des Reichs gewesen. Von hier aus erschlos-

sen sich die Franken das rechtsrheinische Gebiet. Hier sind die Salier, das auf die Ottonen folgende fränkische Kaisergeschlecht, beheimatet gewesen. Der erste Salierkaiser, Konrad II., war Graf im Speyergau. Der Dom zu Speyer wurde zur Grablege der salischen Könige – einer der drei großen romanischen Dome in jener Gegend, die von Reichtum und Bedeutung der Städte Speyer, Worms und Mainz und ihrer Bistümer zeugen. Noch in der frühen Neuzeit sind Speyer und Worms neben Frankfurt, dem Ort der deutschen Königswahl, bedeutende Reichszentren gewesen, wie die hier abgehaltenen Reichstage in der Reformationszeit zeigen.

Vor allem aber ist auf die zentrale Bedeutung von *Mainz* hinzuweisen. Das Mainzer Erzbistum, 747/782 gegründet, Ausgangspunkt der Mission des Bonifatius, war das bei weitem größte im älteren deutschen Reich. Der Mainzer Erzbischof hatte eine führende Stellung unter den deutschen Kurfürsten; er war des Reiches Erzkanzler und galt als *Primus Germaniae.* Zum Mainzer Erzbistum gehörten außer den oberrheinischen Bistümern Worms, Speyer und Straßburg die schwäbischen Diözesen Augsburg, Konstanz und Chur, die fränkischen Suffragane Würzburg und Eichstätt und, der Mission am Main folgend, seit 1007 auch Bamberg, weiterhin Prag und Olmütz in Böhmen und Mähren und vor allem auch die Bistümer der fränkischen Mission in Sachsen: Paderborn, Verden, Hildesheim und Halberstadt sowie zunächst auch Brandenburg und Havelberg. Nicht alle Suffragane blieben bei Mainz. Die Gründung Magdeburgs kappte die Weiterentwicklung nach Osten, Bamberg wurde im 13. Jahrhundert exemt, Prag und Olmütz schieden im 14. Jahrhundert aus dem Mainzer Verband aus. Dennoch blieb das Erzbistum das größte in Deutschland. Die Erzdiözese selbst reichte mit ihren Besitzungen über Hessen hinaus bis nach Thüringen. Zum Mainzer Missionsbereich gehörte auch das Kloster Fulda, Zentrum der Benediktiner in Deutschland und schon im 9. Jahrhundert eine Blütestätte deutscher Sprache und erster literarischer Ansätze. Die Reichsabtei Fulda verfügte ebenfalls über ein eigenes Territorium. Das Bistum Fulda wurde freilich erst 1821 gegründet. Es gehörte nicht mehr zum Mainzer Verband.

Obwohl Reichsfürsten ersten Ranges und weit im Reich ausgreifend, haben die Mainzer Erzbischöfe bemerkenswerter Weise kein geschlossenes Territorium im Umkreis ihres, von Reichsgut umgebenen Bischofssitzes zu errichten vermocht. Im

Osten stießen die Hessen über den Main hinaus nach Süden vor (Erwerb der Obergrafschaft Katzenelnbogen), im Süden und Westen breiteten sich die Pfalzgrafen aus, die – wie die Bistümer Worms und Speyer (Bruchsal) – auch auf rechtsrheinischer Seite Fuß faßten. Die Französische Revolution und der Zusammenbruch des Reiches führten auch zum Ende des Mainzer Erzbistums. Die Stadt Mainz war 1793 einige Wochen lang deutsche Jakobinerrepublik. Die napoleonische Zeit sah ein kurzfristiges Großherzogtum Frankfurt, in dem der Fürstprimas des neuen Rheinbundes residierte. Danach teilten sich drei Mittelstaaten in den Raum: Baden, das rechtsrheinisch über Heidelberg hinaus vorgestoßen war, Bayern, dem die linksrheinische, durch Einverleibung kleinerer Herrschaften arrondierte Pfalz gehörte, und Hessen-Darmstadt mitsamt dem linksrheinischen Rheinhessen und der Stadt Mainz. Neben ihnen konnte sich nur noch Frankfurt, Sitz des Bundestags des Deutschen Bundes und Ort der deutschen Nationalversammlung 1848, als Freie Reichsstadt bis zur Annexion durch Preußen 1866 halten. Auch nach dem Zweiten Weltkrieg wurde der Raum, obwohl nunmehr ein bedeutendes Wirtschaftszentrum der Bundesrepublik, politisch nicht zusammengefaßt, sondern blieb auf drei Bundesländer, Baden-Württemberg, Hessen und Rheinland-Pfalz verteilt.

4. Vom Rhein-Main-Gebiet aus siedelten und missionierten die *Franken* mainaufwärts. 742 wurde (noch von Bonifatius selbst) das Bistum Würzburg gegründet, 1007 als Slavenmissionszentrum Bamberg. Das Land zwischen dem Rhein und der Fränkischen Schweiz gehörte zum Stammesherzogtum der Franken; an ihm, obwohl zunächst einem neuerworbenen Randgebiet, ist der Name dieses Stammes haften geblieben. Die fränkische Herzogswürde wurde schon in ottonischer Zeit nicht mehr vergeben. Franken war in besonderem Maße Königsland, für die Staufer ein Bindeglied zwischen ihren elsässischen und schwäbischen Besitzungen und der Königslandschaft im Osten, im Egerland und im Vogtland. Der Zusammenbruch des staufischen Kaisertums ließ auch diesen Raum in eine Vielzahl kleiner Herrschaften zersplittern. Von größerer Bedeutung waren nur das 1168 zum Herzogtum erhobene Würzburg im Westen und Bamberg im Osten.

Daneben trat eine Reihe von Reichsstädten hervor wie Nürnberg, das über ein eigenes Territorium verfügte. Dessen Burggrafen, die Hohenzollern, verschafften sich eigene Besitzungen in Ansbach und Bayreuth, die lange Zeit mit Brandenburg-

Preußen, in das die Hohenzollern 1417 übersiedelten, in Verbindung standen. In Mergentheim fand der Hochmeister des Deutschen Ordens nach der Reformation eine neue Residenz.

Typisch für Franken sind die nicht geschlossenen Territorien. Der Raum ist, wie der benachbarte Kraichgau, von einer Fülle kleiner Ritterschaften durchsetzt gewesen. Den Namen eines dieser reichsfreien Geschlechter, das später gefürstet wurde, trägt noch heute das Hohenloher Land. Reichsdeputationshauptschluß und Wiener Kongreß haben die politischen Verhältnisse in dieser Region schlagartig verändert. Die geistlichen Fürstentümer wurden aufgehoben, die freien Herren mediatisiert, abgesehen von einigen Randgebieten fiel Franken an Bayern.

5. Von Franken zu unterscheiden ist die *Oberpfalz*, das östlich der Fränkischen Schweiz gelegene, von der Naab durchflossene Hügelland. Es gehörte ursprünglich zum bayerischen Nordgau und kam bei der Teilung der Wittelsbacher Besitzungen 1329 an die Pfälzer Linie der Wittelsbacher. Daher rührt der Name dieses Gebietes. Im Dreißigjährigen Krieg wurde die Oberpfalz mitsamt der pfälzischen Kurwürde Bayern zugeschlagen.

6. Eine Sonderstellung im Reich nahm stets *Böhmen* ein. Der von Böhmerwald, Erzgebirge und Sudeten umgebene Raum ist in der Völkerwanderungszeit von Tschechen und anderen slavischen Stämmen besiedelt worden. Er wurde von den Přemysliden schon im 10. Jahrhundert politisch geeinigt. Seitdem war Prag böhmische Residenz. Im 11. Jahrhundert wurde das weiter südlich gelegene Mähren mit Böhmen verbunden, das recht bald Ausmaße und Organisation eines frühmodernen Territorialstaats gewann, geeint durch den Kult um den Nationalheiligen Wenzel. Eine Verbindung zum deutschen Reich bestand von Anfang an; sie verstärkte sich mit der Zeit. Als deutsche Kurfürsten waren die böhmischen Könige an der Wahl des deutschen Königs und an der Regierung des deutschen Reichs beteiligt. Ihre Sonderstellung drückte sich durch die ihnen seit dem 13. Jahrhundert erblich verliehene Königswürde aus. Nach dem Zusammenbruch der Stauferherrschaft erwarb Ottokar II. Österreich und Kärnten und stieß im Zuge der Bemühungen der Přemysliden, in Polen und Ungarn Fuß zu fassen, bis nach Litauen und an die Adria vor. Königsberg in Ostpreußen wurde nach ihm benannt. Nach dem Aussterben der Přemysliden ist das Land an verschiedene deutsche Fürsten vergeben worden,

unter anderem an die Luxemburger, deren bedeutendster Herrscher, Kaiser Karl IV., Prag zur Hauptstadt und zum kulturellen Mittelpunkt des Reiches machte und über Böhmen hinausgreifend durch die Erwerbung von Schlesien, der Lausitz und Brandenburgs die luxemburgische Herrschaft zu arrondieren suchte. Damals wurde Prag Erzbistum und erhielt die erste Universität im Reich (1348).

Auch nach Böhmen wurden deutsche Siedler gerufen, insbesondere Bergleute in die Gebirgsgegend (sog. Sudetendeutsche), doch ist der Raum außer an seinen Randgebieten nie eingedeutscht worden. Eine Zeitlang besaß das Egerland als Reichsland der Staufer eine gesonderte Stellung. Nachdem es jedoch 1322 Böhmen verpfändet worden war, blieb es auf Dauer mit ihm verbunden. Einen empfindlichen Rückschlag in der Verbindung mit dem Reich brachten die Hussitenkriege im 15. Jahrhundert – hervorgerufen durch eine religiöse, aber auch national-tschechische Züge aufweisende Bewegung. Sie führten das Land politisch an den Abgrund. Zeitweilig regierten in Böhmen nun polnische und ungarische Könige, bis die Habsburger 1526 die Herrschaft übernahmen. Gegen sie empörte sich 1618 der protestantische Adel; die Berufung des Pfälzer Winterkönigs auf den Wenzelthron durch die böhmischen Stände löste den Dreißigjährigen Krieg aus, in dessen Verlauf der Widerstand der Stände von Habsburg gebrochen wurde und Böhmen unter ein absolutistisches Regiment kam. Böhmen blieb Teil des Habsburgerreiches und schied mit ihm 1866 bei der Auflösung des Deutschen Bundes aus dem deutschen politischen Verband aus. Von der nationalen Bewegung des 19. Jahrhunderts erfaßt, trennten sich die Tschechen 1918 von Österreich-Ungarn und gründeten im Zusammenschluß mit der Slowakei die Tschechoslowakische Republik.

7. Lange Zeit ist *Schlesien* mit Böhmen verbunden gewesen. Auf das östlich der Sudeten an der Oder gelegene Land, das nach den dort vor der Völkerwanderung siedelnden wandalischen Silingern (Silesia) benannt ist, machten im frühen Mittelalter die Přemysliden und die polnischen Piasten Ansprüche geltend. Letztere konnten sich zunächst durchsetzen. Ebenso wie Polen teilten sie Schlesien in mehrere Fürstentümer auf. Wie andere slavische Fürsten riefen auch die schlesischen Piasten deutsche Siedler ins Land, was allmählich zu seiner völligen Eindeutschung führte. Nur in Oberschlesien hielten sich polnisch sprechende Bevölkerungsteile. Um sich gegen Polen zu

behaupten, schlossen sich die polnischen Piasten im 14. Jahrhundert Böhmen an. Als böhmisches Lehen kam Schlesien 1526 an Österreich. In drei Kriegen zwischen 1740 bis 1763 eroberte Friedrich II., der gegen die weibliche Erbfolge im Hause Habsburg (Maria Theresia) eigene Ansprüche geltend machte, die reiche Provinz. Nur ein Teil Oberschlesiens blieb österreichisch. Im 19. Jahrhundert entwickelte sich Schlesien zu einem der bedeutendsten Industriegebiete Deutschlands. Teile davon fielen nach dem Ersten Weltkrieg an Polen, das nach dem Zweiten Weltkrieg ganz Schlesien annektierte.

5. Die süddeutschen Territorien

Die süddeutsche Landschaft ist geprägt worden von den beiden oberdeutschen Stämmen, den Alemannen und den Bayern. Man unterscheidet ihren Wohnsitzen entsprechend den Südwesten vom Südosten Deutschlands. Die Grenze zwischen den beiden Stämmen bildete zunächst der Lech, doch griff die bayerische Territorialbildung allmählich weit darüber hinaus (bayerisches Schwaben). Für beide Räume ist charakteristisch, daß sie Perioden starker Zersplitterung hatten, sich dann aber in ihnen – neben Österreich – mehrere Mittelstaaten bildeten.

1. Das *alemannische* oder das *schwäbische Herzogtum* (beide Namen kommen vor; heute bezeichnet man mit Alemannen die Badener, Elsässer und Deutschschweizer, mit Schwaben dagegen die Württemberger) hat wie andere Stammesherzogtümer mehrere politische Schwerpunkte gehabt, am Oberrhein, im Bodenseegebiet und am oberen Neckar. Als Herzöge tauchen zunächst die Markgrafen von Rätien im Bodenseegebiet (Hohentwiel) auf, später die Grafen von Rheinfelden am Hochrhein, die im Investiturstreit den ersten deutschen Gegenkönig, Rudolf von Rheinfelden, stellten. Im Gefolge der damit verbundenen Streitigkeiten gelangte die Herzogswürde an die Staufer im Neckargebiet (Burg Hohenstaufen auf der Schwäbischen Alb nächst Wäschebeuren und dem Kloster Lorch), während das Rheinfelder Erbe am Oberrhein die Zähringer antraten (Burg Zähringen bei Freiburg). Beide Geschlechter betrieben eine konsequente Territorialpolitik mit planvollen Städtegründungen, die Staufer von Hagenau im Elsaß bis Altenburg in Sachsen, die Zähringer in ihrem Bereich z. B. mit Bern und Freiburg im Breisgau. Die Staufer, Erben der Salier, sicherten

ihre schwäbischen und rheinischen Besitzungen durch eine Vielzahl von Burgen; sie kauften 1167 den ostschwäbischen Besitz der Welfen auf und brachten ihre Herrschaften in das 1138 von ihnen erworbene Kaisertum ein. Seitdem dienten ihre alten Besitzungen als westlicher Eckpfeiler einer Kronlandpolitik, die sich vom Elsaß und von der Pfalz durch Hessen, Franken bis zur Oberpfalz, zum Egerland und nach Obersachsen erstreckte. Die Zähringer, im 10. Jahrhundert für kurze Zeit mit dem Herzogtum Kärnten und der Markgrafschaft Verona belehnt, was ihnen den Herzogs- und den Markgrafentitel einbrachte, bemühten sich indessen, ein zusammenhängendes Territorium von der Baar (um Villingen im Schwarzwald) über den Oberrhein bis in die Ostschweiz hinein zu errichten (1128 Erwerb des sog. »Rektorats« über Burgund).

Nach dem Aussterben der zähringischen Herzöge gelang es vor allem den Habsburgern, ihr Erbe anzutreten. Begütert im Elsaß und in der Nordschweiz (Habichtsburg am Zusammenfluß von Aare und Reuß), haben die Habsburger nach einer Arrondierung ihrer Besitzungen am Oberrhein und in der Schweiz getrachtet. Nach dem Erwerb der deutschen Königswürde 1273 hat sich der Schwerpunkt ihrer territorialen Bemühungen nach Österreich verlegt. Von dort aus versuchten sie, eine Landbrücke zu den rheinischen Besitzungen zu gewinnen (sog. Vorderösterreich um Freiburg und im Elsaß) und sich gegen die Württemberger und die Schweizer Eidgenossenschaft durchzusetzen. Die Württemberger hatten in jener Zeit das Erbe der Staufer im Neckarraum angetreten. Zwischen ihnen und den Habsburgern schwelte der schwäbische Dualismus fort. Anders als zu den Zeiten der Staufer und Zähringer war aber keine der beiden Mächte stark genug, über Teilgebiete des südwestdeutschen Raumes hinauszugreifen. Politisch gesehen zerfiel der Raum seitdem in verschiedene Regionen, das Elsaß, Baden, die Schweiz, Württemberg und Ostschwaben.

2. Unter den alemannischen Teilgebieten hat das *Elsaß* zwischen Rhein und Vogesen stets eine besondere Stellung eingenommen. In diesem Gebiet lagen bedeutende Reichsgüter (z. B. der Reichsforst und die Kaiserpfalz von Hagenau). Im Süden besaßen die Habsburger, seit 1135 Landgrafen im Sundgau, im Norden das Bistum Straßburg, das 1362 als Inhaber der Landgrafschaft im nördlichen Elsaß erscheint, die Vormachtstellung. Eine wichtige Rolle spielten die Städte. Zunächst dem Rheinischen Städtebund attachiert, bildeten sie im 14. Jahrhundert

(1354) einen eigenen Zusammenschluß (elsässischer Zehnstädtebund, sog. Dekapolis: Mülhausen (später Landau), Colmar, Schlettstadt, Kaysersberg, Türckheim, Oberehnheim, Münster, Rosheim, Hagenau, Weißenburg). Seit dem Dreißigjährigen Krieg wurde der Druck Frankreichs, das die Rheingrenze anvisierte, spürbar. Bei Kriegsende mußten ihm die Habsburger ihre elsässischen Besitzungen abtreten. Von diesen ging 1679 die Reunionspolitik Ludwigs XIV. aus. 1681 erkannte die Stadt Straßburg die französische Oberhoheit an; 1697 wurden im Frieden zu Rijswijk, der den Pfälzischen Erbfolgekrieg beendete, die elsässischen Réunionen Frankreichs bestätigt. Das Elsaß war damit aus dem Reichsverband ausgeschieden. 1871 bis 1918 gehörte es noch einmal als Teil des Reichslandes Elsaß-Lothringen zum Deutschen Reich.

3. Das östliche Gegenstück zum Elsaß bildet *Baden* zwischen Rhein und Schwarzwald. Die Markgrafen von Baden (Burg Baden in Baden-Baden) entstammten der markgräflichen Linie der Zähringer. Den die Badener unter den benachbarten Herrschaftsträgern heraushebenden markgräflichen Titel verdankten sie der erwähnten Veroneser Episode der Zähringer. Baden wurde 1190 in eine untere und eine obere Markgrafschaft geteilt (Baden-Baden und Markgräfler Land); dazwischen erstreckte sich eine Reihe anderer Territorien, vor allem der vorderösterreichische Besitz der Habsburger um Freiburg und rechtsrheinische Erwerbungen des Bistums Straßburg. Nach kurzem Zusammenschluß 1535 erneut geteilt (Baden-Baden und Baden-Durlach) wurde die Markgrafschaft erst 1771 wieder vereint. Hauptstadt wurde das 1715 gegründete Karlsruhe. Doch erst in napoleonischer Zeit gelang es, ein größeres Gebiet zu arrondieren. Die Säkularisierung der geistlichen Territorien und die Mediatisierung der kleinen Herrschaften sowie die Bildung des Rheinbundes ließen aus Baden einen Staat mittlerer Größe werden, der vom Bodensee und vom Rheinknie bei Basel bis in die ehemals pfälzischen Gebiete am Neckar und an den Main ins Frankenland reichte. Das ob seiner liberalen Reformen gerühmte Großherzogtum (seit 1806) galt im 19. Jahrhundert als »Musterländle« Deutschlands. Baden ging 1953 im Bundesland Baden-Württemberg auf.

4. Jenseits des Schwarzwalds im oberen Neckartal erweiterten nach der Stauferzeit die *Württemberger* vom alten Zentrum Cannstatt (Stuttgart) aus ihre Herrschaft nach Norden und Süden. Sie erwarben die schwäbische Pfalzgrafschaft Tübingen,

mußten aber die Macht im Lande mit ihren Ständen teilen (Tübinger Vertrag 1514). Anhaltende Spannungen zwischen den Herzögen (Titel seit 1495) und den Ständen führten zu einer zeitweisen Vertreibung des Landesherrn und schließlich zum Ausscheiden der Ritterschaft aus dem Territorialverband. Da zur selben Zeit die Reformation in Württemberg eingeführt wurde, konzentrierte sich die Ständevertretung im Landtag auf Städte und Ämter. Ihnen gelang es, sich mit Erfolg absolutistischer Regierungsversuche der Herzöge im 18. Jahrhundert zu erwehren. Auch Württemberg wurde erst in der napoleonischen Zeit zu einem arrondierten Territorium. Im neuen Königtum (1806) ist der ständische Mitbestimmungsgedanke lebendig geblieben, was gelegentlich zu Vergleichen Württembergs mit England geführt hat. Wie Baden in der Besatzungszeit nach dem Zweiten Weltkrieg geteilt, ging auch Württemberg 1953 im Staat Baden-Württemberg auf.

5. Ungeachtet der württembergischen Territorialbildung gehört *Schwaben* zu den zersplittertsten Gebieten des älteren deutschen Reiches. Auch hier hat der Zusammenbruch der Stauferherrschaft deutliche Spuren hinterlassen, vornehmlich im östlichen Teil der Region. Neben den Reichsrittern ist auf die vielen geistlichen Territorien hinzuweisen, die Bistümer Konstanz und Augsburg, die Klöster St. Gallen, Reichenau, St. Blasien, die Propstei Ellwangen, die Fürstabtei Kempten im Allgäu. Vom Kloster Hirsau im Schwarzwald ging die Cluniazenser-Reform in Deutschland aus. Unter den größeren weltlichen Herren sind die Fürstenberg in Donaueschingen zu nennen und vor allem die schwäbischen Zollern, Vettern der Brandenburger, die in Hohenzollern-Hechingen und in Hohenzollern-Sigmaringen der Mediatisierung der kleineren Herrschaften zu Beginn des 19. Jahrhunderts zu entgehen wußten. Kleinere Herrschaften mit bekanntem Namen und zum Teil bürgerlicher Herkunft bildeten die Truchsessen von Waldburg, die Thurn und Taxis und die Fugger. Vor allem aber war das schwäbische Gebiet mit Reichsstädten jeder Größe bestückt, von Augsburg und Ulm über Ravensburg und Rottweil bis hin zu Zell am Harmersbach im westlichen Schwarzwald. Im 14. und 15. Jahrhundert bildeten Städte wie Ritter zahlreiche Bünde zur Sicherung ihrer Existenz. Der Schwäbische Bund von 1488 hatte einen ständeübergreifenden Charakter. Städte, Ritter und Fürsten fanden sich hier zusammen, um dem Ausgreifen Bayerns in den schwäbischen Raum entgegenzutreten, wenn auch

letztlich ohne Erfolg; denn für die vorübergehend verlorengegangenen linksrheinischen Besitzungen wurde Bayern 1803 durch den Reichsdeputationshauptschluß mit Oberschwaben entschädigt. Die endgültige Grenzziehung erfolgte im Staatsvertrag zwischen Bayern und Württemberg 1810.

6. Die Stammlande *Bayerns*, des einzigen Herzogtums aus der Gründungszeit des deutschen Reiches, das bis heute eine Kontinuität aufweist, lagen weiter östlich an Donau, Isar und Inn. Schon in fränkischer Zeit ist Bayern ein politisches Zentrum des ostfränkischen Reichsteiles gewesen. Regensburg war sein Hauptort im 9. Jahrhundert. Aus ihrem Stammgebiet stießen die Bayern nach Norden in den nördlich von Regensburg gelegenen Nordgau, nach Osten donauabwärts und südlich nach Tirol vor. Für das hier entstehende Einflußgebiet wurde 798 das Erzbistum Salzburg gegründet. Es umfaßte die Suffragane Regensburg, Passau, Freising und Brixen (Säben). Dazu kamen später in Kärnten, der Steiermark und im Krain die Bistümer Gurk (später Klagenfurt), Seckau (später Graz) und Lavant (später Marburg an der Drau) sowie das Bistum Chiemsee. Auch das 1468/79 gegründete Bistum Wien gehörte zunächst zum Salzburger Verband. Welche Bedeutung der Südosten schon in frühester Zeit hatte, zeigt die 887 erfolgte Wahl des Karolingers Arnulf von Kärnten zum ostfränkischen König.

Die weitere Entwicklung Bayerns wurde zunächst durch die Ungarneinfälle gehemmt. In der darauf folgenden Zeit kam es immer wieder zu Spannungen zwischen den deutschen Königen und den mächtigen bayerischen Herzögen. Bereits 976 wurde daher die bayerische Ostmark abgetrennt und dem fränkischen Geschlecht der Babenberger unterstellt, die karantanische Mark (Kärnten) zum selbständigen Herzogtum erhoben. 1138 haben die Staufer Bayern den hier zu Herzogswürden gekommenen Welfen entrissen und an die Babenberger gegeben, den Nordgau aber ihrem eigenen Herrschaftsbereich zugeschlagen. Nach der Versöhnung zwischen Staufern und Welfen erhielten diese Bayern wieder zurück (1156), verloren es im Reichsachtverfahren gegen Heinrich den Löwen jedoch endgültig. Ihre Nachfolger wurden die Wittelsbacher.

Wie die anderen Herzogtümer bildete auch Bayern kein geschlossenes Territorium. Eigene Herrschaftsbereiche wußten insbesondere die Salzburger Erzbischöfe und die Tirol verwaltenden Herzöge von Andechs-Meranien zu behaupten. Immerhin gelang es den Wittelsbachern in kurzer Zeit, eine zusammenhängende Landesherrschaft vom Lech bis zum Böhmerwald aufzubauen, wobei ihnen das Aussterben einer Reihe alter Adelsgeschlechter und Herrschaftsträger entgegenkam. 1214 erwarben sie die Pfalzgrafschaft bei Rhein. Damit begann ihre bis in dieses Jahrhundert dauernde Präsenz im Westen des Reiches. Weiter noch griffen die Wittelsbacher unter Kaiser Ludwig dem Bayern aus. Brandenburg, Holland und andere Teile der Niederlande sowie Tirol kamen vorübergehend in den bayerischen Machtbereich. München wurde zu einer bedeutenden Residenz. Doch verhinderte der nur vorübergehende Erwerb der Kaiserkrone Behauptung und Ausbau der Machtstellung. Hinzu kamen die unvermeidlichen Erbteilungen, die auch Bayern lange Zeit schwächten.

Schon im 13. Jahrhundert in Ober- und Niederbayern geteilt, ist von grundlegender Bedeutung für die weitere Entwicklung der Wittelsbacher Herrschaft die Abtrennung der pfälzischen Linie geworden, die auch die Oberpfalz erhielt (Hausvertrag von Pavia 1329). Weitere Teilungen des bayerischen Herzogtums folgten. Als die Teilherzogtümer im Jahre 1503 wiedervereinigt wurden, kam es in Abwehr der Erbansprüche der Pfälzer Wittelsbacher zu jener bemerkenswerten Gründung eines kleinen Herzogtums an der Donau, Pfalz-Neuburg, das im Jülich-Cleveschen Erbfolgestreit mit Erfolg Jülich und Berg für sich reklamierte und die Herrschaft der Wittelsbacher in Düsseldorf begründete. Sowohl in Bayern als auch am Niederrhein traten die Wittelsbacher damals als Gegenspieler der Habsburger auf. Ihre Position war um so stärker, als sie seit der Reformationszeit auch den Kölner Erzbischofsstuhl besetzten. In beiden Regionen, in Bayern wie am Niederrhein, haben die Wittelsbacher – im Gegensatz zu ihren Pfälzer Vettern – die Gegenreformation nachhaltig gefördert. Bayern wurde Führer der 1609 gegründeten Liga, des Zusammenschlusses der katholischen Reichsstände gegen die protestantische Union, an deren Spitze die pfälzischen Kurfürsten standen. Es erhielt im Dreißigjährigen Krieg die pfälzische Kurwürde.

Folgenreicher noch war der Gegensatz zu Habsburg-Österreich mit der Interessenkonkurrenz in den Grenzgebieten Salzburg und Tirol. Hier schien sich ein Ausgleich anzubieten, als 1777 die Pfälzer Wittelsbacher das bayerische Kurfürstentum erbten und einen Austausch Bayerns gegen die Habsburger Besitzungen in den Niederlanden für erwägenswert hielten. Damit bahnte sich ein bedeutsames territoriales Neuarrangement noch gegen Ende des alten Reiches an. Österreich hätte im Südosten die alten bayerischen Lande wiedergewonnen und seine beherrschende Stellung im Reich verstärkt. Am Rhein wäre eine neue Macht entstanden. Gegen diesen Plan mit seinen unabsehbaren Folgen für das Gefüge des Reiches opponierte jedoch ein deutscher Fürstenbund unter Führung Preußens mit Erfolg. Österreich erhielt aus der bayerischen Erbschaft nur das Innviertel. Die endgültige Regelung der territorialen Fragen zwischen Österreich und Bayern erfolgte in der napoleonischen Zeit. Bayern verzichtete auf Salzburg und Tirol, konnte sich aber im Norden und Westen nach Franken und Bayrisch-Schwaben ausdehnen. Nach 1815 war Bayern, modernisiert durch die Reformen des Ministers Montgelas, die führende Mittelmacht in dem vom Dualismus Preußen – Österreich geprägten Deutschen Bund, hatte jedoch mit seiner Politik des Zusammenschlusses der Mittelstaaten als einem »dritten« Deutschland (Triaspolitik) keinen Erfolg. 1871 trat es dem von Preußen gegründeten neuen Deutschen Reich bei. Ausgenommen die Rheinpfalz konnte es seine territoriale Integrität bis heute wahren.

7. Wie von Sachsen im Norden, ging auch von Bayern im Süden eine rege Ostpolitik aus. Sie führte schon in fränkischer Zeit unter den Karolingern zur Bildung von Marken und mündete im Hochmittelalter in der Etablierung selbständiger Territorialherrschaften, die das alte Stammesgebiet an Bedeutung allmählich übertrafen. Nicht in den Altländern Hannover (Sachsen) oder Bayern, sondern in den Kolonisationsgebieten Brandenburg und Österreich sind die Großmächte der Zukunft entstanden. Unter *Österreich* haben wir dabei zunächst die bayerische Ostmark östlich der Enns, etwa das heutige Niederösterreich, zu verstehen. Markgrafen in diesem Gebiet waren seit 976 die fränkischen Babenberger. Der Name »Ostarrichi« taucht im 10. Jahrhundert auf (seit 1130 »Austria«). Das Interesse der Stauferkaiser, den Machtbereich der welfischen Herzöge in Bayern zu beschneiden, führte 1156 zur Umwandlung der Mark in ein selbständiges Herzogtum und zu seiner Privilegierung (Ausübung der Gerichtsbarkeit im Lande nur mit Zustimmung des Herzogs, Erbfolge auch in weiblicher Linie, beschränkte Hof- und Heerfahrtspflichten = sog. *privilegium minus* im Gegensatz zum *privilegium maius,* einer Fälschung aus dem Jahre 1359, in dem Österreich – wie 1356 den Kurfürstentümern – Unteilbarkeit, territoriale Geschlossenheit und eine

vom Reich exemte Gerichtsbarkeit zugestanden worden war; das *privilegium maius* ist 1453 von Kaiser Friedrich III. bestätigt worden). Die Residenz des neuen Herzogtums war Wien, schon im Hochmittelalter ein kulturelles Zentrum, mit der ersten deutschen Universität nach Prag (1384), ein wichtiger Platz auf dem Weg von Mitteleuropa zum Balkan.

Nach dem Aussterben der Babenberger 1246 fiel Österreich an Ottokar von Böhmen, der den Niedergang der Staufer zu einer bis an die Adria reichenden Großstaatsbildung im Osten des Reiches nutzte. Seine Pläne wurden durchkreuzt vom ersten Habsburger auf dem deutschen Königsthron, Rudolf I., der Ottokar nach dessen Weigerung, die Rechtmäßigkeit seiner Erwerbungen zu klären, 1278 auf dem Marchfeld besiegte und seine eigenen Söhne mit Österreich und der Steiermark belehnte. Dieser Vorgang sollte von größter Bedeutung für die deutsche Geschichte werden. Nicht nur wurden dadurch die Přemysliden und die ihnen folgenden Luxemburger gehindert, nach dem Süden auszugreifen, sondern es gewannen die Habsburger einen neuen Machtschwerpunkt im Osten des Reiches, der es erforderlich machte, ihre politischen Interessen in ihren Stammlanden mit denen in Österreich zu verknüpfen und gleichzeitig nach einer Landverbindung zu suchen, um die disparaten Herrschaften auch territorial zu vereinen. Eine solche Landbrücke ließ sich nördlich der Alpen, durch Bayern und Württemberg hindurch, nicht herstellen. Als erfolgversprechender erwies sich dagegen der Versuch, durch das Gebirge selbst vorzustoßen, über Tirol und Vorarlberg. Die darauf zielende Expansionspolitik der Habsburger führte zu zahlreichen Erwerbungen im Bodenseegebiet; sogar auf Württemberg griffen sie zeitweise aus. Vollendet wurde die angestrebte Landbrücke allerdings nie. Abgesehen davon ging die Habsburger Politik über den Rahmen, der durch die süddeutschen Territorialinteressen gesteckt war, hinaus. Das hat das Schicksal des deutschen Reiches in hohem Maße mitbestimmt und ist daher hier kurz zu umreißen:

Schon im 14. Jahrhundert konnten die Habsburger Kärnten und Tirol erwerben; die Steiermark stand von Anfang an in ihrem Machtbereich; Oberösterreich westlich (ob) der Enns geriet schrittweise unter ihre Kontrolle. Zahlreiche Erwerbungen wurden auch im schwäbischen Raum, am Oberrhein und im Elsaß gemacht. Dagegen ließen sich die Herrschaftsansprüche in der Schweiz gegen die dortige Eidgenossenschaft nicht durchsetzen (Niederlage bei Sempach 1386). Die weitere Entwicklung wurde zudem durch Aufteilungen des territorialen Agglomerats unter verschiedene Linien gehemmt. Dies änderte sich erst Ende des 15. Jahrhunderts (1490), als es zu einer – immer noch nicht endgültigen – Vereinigung der Territorien kam und der Versuch gemacht wurde, zentrale, die einzelnen Territorien übergreifende Behörden nach neuburgundischem Vorbild einzurichten. Nun wurde es üblich, den Gesamtkomplex der habsburgischen Länder als »Österreich« zu bezeichnen und nicht mehr nur das Territorium ob und unter der Enns (das heutige Ober- und Niederösterreich; gelegentlich ist auch ein Vorderösterreich am Rhein, in Schwaben und in Vorarlberg und ein Innerösterreich – Kärnten und Steiermark – unterschieden worden).

Mit der Wiedervereinigung im 15. Jahrhundert begann ein neuer Abschnitt der österreichischen Geschichte. Es wurden damals nicht nur die Habsburger Territorien zu einem bedeutenden Staatskörper innerhalb des Reiches vereinigt, sondern dieser zugleich auf Dauer mit dem Kaisertum und der Reichspolitik verknüpft; denn seit 1438 blieb die Kaiserwürde bei den Habsburgern. Aus einem bedeutenden, aber in Randlage befindlichen Territorialstaat des Reiches war damit dessen kaiserliches Zentrum geworden. Gleichzeitig aber kamen zu ihm durch Einheirat 1477 das burgundische Erbe (die hochburgundischen und niederländischen Gebiete Neuburgunds), 1506 Spanien und 1526 Böhmen und Ungarn. Die offensichtlich recht erfolgreiche Heiratspolitik des Hauses Österreich wurde sprichwörtlich: *»Bella gerant alii, tu felix Austria nube.«* Sie machte Österreich-Habsburg nicht nur zur Vormacht im Reich, sondern mit einem Schlage auch zu einer der bedeutendsten Mächte Europas. Die spanischen Überseebesitzungen eingerechnet, gebot Kaiser Karl V. über ein Reich, »in dem die Sonne nicht unterging«. Die Teilung des riesigen Besitzes in eine spanische und eine kaiserlich-österreichische Hälfte und die Entscheidung der österreichischen Habsburger für Wien gegen die böhmische Residenz Prag bewahrte den österreichischen Kernlanden eine zentrale Position. Aus dem spanischen Erbe erhielt Österreich 1713 die spanischen Niederlande und Besitzungen in Italien. Der Versuch, die weibliche Erbfolge im Gesamtstaat zu sichern (Pragmatische Sanktion Kaiser Karls VI. 1713), führte zu internationalen Verwicklungen, in deren Folge Schlesien verlorenging.

Auch für Österreich bedeutete die napoleonische Ära eine grundsätzliche Neuorientierung. 1804 nahm Kaiser Franz II. den Titel eines erblichen Kaisers von Österreich an, 1806 legte er die römische Kaiserkrone nieder. Österreich verzichtete nun endgültig auf seine rheinischen Besitzungen, wurde aber mit Salzburg und italienischen Territorien entschädigt. Auch Tirol konnte gegen Bayern behauptet werden. Im Deutschen Bund von 1815 blieb es die Führungsmacht, doch spitzte sich die seit den Schlesischen Kriegen bestehende Machtkonkurrenz mit Preußen zu. Sie führte 1866 zum Krieg zwischen den beiden Staaten und in dessen Gefolge nicht nur zur Aufhebung des Deutschen Bundes, sondern zum Ausscheiden Österreichs aus dem deutschen politischen Verband überhaupt. Die 1867 neuorganisierte Doppelmonarchie Österreich-Ungarn überdauerte bis 1918. Sie zerfiel nach der Niederlage im Ersten Weltkrieg in ihre nationalen Bestandteile. Südtirol wurde von Italien annektiert, die angestrebte Wiedervereinigung des restlichen Deutsch-Österreichs mit dem Deutschen Reich von den Siegermächten unterbunden. 1938 bis 1945 ist es jedoch noch einmal zu einer vorübergehenden Angliederung Österreichs an das Reich gekommen.

6. Die Alpenländer

1. Das Vordringen der Alemannen und Bayern ins Gebirge ließ dort eine Reihe von Territorien entstehen, die überwiegend in die Staatsbildung der Habsburger eingingen. Im Westen stießen die Alemannen ins Allgäu und ins obere Rätien, nach Chur und zum Vierwaldstätter See vor. Die Nordostschweiz wurde Teil des schwäbischen Herzogtums. Westlich der Aare und Reuß schlossen sich die Besitzungen des Königreichs Burgund an. In diesem Raum suchten die Zähringer Herzöge im Hochmittelalter eine Territorialherrschaft zu errichten (Gründung von Bern 1191). Ihr Aussterben führte 1218 zur Zersplitterung dieses Gebietes und ließ viele Teile reichsfrei werden. In einer Zeit erschlaffender Reichsgewalt bildeten sich auch in dieser Region Bünde zur Wahrung des Landfriedens heraus. Unter ihnen sollte der Bund der drei Waldstätten Schwyz, Uri und Unterwalden am Vierwaldstätter See besondere Bedeutung gewinnen. Die 1291 gebildete *Eidgenossenschaft,* die den Zugang zu dem in jenen Jahren eröffneten St. Gotthardpaß beherrschte, geriet

bald in Gegensatz zu den Habsburgern, den Erben zähringischer Herrschaftsansprüche. Die Habsburger wurden 1315 am Morgarten besiegt. Bis 1353 traten der Eidgenossenschaft Luzern, die vierte Waldstätte, Zürich, Zug, Glarus und Bern bei (Bund der acht alten Orte). Der Sieg über die Habsburger bei Sempach 1386 sicherte den Eidgenossen eine selbständige Stellung im Reich. Auch gegen neuburgundische Ambitionen konnten sie sich im 15. Jahrhundert durchsetzen dank der neuen Kriegstechnik, welche die mit langen Spießen und Armbrüsten ausgerüstete Bauernhaufen den Ritterheeren überlegen machte. Sie ließ die Schweizer zu begehrten Söldnern in Europa werden; auch der Papst legte sich damals seine Schweizer Garde zu.

Die Eidgenossenschaft bildete eine Föderation von Talschaften, dörflichen Vereinigungen in Landsgemeinden unter der Leitung von Landammännern, und Städten, die selbst über Territorialbesitz und bäuerliche Untertanen verfügten (z. B. Bern). Gemeinsame Beschlüsse wurden auf einem Gesandtenkongreß (Tagsatzung) gefaßt. Der Bund ähnelte anderen im Reich, im Elsaß und den späteren Generalstaaten in den Niederlanden. Er wuchs allmählich durch den Beitritt von Freiburg im Uechtland, Solothurn, Basel, Schaffhausen und Appenzell auf dreizehn Orte (Kantone) an. Hinzu kamen »zugewandte« Orte in loserer Verbindung, Städte wie Mülhausen im Elsaß und Rottweil, sowie unterworfene und gemeinsam verwaltete Gebiete (»Gemeine Herrschaften«) wie der Thurgau oder das Tessin.

Vom Reich, insbesondere von Kaisern, die der bündischen Idee positiv gegenüberstanden, hat die Eidgenossenschaft zeitweise Förderung erfahren. Zu einem grundsätzlichen Gegensatz kam es hier erst, als sich angesichts der Reichsreform von 1495 die Eidgenossen, auf alte Privilegien pochend, gegen die Einführung einer einheitlichen Reichssteuer, die Errichtung eines Reichsgerichtes und eine neue Wehrordnung des Reiches wandten. Für einen Bund aus Städten und Landsgemeinden warf die Mitarbeit in einem überwiegend aus fürstlichen Territorien zusammengesetzten Staat ohne klare Organisations- und Mitbestimmungsregeln erhebliche Probleme auf. Gegensätze zu den Habsburgern in der Ostschweiz und zum Schwäbischen Bund, der ein Übergreifen der Eidgenossenschaft über den Rhein befürchtete, führten 1499 zum sog. Schwaben- oder Schweizerkrieg und im Ergebnis zum faktischen Ausscheiden der Eidgenossen aus dem Reich. Dieser Zustand ist im Westfälischen Frieden 1648 völkerrechtlich bestätigt worden.

2. Auf ähnliche Schwierigkeiten wie in der Zentralschweiz stieß die Habsburger Staatsbildung auch weiter östlich. Hier hatten sich ebenfalls Bünde herausgebildet, die ihre Selbständigkeit verteidigten und sich später mit der Eidgenossenschaft vereinigten (1367 der Gotteshausbund, 1424 der Graue Bund, 1436 der Zehngerichtebund in Graubünden). Mehr Erfolg hatten die Habsburger dagegen weiter im Norden. Es gelang ihnen, eine Reihe von Besitzungen nicht nur am Oberrhein (1361 Breisach, 1368 Freiburg) und in Schwaben zu erwerben, sondern auch vor dem Arlberg kleinere Herrschaften aufzukaufen, die – zum Land »Vorarlberg« zusammengefaßt – bis heute einen Teil der Republik Österreich bilden. Aus der Grafschaft Vaduz und der Herrschaft Schellenberg, die selbständig geblieben waren, entstand 1719 das heute noch existierende Fürstentum Liechtenstein. Es war ein Teil des deutschen Reiches und ab 1815 Mitglied des Deutschen Bundes bis zu dessen Auflösung 1866.

3. Vorarlberg wurde von Innsbruck, der Hauptstadt Tirols seit 1420, regiert – von jenem Zentrum aus, das neben Wien und Donau-Österreich lange Zeit einen zweiten Schwerpunkt in der Habsburger Territorienwelt gebildet hat. Ähnlich der Schweiz ist auch *Tirol* am mittleren Inn, an Etsch und Eisack wegen seiner Alpenpässe (Brenner, Reschen) ein politisch bedeutsames Land gewesen. Von den Bayern seit dem 6. Jahrhundert bis zur Salurner Klause besiedelt, erhielt es im Zusammenhang mit der ottonischen Italienpolitik eine für seine künftige Entwicklung wichtige politische Organisation: Zur Sicherung der Alpenpässe wurden die dortigen Grafschaften den Bistümern Brixen und Trient unterstellt. Infolgedessen gewannen die Vögte der beiden Hochstifte, die Grafen von Andechs bzw. die Grafen von Tirol an Einfluß im Lande. Vor allem schien den Andechser Grafen nach dem Sturz der Welfenherzöge in Bayern eine eigene größere Territorialbildung zu gelingen. Nach dem Erwerb von Friaul, Istrien und Krain wurde dieses am Obermain und in Bayern (Burg Andechs am Ammersee) begüterte Geschlecht, das sein Herrschaftszentrum im Inntal hatte, zu Herzögen von Andechs-Meranien (einer Landschaft um Fiume, heute Rijeka) erhoben und damit zum Konkurrenten der Wittelsbacher. Bei seinem Aussterben erhielten nicht die Wittelsbacher, die neuen bayerischen Herzöge, die Andechser Alpenbesitzungen, sondern die Tiroler Grafen. Deren Erbe, Graf Meinhard II. von

Görz-Tirol, ein Parteigänger der Habsburger, gab dem Land eine moderne territorialstaatliche Form. Damals begann man nach der Stammburg der Grafen bei Meran das ganze Land »Tirol« zu nennen. Von der Erbtochter der Tiroler Grafen, Maria Maultasch, wurde es 1363 den Habsburgern vermacht und gehörte seitdem zu Österreich, obwohl die Wittelsbacher mehrfach versuchten, es für Bayern zurückzugewinnen.

4. Ebenfalls ursprünglich zu Bayern gehörte der rasch selbständig gewordene, an seinen Südrändern (dem Land der »Windischen«) nicht mehr eingedeutschte Ostalpenraum mit dem Schwerpunkt südlich der Tauern an der Drau. Dieses, nach den slavischen Karantanen *Kärnten* genannte Gebiet hatte eine ähnliche Funktion wie die kleinere, nördlich gelegene Ostmark. Es besaß selbst eine Reihe vorgeschobener Marken wie die Mark an der Mur, die später, nach der Burg der Markgrafen bei Steyr Steiermark genannt wurde, und Krain an der Save um Laibach (Ljubljana). Auch Istrien, Friaul und die Markgrafschaft Verona, die Otto der Große bei der Erwerbung des langobardischen Königtums 951 Bayern als Vorposten vor den Alpen zugeordnet hatte, waren 976 bei der Erhebung Kärntens zu einem selbständigen Herzogtum mit diesem verbunden worden. Eine feste Herzogsgewalt hat sich in dieser Region jedoch nicht zu etablieren vermocht. Die Herrschaftsgeschlechter wechselten; kurze Zeit waren die Zähringer Herzöge von Kärnten und Markgrafen von Verona und nahmen die dort erworbenen Titel an den Oberrhein mit. Der gesamte Herrschaftskomplex ist bald wieder aufgeteilt worden. Verona, Istrien, Friaul, Krain und die Steiermark wurden im 11. bzw. 12. Jahrhundert abgetrennt. Die norditalienischen Gebiete kamen unter fremde Herrschaft, später zum Teil an Österreich. Die zunächst an Bayern zurückgefallene *Steiermark* wurde nach dem Sturz der Welfen zu einem eigenständigen Herzogtum erhoben. Sie gelangte mit Österreich, Kärnten und Krain nach dem Ende der Staufer unter die Herrschaft Ottokars von Böhmen, der sie 1278 an Rudolf von Habsburg verlor. Rudolf gab Österreich und die Steiermark an seine Söhne, Kärnten und Krain seinem Gefolgsmann Meinhard II. von Görz-Tirol. Auch Kärnten und Krain fielen im 14. Jahrhundert an die Habsburger (1335). Sie teilten seitdem wie die Steiermark und Tirol das Schicksal Österreichs. So war der Alpenraum bereits im Laufe des 14. Jahrhunderts in zwei politische Regionen aufgespalten, die bis heute Bestand haben: die Schweiz und Österreich.

7. Rückblick auf die Entwicklung der Territorien

Die geschilderte Territorialentwicklung setzt also allgemein schon recht bald nach der Begründung des älteren Reiches ein; die Formierung in Stammesherzogtümer dauert nicht lange an, auch wenn ein Stammesbewußtsein sich über die Zeiten hinweg erhält. Die Territorienbildung wird vom Reich mitbestimmt, aber nicht gesteuert, sondern überwiegend von politisch sich durchsetzenden Dynastien gestaltet und dies nicht nur mit kriegerischen, sondern trotz aller Händel und Erbfolgekriege auch mit friedlichen Mitteln. Sie beginnt nicht einfach mit der Formierung kleinerer Territorien, die durch Arrondierungen immer größer werden und zu mehrterritorialen Gebilden zusammengeschweißt werden, sondern schon am Anfang stehen großräumigere Planungen wie z. B. die der Zähringer und der Welfen. Wieweit sie Erfolg haben, hängt vom dynastischen Durchsetzungsvermögen und von Zufälligkeiten wie dem Aussterben eines Geschlechts oder von einer territorial vielversprechenden Ehe ab. Auch die Geographie scheint eine Rolle gespielt zu haben. Man gewinnt den Eindruck, daß die Territorialbildung im deutschen Mittelgebirge schon aus diesem Grunde kleinräumiger war als die im Osten. Doch das mag trügen, Ein Gegenbeispiel wäre der von den Habsburgern geeinte Gebirgsraum der Alpen. Darüber hinaus hat man zu beachten, daß in den Ländern des Ostens die Herrschaftsstrukturen von vornherein anders waren. Mächtige Markgrafen standen hier abhängigen Neusiedlern gegenüber; sie mußten sich nicht gegen viele alte eigenständige Herrschaftsträger durchsetzen, die konkurrierende Herrschaften aufbauten. Noch ein anderer Grund kommt hinzu: Der Zusammenbruch der Stauferherrschaft im mittleren Deutschland und das Fehlen starker königlicher und herzoglicher Nachfolger hat hier zu einer Herrschaftszersplitterung geführt, die diesen Raum am Rhein, in Schwaben und im Elsaß sowie in Franken auf Dauer kennzeichnen sollte. Dennoch wird man das ältere Deutschland nicht einfach, wie es gern geschieht, als das Land der Kleinstaaterei bezeichnen können. Abgesehen von einer Reihe von Staatsbildungen mittlerer Größe wie die der Wettiner in Obersachsen oder der Wittelsbacher in Bayern und unter französischem Beistand in Süddeutschland am Ende des Reiches, hat es im älteren Reich mehrfach Ansätze und Möglichkeiten zu einer staatlichen Großraumbildung gegeben.

In diesem Zusammenhang ist zunächst auf die Möglichkeit für die Welfen hinzuweisen, von der durch Sachsen und Bayern gebildeten Nord-Süd-Achse aus nach Westen und Osten auszugreifen, die von den Staufern zerstört wurde, dann auf den Versuch der Staufer, einen territorialen Riegel von Westen nach Osten quer durch das Reich zu legen, oder auf die Ansätze der Přemysliden und Luxemburger, von Prag und Böhmen aus die östlichen Großterritorien zu vereinen, die wiederum von den Habsburgern im Südosten mit Erfolg blockiert wurden. Bis zu einem gewissen Grade sind die Habsburger ihre Nachfolger geworden, doch war ihr Interesse wesentlich stärker auch auf den Westen des Reiches gerichtet, auf Erwerbungen dort und auf eine Verbindung ihrer Besitzungen von Ost nach West über die Südflanke des Reiches hinweg; zum andern ging das Interesse der Habsburger bald über das Reich hinaus nach Ungarn, Polen und Italien. Der doppelte Schwerpunkt der Habsburger im Westen und Osten des Reiches verknüpfte sich in eigentümlicher Weise mit ihren kaiserlichen Aufgaben, das Reich gegen Türken und Franzosen zu schützen. Die darin liegende Überforderung eines auf einer territorialen Hausmacht beruhenden Kaisertums hätte sich möglicherweise durch die Aufgabe der Positionen im Westen des Reiches zugunsten einer Staatsbildung der Wittelsbacher am Rhein – nach dem Rheinischen Städtebund, nach Neuburgund und nach der Vereinigung der Territorien um Jülich und Cleve der vierte Versuch – vermeiden lassen, aber das kam im 18. Jahrhundert über Pläne nicht mehr hinaus. Mit einem Tausch der westlichen Besitzungen gegen Bayern hätte Österreich sich vielleicht eher im Reich halten lassen und die kaiserliche Macht stärker zur Geltung bringen können. So aber blieb die einzige Großstaatsbildung, die nachhaltigen Erfolg hatte, die brandenburgisch-preußische, die in der norddeutschen Tiefebene ebenfalls in ost-westlicher Richtung verlief.

Der durch die beiden Großmachtbildungen Preußen und Österreich heraufbeschworene Dualismus ist sicherlich nicht das Resultat zwangsläufiger Entwicklungen gewesen. Weder die konfessionelle Spaltung Deutschlands, noch stammesmäßige Unterschiede haben ihn hervorgebracht. Es hätte auch einen anderen Dualismus, einen Trialismus oder anderes geben können. Daß es zu diesem Dualismus kam, ist zu einem guten Teil einfach Dynastiengeschichte mit allen ihren Zufälligkeiten gewesen, daß er am Ende zugunsten Preußens ausging, lag unter anderem daran, daß dieser Staat sich nach dem Rückzug Österreichs aus dem Westen des Reiches dort fest etablierte und daß er seine disparaten Teile schließlich miteinander zu vereinen wußte. Es lag auch am Mißerfolg jener Politik, die aus dem Zusammenschluß mehrerer Mittelstaaten ein drittes Deutschland schaffen wollte und an den starken außerdeutschen Interessen Österreichs, die ihm eine Konzentration seiner Politik auf die deutschen Probleme erschwerte. So konnte Preußen zur Hegemonialmacht in Deutschland erstarken, und so wurde die dynastische Staatenbildung für das weitere Schicksal Deutschlands und seine künftige Verfassung ausschlaggebend.

Literaturhinweise

Die landesgeschichtliche Literatur ist angegeben in der Deutschen Rechtsgeschichte von Mitteis und Lieberich, 18. Aufl. München 1988. Zum Grundsätzlichen s. Pankraz Fried, Probleme und Methoden der Landesgeschichte. Darmstadt 1976. Ausführlicher wird die Territorialgeschichte von Dietrich Uhlhorn und Walter Schlesinger in: Gebhardt, Handbuch der deutschen Geschichte, Band 2 (Band 13 der Taschenbuchausgabe) behandelt. Als Nachschlagewerk ist der ›Territorien-Ploetz‹: Geschichte der deutschen Länder. Hrsg. von Georg Wilhelm Sante. 2 Bände, Würzburg 1964, 1971, zu Rate zu ziehen. Eine vorbildliche Erörterung der Territorialgeschichte eines Raumes gibt Karl Siegfried Bader, Der deutsche Südwesten in seiner territorialgeschichtlichen Entwicklung. Stuttgart 1950, 2. Aufl. Sigmaringen 1978.

Daten zur deutschen Verfassungsgeschichte bis 1806

	Vorgeschichte
um Christi Geburt	Die Römer dringen in mehreren Feldzügen von Gallien aus über den Rhein vor. Das linksrheinische Germanien wird von ihnen auf Dauer unterworfen. Rhein-Limes-Donau-Grenze. (K 96, 98)* Im rechtsrheinischen Germanien bilden sich in den folgenden Jahrhunderten die späteren deutschen Stämme der Friesen, Sachsen, Franken, Thüringer, Alemannen und Bayern heraus. Seit dem 3. Jahrhundert fallen Germanen in das römische Gebiet ein und werden dort z. T. angesiedelt.
5. Jahrhundert	Völkerwanderung. Germanische Stämme wandern, gefolgt von Slaven und Hunnen, nach Westen und Süden. Sie dringen in das Römische Reich ein und gründen eigene Herrschaften auf römischem Boden, so z. B. die Westgoten in Spanien und Südfrankreich, die Burgunder an der Rhône, die Franken zwischen Loire und Rhein, die Langobarden in Oberitalien, die Alemannen am Oberrhein und die Bayern südlich der Donau. (K 114) 476 Absetzung des letzten weströmischen Kaisers Romulus Augustulus. Das Oströmische Reich (Byzanz) überlebt die Völkerwanderung bis zur Einnahme Konstantinopels durch die Türken 1453.
um 500	Der Merowinger Chlodwig beseitigt die fränkischen Kleinkönige und gründet ein großes fränkisches Reich in Gallien. Annahme des (katholischen) Christentums und Übernahme gallo-römischer Staats- und Kircheninstitutionen. Noch im 6. Jahrhundert werden die Westgoten in Südfrankreich, die Burgunder, die Thüringer, die Alemannen und die Bayern unterworfen. Errichtung von Amtsherzogtümern. (K 120)
732	Sieg des karolingischen Hausmeiers Karl Martell über die von Spanien aus vorstoßenden Araber bei Tours und Poitiers. Vergaben von Königs- und Kirchengü-

* Diese Angaben verweisen mit Seitenzahlen auf die Karten des dtv-Atlas zur Weltgeschichte. Karten und chronologischer Abriß. Von Hermann Kinder und Werner Hilgemann. Band 1: Von den Anfängen bis zur Französischen Revolution. 19. Auflage München 1984.

tern an Vasallen zur Ausrüstung einer gepanzerten Reiterei führen zum fränkischen Lehnswesen.

751 Absetzung des letzten Merowingerkönigs Childerich III. durch Pippin, den Sohn Karl Martells. Begründung der Herrschaft der Karolinger, unterstützt von der Kirche (Legitimierung des neuen Königtums durch kirchliche Salbung). 754 Begründung der fränkischen Schutzherrschaft über die Kirche. Pippinsche Schenkung »Patrimonium Petri«: Grundlage des späteren Kirchenstaats.

768–814 Karl I. (»der Große«), Sohn Pippins. Karl unterwirft die Sachsen und Friesen. Alle späteren deutschen Stämme sind unter fränkischer Herrschaft vereint. Auch die Langobarden in Italien werden unterworfen *(rex Francorum et Langobardorum).* (K 122)

Ausdehnung der fränkischen Grafschaftsverfassung auf die Gebiete östlich des Rheins. Gründung der Erzbistümer Köln, Trier, Mainz, Salzburg und Hamburg (Bremen) nach vorangegangener Mission des Bonifatius in der ersten Hälfte des 8. Jahrhunderts.

800 Kaiserkrönung Karls in Rom: *Renovatio Romani Imperii. Dei-Gratia-* Königtum.

814–840 Ludwig I. (»der Fromme«). Im 9. Jahrhundert leidet das Fränkische Reich unter Raubzügen der Normannen, Sarazenen und später auch der Ungarn sowie unter Bürgerkriegen im Gefolge von Thronstreitigkeiten. Zunehmende Ausbildung des fränkischen Feudalismus (Adels- und Grundherrschaft).

840–855 Lothar I. Er teilt 843 die Herrschaft im Reich im Vertrag von Verdun mit seinen Brüdern Karl und Ludwig. Karl erhält einen westlichen, Ludwig einen östlichen Teil. Lothar behält mit der Kaiserwürde einen mittleren Streifen von der Nordsee bis Rom. (K 124)

855–875 Ludwig II., ein Sohn Lothars, wird Kaiser und König von Italien. Ein anderer Sohn, Lothar II., herrscht im Nordteil des Mittelreiches, der nach ihm »Lotharingien« genannt wird.

875–877 Karl II. (»der Kahle«), Bruder Lothars II. und Herrscher in Westfranzien, wird Kaiser.

881–887 Karl III. (»der Dicke«) wird Kaiser. Er vereint 887 noch einmal das gesamte Frankenreich unter seiner Herrschaft. Danach zerfällt das Reich endgültig. Aus seinem östlichen Teil entwickelt sich das ältere deutsche Reich.

843 Vertrag von Verdun. Teilung des Frankenreiches unter den Söhnen Ludwigs des Frommen, Lothar, Karl und Ludwig, der einen östlichen Teil rechts des Rheins erhält *(»regnum Francorum orientalium«)*. (K 124)

Bei der Reichsteilung handelt es sich um eine unter den fränkischen Königen übliche Herrschaftsteilung. Weitere Teilungen und Wiedervereinigungen folgen, doch wird die Spaltung durch die unterschiedliche kulturelle Tradition im Westen und Osten des Reichs vertieft. Sie kommt 842 anläßlich einer Vereinbarung zwischen Karl und Ludwig, die in zwei Sprachen bekräftigt werden muß, zum Ausdruck (Straßburger Eide: altfranzösisches und altdeutsches Sprachdenkmal). Die Ostfranken werden als *theodisci* oder *Teutonici* bezeichnet, ihr Reich im Laufe des Frühmittelalters als *regnum Teutonicorum.*

843–876 Ludwig II. (»der Deutsche«), Sohn Ludwigs des Frommen, regiert im ostfränkischen Reichsteil. Er teilt sich 870 im Vertrag von Meersen mit seinem Bruder Karl Lothringen. 876 wird der ostfränkische Reichsteil unter den Söhnen Ludwigs: Karlmann, Karl (III.) und Ludwig (III.) aufgeteilt.

880 Vertrag von Ribemont. Ludwig III. erwirbt ganz Lothringen. (K 124)

881 Karl III. (»der Dicke«) wird Kaiser. Bis 887 vereinigt Karl III. noch einmal das ganze Frankenreich, wird aber wegen Unfähigkeit im Kampf gegen die Normannen zur Abdankung gezwungen.

887–899 Arnulf von Kärnten, illegitimer Sohn Karlmanns, wird König im Ostfrankenreich. Er wird 896 zum Kaiser gekrönt und übt eine Art Oberhoheit auch in anderen fränkischen Reichsteilen aus.

900–911 Ludwig IV. (»das Kind«), Sohn Arnulfs. Um 900 bilden sich die jüngeren Stammesherzogtümer heraus; Verteidigung gegen Normannen und Ungarn.

911–918 Konrad I., Herzog der Franken, wird König. Die Lothringer schließen sich den Karolingern in Westfranzien an.

Konrad I. versucht, sich mit Hilfe der Kirche gegen die Stammesherzöge durchzusetzen (Synode von Hohenaltheim 916). Er verpflichtet die Franken, als seinen Nachfolger den mächtigsten Stammesherzog, den Sachsen Heinrich, zu wählen.

919 Wahl Heinrichs I. aus dem Geschlecht der Liudolfinger zum ostfränkischen König.

921 Vertrag zu Bonn. Die sächsische Herrschaft im Ostfrankenreich wird vom westfränkischen Karolinger Karl dem Einfältigen anerkannt.

925 Lothringen schließt sich dem ostfränkischen Reich an.

Das Reich unter den Ottonen

Im Hochmittelalter herrschen im Reich drei Dynastien: Ottonen, Salier und Staufer. Das Reich ist kein Erbreich; es gibt immer wieder Thronwirren und innere Unruhen. Politisch stützt sich das Königtum auf die Reichskirche. Damit zusammen hängt die Aufnahme der fränkisch-römischen Kaisertradition in den drei *regna:* Deutschland, Italien und Burgund. Nach außen weiß sich das Reich der Übergriffe der Westfranken und der Ungarn zu erwehren. Aus der Mission und dem Kampf um eine oberhoheitliche Stellung im Osten entwickelt sich im 12. Jahrhundert die Ostsiedlung, in deren Folge weite Gebiete östlich der Elbe eingedeutscht werden und dem Reich zufallen. Spannungen ergeben sich im Verhältnis zum Papsttum in der Frage der Herrschaft über die Reichskirche (Investiturstreit) und über Italien. Die Überdehnung der imperialen Kaiseridee führt zum Zusammenbruch der Stauferherrschaft. Mit dem Landesausbau seit dem 11. Jahrhundert bahnt sich ein grundsätzlicher Wandel der politischen Struktur des Reiches an, der über die Zäsur von 1250 hinausweist.

919–936 Heinrich I. Er bewirkt 921 die Anerkennung der sächsischen Herrschaft durch die Karolinger in Westfranzien und den Ausgleich mit den Stammesherzögen, die in ein Lehnsverhältnis zum König treten. In der Quedlinburger Hausordnung wird 929 die Nachfolge geregelt (Unteilbarkeit des Reiches). 933 gelingt Heinrich ein erster Sieg über die Ungarn an der Unstrut.

936–973 Otto I. (»der Große«), Sohn Heinrichs und von ihm designiert, wird im fränkischen Hauptort Aachen zum König erhoben. Er kann nach anfänglichen Schwierigkeiten das Reich im Innern und nach außen weiter stabilisieren. Die Herzogtümer werden an Verwandte vergeben: 944 Lothringen an den Schwiegersohn Konrad den Roten, 947 Bayern an den Bruder Heinrich, 949 Schwaben an den Sohn Liudolf. Sachsen und Franken bleiben dem König zugeordnet. Nach einem Aufstand Konrads und Liudolfs 953/54 beginnt sich Otto stärker auf die Reichskirche zu stützen (Vergabe von Immunitätsprivilegien: Entstehung des Reichskirchensystems).

Das Reich wird gegen Osten durch einen Gürtel von Marken gesichert, in denen mehrere, 948 gegründete Bistümer die Mission übernehmen. 968 wird Magdeburg als Missionszentrum zum Erzbistum erhoben. Im Westfrankenreich übt Otto schiedsrichterliche Funktionen aus. Das fränkische Italien wird von ihm 951 unterworfen, die neugebildete Markgrafschaft Verona Bayern (ab 978 Kärnten) zugeteilt.

955 Sieg über die Ungarn auf dem Lechfeld. Endgültige Unterbindung der ungarischen Einfälle.

962 Kaiserkrönung in Rom, Wiederaufnahme der fränkisch-römischen Reichstradition. Regelung des Kaiser-Papst-Verhältnisses im *Pactum Ottonianum.* (K 144) Ein Ausgleich mit Ostrom wird durch die Vermählung des Sohnes Ottos mit der byzantinischen Prinzessin Theophanu 972 gesucht.

973–983 Otto II., Mitkönig seit 961, Mitkaiser seit 967, ordnet die Herzogtümer im Reich neu: 976 wird die bayerische Ostmark selbständig (»Österreich«), Kärnten ein eigenes Herzogtum. Ein erneuter Streit mit den Westfranken um Lothringen wird 980 zugunsten des Reichs entschieden. Lothringen ist seit Ende des 10. Jahrhunderts in zwei Herzogtümer aufgeteilt.

982 Otto II. beansprucht als Kaiser Süditalien, wird aber von den Arabern bei Cotrone vernichtend geschlagen.

983 Slavenaufstand. Verlust der ostelbischen Marken.

983–1002 Otto III., der unmündige Sohn Ottos II., wird König unter der Regentschaft seiner Mutter Theophanu (bis 991) und seiner Großmutter Adelheid (bis 995). Selbst zur Regierung gekommen, verfolgt er eine dezidierte Politik der *Renovatio Imperii*: 996 Kaiserkrönung in Rom, ab 998 wird Rom zur kaiserlichen Residenz.

1002–1024 Heinrich II., Herzog von Bayern, ein Urenkel Heinrichs I., wird nach dem frühen Tod Ottos III. zum König gewählt (seit 1014 Kaiser). Zurücknahme der imperialen Ansprüche: *Renovatio regni Francorum.* 1007 Gründung des Bistums Bamberg zur Mission der Mainslaven.

Das Reich unter den Saliern

1024–1039 Konrad III., als Urenkel Konrads des Roten mit den Ottonen verwandt, wird nach deren Aussterben zum König gewählt und begründet die Dynastie der Salier. Er unterwirft 1026 die Lombarden in Oberitalien und wird 1027 zum Kaiser gekrönt.

1033 Erwerb Burgunds, als dessen Erbe 1006 Heinrich II. eingesetzt worden war. Drei-*regna*-Imperium: Deutschland, Burgund und Italien.

1039–1056 Heinrich III., Sohn Konrads, bindet 1041 Böhmen stärker an das Reich. 1044 wird Lothringen endgültig in zwei Herzogtümer geteilt. 1045 beginnt die skandinavische Mission unter Erzbischof Adalbert von Bremen, doch mißlingt die Gründung eines bremischen Patriarchats im Norden; 1103 wird das schwedische Lund skandinavisches Erzbistum.

1046 Synode von Sutri. Unter dem Vorsitz Heinrichs III. werden drei Päpste abgesetzt und wird die Partei der Kirchenreformer in Rom etabliert. Heinrich wird 1047 zum Kaiser gekrönt. Das Kaisertum befindet sich auf der Höhe seiner Macht. (K 146)

1056–1106 Heinrich IV. Für den unmündigen Sohn Heinrichs III. führt bis 1062 die Kaiserin Agnes, nach der Entführung Heinrichs durch den Erzbischof Anno von Köln dieser zusammen mit Erzbischof Adalbert von Bremen die Regentschaft. 1065 übernimmt Heinrich IV. selbst die Regierungsgeschäfte. Seine rigorose Territorialpolitik in der Harzgegend führt zum Aufstand der sächsischen Großen, der 1075 niedergeschlagen wird. Heinrich stützt sich vorzugsweise auf den niederen Adel, Dienstleute (Ministeriale) und Reichsstädte und steht bald einer Koalition von oppositionellen Fürsten und der Reformkirche gegenüber, die er ebenfalls durch sein schroffes Vorgehen verprellt. Dabei kann er sich nicht völlig auf den deutschen Reichsepiskopat verlassen.

1075 Beginn des Investiturstreits anläßlich der Besetzung des Mailänder Erzbischofstuhls durch Heinrich IV. Papst Gregor VII. untersagt die Investitur durch Laien und beansprucht im *Dictatus Papae* das Recht der Kirche, auch Könige abzusetzen. Schon vorher haben die Kirchenreformer die Wahl des Papstes durch Laien abgeschafft (Papstwahldekret von 1059: Wahl durch Kardinäle). Das Verbot der Laieninvestitur trifft das administrative System des Reiches empfindlich, da hier die kirchlichen Würdenträger zugleich Träger der Reichsverwaltung sind.

1076 Heinrich IV. und die deutschen Bischöfe erklären Gregor VII. für abgesetzt. Daraufhin bannt der Papst den König: Absetzung, Exkommunikation und Lösung der Untertanen vom Treueid. Die deutschen Fürsten verlangen von Heinrich, daß er sich vom Bann löst, wenn er König bleiben will.

1077 Bußgang Heinrichs nach Canossa und Aufhebung des Bannes. Dennoch wählen die deutschen Fürsten Rudolf von Rheinfelden, den Herzog von Schwaben, zum Gegenkönig. Bürgerkrieg bis zum Tode Rudolfs 1080. Danach erneuter Gegenkönig Graf Hermann von Salm (1081–1088). Heinrich gelingt es, auf einem Italienzug den Papst aus Rom zu vertreiben. 1084 Kaiserkrönung durch einen Gegenpapst, 1085 stirbt Gregor VII. Die Auseinandersetzungen dauern an.

1103 Verkündung eines allgemeinen Landfriedens durch Heinrich IV. Das Königtum sucht Anschluß an die seit dem 11. Jahrhundert aufblühende Gottes- und Landfriedensbewegung.

1104 Nachdem der König keinen dauerhaften Frieden herstellen kann, fällt sein Sohn von ihm ab. Heinrich IV. wird zur Abdankung gezwungen.

1106–1125 Heinrich V., Kaiser ab 1111. Ihm gelingt es, mit der Kirche zu einem Ausgleich zu kommen. Ein radikales Abkommen zwischen König und Papst Paschalis II. in Sutri 1111, demzufolge der König auf die Investitur und die Kirche auf das ihr verliehene Reichsgut verzichtet, scheitert am Widerstand der Reichsbischöfe.

1122 Wormser Konkordat zwischen Kaiser Heinrich V. und Papst Kalixt II.: Anerkennung der kanonischen Wahl kirchlicher Würdenträger, doch behält der König in Deutschland Einfluß auf die Besetzung der Bistümer und Reichsabteien. Für ihre weltlichen Güter (die *Temporalia*) werden die Prälaten von ihm investiert (Zepterlehen). Ende des Investiturstreits.

Das Reich unter den Staufern

1125–1137 Lothar III., Graf von Supplinburg und Herzog von Sachsen wird anstelle der Hohenstaufen, der Erben der Salier und Herzöge von Schwaben seit 1079, von den Fürsten zum König gewählt (Kaiser seit 1133). Wiederaufnahme der Ostpolitik: Schon 1110 erhält Graf Adolf von Schauenburg Holstein; 1123 wird Konrad von Wettin mit der Mark Meißen, 1136 mit der Mark Lausitz belehnt; 1134 erhält der Askanier Albrecht der Bär die Nordmark. Beginn der Ostsiedlung in jener Zeit.

1138–1152 Konrad III. wird unter Übergehung der Erbansprüche des Welfen Heinrichs des Stolzen, des Herzogs von Bayern und Sachsen, Schwiegersohns Lothars III., zum König gewählt. Beginn des Gegensatzes von Welfen und Staufern. Heinrich der Stolze geht seiner Herzogtümer verlustig, als er sich weigert, eines von ihnen herauszugeben. In einem späteren Ausgleich erhält sein Sohn, Heinrich der Löwe, beide Herzogtümer zurück.

1152–1190 Friedrich I. (»Barbarossa«), Neffe Konrads und Vetter Heinrichs des Löwen, wird zum König gewählt (Kaiser ab 1155).

In der Regierungszeit Friedrichs werden die politischen Folgen des gesellschaftlichen Wandels im Hochmittelalter spürbar. Landesausbau, Ostsiedlung und Stadtentwicklung erreichen ihren ersten Höhepunkt. Städte (Worms) sind schon zur Zeit Heinrichs IV. Stützen des Königtums gegen die Fürstenopposition. Sie befreien sich von der bischöflichen Stadtherrschaft (Kölner *coniuratio pro libertate* 1112). Im 12. Jahrhundert erfolgt eine Welle von Städteneugründungen im Zusammenhang mit der fürstlichen Territorialpolitik (Freiburg 1120, Lübeck 1143, Braunschweig 1166). Der Landesausbau und die Territorialisierung der Herrschaft führen zu einer allmählichen Ablösung der Stammesherzogtümer durch neue Landesherrschaften, z. B. der Zähringer am Oberrhein. Seit 1131 ist eine Landgrafschaft in Thüringen bezeugt, 1156 wird Österreich zu einem selbständigen Herzogtum, 1168 Würzburg. 1180 wird das Herzogtum Sachsen zerschlagen und die Steiermark Herzogtum. Zur gleichen Zeit werden die neuen Territorien im Osten, Mecklenburg und Pommern, Reichslehen; die Přemislyden in Böhmen erhalten 1158 den Königstitel. Die Territorialisierung des Reichs findet auch in der Landfriedens- und Kronlandpolitik des Königtums ihren Niederschlag (staufische Besitzungen vom Elsaß bis nach Obersachsen unter Verwaltung von Reichsministerialen). Die Fürsten werden durch eine Stärkung des Lehnswesens an das Königtum gebunden (Entwicklung der Lehnspyramide und des Reichsfürstenstandes).

1154–1186 Auf sieben Italienzügen versucht Friedrich I. auch die italienischen Verhältnisse zu ordnen. Auf dem Reichstag auf den Ronkalischen Feldern werden die Regalien (Reichsgüter und Reichsrechte) festgestellt und von den italienischen Stadtstaaten zurückgefordert. Die aufkommende Geldwirtschaft läßt die Nutzung der Regalien und die Erhebung von Reichssteuern in Italien zu einer wichtigen Finanzquelle für den Kaiser werden. Die Einsetzung von Reichsbeamten führt zum Widerstand der oberitalienischen Städte, die sich mit dem Papsttum verbünden, das sich ebenfalls in einem Streit mit dem Kaiser um Besitzungen und Hoheitsansprüche in Italien befindet. Im Kampf mit dem Papst wird von der kaiserlichen Seite die Eigenständigkeit des Imperiums betont (*Sacrum Imperium*) und direkt an die römische Tradition angeknüpft (Wiederbelebung des römischen Rechts); zugleich werden imperiale Ansprüche geltend gemacht *(imperium mundi)*. Ein Ausgleich zwischen den Parteien wird nach längeren Auseinandersetzungen 1177 im Frieden von Venedig mit dem Papst und 1183 im Frieden von Konstanz mit dem Lombardischen Städtebund gefunden.

1180 Verhängung der Reichsacht über Heinrich den Löwen, der, des Landfriedensbruchs beschuldigt, nicht vor dem kaiserlichen Hofgericht erscheint. Zerschlagung des sächsischen Herzogtums. Bayern kommt an die Wittelsbacher. Das Staufische Königtum befindet sich auf der Höhe seiner Macht. 1186 wird Heinrich, der Sohn Friedrichs I., mit Konstanze, der Tochter des Normannenkönigs Roger II. von Sizilien, vermählt. (K 164, 170)

1190–1197 Heinrich VI., der Sohn Friedrichs I. (Kaiser ab 1191), vereinigt sein Erbland Sizilien mit dem Reich. Er scheitert mit dem Versuch, auch im Reich das Erbprinzip durchzusetzen. Sein früher Tod mit 31 Jahren führt zu einem schweren Rückschlag in der Reichsentwicklung.

1198 Doppelwahl Philipps von Schwaben, eines Sohnes Friedrichs I., und Ottos IV., Sohn Heinrichs des Löwen. Der staufisch-welfische Gegensatz schwächt das Königtum und stärkt die aufkommenden Landesfürsten. Papst Innozenz III. beansprucht das Recht auf Approbation der deutschen Königswahl und entscheidet sich für Otto IV. Nach dem Tode Philipps 1208 wird Otto allgemein anerkannt und nimmt die staufische Kaiserpolitik wieder auf. Daraufhin wird der Sohn Heinrichs VI., Friedrich von Sizilien, der als dreijähriges Kind den Tod des Vaters erlebte, vom Papst mit französischer Hilfe als Gegenkönig aufgestellt.

1214 Den deutschen Thronstreit entscheidet der Sieg der die Staufer unterstützenden Franzosen über die mit den Welfen verbündeten Engländer bei Bouvines. Zum ersten Mal wird die deutsche Verfassungsentwicklung vom Eingreifen ausländischer Mächte abhängig.

1212–1250 Friedrich II., Sohn Heinrichs VI., weilt nach seiner Kaiserkrönung 1220 vorwiegend in Italien und Sizilien, das er zu einem modernen Staatswesen ausbaut. Seine Abwesenheit vom Deutschen Reich, in dem sein Sohn

Heinrich (VII.) als König statthalterische Funktionen ausübt, entfremdet die Fürsten vom Kaiser und begünstigt den Aufbau eigenständiger Landesherrschaften. 1213 bestätigt Friedrich II. in der Goldenen Bulle zu Eger den Verzicht Ottos IV. auf die königlichen Rechte aus dem Wormser Konkordat. 1220 überläßt er wichtige Reichsrechte den geistlichen Fürsten in der *Confoederatio cum principibus ecclesiasticis*. 1231 werden entsprechende Herrschaftsrechte, vor allem gegenüber den Städten, im *Statutum in favorem principum* den weltlichen Fürsten zugestanden, in einem Reichsweistum die *domini terrae* aber zugleich an den Konsens der Großen in ihrem Lande gebunden. In der Goldenen Bulle von Rimini werden 1226 dem Deutschen Orden Herrschaftsrechte im von ihm zu erobernden Preußen eingeräumt; Preußen wird in den folgenden Jahrzehnten zum unabhängigen Ordensland. Schon 1214 hat Friedrich die Gebiete nördlich der Elbe an Dänemark abgetreten. 1227 setzen sich hier aber die norddeutschen Fürsten und Städte in der Schlacht bei Bornhöved gegen die Dänen durch.

1235 Nach der Niederschlagung einer Empörung seines Sohnes Heinrich (VII.) verkündet Friedrich II., nach Deutschland zurückgekehrt, den großen Mainzer Landfrieden. Das Reichshofgericht wird institutionalisiert. Die endgültige Aussöhnung mit den Welfen führt zur Gründung des Herzogtums Braunschweig-Lüneburg. Nach dem Aussterben der Babenberger werden die Herzogtümer Österreich und Steiermark einer unmittelbaren Reichsverwaltung unterstellt. Die Bemühungen um eine Wiederherstellung der königlichen Gewalt in Deutschland scheitern jedoch, da Friedrich weiter in Auseinandersetzungen mit den Städten und dem Papsttum in Italien verwickelt bleibt.

1246–1247 Heinrich Raspe, Landgraf von Thüringen, wird zum Gegenkönig gewählt.

1247–1256 Wilhelm, Graf von Holland, Gegenkönig.

1250–1254 Konrad IV., der Sohn Friedrichs II., seit 1237 Mitkönig, versucht nach dem Tode seines Vaters vergeblich, die Herrschaft in Italien zu erringen. Sizilien wird vom Papst an Karl von Anjou, den Bruder des französischen Königs, zu Lehen vergeben. Karl wehrt mit Erfolg alle Versuche der Staufer ab, in Italien wieder Fuß zu fassen. 1268 Enthauptung Konradins, des Sohnes Konrads IV. und Herzogs von Schwaben, auf dem Marktplatz von Neapel. Ende des Staufergeschlechts. Aber auch das Papsttum kann sich trotz der Formulierung eines universalen Herrschaftsanspruchs in der Bulle *Unam sanctam* durch Bonifaz VIII. 1302 gegen die aufkommenden Nationalstaaten nicht halten. 1309–1377 sog. »babylonische Gefangenschaft« der Kirche in Avignon.

Das Interregnum

Als Interregnum wird die Zeitspanne zwischen dem Zusammenbruch der Stauferherrschaft und der Inthronisation Rudolfs I. von Habsburg bezeichnet, insbesondere die Zeit der Wahl ausländischer Könige, die Deutschland nie oder nur für kurze Zeit besuchen. Die Epoche ist vom Niedergang der Reichsgewalt gekennzeichnet. Die staufischen Besitzungen werden reichsfrei. In diesen Landesteilen kommt eine Vielzahl von Reichsstädten und Reichsrittern, ehemaligen Vasallen und Dienstleuten der Staufer, auf. Das Reichsgut, Reichsland und Reichsrechte, sowie die Reichsministerialen werden vielfach von den Landesfürsten übernommen und dienen der Stärkung der Landesherrschaft.

1251 Ottokar II. von Böhmen erwirbt Österreich und in den folgenden Jahren die Steiermark, Kärnten und Krain. Seine territorialpolitischen Ambitionen reichen bis nach Preußen und an die Adria. Beginn der später von den Luxemburgern und Habsburgern fortgesetzten Versuche, in den neuen Ostgebieten des Reichs eine starke Territorialmacht herauszubilden.

1254 Gründung des Rheinischen Städtebundes zur Wahrung des Landfriedens, insbesondere um die Städte Mainz, Bingen, Oppenheim und Worms. Der Rheinische Städtebund, dem sich bald über 70 Städte von Köln bis Zürich und auch Fürsten anschließen, genießt die Unterstützung König Wilhelms. In ihm zeichnet sich die Alternative zur Neubegründung der Reichsorganisation durch (arrondierte) fürstliche Territorialstaaten ab: der föderative Aufbau des Reichs aus Einungen von Städten, Ritterschaften und Fürstentümern.

1257 Doppelwahl Richards von Cornwall, Bruder des englischen Königs und Schwager Kaiser Friedrichs II., und Alfons von Kastilien, Enkel Philipps von Schwaben. Beginn der Ausbildung des Kurfürstenkollegs.

Das Zeitalter der »springenden« Wahlen

In der folgenden Zeit werden die Könige im Wechsel aus verschiedenen Herrscherhäusern genommen. Als Territorialherren in der Epoche des heraufkommenden Territorialstaates sind sie vor allem an der Bildung einer dynastisch vererbbaren Hausmacht interessiert. Im Spätmittelalter setzt sich der fürstliche Territorialstaat im Reich nicht nur gegen das Königtum, sondern auch gegen die Einungen der Städte und der Ritter durch. Der Streit zwischen König und Papst flammt ein letztes Mal auf.

1273–1291 Rudolf I. von Habsburg wird gegen Ottokar II. von Böhmen gewählt. Ende des Interregnums. Der neue König aus dem oberrheinischen Grafengeschlecht der Habsburger hat Erfolge bei der Rückforderung (Revindikation) verlorengegangenen Reichsgutes. Sein Rivale Ottokar verweigert den Nachweis des rechtmäßigen Erwerbs seiner Besitzungen und deren Herausgabe. Er wird 1278 auf dem Marchfeld geschlagen. Österreich und die Steiermark kommen an die Söhne Rudolfs. Beginn der habsburgischen Hausmachtbildung im Südosten des Reichs.

1292–1298 Adolf von Nassau wird unter Übergehung des Sohnes Rudolfs, des Herzogs Albrecht von Österreich, König, aber 1298 wieder abgesetzt; er fällt im Kampf gegen Albrecht.

1298–1308 Albrecht I., Sohn Rudolfs, versucht die Habsburger Hausmacht nach Böhmen auszudehnen; er wird 1308 ermordet.

1308–1313 Heinrich VII., Graf von Luxemburg, belehnt seinen Sohn Johann mit dem nach dem Aussterben der Přemysliden 1306 frei gewordenen Böhmen und knüpft noch einmal an die Tradition der Italienzüge deutscher Könige an. 1313 Kaiserkrönung in Rom; Tod auf dem Rückweg.

1314 Doppelwahl Ludwigs, Herzogs von Bayern aus dem Haus der Wittelsbacher, und des Habsburgers Friedrich des Schönen, der 1322 in Mühldorf am Inn von Ludwig besiegt wird und 1325 auf die Krone verzichtet.

1314–1347 Ludwig der Bayer. Auch er versucht, eine Hausmacht über Bayern hinaus zu bilden, u. a. durch Belehnung seines Sohnes mit der Mark Brandenburg. 1329 werden die Wittelsbacher Besitzungen in der Pfalz (Pfalzgrafenwürde seit 1214) und in Bayern im Hausvertrag von Pavia aufgeteilt. Entstehung der Pfälzer und der bayerischen Linien der Wittelsbacher.

Ein letzter Streit zwischen dem Königtum und dem Papsttum entbrennt über die Frage der Regierung in Italien. Ludwig wird dabei argumentativ unterstützt von Marsilius von Padua, einem Vorläufer der Volkssouveränitätstheorie, und radikalen Franziskanern (Wilhelm von Ockham). 1328 empfängt er die Kaiserkrone in Rom aus den Händen des städtischen Magistrats.

1338 Im Kurverein zu Rhense weisen die Kurfürsten den päpstlichen Anspruch auf Approbation der deutschen Königswahl zurück. Das Gesetz *Licet iuris* stellt fest, daß schon die Königswahl zur Ausübung kaiserlicher Rechte und zur Führung des Kaisertitels berechtige.

1346 Angesichts der anhaltenden Auseinandersetzungen mit dem Papst und einer rücksichtslosen Hausmachtpolitik Ludwigs wird von der Mehrheit der Kurfürsten Karl von Luxemburg zum Gegenkönig gewählt, gegen den 1349 wiederum Graf Günther von Schwarzburg kurzfristig als Gegenkönig auftritt.

1346–1378 Karl IV., Enkel Heinrichs VII., seit 1355 Kaiser, ist der bedeutendste deutsche Herrscher im Spätmittelalter. Er residiert in Prag und gründet dort die erste Universität im Reich nördlich der Alpen (1348). Er dehnt die Luxemburger Hausmacht nach Schlesien, in die Lausitz und in die Mark Brandenburg aus. Verständigung mit dem Papst.

1348–1352 Die Pest (mehrere Wellen im 14. Jahrhundert) rafft etwa ein Drittel der Bevölkerung des Reichs dahin. Ende des hochmittelalterlichen Wirtschaftsaufschwungs und der Ostsiedlung. Einschneidende Verschlechterung der Situation der Bauern und des grundbesitzenden Adels (Agrarkrise). Zur Wahrung des Landfriedens gegen das Rittertum (Raubritter), die fürstlichen Bestrebungen einer Territorialbildung und die Politik der Städteverpfändung durch die Könige (in Ermangelung anderer finanzieller Einnahmen) bilden sich Städtebünde: 1254 der rheinische, 1376 der schwäbische, etwa gleichzeitig der elsässische, 1381 erneut ein rheinischer und 1382 ein niedersächsischer. Zur gleichen Zeit erlebt die norddeutsche Hanse ihre erste Blüte und kommen die Schweizer Eidgenossen (Bund seit 1291) zu ihren entscheidenden Erfolgen gegen die Habsburger (1386 Schlacht bei Sempach). Seit den siebziger Jahren bilden sich auch Ritterbünde. Aber auch die fürstlichen Territorien konsolidieren sich mit Landfriedenseinungen, der Fixierung des Landrechtes (insbesondere von Verfahrensvorschriften zur Stärkung der fürstlichen Gerichtshoheit) und den ersten »Herrschaftsverträgen« mit den Ständen (1311 Ottonische Handfeste in Niederbayern, 1356 *Joyeuse Entrée* von Brabant – Ständestaat). Im Südosten des Reichs macht die Territorialpolitik der Habsburger Fortschritte, 1335 wird Kärnten erworben, 1363 Tirol. Dagegen können sich die Habsburger im Westen gegen die Schweizer Eidgenossen nicht durchsetzen.

1356 Erlaß der Goldenen Bulle, des ersten Grundgesetzes des Reichs, zur Regelung der Königswahl und zur Stärkung der Kurfürstentümer (Unteilbarkeit).

1388/89 Erster Städtekrieg. Nachdem 1381/82 Ritterbünde von den Städten geschlagen worden sind, erleiden der Schwäbische Städtebund bei Döffingen und der Rheinische bei Worms eine Niederlage durch die Fürsten. 1389 wird ein gegen die Städtebünde gerichteter Landfrieden in Eger verkündet. Zwar gewinnt das Einungswesen unter König Sigismund noch einmal an Bedeutung, es bleibt aber dem fürstlichen Territorialstaat unterlegen. 1449/50 zweiter Städtekrieg. (K 149)

1378–1400 Wenzel, Sohn Karls IV., kann sich gegen Fürsten, Ritter und Städte nicht durchsetzen. Er kommt kaum in das Innere des Reichs. Bildung einer Opposition von Kurfürsten, die selbständig auf »königlosen Tagen« agiert. Im Jahre 1400 wird Wenzel wegen Untätigkeit abgesetzt.

1400–1410 Ruprecht von der Pfalz; er kann sich gegen die Partikulargewalten ebenfalls nicht durchsetzen.

1410–1437 Sigismund, zweiter Sohn Karls IV., Kaiser seit 1433, und Jobst von Mähren (1410–11) in einer Doppelwahl gewählt. Sigismund stützt sich auf Ritter und Städte. Plan eines Zusammenschlusses der Ritterschaft mit den Reichsstädten.

1414–1418 Konzil von Konstanz zur Regelung der durch das Große Schisma (1378–1417) entstandenen Papstfrage *(causa unionis)*, zur Reform der Kirche *(causa reformationis)* und zur Reinerhaltung der Lehre *(causa fidei)*. Verbrennung des tschechischen Reformators Johann Hus als Ketzer (1415).

1419–1434 Hussitenkriege. Sie führen zur Festlegung militärischer Leistungen auf dem Hoftag von Nürnberg 1422 und zur Erhebung einer allgemeinen Reichssteuer auf dem Hoftag von Frankfurt am Main 1427.

1415/17 Übertragung der Mark Brandenburg auf den Burggraf Friedrich von Nürnberg. Beginn der Hohenzollernherrschaft in der Mark.

1423 Belehnung des Wettiners Friedrich von Meißen mit

dem Kurfürstentum Sachsen-Wittenberg. Ausdehnung der Herrschaft der Wettiner in Obersachsen und Thüringen.

1438–1439 Albrecht II. von Habsburg, Herzog von Österreich, König.

1440–1493 Friedrich III. von Habsburg, Herzog von Steiermark und Kärnten (Innerösterreich), König, seit 1452 Kaiser. Auch Friedrich kommt, mit Habsburger dynastischen Problemen beschäftigt, jahrelang nicht in das Innere des Reichs. So droht ihm ebenfalls die Absetzung.

1448 Wiener Konkordat. Grundsätzliche Regelung von Kirchenfragen, insbesondere der Besetzung kirchlicher Ämter, für das Reich und die Territorien durch König und Papst. Beginn des staatlichen Kirchenregiments in der Neuzeit, das später durch die Reformation in den protestantischen Ländern verstärkt wird mit der Übernahme des Summepiskopats durch den Landesherrn.

1451 kommt die Tätigkeit des Reichshofgerichts zum Erliegen und das königliche Kammergericht tritt an seine Stelle.

1488 Erneute Bildung eines Bundes, diesmal aus Fürsten, Städten und Rittern zur Verteidigung Schwabens (bis 1534).

1499 Schwaben- oder Schweizerkrieg zwischen den Eidgenossen und dem mit Habsburg verbündeten Schwäbischen Bund. Er führt im Frieden von Basel zum faktischen Ausscheiden der Schweiz aus dem Reich. (K 192)

Die Zeit der Reichs- und Territorialreformen

Die Hussitenkriege zu Beginn des 15. Jahrhunderts machen die militärische und finanzielle Ohnmacht des Reichs offenbar. Reichsreformpläne in jener Zeit (u. a. die *concordantia catholica* des Nikolaus von Kues 1433) führen zu keiner Besserung. Früher als das Reich werden – zeitlich korrespondierend mit einer neuen gesellschaftlichen Aufschwungphase seit der Mitte des 15. Jahrhunderts – die Territorialstaaten reorganisiert:

- Ordnung des Verhältnisses zwischen Landesherrn und Landständen durch die Institutionalisierung der Landtage (in Magdeburg um 1400, in Bayern 1453, in Württemberg 1457 usw., Herrschaftsverträge in Brandenburg 1472 und in Württemberg 1514)
- Aufnahme einer geregelten Regierungstätigkeit mit »geordneten Räten« (in Köln 1469, in Tirol 1487, in Bayern 1488)

– »Reformationen« der Territorien durch neue Gesetzgebung mit Hilfe am römischen Recht geschulter Juristen (1436 in Cleve, 1446 in Thüringen, 1495 in Württemberg, 1527 in Brandenburg, 1572 in Kursachsen). Dazu treten in protestantischen Territorien im 16. Jahrhundert Kirchenräte (Konsistorien, zuerst in Wittenberg 1539) und Kirchenordnungen (zuerst in Württemberg 1553).

Die Aussichten auf eine Reorganisation des Reichs bessern sich, nachdem seit 1438 nur noch Könige aus einem Herrscherhaus (Habsburg) gewählt werden. Die Kluft zwischen habsburgischen Hausmachtinteressen und Reichsinteressen führt jedoch zu Spannungen und zur Etablierung einer ständischen Reformopposition unter Führung des Mainzer Kurfürsten und Reichserzkanzlers Berthold von Henneberg. Sie vergrößert sich durch die weit über die Reichsgrenzen hinausgreifende Territorialpolitik der Habsburger in jener Zeit, die auf Neuburgund, Spanien und Ungarn zielt. (1477 Vermählung Maximilians, des Sohnes Kaiser Friedrichs III., mit der burgundischen Erbtochter Maria. Der neuburgundische Besitz umfaßt Teile des Reiches und Frankreichs (K 192). Maximilian erreicht eine erste Einigung mit Frankreich im Frieden von Senlis 1493. – 1497 Vermählung Philipps, des Sohnes Maximilians, mit der spanischen Erbin Johanna. Deren Sohn Karl wird 1516 spanischer König. Die spanische Erbschaft ruft erneute Streitigkeiten mit Frankreich in Italien hervor. – 1521 Vermählung des 2. Sohnes Maximilians, Ferdinands, mit Anna, der Erbin Böhmens und Ungarns. Antritt der Herrschaft in Böhmen 1526. Die Realisierung des ungarischen Erbanspruchs scheitert an den Türken und führt zu den eine ganze Epoche andauernden Kämpfen zwischen Österreich und der Türkei).

Erschwerend kommt die gleichzeitig auftretende, nicht in institutionalisierten Bahnen verlaufende, sondern revolutionäre Züge tragende kirchliche Reformation hinzu. Während Unruhen in der Ritterschaft und unter den Bauern vom Territorialfürstentum rasch niedergeschlagen werden und die Reichsorganisation bis zur Mitte des 16. Jahrhunderts im wesentlichen abgeschlossen werden kann, bleiben kirchliche Reform und internationale Verwicklungen eine Dauerbelastung für das Reich.

1486 Hoftag zu Frankfurt am Main. Wahl Maximilians, des Sohnes Friedrichs III., zum König. Aufflammen der Diskussion um die Reichsreform und Beginn der Institutionalisierung des Reichstags als Forum der Territorialfürsten, Grafen und Reichsstädte. Auch das Reich wird zu einer ständischen Monarchie.

1493–1519 Maximilian I. (ab 1508 Titel: »erwählter« römischer Kaiser. Von nun an nehmen die deutschen Könige ohne einen weiteren, besonderen Krönungsakt den römischen Kaisertitel an). Reorganisation der Habsburger Erblande (Institutionalisierung zentraler Gremien, gipfelnd im Geheimen Rat 1527, mit Vorbildcharakter für die anderen deutschen Territorien). Verfolgung der 1477 begonnenen Heiratspolitik gegenüber Spanien und Böhmen-Ungarn. Das Ausgreifen Habsburgs führt zur Rivalität mit Frankreich nicht nur in Neuburgund, sondern auch in Italien.

1495 Reichstag zu Worms: Verkündung des Ewigen Landfriedens, ständische Reorganisation des (Reichs-)Kammergerichts, Versuch der Etablierung einer allgemeinen Reichssteuer (»Gemeiner Pfennig«) und Ansätze zu einer Exekution der Reformbeschlüsse (»Handhabung Friedens und Rechts«).

1500 Reichstag zu Augsburg. Etablierung eines ständischen Reichsregiments in Nürnberg zur Beratung und Beaufsichtigung der Politik des Königs, 1502 mangels Interesses beendet. Einteilung des Reichs in Reichskreise zur Wahl der Regimentsräte.

1512 Reichstag zu Köln. Endgültige Einteilung des Reichs in zehn Reichskreise zur Sicherung des Landfriedens. (K 218)

1517 95 Thesen Martin Luthers. Beginn der Reformation, fortgesetzt 1518/23 durch Zwingli in Zürich und 1536/41 durch Calvin in Genf.

1519–1556 Karl V., Enkel Maximilians und König von Spanien seit 1516, wird gegen den Kandidaten Franz I., König von Frankreich, zum Kaiser gewählt. Seit dieser Zeit wird die Wahl mit einer Wahlkapitulation verknüpft, in der die Kandidaten zusichern, die Interessen des Reichs und seiner Fürsten zu wahren. (Die ursprüngliche Intention der Kapitulation richtet sich gegen die Auslandsinteressen Habsburgs und gegen die Gefahr einer Verquickung spanischer und Reichs-Angelegenheiten).

1521 Reichstag zu Worms: Verhängung der Reichsacht über den als Ketzer vom Papst gebannten Martin Luther und seine Anhänger (Wormser Edikt). Luther findet Unterschlupf bei Kurfürst Friedrich dem Weisen von Sachsen.

Aufstellung einer Reichsmatrikel für die militärischen

und finanziellen Leistungen der Reichsstände (Wormser Matrikel).
Einrichtung eines zweiten ständischen Reichsregiments für die Abwesenheit des Kaisers vom Reich. Erzherzog Ferdinand von Österreich übernimmt die Regierung in den habsburgischen Erblanden und wird Statthalter im Reich.

1521–1544 Vier Kriege Karls V. mit Franz I. von Frankreich um Italien und Burgund.

1522/23 Ritterkrieg. Unter Führung des Franz von Sickingen versuchen Reichsritter vergeblich, zwischen Landesfürsten und Reichsstädten eine eigene Machtstellung auszubauen.

1524/25 Bauernkriege. Gegen die Ausbeutung durch Grund- und Landesherren versuchen die Bauern ebenfalls ohne Erfolg, ihre Position unter Berufung auf das »gute, alte« bzw. »göttliche« Recht zu wahren und zu verbessern.

1526 1. Reichstag zu Speyer. Die Ausdehnung der Reformation (1525 wird der Staat des Deutschen Ordens in Preußen in ein reformiertes Herzogtum umgewandelt) führt zu einem vorläufigen Kompromiß, demzufolge jeder Reichsstand sich bis zu einem, die religiösen Streitfragen regelnden Konzil so verhalten soll, wie er es vor Gott und dem Kaiser zu verantworten können glaubt (= Suspension des Wormser Edikts).

1529 2. Reichstag zu Speyer. Ferdinand versucht das Wormser Edikt wieder in Kraft zu setzen. Dagegen wendet sich der Protest der evangelischen Reichsstände (daher: »Protestanten«).
Ein Religionsgespräch zwischen Luther und Zwingli in Marburg zur Vereinigung der evangelischen Standpunkte bleibt ohne Erfolg.
Erste Belagerung Wiens durch die Türken.

1530 Auch der Reichstag zu Augsburg bringt trotz Gegenwart des Kaisers keine Beilegung des Religionsstreits (Lutherische Bekenntnisschrift ›*Confessio Augustana*‹).
Die protestantischen Reichsstände schließen sich 1531 im Schmalkaldischen Bund zusammen. In der folgenden Zeit wird die Lösung der Religionsfrage angesichts der Außenpolitik des Kaisers und wegen der von den protestantischen Reichsständen benötigten Türkenhilfe immer wieder aufgeschoben.
Zur gleichen Zeit wird die Reichsreform fortgesetzt: Erlaß einer Reichspolizeiordnung (nach einem Entwurf von 1512, erneuert 1548 und 1577) und eines all-

gemeinen Strafgesetzes, der Peinlichen Gerichtsordnung Karls V. *(Constitutio Criminalis Carolina)* 1532.

1545–1563 Konzil zu Trient ohne Teilnahme der Protestanten.

1546/47 Schmalkaldischer Krieg Karls V. zur Exekution des Wormser Edikts gegen die im Schmalkaldischen Bund zusammengeschlossenen protestantischen Reichsstände nach dem Scheitern der Religionsgespräche. Sieg des Kaisers bei Mühlberg und Inhaftierung der Führer der Protestanten, des Landgrafs Philipp von Hessen und des Kurfürsten Johann Friedrich von Sachsen. Die sächsische Kurwürde geht auf Moritz von Sachsen (albertinische Linie der Wettiner) über.

1548 Augsburger Interim, erneute Aufschiebung einer endgültigen Lösung der Religionsfrage, zu der auch das Konzil von Trient nicht in der Lage zu sein scheint.

1552 Im Vertrag von Chambord verspricht Kurfürst Moritz von Sachsen dem König von Frankreich für eine Unterstützung gegen den Kaiser das »Reichsvikariat« über die Städte Toul, Metz, Verdun und Cambrai. Versuche des Kaisers, dem französischen König Metz wieder abzunehmen, scheitern. Beginn der französischen Expansion in den Westen des Reichs.

1555 Reichstag zu Augsburg: Endgültiger Religionsfrieden, in dem den Reichsständen, nach vorangegangenen Abmachungen in Passau 1552, die Bestimmung der Konfession (das *ius reformandi*) in ihrem Herrschaftsbereich überlassen bleibt. Eine Ausnahme gilt für die geistlichen Fürstentümer (sog. Geistlicher Vorbehalt, *reservatum ecclesiasticum*). (K 234)

Verabschiedung einer Reichsexekutionsordnung zur Wahrung des Landfriedens. Die Reichskreise werden mit der Vollstreckung der Urteile des Reichskammergerichts betraut.

1556 Karl V. resigniert und verzichtet zugunsten seines Bruders Ferdinand auf das Reich, zugunsten seines Sohnes Philipp auf Spanien. Philipp hat aber schon 1555 die habsburgischen Niederlande erhalten. Damit gerät ein Teil des Reichs nun unter spanische Herrschaft (spanische Niederlande), was 1568 zum niederländischen Freiheitskampf führt. 1581 Unabhängigkeitserklärung der nördlichen Niederlande. Der südliche Teil bleibt bis 1713 unter spanischer Herrschaft und kommt anschließend an Österreich (österreichische Niederlande).

Der Augsburger Religionsfrieden hat die Konfessionsfrage endgültig zu einer Angelegenheit der Territorialhoheit gemacht *(cuius regio, eius religio)*. Dadurch verquicken sich Aspekte der Konfessionsbestimmung und des territorialen Besitzstandes; auch die Willensbildung der Reichsstände auf den Reichstagen wird erschwert. Das führt zu weiteren Konflikten, die im Dreißigjährigen Krieg enden und erst im Westfälischen Frieden beigelegt werden.
Auch die Reichsreform hat noch Ausläufer (Reformen Ferdinands 1559, Reformplan des Feldherrn Lazarus von Schwendi 1570, letzte Reichspolizeiordnung 1577).

1556–1564 Ferdinand I., Bruder Karls V. und nach dessen Abdankung Kaiser, erläßt 1559 eine Ordnung für den Reichshofrat, das kaiserliche Konkurrenzgericht zum Reichskammergericht, eine Reichshofkanzleiordnung und eine Reichsmünzordnung.

1564–1576 Maximilian II., Sohn Ferdinands I. 1566 Annahme der Trienter Konzilsbeschlüsse durch die katholischen Reichsstände im Reichstag. Beginn der Gegenreformation vor allem mit Hilfe des neugegründeten Ordens der Jesuiten (Ignatius von Loyola, Petrus Canisius). (K 250)

1576–1612 Rudolf II., Sohn Maximilians II.

1577 Zusammenschluß der Reichsritterschaft, die nicht im Reichstag vertreten ist, zu einer Korporation, unterteilt in den schwäbischen, fränkischen und rheinischen Ritterkreis.

seit 1583 besetzen die Wittelsbacher den Erzbischofsstuhl in Köln und verhindern dort den Sieg der Reformation. Mehrere andere geistliche Fürstentümer werden trotz des Geistlichen Vorbehalts im Augsburger Religionsfrieden mit der Zeit hingegen protestantisch und säkularisiert. Die Tätigkeit der Reichsstandschaft besitzenden Landesfürsten für die Reformation bzw. für die Gegenreformation führt zu schweren Konflikten im Reichstag (u. a. Vierklösterstreit, Streit um die Reichsstadt Donauwörth). Der Reichstag wird angesichts der zunehmenden konfessionellen Polarisierung der Reichsstände zunehmend arbeitsunfähig. Das Majoritätsprinzip bei Reichsfinanzbeschlüssen wird von der Kurpfalz bestritten.

1608 Bildung einer Union protestantischer Reichsstände unter Führung der Kurpfalz.

1609 Gegengründung einer Liga der katholischen Reichsstände unter Führung Bayerns.

1609–1614 Cleve-Jülichscher Erbfolgestreit. Aufteilung des niederrheinisch-westfälischen Territorialkomplexes unter das katholische Pfalz-Neuburg und das protestantische Brandenburg. 1618 fällt auch das Herzogtum Preußen durch Erbschaft an Brandenburg. Von hier nimmt die Großmachtbildung Brandenburg-Preußens ihren Ausgang.

1612–1619 Matthias, Bruder Rudolfs II., Kaiser.

1618–1648 Dreißigjähriger Krieg. Die böhmischen Stände empören sich über eine Verletzung ihnen zugesicherter Freiheiten und werfen zwei kaiserliche Statthalter aus dem Fenster (»Prager Fenstersturz«). Sie verweigern dem Nachfolger des Kaisers Matthias die Huldigung und wählen 1619 den Führer der protestantischen Union, Kurfürst Friedrich V. von der Pfalz, zum König.

1619–1637 Ferdinand II., ein Habsburger Vetter von Matthias, Kaiser. Er vertreibt den »Winterkönig« Friedrich V. aus Böhmen und anschließend aus der Pfalz. Die Pfälzer Kurwürde geht zum Dank für geleistete Unterstützung an den Führer der Liga, den Herzog von Bayern (1623). Nach dem Rückzug der die Pfalz verteidigenden protestantischen Heere nach Norddeutschland lebt der Krieg durch das Eingreifen Königs Christian IV. von Dänemark, des Herzogs von Holstein und Anführers des niedersächsischen Reichskreises, wieder auf. Die Siege Tillys, des Feldherrn der Liga, und Wallensteins, des Führers der kaiserlichen Truppen, lassen Ferdinand II. die Rückgabe der nach dem Passauer Vertrag von 1552 von den Protestanten eingezogenen geistlichen Güter fordern (Restitutionsedikt von 1629). Das Eingreifen Königs Gustav II. Adolf von Schweden, der durch den Vorstoß des Kaisers bis an die Nordsee schwedische Interessen und die Sache des Protestantismus bedroht sieht, verlängert den Krieg erneut.

1635 Frieden zu Prag nach der Niederlage der Protestanten und Schweden bei Nördlingen. Fixierung des katholischen und evangelischen Besitzstandes auf das Jahr 1627. Der Kaiser erhält den militärischen Oberbefehl zum gemeinsamen Kampf gegen die ausländischen Truppen im Reich, die Reichsstände verzichten auf eigene Bewaffnung *(ius armorum)* und ein eigenes Bündnisrecht *(ius foederis)*. Darauf greifen die Franzosen offen in das Kampfgeschehen ein und verlängern den Krieg um mehrere Jahre. (K 252, 254)

1637–1657 Ferdinand III., Sohn Ferdinands II., Kaiser. Beginn der

Friedensverhandlungen mit den Schweden in Osnabrück und den Franzosen in Münster 1644.

1648 Westfälischer Frieden von Münster und Osnabrück mit Gebietsabtretungen an Frankreich (lothringische Bistümer und elsässische Besitzungen Habsburgs) und an Schweden (Vorpommern und Wesermündung) sowie der Bestätigung der Unabhängigkeit der Schweizer Eidgenossenschaft und der Niederlande. Den Reichsständen wird ihre souveränitätsgleiche Landeshoheit *(ius territorii et superioritatis)* anerkannt. Sie erhalten ein umfassendes Mitbestimmungsrecht in Reichsangelegenheiten und das Recht, auch mit ausländischen Mächten Bündnisse einzugehen *(ius foederis).* Im Reichstag herrscht konfessionelle Parität in Religionsfragen. Der konfessionelle Besitzstand wird auf das Jahr 1624 (Normaljahr) festgelegt. Weitere Verfassungsfragen werden dem kommenden Reichstag zur Erledigung überlassen. (K 254)

Das Reich im Zeitalter des Absolutismus

Ein schon am Ende des 16. Jahrhunderts einsetzender Niedergang der Städte (»Agrarpreisrevolution«) und die katastrophalen Folgen des Dreißigjährigen Krieges (Bevölkerungsabnahme um etwa ein Drittel, Zerstörung der wirtschaftlichen Infrastruktur) führen insbesondere in der Landwirtschaft zu einer längeren Depressionsphase. Die Territorialstaaten bemühen sich um den Wiederaufbau und um militärische Stärke durch Etablierung stehender Heere. Dem dienen eine straffe staatliche Finanzverwaltung und eine staatliche Wirtschaftspolitik (Merkantilismus). Die Stände werden in den zur absolutistischen Regierungsweise der Fürsten übergehenden Territorialstaaten zurückgedrängt. Besonders auffällig ist diese Entwicklung in Preußen, das seit 1644 ein stehendes Heer unterhält. Seine Kosten werden mit Hilfe einer neuartigen Finanz- und Wirtschaftsverwaltung aufgebracht, die den Staatsapparat von den Landständen unabhängig macht und zu einer Zentralisierung der Verwaltung (1713 Generalfinanzdirektorium) sowie zur Alleinregierung des an der Spitze des Staates stehenden Monarchen führt. Die zunehmende Unabhängigkeit der großen Territorialstaaten schwächt die Einheit des den Angriffen der Franzosen und Türken sowie den zeittypischen Erbfolgekriegen ausgesetzten Reichs, das schließlich hinter dem Dualismus der beiden Großmächte Preußen und Österreich völlig zurücktritt. Die Reformtätigkeit des aufgeklärten Absolutismus in der zweiten Hälfte des 18. Jahrhunderts bewegt sich ganz im Bereich der Territorialstaaten, ist nicht mehr Sache des Reiches, stabilisiert aber die größeren Territorien in der Auseinandersetzung mit der Französischen Revolution, der das Reich selbst am Ende erliegt.

1653/54 Reichstag in Regensburg zur Regelung der im Westfälischen Frieden offengebliebenen Verfassungsfragen, ohne durchschlagenden Erfolg. Im »Jüngsten Reichsabschied« von 1654 werden die Untertanen der Reichsstände zu militärischen Unterhaltsleistungen für ihre Landesherren verpflichtet, was die Aufstellung stehender Heere in den Territorien erleichtert.

1658–1705 Leopold I., Sohn Ferdinands III., Kaiser. Er garantiert in seiner Wahlkapitulation den Landesherren den Entzug der Disposition der Landstände über Landessteuern und das Verbot des landständischen Selbstversammlungsrechts. Gegen die habsburgische Kaisermacht bildet sich 1658 ein erster Rheinbund unter Anlehnung an Frankreich (bis 1668).

1660 Unter Ausnutzung der kriegerischen Auseinandersetzungen zwischen Schweden und Polen löst Brandenburg-Preußen das 1618 erworbene Ostpreußen aus der polnischen Lehnshoheit. Die Kurfürsten von Brandenburg nennen sich seit 1701 »Könige in (später: von) Preußen«.

1663 Der erneut nach Regensburg einberufene Reichstag wird nicht mehr aufgelöst und entwickelt sich zu einem Gesandtenkongreß (»Immerwährender Reichstag«). Aufstellung einer Reichsarmee gegen die anrückenden Türken. Das Reich gerät zunehmend unter internationalen Druck: Im Westen wird es herausgefordert durch die imperialistische Politik Ludwigs XIV., im Osten durch die drohende Türkeninvasion. (K 258, 264) 1670 besetzt Ludwig XIV. Lothringen, 1672 fällt er in die Niederlande ein. Das Reich nimmt 1674–1679 am Abwehrkampf der Niederlande teil.

1679–1684 Reunionspolitik Ludwigs XIV. zur Arrondierung der linksrheinischen Besitzungen Frankreichs im Elsaß und darüber hinaus. 1681 wird Straßburg französisch. Daraufhin wird eine neue Reichskriegsverfassung verabschiedet (Reichsarmee aus Kontingenten, die die Reichskreise aufbringen). Das Reich wird in seinen Abwehrmaßnahmen jedoch durch einen erneuten Vorstoß der Türken beeinträchtigt:

1683 Zweite Belagerung Wiens. Koalitionskrieg gegen die Türken bis 1693 mit Siegen des Markgrafen Ludwig von Baden (»Türkenlouis«) und des Prinzen Eugen. In dieser Zeit erfolgt ein weiterer französischer Vorstoß:

1688–1697 Pfälzischer Erbfolgekrieg aufgrund angeblicher Erbansprüche der Schwägerin Ludwigs XIV., Liselotte von der Pfalz. Verwüstung der Pfalz und Heidelbergs durch die Franzosen 1689. Im Frieden von Rijswijk werden die elsässischen Reunionen Frankreichs bestätigt, Lothringen wird jedoch wieder zurückgegeben. Verlust des Elsaß.

1701–1714 Spanischer Erbfolgekrieg, dem das Reich 1702 gegen Frankreich beitritt. Im Frieden von Rastatt kommen die spanischen Niederlande an Österreich.

1705–1711 Joseph I., Sohn Leopolds, Kaiser. Erklärung der Reichsacht über die Kurfürsten von Bayern und Köln, die im Spanischen Erbfolgekrieg auf französischer Seite stehen.

1711–1740 Karl VI., Bruder Josephs I., Kaiser.

1719/20 Nach der Niederlage Schwedens im Nordischen Krieg gegen eine Koalition unter Führung Rußlands erhält Hannover die schwedischen Besitzungen an der Weser, Brandenburg-Preußen Vorpommern.

1733–1735 Polnischer Erbfolgekrieg. König Stanislaus Leszczyński, der Schwiegervater Ludwigs XV. von Frankreich, verzichtet zugunsten des sächsischen Kurfürsten auf den polnischen Thron und erhält dafür das Herzogtum Lothringen, das nach seinem Tode 1766 an Frankreich fällt. Herzog Franz I. Stephan, 1736 verheiratet mit der Tochter Kaiser Karls VI., Maria Theresia, bekommt das Großherzogtum Toscana.

1740 Thronantritt Friedrichs II. in Preußen und Maria Theresias in Österreich. Beginn der Epoche des aufgeklärten Absolutismus. Aufhebung der Folter in Preußen, 1767 in Baden. Seit 1746 zentralistische Regierungs- und Verwaltungsreformen in Österreich. Der Gedanke einer Rechtskodifikation durch fürstliche Gesetzgebung, die das ältere Recht überwindet und die Gesellschaftsordnung auf neue Rechtsgrundlagen stellt, setzt sich durch. Bayerische Gesetzgebung durch den Kanzler Freiherrn von Kreittmayr (Strafgesetzbuch 1751, Prozeßrecht 1753, Zivilrecht 1756); modernes Strafgesetzbuch *(Constitutio Criminalis Theresiana)* 1768 in Österreich. Das Reich tritt gesetzgeberisch nur noch sporadisch auf (1731 Reichshandwerksordnung mit Eingriffen in das Zunftwesen). Es vermag im Einzelfall Landstände gegen absolutistische Übergriffe ihrer Landesherrn zu schützen (1755 Erbvergleich in Mecklenburg, 1770 Bestätigung des Tübinger Vertrages von 1514 in Württemberg), kann aber größere Streitigkeiten nicht mehr schlichten.

1740–1748 Österreichischer Erbfolgekrieg. Der söhnelose Karl VI. hat 1713 die Vererbbarkeit aller habsburgischen Länder auch in weiblicher Linie festgelegt (sog. Pragmatische Sanktion). Nach dem Regierungsantritt seiner Tochter Maria Theresia erheben jedoch der Kurfürst von Bayern und Friedrich II. von Preußen Erbansprüche; der letztere fällt trotz eines früheren preußischen Erbverzichts 1686 in Schlesien ein. Drei schlesische Kriege zwischen Preußen und Österreich enden trotz wechselnder internationaler Koalitionen nach dem Erbfolgekrieg 1748 und trotz einer Reichsexekution gegen Preußen 1757 mit dessen Erwerb von Schlesien. Beginn des Großmachtsdualismus zwischen Preußen und Österreich in Deutschland.

1742–1745 Karl VII., Kurfürst von Bayern, zum Kaiser gewählt.

1745–1765 Franz I., der Gemahl Maria Theresias, Kaiser.

1765–1790 Joseph II., Sohn Maria Theresias, Kaiser. Alleinregierung in Österreich nach dem Tode Maria Theresias 1780. Joseph II. setzt die absolutistische Politik in den Erblanden in forcierter Weise fort. (1781 Aufhebung der Leibeigenschaft und des Zunftzwanges, Toleranzerklärung und Säkularisierung von Klöstern, Aufklärungsgesetzgebung). Die Reformpolitik Josephs (»Josephinismus«) stößt auf Widerstand nationaler Gruppen im Vielvölkerstaat und muß nach seinem Tode zum Teil wieder zurückgenommen werden. Desungeachtet schreiten die Reformen auch in anderen Ländern voran: 1783 Aufhebung der Leibeigenschaft in Baden, ab 1780 Fortsetzung der Justiz- und Gesetzesreform in Preußen, 1794 Allgemeines Landrecht für die preußischen Staaten, eine umfassende Rechtskodifikation, die schließlich zur Rechtseinheit in Preußen führt.

1772, 1793/95 Polnische Teilungen zwischen Rußland, Österreich und Preußen. Zeugnis der über das Reich hinausgehenden Großmachtpolitik Österreichs und Preußens. (K 284)

1778/79 Bayerischer Erbfolgekrieg. In Bayern kommt nach dem Aussterben der dortigen Wittelsbacher die Pfälzer Linie zur Regierung. Gegen territoriale Ansprüche Josephs II. wendet sich Preußen in einem Krieg ohne militärische Entscheidungen (»Kartoffelkrieg«). Im Frieden von Teschen kommt nur das Innviertel an

Österreich. Die Garantie des Friedens übernimmt Rußland.

1785 Plan eines Tausches der österreichischen Niederlande gegen Bayern zwischen den Habsburgern und den (rheinisch-pfälzischen) Wittelsbachern. Er wird von Preußen, das einen deutschen Fürstenbund zur Erhaltung des Reichszustandes gründet, vereitelt.

Das Ende des älteren deutschen Reiches

1789 Französische Revolution. Spannungen mit dem Reich wegen revolutionärer Maßnahmen gegen die im Elsaß begüterten Reichsstände. Die europäischen Monarchien sind zur Unterstützung der französischen bereit.

1790–1792 Leopold II., Bruder Josephs II., Kaiser.

1792–1806 Franz II., Sohn Leopolds, Kaiser.

1792 Kriegserklärung Frankreichs an Österreich unter Übernahme der territorialen Ziele des Ancien régime. Erster Koalitionskrieg gegen Frankreich. Rückzug der preußischen Truppen nach der Kanonade von Valmy und Sonderfrieden Preußens mit Frankreich 1795 in Basel. Preußen erklärt sich mit der Abtretung des gesamten linken Rheinufers an Frankreich einverstanden. Im Frieden von Campo Formio 1797 anerkennt auch Österreich die Annexion des linken Rheinufers durch Frankreich. Friedensverhandlungen mit dem Reich in Rastatt bleiben jedoch ohne Ergebnis. (K 24 im 2. Band)

1799–1801 Zweiter Koalitionskrieg gegen Frankreich. Im Frieden von Lunéville wird die Abtretung des linken Rheinufers bestätigt. Zur Entschädigung der dort ansässigen Fürsten mit rechtsrheinischen Gebieten wird eine Reichstagsdeputation gebildet.

1803 Reichsdeputationshauptschluß: Aufhebung der geistlichen Fürstentümer in Deutschland sowie vieler kleiner Herrschaften und der meisten Reichsstädte. Ende des traditionellen reichsständischen Deutschlands.

1804 Annahme einer eigenen österreichischen Kaiserwürde durch Franz II.

1805 Dritter Koalitionskrieg. Er endet mit österreichischen Gebietsverlusten an Italien, Bayern, Baden und Württemberg. Die mit Frankreich verbündeten süddeutschen Staaten erhalten im Frieden zu Preßburg *la plénitude de la souveraineté*. Bayern und Württemberg werden zu Königreichen erhoben.

1806 Bildung eines Rheinbundes aus sechzehn süd- und westdeutschen Fürstentümern unter französischem Protektorat. Kaiser Franz II. legt daraufhin die römische Kaiserkrone nieder. Ende des »Heiligen Römischen Reiches deutscher Nation«. (K 28 im 2. Band)

Abkürzungen

AöR	Archiv des öffentlichen Rechts
AW	Akademie der Wissenschaften
DA	Deutsches Archiv für Geschichte des Mittelalters
Dig	Digesta Iustiniani
FG, FS	Festgabe, Festschrift
HJB	Historisches Jahrbuch
HZ	Historische Zeitschrift
MIÖG	Mitteilungen des Instituts für österreichische Geschichte
ND	Neudruck; wiederabgedruckt; Nachdruck
SB	Sitzungsberichte
vs	versus
VSWG	Vierteljahresschrift für Sozial- und Wirtschaftsgeschichte
ZfG	Zeitschrift für Geschichtswissenschaft
ZhF	Zeitschrift für Historische Forschung
ZRG–GA	Zeitschrift der Savigny-Stiftung für Rechtsgeschichte, Germanistische Abteilung
ZRG–KAN	Zeitschrift der Savigny-Stiftung für Rechtsgeschichte, Kanonistische Abteilung

Register